「1968年」以後のポスト革命的運動——西ドイツ青年によるローカルな挑戦

目次

凡例

1. 引用文中の（　）の部分は原文による。筆者による補足は［　］で記した。
2. 略語、組織名については、その正式名称と原語を「略語一覧」に記した。
3. 本書で頁数が存在しない電子書籍の引用をする際には、電子書籍版を参照したことを示し、引用箇所の章や節を明記することにする。

序章　68年運動は西ドイツをリベラルにしたのか？

なぜ「1968年」の抗議運動なのか？

「1968年」は単なる西暦年ではなく、先進国を中心に世界各国で盛り上がった抗議運動の代名詞でもある。[1]「68年運動」とも呼ばれる、若者が重要な役割を担ったこの抗議運動は、68年の一年間で完結した出来事ではなく、70年代に入っても活動家は様々な運動を続けた。[2]

68年運動が後世に残した影響については様々な評価がある。日本で1960年代の「政治の季節」は、否定的な評価を下されることもあるが、その原因のひとつは運動の暴力性にあるだろう。大学をバリケードで封鎖する学生とそれを排除しようとする警察の衝突、内ゲバと呼ばれる世界的に見ても特異な学生運動内部の激しい暴力、長崎県佐世保市での米空母寄港や千葉県成田市三里塚での空港建設を阻止するための闘争、頻発した左翼テロ事件のように、1960年代と70年代の運動は暴力を伴うことがあった。[3] さらに暴力により心身ともに傷を負った者も多かったという犠牲の大きさにもかかわらず、後から振り返った時に明確な運動の成果が乏しいことは、特に若者の間で政治活動への関心を低下させたと言われ、その後の社会運動低迷の原因に挙げられることもある。[4]

また当時の抗議運動は、思想的にも失敗したと見られることがある。特に活動家が掲げた急進的な社会主義思想は、しばしば学生運動の分裂を促し、苛烈な内ゲバの一因となった。加えて1990年代初頭までにソ連を中心とする東側諸国の多くが、体制転換を経て社会主義社会から資本主義社会へと移行したことで、社会主義思想自体の妥当性に疑念が投げかけられるようになった。このことも、社会主義を支持した活動家が多く参加していた68年運動が、失敗を運命付けられていたと現在見られる傾向にある大きな要因だろう。

本書の目的のひとつは、旧西ドイツにおける、このように評価される68年運動の再検討を促すことにある。1960年代と70年代当時の運動には、確かに暴力を伴うものもあったが、全てがそうであったわけではない。なかには既存の社会体制に異議申し立てを行いつつも、暴力による変革を目的にせず、地域住民との交渉に基づいて、自己決定と自治を実現するために活動する運動も存在した。その一部は地域社会で市民の生活をより良くするような成果を実際に上げていた。もちろんそうした運動の中には、急進的な思想を掲げていたものもあったが、そうした理念はローカルな活動においては、必ずしも否定的な性質だけを持っていたわけではなかった。本書ではそうした急進的な思想が運動に対して持った意味についても、西ドイツ社会全体の文脈に組み込んで分析する。

本書は、社会主義思想の正しさを信じながら、生活に必要なインフラを協同で組織することで、地域住民に生活上の自己決定権を保障することを目指し、そのためにローカルな場を基点とする変革を試みた、

1960年代と70年代の若い活動家の運動について分析するものである。

西ドイツ社会を変えようとした68年運動

本書は、68年運動への評価を改めて検討する際に、日本とは好対照と言えるドイツの展開に注目する。特に第二次世界大戦後、東西に分断されていた二つのドイツ国家の西半分であるドイツ連邦共和国（以下、西ドイツと表記）において、68年運動は大きな盛り上がりを見せた。第二次世界大戦の敗北後に米国を中心とする西側陣営に組み込まれて、資本主義社会のもとで急速な復興と経済成長を経験したことに加え、後述するように68年運動が暴力的性質を伴っていたという点で、西ドイツと日本には共通点がある。

しかし、現在の統一ドイツにおいて西ドイツの68年運動への評価は、日本における評価よりも高い傾向にある。その背景には、この運動が西ドイツ社会全体のリベラル化を象徴する出来事として見なされていることがある。ドイツには68年運動とその後の展開を通じて、人々の行動様式や考え方が多様化して自由で民主的なものになるという意味で、全体的にリベラルな方向へと西ドイツ社会が変化したという見方が根強く存在する。さらにこの変化は、現代ドイツの民主的社会を支える前提のひとつとして見られることがある。[5]

68年運動が西ドイツのリベラル化と民主化を促したという議論は、当時運動の内部で扱われた争点を踏まえると根拠があるように見える。実際に多くの68年運動参加者は、西ドイツの民主主義を守ろうと訴えていた。運動参加者は、キリスト教民主同盟・社会同盟（CDU／CSU）とドイツ社会民主党（SPD、以下、社民党と略記）による大連立政権として、1966年に成立したクルト・ゲオルク・キージンガー内閣を強く批判した。当時、二大政党の連立によって与党が連邦議会で九割以上の議席を占めるようになったため、大連立政権は議会制民主主義の形骸化をもたらすと非難された。さらにこの政権は、法によっても民主主義を破壊しようとしていると見られていた。大連立政権が成立させようとしていた緊急事態法制は、憲法と同等であるドイツ連邦共和国基本法（以下、基本法と略記）を改正し、外国からの侵略や内戦、恐慌、自然災害のような非常事態への対応体制を法的に整えることを目指していた。緊急事態法制は、非常事態に際して市民の自由と基本権を制限する権限を政府に認めたため、「議会外反対派（ＡＰＯ）」と呼ばれる学生、労組や知識人を中心とした、民主主義擁護を掲げる勢力による激しい反対運動の対象になった。[6]

また68年運動では、若者が重要な役割を果たしていたため、教育の民主化も重要な論点だった。ベビーブームによる若年人口の増加と東西陣営の体制間競争に促されて、西ドイツ政府は１９６０年代から教育の質と規模を改善しようと積極的に試みていたものの、改革は若者の要求に対応しきれていなかった。例えば当時の大学と学校の設備は老朽化していたり、急ごしらえの無理な拡張のせいで利用者のニーズを無視したものであることもあったため、そうした施設に詰め込まれた若者は、学園生活への期待が裏切られたと不満を持つことがしばしばあった。さらに若者の増加という新しい状況に対応できていない教員が、一方的なマスプロ講義を行ったり、学生や生徒の目線に合わせた授業を行っていなかったりするなど、教育の方法も時代の変化に取り残されていることがあった。学生たちは、質の高い教育を満足に受けられないことは基本権の侵害であり、西ドイツの民主化とリベラル化が不十分であることの証左であると批判した。[7]

さらに西ドイツの68年運動は、ナチの過去との取り組みが不十分であることも非難した。ナチズムの反省が進んでいないことは、１９６０年代においては単に過ぎ去った時代の問題ではなく、アクチュアルな政治的・社会的課題だった。首相キージンガーをはじめとする多数の元ナチ党員が、重要な政治的地位を占めていたり、官僚、裁判官、大学教授などのエリートが大した批判を受けることもなく、戦前から同じポストに留まっていたりすることは、ナチ犯罪の過去への反省が不十分で、古い反民主的な要素が西ドイツにおいても克服されていない証拠だと若い世代は見ていた。つまり、60年代にナチの過去を批判し、その遺産を清算するように訴えることは、社会変革を求めることと同義であった。さらに過去との取り組みは、特に若者に歴史的な伝統と規範の妥当性を再考させ、社会の多元化を促したという点で西ドイツのリベラル化を促したと評価される〔8〕。

さらに68年運動は、特に西ドイツ市民の生き方と意識に変化をもたらしたともいわれる。とりわけ国際的に盛り上がったベトナム反戦運動に参加した者は、米国の影響を受けた行動様式を受け入れるようになった。特に若い世代は、米国のヒッピー文化のような新しい生活様式に影響を受けることで、独自のオルタナティヴなスタイルと価値観を発展させた。左翼の抗議運動と結びついていたオルタナティヴな対抗文化は、旧来の生活様式を相対化させて西ドイツ社会を多様化するとともに、生活スタイルと価値観を草の根レベルでよりリベラルなものにしたと指摘される〔9〕。

68年運動は西ドイツ社会をリベラルにしたのか？

他方、68年運動が西ドイツ社会をよりリベラルなものにしたという評価には、異論の余地もある。なぜなら当時の抗議運動参加者の全てが、一致してリベラル化を求めていたわけではなく、とりわけ若い活動家の間で、政敵への激しい敵意を含む教条主義的で急進的な考え方が広められることもあったためである。

68年運動の思想的な背景として、新しい潮流のマルクス主義が存在感を持っていたことは重要である。なかでも、東西陣営で既成秩序の維持を志向するようになった旧来の左翼勢力を批判する新左翼運動が、若者の間で人気を集めていた。西ドイツにおいては、最大の左翼政党である社民党が党内改革を進める過程で、1950年代末以降マルクス主義を積極的に支持しなくなったことと、66年から保守勢力であるキリスト教民主同盟・社会同盟と連立したことは、既存の革新勢力が体制に統合された証とみられ、左翼の知識人と若者を失望させた。同時に彼らの多くは、民衆を抑圧するような東側陣営の「現実社会主義」も拒絶していた。こうした左翼の知識人と若者の新しい精神的受け皿となったのが、56年のハンガリーの社会主義体制の民主化運動とその東側陣営による鎮圧である、ハンガリー動乱をきっかけに生まれた新左翼運動だった。新左翼運動は、ヘルベルト・マルクーゼのような哲学者からも刺激を受けながら、60年代に急速に存在感を増した[10]。

マルクス主義的な新左翼運動に強い影響を受けて、西ドイツの既存体制を厳しく批判した68年運動の活動家は、常にリベラルで民主的であったわけではなく、しばしば極端な主張を掲げた。例えば、緊急事態法制を阻止できる野党が連邦議会に存在しないことへの失望は、議会制民主主義自体への軽蔑につながることがあった。議会は「ブルジョアジー」の利害調整を行うだけであり、真正の民主的制度ではないと考えていた一部の活動家は、代わりに社会主義を支持しない政敵を厳しく抑圧するような政治体制を構想した[11]。またベトナム反戦運動や脱植民地主義との連帯運動にも、リベラルとは言い難い側面があった。当時の活動家が連帯したアジア、アフリカ、ラテンアメリカの脱植民地主義運動は、多くの場合、非民主的かつ暴力的な性質を持っていた。なかでも北ベトナムと南ベトナム民族解放戦線は、ナショナリズムに基づいて米国に武力で抵抗したのであり、議会制民主主義やリベラルな社会のために闘ったわけではなかった。このことは当時から認識されており、反戦運動参加者の中には、第三世界のナショナリズムに共感して暴力的な運動の要素を西ドイツにも持ち込むことを夢見たり、ホー・チ・ミンや毛沢東のような独裁的な指導者を個人崇拝したりする者がいた[12]。

また西ドイツ人の生き方と意識に変化をもたらした新しい行動様式は、68年運動の暗い側面と表裏一体だった。新しいオルタナティヴな生活集団は、価値観を共有するメンバー同士の親密さを重視したことから、多くの場合は小規模かつ閉鎖的で急進化しやすかったため、左翼テロ組織を生み出す温床になることがあった。また公共の場の秩序を尊重しないシット・イン（座り込み）やハプニングといった、直接行動を伴う新しい抗議手法は衆目を集めたものの、法に触れる可能性を常にはらんでいたため、次第に急進化する傾向にあった。[13] こうした直接行動や、デモ隊と警察の激しい衝突を通じて、次第に運動参加者が非合法的で暴力的な活動に慣れていったことは、活動家の一部がテロリズムに走る前提となったと考えることもできる。[14]

若い活動家が、68年運動とその後続の運動を通して既存社会を批判し、別のものを求めたことは確かであり、西ドイツ社会のリベラル化に68年運動が果たした役割が論じられるときには、主にこの点が強調されてきた。しかし、活動家が提示した政治構想自体は、民主主義とリベラルな価値観を重視するものとは限らなかった。また68年運動が終息しても自らの主張を容易に放棄せず、新しい形で運動を継続しようとした者がいたため、彼らを受け入れる急進的な組織が１９６０年代末から雨後の筍のごとく登場し、多くの参加者を集めた。加えて既存の政治組織に参加して、西ドイツ社会を内側から変革しようと試みた者もいた。しかも当時の若者はベビーブーム世代に属していたため、数的に大きな存在感を持っていた。そのため体制側は、こうした活動家の動きを基本法に定められた「自由で民主的な基本秩序」に対する脅威だと捉えていた。[15]

68年運動に関する研究動向

68年運動が持つ、社会のリベラル化を促したとされる側面と反リベラルな側面の関係は、これまでの研究においてどのように議論されてきたのだろうか。全体を通して見ると、西ドイツの68年運動とそれが後世に与えた影響に関する評価は、肯定的な見解と批判的な見解の間を揺れ動いてきた。

1960年代当時から68年運動は様々な形で注目されてきたものの、歴史学の対象として本格的に取り上げられるようになったのは90年代からである。68年運動から約30年が経ったこの時期には、ドイツの連邦文書館に所蔵される文書が公開されたことで研究の進展が促された。加えて89年から90年の東西ドイツ統一にドイツ民主共和国（以下、東ドイツと表記）の反体制運動が大きく貢献したことから、社会運動が強い関心を集めるようになったことも研究の活発化の一因に数えられる。さらに98年から社民党と90年連合／緑の党（以下、緑の党と略記）が連立を組んで国政を担い、特に68年運動の影響を強く受けたゲアハルト・シュレーダー（社民党）がドイツ首相に、ヨシュカ・フィッシャー（緑の党）が副首相兼外務大臣に就任したことは、運動への注目を大いに高めた。44年生まれのシュレーダーは、60年代以降の社民党青年部ユーゾー（Jusos/Jungsozialisten）内部での派閥争いを通じて台頭した人物だった。一方で緑の党は、68年運動に参加した元活動家が重要な役割を担った政党であり、48年生まれのフィッシャーは、フランクフルト・アム・マインの戦闘的な新左翼運動であるシュポンティスの活動家だった。[16]

とりわけ1990年代以降、政治だけでなくメディア、文化、学術といった多様な分野で元活動家が活躍したことで、68年運動は現代ドイツの民主主義を形作った要素のひとつとして評価されるようになった。例えば98年に歴史家イングリット・ギルヒャー＝ホルタイは、それまで私的事柄と見られていたジェンダーやライフスタイルなどを政治的問題として提起し、特に政党政治の領域に持ち込む道筋をつけた出来事として68年運動を論じた。[17] 他にも2010年に歴史家フランツ＝ヴェルナー・ケルスティングらは、60年代後半より前から社会改革が進んでいたことを指摘し、68年運動を変革の出発点とする「神話」への注意を促しているものの、運動が社会の革新に与えた刺激を評価している。[18]

他方、2000年代半ばになると、68年運動には別の要素も含まれていたことが積極的に指摘されるようになった。2008年に歴史家ゲッツ・アリーは、68年運動の活動家が民主主義や基本的人権といったものを軽視し、政敵への寛容さに欠け、暴力による社会転覆を目論んでいたと厳しく批判した。1960年代の進歩的な社会改革は、主に政治家と官僚のようなエリートによって進められていたと指摘するアリーは、むしろ改革を後退させようとした存在として68年運動の活動家を捉えた[19]。また2010年代以降は政治学者ヴォルフガング・クラウスハーが、ルディ・ドゥチュケのような、批判者からも尊敬を集めていた運動指導者や、前衛的でオルタナティヴな文化運動が、テロリズムと近しい関係にあったことを指摘した。このようにこれまで肯定的に評価されていた運動の性質が、研究者による批判的考察の対象となるようになった[20]。

68年運動のリベラルな側面と反リベラルと言える側面を、一体のものとして分析することも試みられている。2001年に歴史家ゲルト・ケーネンは、68年運動とその後の左翼オルタナティヴ運動が盛んだった1967年から77年を「赤い10年」と呼び、この時期の運動を解放的性質と暴力的性質が共存したアンビバレントな事象として描き出した。彼によれば、活動家は権威からの解放を訴えつつも、自らが特権的な指導者として革命運動を率いることを主張するような、エリート主義的な権威性を内面化していた。さらに米国のベトナム戦争に反対することは、北ベトナムによる苛烈な脱植民地主義戦争を無条件に支持することと矛盾せず、反ファシズムと反ナチズムを唱えることは、ユダヤ人国家イスラエルをファシストの侵略国家として敵視することにつながるなど、68年運動の複雑さをケーネンは多角的に論じた。ただケーネンは、活動家としての自らの体験をもとに、「赤い10年」の多様な左翼運動に関する若者の精神的経験を主に検討しており、活動家が具体的にどのような運動をしていたのかについて深く分析したわけではない[21]。

また、1960年代後半から80年代初めの若者の私生活に結びついた運動に注目した歴史家スヴェン・ライヒャートは、伝統や規範からの無条件で包括的な解放を目指した活動家が、生活全体を即時変革しようとしたことで、運動は急進化したと2014年に分析した。さらにこの時期の若い活動家が、自らの解放と新しい経験をとりわけ精神的な領域で求め続けたことが、活動の内容を不断に刷新することを促し、結果として運動が過激化したとライヒャートは考察した。ライヒャートの文献は、オルタナティヴな生活様式を幅広く扱った金字塔的研究ではあるものの、個々の運動事例に関する記述は概説的なものに留まっている。[22]

さらに2018年に歴史家デトレフ・ジークフリートは、1960年代後半からの左翼オルタナティヴ運動にはパラドックスが存在したと指摘している。彼によると、「赤い10年」に活動した一部の運動は、「リベラル化」をリベラルでない急進的な方法で実行していた。活動家は、家族と教会をはじめとする伝統的な共同体からの個人の解放を推し進めたものの、同時に私的な問題を政治化して特定の主張を参加者に押し付けたために、新たな運動組織によって参加者の私生活がかえって拘束されるようになったとジークフリートは論じている。ジークフリートの分析には説得力があるものの、68年運動とその後の運動を概説的に記述しているため、彼の考察がどこまで実証的か評価することは難しい。[23]

「1968年」以降の運動の四類型

本書では、68年運動とその後の運動の実践形態に焦点を当てることで、それらのリベラル化への貢献として評価される側面と、反リベラルな要素として評価される側面の関係性をより深く考察する。1960年代末以降の68年運動参加者は、社会運動から完全に離脱しなかった場合、オルタナティヴ・ミリュー、社民党青年部ユーゾー、新たな左翼組織、テロ組織からなる四類型のいずれかに参加したと言われている。[24]

最初の類型であるオルタナティヴ・ミリューは、1960年代以降に広まった左翼的な新しい対抗文化や行動様式を受け入れて実験的な生活を送った集団を指し、これに携わった者の数は四類型の中で最も多い。

多くの68年運動参加者は、60年代末以降も以前の生活に完全には戻らず、運動を通じて得た刺激を大切にして新しい生き方を模索し続けることがあった。彼らは、考え方を共有する仲間と生活共同体（コミューン、ドイツ語ではコムーネ Kommune）を作ったり、対抗文化を実践し続けたりすることで、オルタナティヴ・ミリューを形成した。68年運動以降も長く存続したオルタナティヴ・ミリューは、特に70年代後半から重要性を著しく増したエコロジーや反核平和、女性解放などに取り組む諸運動と緑の党の重要な支持基盤になった[25]。

二つ目の類型である社民党青年部のユーゾーは、1960年代末以降非常に多くの参加者を集めた。この背景には、69年に社民党が初めて西ドイツ首相を輩出したことがあった。野心的な社会改革を宣言し、市民の積極的な政治参加を歓迎した首相ヴィリ・ブラントは、68年運動参加者を社民党に統合する方針を持っていたため、街頭での抗議運動に限界を感じていた若者は大挙して同党に参加した。68年運動参加者の一部は、議会外での運動によってではなくユーゾーに参加することで、与党社民党を通じて西ドイツを変えようと試みた。多くの参加者を得たユーゾーは、西ドイツの政治と社会の徹底的な民主化を求め、社民党の組織構造も厳しく批判した。69年12月から本格的に始まったユーゾーの「反乱」は、社民党にとって大きな衝撃であり、党指導者は70年代後半までの間対応に追われた[26]。

三つ目の類型に挙げた新しい左翼組織に参加する若者の数は、1960年代末以降に急増した。この時期には毛沢東主義をはじめとする、それまで社会主義勢力の中でも非主流派だった様々な潮流を支持する新左翼組織が無数に登場した。さらに68年に結成された、東ドイツからの支援を受けるモスクワ系ドイツ共産党（DKP）も、若者から一定の支持を集めており、西ドイツの大学で特に大きな影響力を持っていた[27]。これらの新しい左翼組織は、しばしば教条主義的で閉ざされた世界観を持ち、上意下達の厳格なヒエラルキー構造を持っていた。このような構造を持つ組織が多数登場した一因には、68年運動を通じて急進的な社会主義思想を支持するようになった一部の若者が、20世紀前半のマルクス・レーニン主義組織を模範にした革命運動に憧れるようになったことがあった。こうした左翼組織の参加者は、いつか社会主義革命が実現することを信じ、生活の大半を運動に捧げる独特な価値観の中で生きていた[28]。

四つ目の類型である左翼テロ組織は、68年運動の遺産の中でも最も有名であり、西ドイツ社会に最大級の衝撃を与えたものと言えよう。運動の過程で急進化した一部の活動家はテロ組織を設立し、なかでも赤軍派が大きな注目を集めた。赤軍派指導者のアンドレアス・バーダーとグドルン・エンスリンは、1968年のフランクフルト・アム・マインのデパートへの放火事件を皮切りに、テロ活動を本格的に開始し、72年に元ジャーナリストのウルリケ・マインホフとともに逮捕された。三人の逮捕後も追随者が赤軍派第二世代、第三世代として活動を続け、77年には「ドイツの秋」と呼ばれる一連の国際的なテロ事件を引き起こした[29]。

本書ではこれらの四類型の中でも、オルタナティヴ・ミリューとユーゾーの活動を考察対象にする。というのは、オルタナティヴ・ミリューとユーゾーの参加者数は、新しい左翼組織とテロ組織に参加した者よりもはるかに多かったためである。これら二つの類型に注目することで、1960年代と70年代の若者の多数派の動向を捉えることができる。

オルタナティヴ・ミリューには多様な生活スタイルが含まれるため、正確な参加者数は明らかでないものの、1978年から79年の世論調査は、75万人程度がオルタナティヴな生活スタイルを積極的に実践していると見積もっていた[30]。また73年と78年の世論調査によると、30歳未満の32%が社会運動への参加に積極的であり、600万人程度が70年代末のオルタナティヴ・ミリューと何らかの関わりを持っていると推定された[31]。ユーゾーには74年時点で約40万人が参加していた[32]。一方、他の二類型に属した者は少数だった。75年の統計では、モスクワ系ドイツ共産党と新左翼グループの参加者は約8万人だった[33]。テロ組織は非常に小規模であり、活発な参加者は数十人に過ぎなかった[34]。

オルタナティヴ・ミリューとユーゾーは二つの共通点を持つため、併せて検討することができる。一つ目の共通点として、オルタナティヴ・ミリューとユーゾーは基本的に合法活動を行っていたことがある。両者は社会主義による変革を目指していたものの、全体として非暴力的だった。さらに二つ目の共通点として、両者はローカルな活動に重点を置いたことが挙げられる。二つの類型は、ともに生活に近い場所で自らの政治的要求を実現しようとしていた[35]。

68年運動から生まれた保育施設キンダーラーデンの研究動向

本書では、68年運動から派生した第一の類型であるオルタナティヴ・ミリューを扱うにあたり、具体的な検討対象として「キンダーラーデン（Kinderladen）」を取り上げる。キンダーラーデンは、子どもを持つ親のイニシアティヴによって自治的に運営される地域密着型の幼児保育施設であり、現代のドイツでも存続している。キンダーラーデンという名前は、ドイツ語で「子ども」を意味する„Kinder“と「店舗」を意味する„Laden“を合わせた造語であり、当初は空き店舗を借りて子どもを世話したことに由来する[36]。68年運動以後、実験的な教育と保育によって注目を集めたキンダーラーデンは、生活スタイルの刷新を試みたという点でオルタナティヴ運動の典型である。

キンダーラーデンに関して、これまでは主に旧来の保育施設との比較と、キンダーラーデン自体が参加者に与えた影響が、特に教育学者の関心を集めてきた。

キンダーラーデンと旧来の保育施設の比較研究は、１９７０年代と80年代に積極的になされてきたが、70年代まではキンダーラーデンが、他の保育施設よりも子どもの成長に良い教育的効果を与えるという見解と、両者はそれほど変わらないという見解が併存していた。キンダーラーデンを高く評価する研究は、子どもに自由を認める教育方針の重要性を指摘する。このような研究によれば、キンダーラーデンでは大人と子どもがともに生きるパートナーとして対等な関係を結び、保育者が子どもに真剣に向き合うようになることで、より良い教育的効果が生まれるという。このような環境で育てられた子どもは、より強い自己肯定感、問題解決能力、集団への責任感を持つようになると結論づけられることが多い[37]。

他方で、キンダーラーデンの教育的効果をあまり評価しない研究は、そもそもキンダーラーデンの理想と現実には乖離があると指摘する。キンダーラーデンで個人の解放を重視する教育が目指されていることは確かであっても、その目標に大人の振る舞いが対応していないという分析もある[38]。

キンダーラーデンの教育的効果をめぐる議論は、1980年から82年に心理学者ホルスト・ニッケルらのグループが行った、キンダーラーデンとその他の保育施設の包括的な比較研究によっていったん終息した。ケルン、ボン、デュッセルドルフを中心に検討したニッケルらは、80年代初頭までにキンダーラーデンと他の保育施設の性質が変化したことから、両者の間には、制度的な枠組みにも両親と子どもの態度にも顕著な差異は見られず、むしろ共通点の方が多くなったと指摘した。ニッケルらの研究以降キンダーラーデンとその他の保育施設の間にある差異は、想像されるほど大きくないという結論が優勢になっている[39]。

現在、教育的効果をめぐる比較研究に代わって盛んに行われているのは、キンダーラーデンが参加者の生き方と価値観に与えた長期的影響に着目する研究である。こうした研究は1970年代からなされてきたが、近年はキンダーラーデンに通園した人物が子どもや孫を持つ年齢になっているため、そうした人物の教育に対する考え方にキンダーラーデンの経験がどのように影響を与えているかを検討するなど、研究対象の幅が広がっている[40]。

通常こうした研究は、インタビュー調査などを通じて、キンダーラーデンでの経験が当事者の人生の中で持った「解放的」な意義を主に考察するため、キンダーラーデンが「解放的」な性質を持っていたことを前提にしている。実際には設立時のキンダーラーデンの多くが急進的な目標を掲げ、必ずしも個人の解放だけに重点を置いたわけではないが、このことを先行研究はあまり顧みない傾向にある。近年の研究でも同様のことが指摘できる。2020年に教育学者カリン・ボックらによって出版された論文集は、キンダーラーデン運動の歴史的実証研究を本格的に始めたという点で重要であるものの、運動開始時点の展開を反映しているとは言い難い部分もある。[41] この論文集に寄稿した元活動家は、キンダーラーデンの急進的な社会主義運動としての側面をあまり重視しておらず、研究者も元活動家の評価を基本的に受け入れた上で、キンダーラーデンの歴史的意義を検討する傾向がある。

これまでの研究では、キンダーラーデンの社会主義運動としての性質は、68年運動に影響された一時的なものに過ぎないと評価されてきた。これに対し本書は、社会主義思想こそがキンダーラーデンを設立する動機になり、活動の基盤になったことを指摘する。この社会主義運動という性質を踏まえつつ、これまで本格的な考察の対象にならなかった西ベルリンのキンダーラーデンによるローカルな実践に焦点を当てる。[42]

ドイツ社会民主党青年部ユーゾーの研究動向

二つ目の類型として本書が扱うのは、社民党青年部ユーゾーである。社民党内外で積極的に活動し、党と西ドイツ社会のあり方に激しい批判を加えたユーゾーは、1970年代から注目を集めてきた。しかし、研究の焦点には偏りが見られ、2000年代に至るまでほとんどの研究者は、政党研究の観点からユーゾーの党内での主張と権力闘争を検討の対象にしてきた。ユーゾーは、私有財産の制限と主要産業の国有化などの急進的な要求によって注目を集めたものの、社民党の指導部である幹部会に抵抗され、目標を実現させることがほとんどできなかった。最終的に西ドイツ社会も社民党も、ユーゾーの思い描いた通りには変化しなかったことから、党内での主張と権力闘争に注目する先行研究においては、ユーゾーの活動は単なる失敗として記述されることが多い[43]。

ユーゾーの社民党外での活動を扱った研究は少ない。１９８２年に政治学者カールハインツ・ショーナウアーが発表した研究は、ユーゾーの地方での活動も扱っているものの、個別事例を短く列挙するだけである。ローカルな活動がユーゾーの活動全体の中でどのような意味を持っていたのかという点に、ショーナウアーはあまり踏み込めていない。またユーゾーがローカルな運動を重視したことは、68年運動の経験と密接に関係しているにもかかわらず、その点も十分に検討されていない[44]。

２０００年代に入ると、ユーゾーによる地方での活動は注目されるようになった。歴史家ジャネット・ザイファートによる２００８年の研究は、１９６０年代から80年代に活躍したケルンのユーゾー・メンバーが、どのようなキャリアを積み上げたのかを検討した。ただこの研究は基本的に個人史であり、ケルンのユーゾーによるローカルな活動自体について考察したわけではない[45]。２００３年の著書および２００４年と２０１９年の論文で歴史家ディトマー・ジュースは、地方での活動が非常に大きな意味を持っていたことをバイエルン州のユーゾーを例にして論じた。ただ彼の問題関心はあくまで社民党内の対立にあるため、ローカルな活動自体は、おおむねユーゾーによる党への影響力拡大のための手段として位置付けられており、短い紹介に留まっている[46]。

このように先行研究において、ユーゾーによる１９６０年代以降のローカルな活動への注目は限定的だった[47]。しかし、実際には68年運動に感化された若い新参の社民党員は、最初から全国組織で活躍することはできず、まずは地元の組織で活動を開始した。そのためユーゾーが掲げた主張は、主にローカルな領域で実践された。それゆえ68年運動以後のユーゾーの展開を単なる失敗として切り捨てずに、その歴史的意義をより深く考察するためには、ローカルな活動に焦点を当てる必要がある。

研究上の視点と問題の設定

本書は、これまで深い考察の対象にならなかった、キンダーラーデンとユーゾーの社会主義的でローカルな運動としての性質に注目する。しかし、一部の先行研究は、68年運動とその後の展開を考察する際に、社会主義思想に注目し過ぎると運動の性質を見誤ると主張している。例えば政治学者ロナルド・イングルハートは、68年運動は中間層出身の若者と知識人を主な担い手にしていたため、典型的な社会主義運動ではなかったと指摘している。彼は、68年運動の社会主義的な性格を外見的なものと捉え、この運動は労働者による階級闘争を焦点にしていたのではなく、本質的には特に中間層市民の自己決定の拡大や生活の質の向上をめぐるものだったと論じた。[48] イングルハートの指摘は、1960年代末から登場したエコロジーやフェミニズムをはじめとする、個々人の生活条件やより良い生き方を焦点とした「新しい社会運動」を視野に入れると説得力を増すだろう。[49] イングルハートを代表的論者とするニュー・ポリティクス論によると、70年代から重要になったエコロジーやフェミニズムの運動は、物質的・量的な豊かさよりも、質の高い生活や自己実現の拡大をより重視する「脱物質主義」的な価値観を持つ、比較的豊かな市民によって主に担われていた。60年代ごろから徐々に重要性を増した、私生活を充実させることに重点を置く「脱物質主義」的な価値観は、新しい政治的争点を生み出し、それらを取り上げた「新しい社会運動」は、79年から80年の緑の党設立などを通じて政党政治でも大きな影響力を発揮した。このような背景から68年運動とその後の運動が、それまでの運動とは異なる性質を持つものだったことに疑いの余地はないだろう[50]。

ただ当時の活動家の主張を見ると、イングルハートの指摘とは異なる運動の性質も見えてくる。ほとんどの場合、活動家は社会主義の理想に基づいて自らの運動の重要性をアピールし、様々な社会主義思想によって運動を動機付け、新しいタイプの市民の要求や社会問題を理解した[51]。

全体として１９６０年代と70年代は、多様な社会主義思想と市民の新しい要求の間で調整がなされた時代だったと言えよう。この時代の活動家は、市民の新しい要求を取り上げつつも、運動をすぐに開始し拡大するために、すでに自らの手元にあった旧来の政治的な道具立てを用いた。60年代と70年代には、それまで革新勢力の間で特権的な立場を占めていた社会主義思想の意味が問い直されていたものの、この思想を掲げた運動は、個人の生き方や生活の質や自己決定などを焦点にするような、新たなタイプの要求に積極的に取り組もうとした[52]。本書はこの展開を検討することで、当時の運動の歴史的意義を明らかにするものである。

ここで断っておかなければならないが、本書は活動家が掲げた様々な社会主義思想の内容自体とその妥当性を考察の中心に据えるわけではない。当時の若い活動家は、自らの問題意識を言葉にするために多様な社会主義思想の言葉を用いたが、西ドイツ社会の展開をどの程度適切に言い表せていたかについて評価を下すことは、本書の課題ではない。本書が考察の対象とするのは、活動家が社会主義思想に拘った理由である。なぜなら少なくとも若い活動家は、常に西ドイツ市民全体から幅広い共感を得ることができたわけではなく、彼らの急進的な主張は、むしろ運動に対する批判者を増やすこともあったためである。

本書では、１９６０年代と70年代のローカルな社会運動に注目するが、地域史的な視点を設定することは、研究対象とそこからの知見を特定の空間に限定してしまうネガティヴな効果を持つわけではない。ローカルな対象に注目することは、むしろ社会における複雑な事象の展開への感受性を高めることになる。つまり空間的な限定によって、社会的には多様な主体を考察の俎上に載せることができるようになるのである。ある国家や社会の展開全体を扱うことで、歴史の大きな流れを捉えようとするといった、巨視的な研究対象の設定は非常に重要である。しかし、国家や社会の全体を検討しようとすると、扱うことのできる対象は、全国的に活動できた少数の特権的な政治的、社会的、経済的、文化的主体に限定されてしまう傾向にある。他方、ローカルな視点は、扱うことのできる主体の範囲を拡大することができる。[53] 実際に本書では地方公共団体、地方政治家、政党の地方組織、地方新聞、小規模な保育施設、中小企業、さらには若者と学生、子育て中の女性と男性、年配の地域住民、集合住宅の賃借人、外国人労働者、未就学児など様々な立場の一般市民が登場する。このように多様な主体の動向とそれらの関係性と相互作用を扱うことで、本書の分析対象である若者のローカルな活動の歴史的な意義について、より深い理解を提供することができる。

68年運動とその後の運動がローカルな領域に及ぼした影響についての研究は、ドイツでも緒についたばかりである。2018年には歴史家クリスティーナ・フォン・ホーデンベルクが、1966年から69年に小規模な大学都市であるボンで年配市民がどのように抗議運動の提示する論点を受け止めていたかについて検討した。[54] 同じく2018年には歴史家ユリア・パウルスらが、ノルトライン・ヴェストファーレン州をはじめとする各地域のローカルな運動を扱った研究を、[55] 2020年には歴史家ルー・セーガースらが、ドイツ北部各地のローカルな運動を検討した論文集を、[56] 2022年には歴史家エドガー・ヴォルフルムらが、バーデン・ヴュルテンベルク州を中心に、68年運動以降に左傾化した若者の就職に対する政府の対応に関する考察を発表した。[57] 本書もこのような研究動向の流れに連なるものである。

さらに1960年代と70年代の西ドイツという研究対象の設定からも、ローカルな視点の重要性が強調される。地方分権制度が非常に発達した連邦国家である西ドイツと統一ドイツでは、州や市町村といった枠組みは、その地域の政治と社会のあり方を強く規定してきた。特に本書で検討する社会運動が取り組んだ、子育てと教育、住宅問題と都市政策などは、地方政府の権限が強い領域であるとともに、地域住民が大きな関心を持って声を上げたテーマであった。さらに60年代以降の西ドイツでは、市民の政治参加への意識が高まったことで、政府は草の根レベルからの要求に対応しなければならなくなった。つまり市民の要求をいかに満たすことができるかが、地方と中央の機関の行動とその正統性に大きな影響を与えるようになったからこそ、ローカルな動向に注目することは、この時代特有のダイナミズムを捉えるために重要である。それゆえ特に本書が扱う60年代以降は、ローカルでミクロな展開と全国的でマクロな展開を明確に区別する意味がますます曖昧になる時代だったと言える。(58) 本書では、ローカルな展開の意義をより深く考察するために、全国的な展開も分析の視野に含めつつ、地域的な展開が当時の西ドイツの政治と社会の大きな文脈において持っていた意義を明らかにする。

まとめると１９６０年代以降、市民の政治意識の高まりによってローカルな展開が中央にも影響を及ぼしやすくなった。それゆえ、地域史的な視点は、既存の自治体の境界内部の空間にとどまらない幅広い知見を与えるものであると言える。そのため本書の問題設定の対象範囲も、単なる地域史に完結しない大きなものにできる。これまであまり注目を集めなかった、キンダーラーデン運動とユーゾーの若い活動家によるローカルな活動とその意義を明らかにする本書が取り組む問いは、主に次のものである。68年運動とその後のローカルな運動において、社会主義思想が果たした役割は何だったのだろうか。さらに若者の運動は、西ドイツ社会のリベラル化とどのような関係にあったのだろうか。

対象とする時期と地域

本書が考察の対象とする時期は、１９６７年から77年までである。前述の歴史家ケーネンによって「赤い10年」と呼ばれているこの時期区分は、キンダーラーデンとユーゾーのローカルな活動の分析についても有効である。起点となる67年は、68年運動が最高潮に達した時期である。68年運動に影響された活動家は、その後もローカルな領域をはじめとする社会の様々な場所で運動を継続した。終点となる77年は、68年運動に影響を受けた運動が大きな変化を迎えた年だった。この年までにほとんどのキンダーラーデンは、社会主義的な保育施設ではなくなり、ユーゾーに関しては、現役の連邦議長が社民党から除名されたことで、党に真正面から反抗できる組織ではないことが明らかになった。

１９６７年から77年の10年間は、本書の前提としての68年運動の最盛期（67〜68年）と、キンダーラーデンとユーゾーの本格的な活動が行われた時期（68〜77年）に分けることができる。

68年運動期には、キンダーラーデンとユーゾーの活動の前提が形成された。この時期までに政治的意識を高めた若い活動家は、多種多様な新しい運動のあり方を模索した。キンダーラーデンの原点は、68年運動期に旧来の生活様式と生き方を拒否したオルタナティヴな生活共同体である、コミューンによる社会主義的な生活革新運動、および西ドイツ社会と学生運動における男性中心主義と女性差別を批判したフェミニスト運動にあった。ユーゾーにとっても、68年運動は後の活動の前提だった。この時期にとりわけ大学に通うユーゾー・メンバーが、学生運動に影響されて社民党を批判し始め、この時期に培われた問題意識がとりわけ１９６９年以降に党内とローカルな領域に持ち込まれ、ユーゾーによる活発な運動の動機となった。

68年運動が終息すると、キンダーラーデンとユーゾーは独自の運動を行うようになった。両者によるローカルな活動を扱う上で、本書は、前者の活動については西ベルリン、後者についてはヘッセン州に注目する。まず西ベルリンは、68年運動の中心地のひとつであり、キンダーラーデンがかなり早い時期に登場した地域である。西ベルリンのキンダーラーデンは、フェミニストの新しい問題意識と旧来の社会主義思想が共存していたという点で、西ドイツ全体の展開を代表していた[59]。西ベルリンのキンダーラーデンでは、運動の過程で主導権が、フェミニスト中心の「女性解放のための活動評議会（以下、活動評議会と略記）」から、毛沢東主義者中心の「社会主義キンダーラーデン中央評議会（以下、中央評議会と略記）」へと移行した。中央評議会は、フェミニストの問題意識を引き継ぎつつ、積極的にキンダーラーデン運動の組織化と教育理念の体系化を試み、公共空間で自らの存在をアピールした。

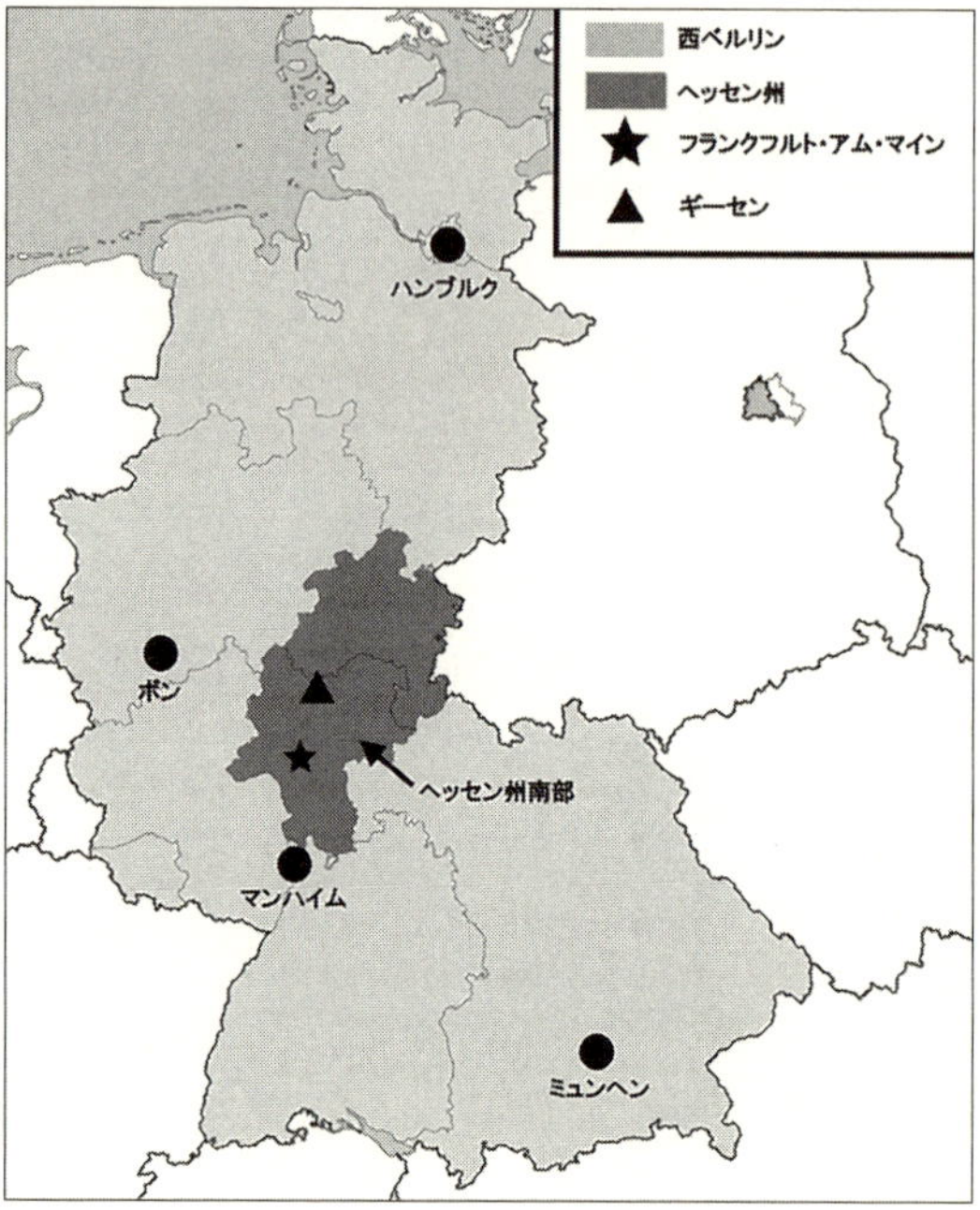

西ベルリン、ヘッセン州、その他の主要都市の位置

続いてユーゾーの活動については、同組織のヘッセン州南部支部に焦点を当てる。[60]ヘッセン州南部は、西ドイツ最大規模の経済都市フランクフルト・アム・マインが位置する重要な地域で、68年運動の中心地のひとつだった。さらにヘッセン州南部支部では社民党左派が強かったため、1960年代末以降に左傾化したユーゾーも比較的円滑に活動できた。またヘッセン州南部支部は、69年以降ユーゾーの指導的人物を輩出し続けてきた全国的に強い存在感を持つ組織であり、そこで培われた経験がユーゾー全体にも影響を及ぼした。こうしたことからヘッセン州南部支部は、60年代末以降のユーゾーのローカルな活動全体を代表する存在と言える。

史料の状況

本書ではキンダーラーデンに関して、西ベルリンで活動した中央評議会と活動評議会に注目する。両組織の史料は、主にベルリン自由大学附属の議会外反対派文書館（以下、APO-Archivと略記）に保管されている。加えて西ドイツ各地のオルタナティヴ・ミリューに関する史料を収集するバーデン社会運動文書館（以下、ASBと略記）でも補助的に調査を行った。

本書では当時の活動家が出版した文献も分析の対象にする。キンダーラーデンは、基本的にローカルで小規模な保育施設であるため、日々の活動を具体的に記録している未公刊史料は多くない。他方、キンダーラーデンはその理念を広めつつ、厳しい資金状況の足しにするために積極的な出版活動を行った。特に中央評議会は、1960年代と70年代に活動を広報する様々な書籍を刊行していた。[61]さらに中央評議会は、69年から海賊版書籍を出版していた。これらは、活動家が模範とみなした思想家や教育学者のテクストを著作権者の許可を得ずに収録し、それに関する活動家の議論とキンダーラーデンの活動記録も載せている独特の史料である。[62] 本書ではこうしたいわゆる灰色文献も、キンダーラーデンに関する一次史料として参照する。

ユーゾーについての史料は、主にフリードリヒ・エーベルト財団の社会民主主義文書館（以下、AdsDと略記）および同文書館附属図書館（以下、BAdsDと略記）に所蔵されている。文書館にはユーゾーの個人史料も残されており、とりわけヘッセン州南部で活動したユーゾー連邦議長のカールステン・フォークトとハイデマリー・ヴィーチョレック＝ツォイルに関する史料を検討した。またヘッセン州でのユーゾーの活動については、フランクフルト都市史研究所（以下、ISGと略記）、ヴィースバーデンのヘッセン州立中央文書館（以下、HHStAWと略記）、ダルムシュタットのヘッセン州立文書館（以下、HStADと略記）およびミュンヘン労働運動文書館（以下、AMAと略記）に所蔵されている史料を参照した。さらに当時のユーゾーの元メンバーに対するインタビュー調査も補助的に行った。

加えてキンダーラーデンとユーゾーに共通する史料として、両者に関する当時の報道も本書では参照している。『デア・シュピーゲル』や『ディー・ツァイト』のような全国メディアは、キンダーラーデンとユーゾーのローカルな実践をしばしば取り上げた。さらにフランクフルトにおけるユーゾーの活動は、日刊紙『フランクフルター・ルントシャウ』のような地元メディアによっても頻繁に報道された。

本書の構成

本書は序章と終章を含め全6章構成をとり、本論部分は以下の4つの章からなる。

第1章「『1968年』の展開とその帰結」では、第1節で60年代までの西ドイツ社会および68年運動の展開を概観する。第2節では、68年運動の終息と分裂により、70年代の新しい多様な運動が登場する前提を扱い、第3節においてキンダーラーデン運動とユーゾーが、独自の活動を開始する過程について検討する。

第2章「共同保育施設キンダーラーデンの運動」では、第1節でキンダーラーデンが登場する前提となった、当時の西ドイツの子育てをめぐる社会的状況を明らかにする。第2節では、キンダーラーデンの教育理念について考察し、第3節においてキンダーラーデンの日々の活動を具体的に検討する。第4節では、政府機関とメディアとの交渉および毎日の活動を通じて、キンダーラーデンが新しいタイプの保育施設として西ドイツ社会に組み込まれる過程を俎上に載せる。

第3章「ドイツ社会民主党青年組織ユーゾーの運動」では、第1節において1969年に始まる社民党とユーゾーの転換を扱う。この年にブラントが首相に就任し、社民党は戦後初めて国政与党の第一党になった。社民党による社会改革に期待したユーゾーは、69年以降積極的に党内での活動を開始した。第2節では、ユーゾーのローカルな活動について、特にヘッセン州南部の展開に注目しつつ分析する。第3節では、ユーゾーの活動が、ローカルな領域でも全国的にも抵抗を受けて次第に停滞する過程を扱う。

第4章「キンダーラーデンとユーゾーの意義とその後」では、第1節で68年運動がその後の運動に与えた影響を検討する。第2節においてキンダーラーデンとユーゾーの運動手法を、「コミューン化」と「ポスト革命的運動」という本書独自の概念を手がかりに考察する。第3節では、キンダーラーデンとユーゾーの運動の歴史的位置付けについて、西ドイツ社会全体を視野に入れて明らかにする。第4節では、1970年代以降のキンダーラーデンとユーゾーの展開について解説する。

終章では、本書の議論をまとめつつ結論を提示した上で、本研究の知見が社会運動に関する日独比較を可能にすることと、現代社会にも示唆を与えるものであることについて論じる。

註

〔1〕 シャルロート、ヨアヒム著 川崎聡史訳「「1968年」とマスメディア」『思想』第1129号 2018年5月130頁。

〔2〕 井関正久『シリーズ・ドイツ現代史II――ドイツを変えた68年運動』白水社 2005年 9頁。

〔3〕 フライ、ノルベルト著 下村由一訳『1968年――反乱のグローバリズム』みすず書房 2012年 155－163頁。

〔4〕 安藤丈将『ニューレフト運動と市民社会――「六〇年代」の思想のゆくえ』世界思想社 2013年 156－176頁、小熊英二『1968――叛乱の終焉とその遺産』下巻 新曜社 2009年 822－823頁。

〔5〕 1960年代に関する評価の例については、次の文献を参照。Doering-Manteuffel, Anselm, „Westernisierung. Politisch-ideeller und gesellschaftlicher Wandel in der Bundesrepublik bis zum Ende der 60er Jahre“, in: Lammers, Karl Christian u.a. (Hg.), *Dynamische Zeiten. Die 60er Jahre in den beiden deutschen Gesellschaften,* Hamburg 2000, S. 311; Kersting, Franz-Werner u.a. (Hg.), *Die zweite Gründung der Bundesrepublik. Generationswechsel und intellektuelle Wortergreifungen 1955–1975*, Stuttgart 2010, S. 8.

〔6〕 長谷部恭男／石田勇治『ナチスの「手口」と緊急事態条項』集英社 2017年 116－136頁。

〔7〕 Kenkmann, Alfons, „Von der bundesdeutschen »Bildungsmisere« zur Bildungsreform in den 60er Jahren“, in: Lammers u.a. (Hg.), *Dynamische Zeiten*, S. 403f.

〔8〕 Kraushaar, Wolfgang, *Achtundsechzig. eine Bilanz*, Berlin 2008, S. 72f; 石田勇治『過去の克服――ヒトラー後のドイツ』白水社 2002年 202－203頁。

〔9〕 Krohn, Klaus-Dieter, „Die westdeutsche Studentenbewegung und das ‚andere Deutschland‘“, in: Lammers u.a. (Hg.), *Dynamische Zeiten*, S. 717f; イングルハート、ロナルド著 三宅一郎ほか訳『静かなる革命――政治意識と行動様式の変化』東洋経済新報社 1977年 4－5頁。

〔10〕 Schildt, Axel, „Materieller Wohlstand – pragmatische Politik – kulturelle Umbrüche. Die 60er Jahre in der Bundesrepublik“, in: Lammers u.a. (Hg.), *Dynamische Zeiten*, S. 41.

〔11〕 Aly, Götz, *Unser Kampf 1968. ein irritierter Blick zurück*, Frankfurt a.M. 2008, S. 7–11 u. 88–91.

〔12〕 Koenen, Gerd, *Das rote Jahrzehnt. Unsere kleine deutsche Kulturrevolution 1967–1977*, 5. Aufl., Frankfurt a.M. 2011, S. 475.

〔13〕 Lachenmeier, Dominik, „Die Achtundsechziger-Bewegung zwischen etablierter und alternativer Öffentlichkeit“, in: Klimke, Martin/Scharloth, Joachim (Hg.), *1968. Ein Handbuch zur Kultur- und Mediengeschichte der Studentenbewegung*, Stuttgart 2007, S. 61–72.

〔14〕 Koenen, Gerd, *Vesper, Ensslin, Baader. Urszenen des deutschen Terrorismus*, 4. Aufl. Frankfurt a.M. 2005, S. 321f.

〔15〕 Koenen, *Das rote Jahrzehnt*, S. 9–34.

〔16〕 68年運動が歴史学の研究対象になった経緯に関しては、次の文献を参照。西田慎『ドイツ・エコロジー政党の誕生――「六八年運動」から緑の党へ』昭和堂２００９年３－６頁。

〔17〕 Gilcher-Holtey, Ingrid (Hg.), *1968. vom Ereignis zum Gegenstand der Geschichtswissenschaft*, Göttingen 1998, S. 7–10.

〔18〕 Kersting u.a., *Die zweite Gründung*, S. 8. ケルスティングと似た見方をするものとして次の文献も参照。Kraushaar, Wolfgang, *1968 als Mythos, Chiffre und Zäsur*, Hamburg 2000, S. 324; Schildt, Axel/Schmidt, Wolfgang, „Einleitung“, in: Schildt, Axel/Schmidt, Wolfgang (Hg.), *»Wir wollen mehr Demokratie wagen«. Antriebskräfte, Realität und Mythos eines Versprechens*, Bonn 2019, S. 11f.

〔19〕 アリーの議論については、次の文献を参照。Aly, *Unser Kampf 1968*.

〔20〕 このような研究の代表例として次の文献を参照。Kraushaar, Wolfgang, *„Wann endlich beginnt bei Euch der Kampf gegen die heilige Kuh Israel?“ München 1970. Über die antisemitischen Wurzeln des deutschen Terrorismus*, Hamburg 2013. ドゥチュケへの評価の変遷については次の文献が詳しい。井関正久『ルディ・ドゥチュケと戦後ドイツ』共和国２０２４年２５４－２６９頁。

〔21〕 Koenen, *Das rote Jahrzehnt*, S. 475.

〔22〕Reichardt, Sven, *Authentizität und Gemeinschaft. Linksalternatives Leben in den siebziger und frühen achtziger Jahren*, Berlin 2014, S. 62f u. 886f.

〔23〕Siegfried, Detlef, *1968. Protest, Revolte, Gegenkultur*, Ditzingen 2018, S. 231f.

〔24〕これらの四類型は次の文献を参考にしつつ、筆者が修正を加えたものである。井関『ドイツを変えた六八年運動』87－110頁、西田『ドイツ・エコロジー政党の誕生』39頁。

〔25〕Siegfried, *1968. Protest, Revolte, Gegenkultur*, S. 231–235.

〔26〕Seiffert, Jeanette, „*Marsch durch Institutionen?*". *Die 68er in der SPD*, Marburg 2009, S. 102.

〔27〕Langguth, Gerd, *Die Protestbewegung am Ende. Die Neue Linke als Vorhut der DKP*, Mainz 1971, S. 227.

〔28〕Kühn, Andreas, *Stalins Enkel, Maos Söhne. Die Lebenswelt der K-Gruppen in der Bundesrepublik der 70er Jahre*, Frankfurt a.M./New York 2005, S. 39–43.

〔29〕井関正久『戦後ドイツの抗議運動——「成熟した市民社会」への模索』岩波書店 ２０１６年 77－80頁。

〔30〕Huber, Joseph, *Wer soll das alles ändern. Die Alternativen der Alternativbewegung*, Berlin 1980, S. 29f.

〔31〕Jaide, Walter/Veen, Hans-Joachim, *Bilanz der Jugendforschung. Ergebnisse empirischer Analysen in der Bundesrepublik Deutschland von 1975 bis 1987*, Paderborn 1989, S. 139, Reichardt, *Authentizität und Gemeinschaft*, S. 13f.

〔32〕Butterwegge, Christoph, *Jungsozialisten und SPD*, Hamburg 1974, S. 7.

〔33〕Der Bundesminister des Innern, „Jahresbericht des Bundesamtes für Verfassungsschutz 1975", 4. Juni 1976, Bestand Radikalenerlaß Berufsverbote: 1975–1978, 2016-1 Nr. 2, Hessisches Hauptstaatsarchiv Wiesbaden (HHStAW).

〔34〕Koenen, *Das rote Jahrzehnt*, S. 18.

〔35〕ユーゾーや多くのオルタナティヴ・ミリューが、平和的手段を基礎としたのに対し、68年運動後の大半の新しい新旧左翼組織は、実際に非合法活動を行うかどうかは別として、理念上は暴力革命を排除しなかった。テロ組織は実際に暴力を行使した。Kühn, *Stalins Enkel*, S. 161–174.

〔36〕„Brief des Zentralrates vom 6.11.68“, in: *KL-Info*, Nr. 1, 22. Jan. 1969, Bestand Frauen Aktionsrat zur Befreiung der Frauen, 239, APO-Archiv.

〔37〕キンダーラーデンの教育的効果を肯定的に評価する研究の例として次の文献を参照。Dolezal, Ulrike, *Erzieherverhalten in Kinderläden*, Wiesbaden 1975.

〔38〕キンダーラーデンの教育的効果に懐疑的な立場をとる研究の例として次の文献を参照。Bierhoff-Alfermann, Dorothee/Höcke-Pörzgen, Brigitte, „Kindererziehung aus der Sicht von Eltern zweier antiautoritärer und evangelischer Kindergärten. Eine Erkundungsstudie“, in: *Zeitschrift für Entwicklungspsychologie und Pädagogische Psychologie*, Nr. 6, 1974, S. 139–145.

〔39〕Nickel, Horst u.a., *Einführung in das Gesamtprojekt. Untersuchungen zum Sozialverhalten von Kindern in Eltern-Initiativ-Gruppen und Kindergärten*, Bd. 1, Düsseldorf 1982; Nickel, Horst u.a., *Erzieher- und Elternverhalten im Vorschulbereich*, München 1980.

〔40〕キンダーラーデンでの経験の個人史的な意味を検討する研究として次の文献が挙げられる。Bremer, Traude, *Kinderladen Frankfurterstraße. Versuch einer pragmatischen Hermeneutik*, Frankfurt a.M. 1986; Göddertz, Nina, *Antiautoritäre Erziehung in der Kinderladenbewegung. Rekonstruktive Analysen biographischer Entwürfe von Zwei-Generationen-Familien*, Dortmund 2018; Heyden, Franziska, *Die lebensgeschichtliche Bedeutung des Kinderladens. Eine biographische Studie zu frühkindlicher Pädagogik*, Rostock 2018; Mauritz, Miriam, *Emanzipation in der Kinderladenbewegung. Wie das Private politisch wurde*, Frankfurt a.M. 2018; Silvester, Karen, *Die besseren Eltern?! oder Die Entdeckung der Kinderläden. Eltern-Kind-Initiativen im zeitgeschichtlichen Vergleich 1967–2004. Eltern-Erwartungen und -Erfahrungen*, München 2009; Iseler, Katharina, *Kinderläden. Fallstudien zum Fortbestand sozialpädagogischer Organisationen*, Münster u.a. 2010.

〔41〕Bock, Karin u.a. (Hg.), *Zugänge zur Kinderladenbewegung*, Wiesbaden 2020.

〔42〕キンダーラーデンの社会主義運動としての性質に注目した研究として次の拙稿も参照。川﨑聡史「草創期の自治

的な共同保育施設「キンダーラーデン」に関する考察——68年運動以後の西ベルリンにおける社会主義的な保育運動に注目して」『現代史研究』第67号 ２０２１年12月 17－29頁、川﨑聡史「西ドイツにおける自主管理型保育施設「キンダーラーデン」——68年運動後の新しい幼児保育の思想と実践に関する考察」『ヨーロッパ研究』第21号 ２０２１年12月 31－42頁。

〔43〕社民党内でのユーゾーの活動に注目する研究として次の文献が挙げられる。Butterwegge, *Jungsozialisten und SPD*; Butterwegge, Christoph, *Parteiordnungsverfahren in der SPD*, Berlin 1975; Oberpriller, Martin, *Jungsozialisten. Parteijugend zwischen Anpassung und Opposition*, Bonn 2004; Scholle, Thilo/Schwarz, Jan, »*Wessen Welt ist die Welt?*« *Geschichte der Jusos*, Bonn 2019; Stephan, Dieter, *Jungsozialisten. Stabilisierung nach langer Krise? 1969–1979*, Bonn 1979.

〔44〕Schonauer, Karlheinz, *Die ungeliebten Kinder der Mutter SPD. Die Geschichte der Jusos von der braven Parteijugend zur innerparteilichen Opposition*, Bonn 1982.

〔45〕Seiffert, „*Marsch durch Institutionen?*“.

〔46〕Süß, Dietmar, „Die Enkel auf den Barrikaden. Jungsozialisten in der SPD in den Siebzigerjahren“, in: *Archiv für Sozialgeschichte*, Nr. 44, 2004, S. 67–104; Süß, Dietmar, „Die neue Lust am Streit. »Demokratie wagen« in der sozialdemokratischen Erfahrungswelt der Ära Brandt“, in: Schildt, Axel/Schmidt, Wolfgang (Hg.), »*Wir wollen mehr Demokratie wagen*«. *Antriebskräfte, Realität und Mythos eines Versprechens*, Bonn 2019, S. 125–141; Süß, Dietmar, *Kumpel und Genossen. Arbeiterschaft, Betrieb und Sozialdemokratie in der bayerischen Montanindustrie 1945 bis 1976*, München 2003, S. 425–428.

〔47〕ユーゾーのローカルな運動に注目した文献として次の拙稿を参照。川﨑聡史「１９６０～70年代のフランクフルト・アム・マイン再開発問題——抗議運動への行政の対応に注目して」『現代史研究』第68号 ２０２２年12月 １－14頁、川﨑聡史「１９６８年運動後のドイツ社会民主党青年部ユーゾーによる「反乱」——フランクフルト・アム・マインを中心に」『西洋史学』第２６９号 ２０２０年６月 38－57頁、川﨑聡史「ドイツ社会民主党青

年部ユーゾーによるローカルな政治運動――68年運動後のモスクワ系共産主義組織との協力に関する一考察」『ドイツ研究』第55号２０２１年３月50－57頁。

〔48〕イングルハート『静かなる革命』18－19頁、賀来健輔／丸山仁編『政治変容のパースペクティブ――ニュー・ポリティクスの政治学Ⅱ』ミネルヴァ書房２００５年32－36頁。

〔49〕井関『戦後ドイツの抗議運動』61頁。

〔50〕賀来健輔／丸山仁編『政治変容のパースペクティブ――ニュー・ポリティクスの政治学 Ⅱ』ミネルヴァ書房２００５年32－36頁、西田『ドイツ・エコロジー政党の誕生』10－11頁。

〔51〕Siegfried, *1968. Protest, Revolte, Gegenkultur*, S. 243ff.

〔52〕Raphael, Lutz, *Jenseits von Kohle und Stahl. Eine Gesellschaftsgeschichte Westeuropas nach dem Boom*, Berlin 2019, S. 117.

〔53〕Thießen, Malte, „Digitalgeschichte als Gesellschaftsgeschichte. Perspektiven einer Regionalgeschichte der digitalen Transformation", in: Wichum, Rickey/Zetti, Daniela (Hg.), *Zur Geschichte des digitalen Zeitalters*, Wiesbaden 2022, S. 55f.

〔54〕Hodenberg, Christina von, *Das andere Achtundsechzig. Gesellschaftsgeschichte einer Revolte*, München 2018.

〔55〕Paulus, Julia (Hg.), *„Bewegte Dörfer". Neue soziale Bewegungen in der Provinz 1970–1990*, Paderborn 2018.

〔56〕Seegers, Lu (Hg.), *1968. Gesellschaftliche Nachwirkungen auf dem Lande*, Göttingen 2020.

〔57〕Wolfrum, Edgar (Hg.), *Verfassungsfeinde im Land? Der „Radikalenerlass" von 1972 in der Geschichte Baden-Württembergs und der Bundesrepublik*, Göttingen 2022.

〔58〕同様のことを主張する文献として次のものも参照。Raphael, *Jenseits von Kohle und Stahl*, S. 477f. この文献は、１９７０年代以降の経済史を例に、ローカルでミクロな展開と全国的・国際的でマクロな展開を区別する視点を批判している。

〔59〕１９６９年４月にフランクフルト・アム・マインで、キンダーラーデンが設立された西ドイツ10都市と西ベルリ

ンの代表者が集まる会議が開かれた。議事録によると、少なくとも９都市でフェミニストと社会主義者が互いに交流と論争を行いつつ活動していた。„Berichte der westdeutschen Gruppen in Stichworten“, in: *KL-Info*, Nr. 7, 7. Mai 1969, Bestand Kinder, Jugendhilfe, Erziehung 1969–76, 1064, APO-Archiv.

〔60〕ユーゾーの組織は、社民党と同じく全国に22ある„Bezirk“から成り、さらに„Bezirk“は、複数の„Unterbezirk“から構成されていた。ユーゾーの„Unterbezirk“の下では„Arbeitsgemeinschaft“と呼ばれる組織が活動していた。本書では„Bezirk“を「支部」、„Unterbezirk“を「サブ支部」、„Arbeitsgemeinschaft“を「活動グループ」と訳した。ヘッセン州南部支部は、„Bezirk“レベルの組織である。この訳については次の文献を参考にした。レッシェ、ペーター／ヴァルター、フランツ著 岡田浩平訳『ドイツ社会民主党の戦後史――国民政党の実践と課題』三元社１９９６年 ３－４頁。ユーゾーの組織構成については次の史料を参照。„Geschäftsbericht 1970/71“, 1971, Bestand SPD Jungsozialisten Hessen-Süd, 3HSAP000077, Archiv der sozialen Demokratie (AdsD).

〔61〕中央評議会系の著作家が公刊した文献として次のものが挙げられる。Breitenreicher, Hille Jan u.a., *Kinderläden. Revolution der Erziehung oder Erziehung zur Revolution*, Reinbek 1971; N.N., *Berliner Kinderläden. Antiautoritäre Erziehung und sozialistischer Kampf*, Köln/Berlin 1970; Werder, Lutz von, *Von der antiautoritären zur proletarischen Erziehung*, Frankfurt a.M. 1972; Werder, Lutz von (Hg.), *Was kommt nach den Kinderläden? Erlebnis-Protokolle*, Berlin 1977.

〔62〕海賊版書籍として次の文献が挙げられる。Zentralrat der sozialistischen Kinderläden West-Berlin (Hg.), *Vera Schmidt. 3 Aufsätze Nr. 1*, Berlin 1969; Zentralrat der sozialistischen Kinderläden West-Berlin (Hg.), *Walter Benjamin*; Zentralrat der sozialistischen Kinderläden West-Berlin (Hg.), *Erziehung und Klassenkampf. Oder deren Geschichte nebst einer relativ vollständigen Bibliographie unterschlagener, verbotener Verbrannter Schriften zur revolutionären sozialistischen Erziehung Nr. 3*, Berlin 1969; Zentralrat der sozialistischen Kinderläden West-Berlin (Hg.), *Für die Befreiung der kindlichen Sexualität. Anleitung für eine revolutionäre Erziehung. Nr. 4*, Berlin 1969; Zentralrat der sozialistischen Kinderläden West-Berlin (Hg.), *Kinder im Kollektiv Nr. 5*, Berlin 1969.

第1章　「1968年」の展開とその帰結

第1節　1960年代までの西ドイツ

保守的な西ドイツ社会とその変化

序章で述べたように、西ドイツ社会のリベラル化と民主化を68年運動は促したとされるが、それ以前の西ドイツ社会はどのようなものだったのだろうか。本節では68年運動に至る前提として、1949年の建国から60年代までの西ドイツをまずは概観する。

1945年5月にヨーロッパで第二次世界大戦が終結し、ナチ政権が崩壊した後、ドイツは米英仏ソによって分割占領された。東西対立が先鋭化した結果、49年に米英仏占領地区にはドイツ連邦共和国（以下、西ドイツと表記）、ソ連占領地区にはドイツ民主共和国（以下、東ドイツと表記）が建国された。

1949年から66年の西ドイツを政治学者ヴォルフ＝ディーター・ナアは、「キリスト教民主同盟国家（CDU-Staat）」と呼んでいる。保守政党キリスト教民主同盟・社会同盟は、49年から63年に首相を務めたコンラート・アデナウアーと66年までの首相ルートヴィヒ・エアハルトを輩出し、支持基盤のキリスト教会とともに西ドイツの政治、社会、文化に大きな影響を与えていた。[1]

保守政党と教会の影響力の強さもあり、建国時から1960年代に入るまでの西ドイツは、全体として保守的な社会だった。当時の西ドイツに生きる多くの人々は、14年から18年の第一次世界大戦、その後のヴァイマル時代と33年から45年のナチ時代の経験から激しい動員と動乱に辟易していたために、政治参加には慎重であり、まずは第二次世界大戦で破壊された生活を安定させることを求めていた。それゆえ住み慣れた古いドイツ社会を取り戻そうとする保守的な動きが至るところで見られた。「再び（wieder）」が時代のキーワードになり、社会の「再建（Wiederaufbau）」やドイツの「再統一（Wiedervereinigung）」は重要な政治的テーマだった。[2]

政治文化も保守的な性質を持っていた。とりわけアデナウアーが首相を務めた1949年から63年の政治体制は、宰相民主主義とも呼ばれる。これは民主的な制度が機能しているものの、市民の政治参加と民主的な意識が不十分だったために、首相の強力なリーダーシップが政策決定で重要な役割を果たすような権威主義的要素を持つ体制を意味した。[3]また当時の西ドイツでは革新勢力への風当たりが強く、反共主義が優勢だったため、50年代と60年代の連邦議会選挙でキリスト教民主同盟・社会同盟は、革新政党の社民党に連勝していた。[4]

他方、1950年代後半から西ドイツ社会では、新しいダイナミズムが生まれつつあった。西ドイツ市民の生活は、「経済の奇跡」と呼ばれる急速な経済成長と福祉国家制度の拡張によって大きく変化した。市民の大部分は、終戦前後の死と極度の貧困への不安に脅かされる生活から比較的早い時期に解放され、より豊かな生活を享受できるようになった。[5] 経済的繁栄に伴って多様なメディアが普及し、例えばテレビを持つ世帯数は、61年の約400万から70年には約1500万へと増加した。[6] 新しいメディアは、人々にこれまで想像していなかったような新しい生活のイメージを与え、それに伴って個人主義的な生活様式が普及し、それまで教会、地域社会、家族などが持っていた伝統的な規範の影響力が弱まったことで、人生の選択肢がより多様になった。[7]

生き方の多様化によって、社会の変化を促すような新しい政治的・社会的意識が登場した。68年運動との関連で言えば、1960年代までの西ドイツ社会で二つの重要な変化が発生した。

一つ目に、1960年代初頭から市民の政治的意識が高まり、社会運動が積極的に組織されるようになった。この背景には生活水準の向上に伴い、市民の生活と価値観が多様化したことがあった。とりわけ62年10月のシュピーゲル事件によって、市民の政治的意識の高まりが目に見えるものになった。この事件では『デア・シュピーゲル』誌の記者が、西ドイツの軍事機密を漏洩した疑いで、国防大臣フランツ・ヨーゼフ・シュトラウス（キリスト教社会同盟）の命令で逮捕された。実際には機密漏洩は発生していなかったため、逮捕は法的手続きを軽視した言論弾圧であると見なされ、各地で政府への抗議運動が発生した。[8]

西ドイツにおいて抗議運動はシュピーゲル事件以前から行われており、1950年代には再軍備に反対するパウロ教会運動と、西ドイツの核武装に反対する「原爆死反対闘争」が特に盛り上がった。しかしこれらの運動は、社民党と労組の動員力に依存していたため、特に50年代末に労働者階級政党から国民政党へと転換した社民党が、議会活動を通じて国政与党の座を本格的に狙うようになったことで、パウロ教会運動と

「原爆死反対闘争」のような議会外で行われる運動から距離を取り始めるようになると、両運動は政治的中核を失って大きな成果を出せずに終息した〔9〕。

他方、シュピーゲル事件の抗議運動は、政党や労組による動員に依存しておらず、シュトラウスや首相アデナウアーをはじめとする指導的政治家を公然と批判するような、政治的に自律した市民によって組織されていた。このような運動は年々拡大し、1960年代には核兵器に反対するイースター行進運動が本格化した。平和主義者、聖職者、学生組織が重要な役割を担ったこの運動は、60年に1000人程度の参加者で始まったが、63年には約3万人、66年には約14万人、68年には約20万人を集めた。音楽の作曲や雑誌の創刊をはじめとする新しい抗議手法が実践されたイースター行進運動は、シュピーゲル事件と併せて、抗議手法としてのデモの有効性を市民に意識させた。このような活発で創造的な社会運動が組織されるようになったことは、西ドイツ民主主義の歴史的画期とされ、この時に発展した社会運動のネットワークは、後の68年運動を支える基盤になった〔10〕。

政治と社会だけでなく、文化や生活様式を含む幅広い領域での変革を求めた68年運動が非常に盛り上がった背景の二つ目には、人間の力で社会を変えられるという意識の普及があった。この関係では特に西ドイツにおいて、国家による社会への介入の重要性が意識されるようになったことが重要である。建国当初の西ドイツにおいては、経済の計画化に批判的なオルド自由主義が優勢で、市場での自由な競争を妨げるような直接的な介入は、ナチの統制社会と東ドイツの計画経済への反発から慎重に回避されていた〔11〕。

しかし、この風潮は1950年代後半までに国外からの刺激によって変化した。西側諸国からは米国を中心に発展した介入と計画を重視する成長・景気理論、マクロ経済学、数理モデルに基づく計量経済学が西ドイツにも持ち込まれた。さらにソ連が世界初の人工衛星を打ち上げたスプートニク・ショックと、東ドイツをはじめとする東側諸国の経済成長が注目を集めたことで、国家による介入の意義は見直されるようになっていった[12]。

介入による改革はとりわけ社民党によって支持されていた。連邦議会選挙での連敗を反省して1950年代後半から党内改革を進めた社民党は、59年にバート・ゴーデスベルク綱領を採択した。これにより社民党は、党のアイデンティティだったマルクス主義の伝統から離脱して、労働者階級政党から国民政党になることを目指し、キリスト教的価値観、市場経済の原則およびキリスト教民主同盟・社会同盟の政策に原理的に反対することをやめた。新しい綱領に基づき、これまでに保守政権によって確立された西ドイツの国家と社会の現状を受け入れた上で、今後は介入に基づく改革を実施することにより、市民の生活をさらに豊かにできると社民党は主張した[13]。

このような主張を掲げた社民党が、1960年代を通じて右肩上がりで得票率を伸ばし、66年に国政与党になったことは、国家と人間が社会に働きかけることで生まれる変革に期待する意識が、西ドイツで広く共有されていたことを意味した。市民の生き方が多様化したことで、これまで非特権的な立場を甘受してきた人々が、社会的な公正とより自由な生活を可能にする社会制度を声高に求めるようになっていた。これを汲み取った社民党は、教育、刑法、両性の平等など幅広い分野に介入し、改革することを約束した。このように様々な分野での改革がなされた50年代後半から70年代初頭を「長い60年代」と呼び、ひとつの時代として捉える見方もある[14]。60年代の西ドイツは、旧来の社会のあり方が相対化され、新しいものが歓迎される「第二の建国」や「建て替え」の局面にあったと言われる[15]。

西ドイツにおける68年運動

本節では、特に若者の活動に焦点を当てながら、西ドイツにおける68年運動の展開を検討する。1950年代後半から西ドイツでは、社会改革が段階的に行われていた。特に66年12月にキリスト教民主同盟・社会同盟と社民党が参加した、クルト・ゲオルク・キージンガー大連立政権が成立してからは、社民党の働きかけもあって、より積極的に改革が進められるようになったものの、政府の政策は市民による変革への要求に十分に対応しきれず、不満を集めていた。60年代前半から西ドイツで抗議運動の規模は全体として拡大し続けていたが、とりわけ60年代後半には政治意識を高めた市民が、自らの主張をアピールするために街頭へと積極的に繰り出すようになった。

68年運動で重要な役割を果たした学生による運動は、まず西ベルリンのベルリン自由大学で本格化した。1965年に学生によって企画された、鋭い社会批判で知られたジャーナリストのエーリヒ・クービーによる講演会を学長が禁止した事件と、学長を批判する発言を行った政治学者エッケハルト・クリッペンドルフの雇用契約延長が拒否された事件によって、自由大学はにわかに騒然となった。[16]

二つの事件が学生運動に火をつけた背景には、学生がベルリン自由大学に対して持っていた不満があった。1960年代の教育改革の結果、数を増した学生は手狭な大学施設に押し込められ、不満を抱えていた。こうした問題にベルリン自由大学は、定員制限と強制的な学籍抹消措置の導入によって学生数を減らすことで対応したため、さらに学生の反発を招いた。65年の事件は、大学側の振る舞いに対して、学生が大規模な抗議運動を開始するきっかけとなった。ベルリン自由大学では西ドイツ初のシット・イン（座り込み）とティーチ・イン（議論集会）が開催され、6月には約3000人の学生が参加した。[17] 西ドイツ全土で報道されたベルリン自由大学の展開は、同様の問題意識を持っていた全国の学生から共感を得て、各地で教育政策を批判する学生運動の盛り上がりを促した[18]。

加えて学生は、特に大学におけるナチ時代からの連続性も批判した。1945年以前から活躍していた教授であっても、多くの場合大して糾弾されずに戦後も職に留まることができた。50年代初頭からナチ・ドイツと西ドイツの連続性は、議論の対象になっていたものの、大学は十分な自浄作用を持っていなかった[19]。大学ではナチ時代に関する実証的な調査がいまだに本格化しておらず、少数の研究者や大学外の機関が研究を行っていた。しかし、過去の蓋は次第にこじ開けられるようになった。とりわけ60年と65年のナチ犯罪の時効延長をめぐる連邦議会の議論、61年にイスラエルで開廷したナチ親衛隊員アドルフ・アイヒマンに対する裁判、63年から65年にフランクフルトで開かれたアウシュヴィッツ強制収容所勤務者への裁判は、若い世代に強い印象を与えた。それまであまり語られてこなかったナチ犯罪に衝撃を受けた学生組織は、若手研究者と協力しつつ独自に調査を始め、それまでの過去との取り組みにおける怠慢を厳しく批判するようになった[20]。

ナチの過去からの連続性を批判することは、年配世代が作り上げた政治と社会の現状に対する若い世代の抗議という性格を持っており、アクチュアルな政治問題でもあった。これを通じて政治意識を高めた学生は、1960年代後半から大学の問題以外にも積極的に取り組むようになった。

とりわけ激しい批判の対象になったのは緊急事態法制だった。これは自然災害、恐慌、内乱、戦争のような平時の統治機構では対処できない緊急事態において、市民の権利を制限して国家の存立を保障するための非常措置を講じる特別な権限を政府に与えるものだった。緊急事態法制は、独立後も米英仏が保持する、自国の利益のため西ドイツで独自に行動する権利を解消するという意味で、西ドイツ政府の悲願だったものの、この法制によって市民の権利が踏みにじられ、執行機関の暴走を許す「民主主義の危機」が発生するのではないかという不安が生まれた。キリスト教民主同盟・社会同盟が主に推進していたこの法制は、1960年代前半まで労組に後押しされた社民党の反対によって成立が阻止されていた。しかし、保守政党との大連立を組むことを意識するようになった社民党は、反対の声を次第に弱めていった。[21]

社民党に代わって、特に学生組織が緊急事態法制への反対運動を本格化させた。学生運動の指導的組織だった社会主義ドイツ学生同盟（SDS）は、1965年から積極的に抗議集会を開催し、3月にボンで約2000人、6月にフランクフルトで約5000人の参加者を集めた。[22] 社会主義ドイツ学生同盟は、社民党系学生組織の社会民主主義大学同盟（SHB）とも協力関係を結び、66年5月にボンで両組織は、「緊急事態に直面した民主主義会議」を開催した。さらに6月に社会主義ドイツ学生同盟とイースター行進運動の実行委員会が、反対運動を共同で行うことを取り決め、「民主主義の緊急事態」委員会が発足した。このことをきっかけに学生、労組、知識人などが参加する、68年運動の主要な主体である議会外反対派が組織され、抗議運動の地理的拡大と参加者の増加が促された。10月の「民主主義の緊急事態」会議には約2万4000人が参加し、67年2月までに地域ごとの活動組織が全国80都市で設立された。[23]

抗議運動は拡大していたものの、1966年12月にキージンガー大連立政権が成立したことで、緊急事態法制の可決は時間の問題になった。大連立政権の成立によって、キリスト教民主同盟・社会同盟と社民党の二大政党が、法制を成立させる方向で合意するとともに、連邦議会内の野党が、65年9月の選挙で9・5％しか得票していない自由民主党（FDP）だけになったことで、立法府が行政府を有効に統制できなくなったと見られるようになった。同法制を通じて元ナチ党員のキージンガー率いる大連立政権が議会を無力化し、民主主義を空洞化させようとしていると抗議運動は厳しく批判するようになった。[24]

加えてネオナチ政党であるドイツ国民民主党（ＮＰＤ）の台頭も議会外反対派の不安を煽った。１９６４年11月に設立された元ナチ党員が多く参加するこの極右政党は、社民党と連立を組んだキリスト教民主同盟・社会同盟に対する保守派の不満、左翼の抗議運動への反発、66年から67年の経済不況に対する不安から糧を得て、69年までに七つの州議会で議席を獲得した。[25] 極右政党の勢力拡大も、民主主義が危機に陥っている証拠だと議会外反対派は見ていた。[26]

１９６０年代に世界各国で活発化したベトナム反戦運動は、68年運動の国際的な推進力になるとともに、抗議運動の急進化を促した。反戦運動で中心的役割を担った社会主義ドイツ学生同盟は、64年ごろから米国政府のベトナム政策を批判し始め、65年から本格的にベトナム反戦を唱え始めた。[27] 反戦運動は、米英仏の施政権下にあった西ベルリンで特に強烈に行われた。66年2月にはルディ・ドゥチュケとベルント・ラベールら反権威主義者と呼ばれる若い活動家の一派が、西ベルリン市街地に反戦ポスターを貼り付ける非合法活動を行って注目を集め、抗議運動の中心に躍り出た。同月に暴徒化した反戦デモ隊が、文化施設アメリカ・ハウスに侵入して米国国旗を引きずり下ろし、玄関に卵を投げつける狼藉を行った。こうした事件を受けて、西ベルリン市政府は市街地でのデモを禁止したものの、反戦運動は収まらなかった。[28]

その後も学生中心の反戦運動は激しい抗議活動を続け、西ドイツ各地で連日のように警察と衝突するようになった。[29] １９６７年5月にフランクフルトでは社会主義ドイツ学生同盟のメンバー約２００人が、発煙弾とシュプレヒコールで米独友好週間記念式典を妨害した。ミュンヘンでは約１００人の活動家が、ベトナム解放民族戦線の旗と毛沢東の写真を掲げ、米大統領リンドン・Ｂ・ジョンソンに見立てた藁人形を焼くパフォーマンスを行い、出動した警察に卵や石を投げつけた。[30]

こうした過激な抗議活動によって運動全体がさらに急進化した。当初は人道的な理由から残虐な戦争に抗

オーネゾルク射殺事件に抗議するデモ（1967）
© Gesellschaft für Kieler Stadtgeschichte

議する者が多数派だったが、１９６６年半ばから特に反権威主義者は、ベトナム戦争を米国に代表される帝国主義的な資本主義勢力と第三世界の解放勢力のグローバルな衝突として捉えるようになった。そのため西ドイツ政府による反戦運動の厳しい取り締まりは、第三世界への搾取と抑圧を強めようとしている資本主義体制による、防衛機制の現れだと解釈されるようになった。こうした解釈を掲げた反権威主義者は、体制の攻撃性と不正を暴くため、より積極的に運動を行うことを主張して学生の支持を集めた。[31]

西ドイツの68年運動は、１９６７年6月のイラン国王夫妻の西ベルリン訪問をきっかけに絶頂期を迎えた。6月2日にイランの独裁体制に反対するデモ隊が国王歓迎派および警察と衝突し、学生ベンノ・オーネゾルクが射殺された。

このオーネゾルク射殺事件は、68年運動の多様な問題意識と結び付けられ、運動のさらなる激化の触媒となった。

警官がデモ参加者を殺害したことは、緊急事態法制成立後に発生するかもしれない執行権による独裁と人権侵害を予告していると見られ、法制の成立は絶対に阻止されなければならないという議会外反対派の危機感を高めた。オーネゾルク射殺事件後、実際に法制反対運動の規模は爆発的に拡大した。１９６７年６月にイースター行進運動は、西ドイツの約３５０都市に緊急事態法制に関する情報ブースを設置し、５００回以上の抗議イベントを開催した。「民主主義の緊急事態」委員会は67年末までに約１５０都市で結成された。[32]デモ参加者が米国施政権下の西ベルリンで射殺されたことは、西ドイツ人が置かれている状況と米国のベトナム戦争に何らかの共通性があるように思わせ、反戦運動への参加者の殺到と急進化を促した。[33]とりわけ１９６８年2月に社会主義ドイツ学生同盟が開催し、哲学者ヘルベルト・マルクーゼも参加した西ベルリンの「国際ベトナム会議」では、先進国の反戦運動と第三世界の脱植民地主義運動を結びつける「反帝国主義統一戦線」と国際義勇軍の結成が求められ、東西ヨーロッパの若者が実際にベトナムに渡り、武器を取る可能性が議論された。[34]特に第三世界の解放運動を先進国の反戦運動が支持することで、世界革命を起こすというドゥチュケの構想は反響を呼んだ。この会議後のデモには約１万５０００人が参加した。[35]

さらにオーネゾルク射殺事件の報道をめぐって、マスメディアも激しい抗議の対象になった。なかでも以前から68年運動に批判的だった大メディア・コンツェルンのシュプリンガー社は、射殺事件についてデモ隊の責任を問う報道を行ったことで強い反発を受けた。[36]社会主義ドイツ学生同盟が中心になった「シュプリンガー社を接収せよ」キャンペーンが、１９６７年末には全国で約30万人を動員した。またマスメディアが持つ世論への強い影響力に警鐘を鳴らした活動家は、それから逃れる独自の対抗公共空間を作り出そうとした。そのために既成のマスメディアとは別のオルタナティヴな新聞と雑誌が多数創刊され、68年運動以降の社会運動の重要な基盤になった。[37]

１９６８年春に68年運動は、またしても暴力事件によって急進化した。4月11日に西ベルリンでドゥチュケが、極右に影響された青年労働者ヨーゼフ・バハマンに銃撃されて負傷した。銃撃の原因は、バハマンがシュプリンガー社の報道に扇動されたことにあるという推測から、事件直後のベルリン工科大学に約3000人の学生が集まり、シュプリンガー社の解体と接収を要求した。集会後にデモ隊は、シュプリンガー社の建物を投石と放火で襲撃し、新聞配達車両を破壊した。4月半ばには西ドイツ全国で約35万人が抗議デモに参加して警察と衝突した結果、400人以上が負傷し、約1000人が逮捕される「イースター騒乱」が発生した。[38]

急進化したことで学生運動は社会から孤立するようになった。1968年4月後半の世論調査によると、16歳から30歳の西ベルリン市民の50%は、抗議運動を正しいと考えていたものの、86%は、学生運動の暴力行使を批判した。[39] 5月の世論調査によると、西ドイツ市民の32%が、警察はデモをもっと厳しく取り締まるべきだと考えていたが、この値は2月の調査から倍増していた。[40]

急進化は運動内部の分断も深めることにもつながり、特に労組が運動から距離を置いて独自の活動を行うようになった。1968年5月11日に「民主主義の緊急事態」全国委員会が、緊急事態法制阻止のためのデモを計画し、約7万人がボンに向かう星状行進に参加した。しかし、西ドイツ最大の労組の連合組織であるドイツ労働組合総同盟（DGB）は委員会と協力せず、同じ日にドルトムントで法制への抗議集会を独自に開催した。同時期に社会主義ドイツ学生同盟は、法制成立阻止のためのゼネストを呼びかけたものの、ほとんどの労働者は応じなかった。[41]

緊急事態法制は、1968年5月15日から16日にキージンガー内閣内で合意され、5月30日に連邦議会で可決された。緊急事態法制への反対運動は、議会外反対派内部の多様な参加者層を強く結びつける要素だったため、法制の可決によって68年運動は最も重要な紐帯を失った。[42] これにより西ドイツの68年運動は衰退期に入った。

第2節　運動の転換――新しい運動の展望の発見

本節では、68年運動が衰退する1960年代末までに抗議運動に生じた性格の変化について考察する。この時期に発生した変化は、68年運動以降の新しい運動を生み出す要素となり、特にキンダーラーデンとユーゾーにとっては独自の運動を開始する前提だった。

生き方の革新運動としてのコミューン（1967〜68年）

68年運動は、政治的な異議申し立て運動であっただけでなく、生活と文化の革新運動でもあった。この時期に若者の多くが、「ブルジョア的」な生活様式を拒絶し、社会の慣習や常識を重視しない「ライフスタイルの革命」を求め、新しいオルタナティヴな生活を実践しようとしたことから、68年運動は西ドイツにおける個人の規範観念や振る舞い方を草の根レベルで多様化し、より自由で民主的なものにしたとされている。このことをもって哲学者ユルゲン・ハーバーマスは、68年運動が西ドイツ社会の「根本的リベラル化」を促したと評価している(43)。

オルタナティヴな生活を求めた若者は、多くのコミューンを結成し、目的を共有する仲間との共同生活を通じて自らが望む生き方を実践した。なかでも重要なのは、西ベルリンで1967年1月に設立されたコミューンⅠと8月に結成されたコミューンⅡである。二つのコミューンの起源は共通しており、それぞれの参加者は、社会主義ドイツ学生同盟活動家のディーター・クンツェルマンが66年11月に発表した「大都市における革命的コミューン建設についてのメモ」に賛同した人々だった。哲学者テオドーア・W・アドルノの分析を参照したクンツェルマンは、資本主義社会に批判的な生活を実践することを求め、そのための模範として中国の人民公社を参考にしたコミューンでの生活を提案した。[44]毛沢東が大躍進政策で推進したこのプロジェクトを、伝統的な家庭生活を代替するものとして解釈したクンツェルマンは、共同生活を通じて労働、消費、余暇などあらゆる日常的活動を集団で行い、資本主義と個人主義を拒絶した新しい生活を実践するように呼びかけた。[45]

クンツェルマンやフリッツ・トイフェルら反権威主義者に率いられたコミューンⅠは、文化運動としての性格を強く持っており、男女平等で自由奔放な共同生活を演出したり、1967年4月に訪独した米国副大統領ヒューバート・H・ハンフリーをプリンで襲撃することを計画するといった挑発的な活動を行った。[46]実際にはコミューンⅠにも、権威主義的で男性中心主義的な要素があったものの、社会規範に意識的に逆らうような活動はマスメディアの注目を集め、この集団は68年運動のサブカルチャーの中心になった。[47]

他方、社会主義ドイツ学生同盟の活動家ヤン＝カール・ラスペとユーゾーのアイケ・ヘマーら、七人の成人男女によって設立されたコミューンⅡは、より内向きの性質を持っていた。コミューンⅡの活動の重点は、マスメディアに働きかけることよりも、資本主義社会自体から距離を取り、政治活動と一体化したオルタナティヴな共同生活を確立することにあった。コミューンⅡは、コミューンⅠよりも意識的に規律ある生活を送ることで、社会主義運動を進める革命家を生み出すことを目標にした。[48]

私生活を政治活動の対象にしたコミューンⅡは子育ての問題にも関与した。「新しい人間」の創造を目標に掲げたコミューンⅡは、参加させられていた三歳と四歳の子ども二人を社会主義活動家に育てようとした。既存の資本主義社会が生み出す抑圧と搾取を拒否できるような、「権威主義的人格」ではない個人を育てつつ、自由で平等な社会を建設するための第一歩として、コミューンⅡは伝統的な家族構造を解体することを目指した。「父、母、子どもの伝統的な三角関係」による抑圧構造を破壊し、対等な構成員同士の集団生活によって、家族関係をより平等なものにすることが必要であると主張したコミューンIIは、生活における大人の権威を否定し、子どもに広範な自由を認めた。清潔さと行儀良さを重視する社会規範を批判したコミューンIIは、子どもが好めば汚い服であっても着せ、子どもの振る舞いを大人による禁止と叱責でコントロールすることを避けた。さらに大人は、子どもの性をタブーにするのではなく、むしろ積極的に肯定して充足させることが必要だとされた。加えてコミューンIIは子どもの創造性を高く評価した。固定観念にとらわれない子どもは、大人の世界では特定の機能しか持たない物の新しい用途を考えだす能力を持っているという。この能力を既存の社会を克服するのに活かすべきとしたコミューンIIでは、通常のおもちゃだけでなく椅子、机、食器も遊び道具になった。[49]

こうしたコミューンIIの運動方針は、キンダーラーデンのそれと共通点を持っており、さらに参加者の中には、西ベルリンのキンダーラーデン組織である「女性解放のための活動評議会」の活動家と知り合いである者も多かった。そのため両組織は、1968年4月末から協力して活動するようになった。[50]

しかし、子どもの自由を重視する教育理念は、コミューンII内部で一致した支持を得ていたわけではなかった。参加者の一部は、一見子どもに自由を認めている教育方法であっても、実際には大人が子どもの欲求を誘導することで、器用な形での抑圧が行われているのではないかと疑っていた。こうした器用な抑圧は、まさにリベラルな「ブルジョア的」な家族で行われているのではないかとコミューンIIの活動家の中には不安視する者もいた。[51]

さらに、そもそも教育で社会を変えることができるのかという根本的な疑問を抱えた参加者もいた。資本主義を拒絶した「新しい人間」の創造という目的にとっては、生活共同体で子どもに自由を認める教育を行うよりも、規律を重視し禁欲的でセクト的なマルクス・レーニン主義的な組織で活動する方が有効であるという考え方も見られた。この考えを強く支持したラスペは、コミューンIIは失敗したと述べ、ブルジョア文化は実験的な教育ではなく、集団的な政治闘争によって克服されると1970年に書いている。最終的にコミューンIIは、方針をめぐる内部対立と参加者同士の生活習慣の違いによって68年夏に解散し、ラスペはキンダーラーデン活動家の一部とともに運動を離脱した。[52]

政治的手段としての暴力とそれへの批判

1967年6月のオーネゾルク射殺事件以降、68年運動の暴力性は高まっていた。7月10日から13日に社会主義ドイツ学生同盟は、ベルリン自由大学で集会「ドイツ連邦共和国における議会外反対派の可能性」を開催した。11日にマルクーゼは約3000人の聴衆の前で、人間は社会的抑圧に暴力で抵抗する自然権を持っていると述べ、学生と労働者階級をはじめとする人々にその権利を行使するように求めた。13日には、パネルディスカッション「ベトナム——第三世界と大都市における反対派」に登壇したマルクーゼとドゥチュケらが、第三世界の植民地を支配する資本主義勢力は、先進国の大都市でも暴力を振るうようになっているため、それへの抵抗を西ドイツでも行うように呼びかけた。[53]

この時期には直接的な暴力行使の是非をめぐる議論も本格化した。1967年9月にフランクフルトで開かれた社会主義ドイツ学生同盟の代表者会議は、そのような議論の舞台になった。会議に参加したドゥチュケは、フランクフルトの学生活動家ハンス＝ユルゲン・クラールとともに南ベトナム民族解放戦線の旗の下で演説し、社会主義ドイツ学生同盟を単なる学生組織ではなく革命組織として捉えるように求め、西ドイツの大都市で急進的な活動を行うことで、第三世界の武装闘争を支援することを訴えた。[54]

この会議はメディアにほとんど公開されていなかったものの、社会主義ドイツ学生同盟の一部が武器を取ることを検討していることは、すぐに広く知られるようになった。1968年2月の国際ベトナム会議でドゥチュケは、西ヨーロッパと東ドイツの社会主義的な青年組織が国際旅団を結成し、ベトナムで戦うことを要求した。会議後にデモ隊は、チェ・ゲバラやホー・チ・ミンのような第三世界の武装闘争指導者の写真を掲げて行進した。(55)

68年運動がますます暴力的になっていることは、1968年4月のドゥチュケ暗殺未遂事件と、それによって引き起こされたイースター騒乱によって明らかになった。さらに4月に、後に赤軍派を結成するアンドレアス・バーダーとグドルン・エンスリンは、フランクフルトのデパートに放火し、本格的なテロ活動を開始した。

暴力行使が議論されるようになると、学生運動は世論の支持を失い、むしろ強い批判を受けるようになった。1967年後半の世論調査では、西ドイツの回答者の60％以上が学生運動に賛同していたものの、翌年7月には支持者は約二割にまで減少した。(56) シュプリンガー社が68年2月に西ベルリンで開催した学生運動批判集会には約15万人も訪れ、その後のデモには約6万人が参加した。デモ隊は、「ドゥチュケは第一級の国民の敵」、「政敵は強制収容所へ」、「社会主義ドイツ学生同盟の禁止に賛成」といった横断幕を掲げた。(57)

暴力行使の問題は、1968年11月4日の「テーゲル通りの戦い」で分水嶺を迎えた。この日、西ベルリンのシャルロッテンブルク地区テーゲル通りにある地方裁判所で、弁護士ホルスト・マーラーに対する裁判が行われた。バーダーとエンスリンのような若い過激な活動家の弁護を積極的に引き受けていたマーラーは、特にイースター騒乱においてデモ隊による暴力行使を煽ったため、弁護士資格停止処分を下されていた。この処分に抗議する学生を中心とする1000人以上のデモ隊は、警察と激しい衝突に至り、投石などによってまともな装備を持っていなかった警官隊を圧倒した。最終的にデモ隊の負傷者が21人だったのに対し、警察の負傷者は130人を数えた[58]。

この「テーゲル通りの戦い」について、当時社会主義ドイツ学生同盟によって編集部を乗っ取られていたベルリン自由大学公式の学生雑誌『FUシュピーゲル』は満足げに報道した。デモ隊が警察を直接攻撃したことを、「司法のテロに抵抗する法律家のための対抗テロ」であると論じた『FUシュピーゲル』は、「支配者がこれまでの歴史上自発的に退いたことはない」ため、暴力を組織的に行使することで社会転覆を促すように呼びかけた[59]。

このような雰囲気の中で、暴力行使を支持する一部の活動家はテロ組織に参加した。コミューンIIとキンダーラーデンの参加者の中にもテロ組織に参加し、運動から離脱していった人々がいた。オルタナティヴな生活と子育て自体が、暴力行使と直接関係しないことに不満を感じたラスペは、コミューンIIを離脱して赤軍派に参加した。最終的に彼は1977年10月18日に収監されていたシュタムハイム刑務所で、バーダーとエンスリンとともに獄死した。ラスペの恋人であるマリアンネ・ヘルツォークも、フェミニストで活動評議会創設者の一人だったが、赤軍派に参加した。さらに活動評議会指導者のヘルケ・ザンダーとともに映画学を学んでおり、キンダーラーデン設立に参加した数少ない男性活動家だったヴェルナー・ザウバーも、キンダーラーデン運動を離脱してテロ組織の「6月2日運動」に参加し、最期は75年5月に警官によって射殺された[60]。

社民党の若い党員は、ますます暴力的になる運動にはついていけなくなった。そのため社民党の学生組織である社会民主主義大学同盟は、社会主義ドイツ学生同盟と距離を置くようになった。例えばドゥチュケ暗殺未遂事件の直後、社会民主主義大学同盟のヴォルフガング・ランズベルクは、ベルリン自由大学の学生委員会が議会外反対派中央委員会と改称されて、暴力行使の方法について議論していることに抗議し、同大学の自治会会長を辞任した。社会民主主義大学同盟離脱後の自治会は急進化し、1968年4月19日にベルリン自由大学、ベルリン工科大学、ベルリン教会大学の自治会が、人に危害を与えないような、物に対する暴力行使を支持する共同宣言を発表した[61]。11月7日にはベルリン工科大学で、「テーゲル通りの戦い」に関する議論集会が開催された。集会で社会民主主義大学同盟は、「議会外反対派が連帯し合うことは、通常なら議論の余地なく必要であるものの、今回は連帯できない」と述べて、警察に暴力を振るったデモ隊を批判した[62]。

ユーゾーもまた「テーゲル通りの戦い」における暴力行使を批判した。フランクフルト大学学生で社民党員のカールステン・フォークトは、暴力を用いずに社会を変革できると再三にわたって強調した[63]。西ベルリンのユーゾーで活動するクヌート・ネヴァーマンは、議会外反対派に働きかけて、物への暴力はあくまで人々の意識変革を促す象徴的な性質を持つものであり、生命を危険にさらさないことが確実なときにだけ許されると決議させた。加えてネヴァーマンは、「テーゲル通りの戦い」に関する感想を求められた際に、最初にデモ隊が警察を攻撃したと非難し、暴力的な運動とは協力できないと述べた。またユーゾーのシュレースヴィヒ・ホルシュタイン州支部幹部会のノルベルト・ガンゼルは、キール大学での活動で暴力を用いないことを学生総会で宣言した[64]。

暴力的な運動を拒絶することで若い社民党員は、街頭での抗議運動からも相対的に距離を置くことになり、彼らの活動の中心は社民党内部に戻っていった。このおかげでユーゾーは、社民党内の鼻つまみ者と見なされずに済んだのだった。68年運動の急進化に恐れを抱いた社民党の指導者層は、若い党員の活動能力を封じ込めるために、ユーゾーに参加できる年齢の上限を引き下げることを検討していた。しかし、ユーゾーが暴力的な学生運動と歩調を合わせず、社民党内で合法的に活動することを宣言したことで、１９６８年11月23日の社民党連邦委員会において、多くの党地方支部が年齢制限の引き下げに反対した。こうしてユーゾーの活動能力が保たれたことは、69年以降に若い党員が党幹部会への「反乱」を起こす前提でもあった。[65]

労働運動の見直し――9月ストライキ（1969年9月）

68年運動の特徴のひとつは、若い活動家が自らこそ政治的な「前衛」であると主張して指導的立場を要求し、労組のような旧来の運動の担い手よりも活発に活動したことにある。この思想的背景にはマルクーゼによる「周縁理論」があった。この理論によると、西ドイツをはじめとする先進的な資本主義国家は、伝統的に革命運動を担ってきた労働者階級を、経済成長と福祉国家制度によって統合してしまったため、この階級はもはや革命運動を行える状態になかった。代わりに、資本主義的な生産様式に完全には統合されていない学生のような周縁的集団が、革命的な役割を果たすべきであるとマルクーゼは論じている。[66]

しかし、暴力をめぐる問題などで分裂した学生運動の今後に期待できなくなったこと、および１９６９年の9月ストライキに感化されたことで、若い活動家は周縁理論の妥当性を再考し、労働者階級の役割に再び期待を寄せるようになった。

9月ストライキは、労使協定によって定められた賃金に不満を持った主に鉱業と鉄鋼業の労働者が、労組を通さずに自発的に開始したストライキだった。ドルトムントのホェーシュ社で始まったこの山猫ストライキの参加者は、西ドイツ全国で約15万人に上った。9月ストライキ後の労使交渉の結果、賃上げは速やかになされ、１９７０年には西ドイツ政府の専門家委員会が、被用者側の代表の数を増やし、職場での共同決定を労働者に有利なものにすることを勧告した。[67]

9月ストライキは、社会に統合されて体制と折り合うことしか考えていない労組の影響下から、政治意識を高めた労働者が抜け出そうとして発生したと若い活動家は解釈した。ストライキに刺激された活動家は、「Kグループ」と呼ばれる無数の小規模な左翼セクト組織を設立し、労組に代わって独自に労働者を動員しようと試みた[68]。

9月ストライキは、キンダーラーデンの活動家とユーゾーにとっても、労働者との関係を重視する古典的な社会主義運動を再評価するきっかけになり、その後の若者の運動が社会主義を強く志向する一因となった。後述するように1969年までのキンダーラーデン運動内では、毛沢東主義者とフェミニストが教育方針をめぐって対立していたが、9月ストライキは、労働者との関係を重視するという毛沢東主義者の方針の正しさを証明していると見られていた。毛沢東主義者の活動家ルッツ・フォン・ヴェーダーは、9月ストライキによって「プロレタリアート」との協力の重要性を再発見したと述べ、労働者とともに子どもの教育と子育てを行うように訴えた。ヴェーダーは、これまでに目指されてきた生活共同体や学生運動による社会変革を、キンダーラーデンの目的としては不十分であるとした。代わりにキンダーラーデンが目指すべき目標は、労働者家庭の子どもを教育によって解放すること、および労働者と学生活動家が長期的に協働して将来の革命運動を準備することだとヴェーダーは述べた[69]。

また9月ストライキは、キンダーラーデンが活動の重点を私生活に近いローカルな領域に移すことを促した。毛沢東主義者が中心となったシェーネベルク・キンダーラーデンの活動家は、9月ストライキがキンダーラーデンの「誤り」を修正したと述べた。これまで学生運動に影響されて、労働者の生活とは関係が薄い事柄に取り組むという「誤り」を犯していたキンダーラーデンは、今や活動の場を大学街から労働者が住む地区に移転することで、周縁理論を乗り越えなければならないとした。そのために1970年3月にはシェーネベルク・キンダーラーデンの活動家は、労働者の組織化という古典的な社会主義運動の目標へと立ち返ることを求め、その具体的な手段として、キンダーラーデンが若い労働者の私生活に近い場で活動することを主張した。とりわけ保守的な価値観にあまり感化されていない若い労働者の子育てと教育に協力することで、彼らを動員できると活動家は考えていた。[70]

9月ストライキはユーゾーにも刺激を与えた。9月ストライキを若い社民党員は、西ドイツ政府の経済政策が失敗して資本主義経済の破綻が近づいていること、労働者階級の政治的な行動能力が高まっていること、さらには社会主義運動が西ドイツで成功する可能性が高まっていることの証だと考えていた。

例えばドルトムントで活動していたユーゾーの指導的理論家クリストフ・ブッターヴェッゲは、9月ストライキの原因を連邦経済大臣カール・シラー（社民党）による経済政策に求めた。ブッターヴェッゲによると、特に労組が、シラーのコーポラティズムに従って労使間の調和を過度に重視するとともに、1966年から67年に西ドイツで発生した不況にショックを受けて、賃上げ要求を差し控えるようになったため、労使の均衡が崩れて使用者側に有利な力関係が生まれていた。ブッターヴェッゲは、戦後の経済成長を通じて力を強めた資本家側をより有利にする状況を、シラーが生み出していると論じ、9月ストライキは、西ドイツ政府の経済政策の失敗、労組の消極的な態度、資本家の権力強化に対する労働者の自発的な反発であると解釈した。さらに労働者が、賃上げ以外にも一般的な労働条件と生活の質の改善や、経営への参加機会の拡大を求めるようになっていることを指摘したブッターヴェッゲは、西ドイツの労働者階級の闘争性が高まっており、社会主義運動にとっての好機が到来したと述べた。[71]

ブッターヴェッゲの見方は、当時のユーゾー指導者の間でも共有されていた。フォークトも、9月ストライキの原因はコーポラティズムによって政府、資本家、労組があまりにも速やかに妥協するよう求められていることにあるとした。フォークトは、労使の妥協への圧力と少数の企業への資本集中に労働者が抵抗したために発生したのが9月ストライキであると分析し、西ドイツの資本主義社会克服のために労働者との連帯をいっそう強め、今後は特に彼らの私生活に近い領域で運動するように求めた。[72] 同様に後のユーゾー連邦議長であるヴォルフガング・ロートも、9月ストライキをきっかけに西ドイツの階級闘争が激化していることを認めることと、その後も山猫ストライキが起きた時には積極的に労働者の要求を支持することを社民党に求めた。[73] このように活発化した労働者に期待を寄せ、彼らの要求を取り上げることで自らの運動を活性化させたいという意識は、1960年代末以降のユーゾーがローカルな場に活動の中心を移す前提となった。

施政方針演説を行うブラント
© J.H. Darchinger/Friedrich-Ebert-Stiftung

ブラント政権の成立と「権力交代」（1969年10月）

1969年9月28日の連邦議会選挙後、自由民主党と連立した社民党は、ヴィリ・ブラント政権を成立させた。西ドイツ建国後、初めてキリスト教民主同盟・社会同盟の所属ではない人物が連邦首相に就任したことから、ブラント政権の成立は「権力交代」と呼ばれ、西ドイツ史の画期とされることもある。[74]

ただこの政権交代は、キージンガー政権による西ドイツ民主主義の破壊を恐れた議会外反対派の活動の結果とは言い難かった。連邦議会選挙でのキリスト教民主同盟・社会同盟の得票率は、前回の選挙と比べてたった1・5％減の46・1％であり、社民党は3・4％増の42・7％を得た。他方、連邦議会内で唯一の野党だった自由民主党の得票率は、3・7％減の5・8％だった。このことからブラント政権の成立は、キリスト教民主同盟・社会同盟と社民党の大連立政権を嫌った有権者の投票によるものだったとは必ずしも言えないことがわかる。むしろブラント政権成立の原因は、1959年のバート・ゴーデスベルク綱領以来、社民党が試みてきた労働者階級政党から国民政党への転換が成功し、より幅広い有権者層から支持を集められるようになったことにあった。キリスト教民主同盟・社会同盟と社民党の二大政党が、大連立政権を組んでも高い支持率を維持したことは、有権者の多数が西ドイツの政治体制に満足し、両党の民主性を信頼している証拠だと捉えられた[75]。

それでもブラント政権の成立を、特に社民党支持者は新たな出発として受け止めた。なぜならこれによって社民党は、初めて独自の政策を行えるようになったと考えられたためである。1950年代末以降の国民政党路線の過程で、社民党は政治、社会、経済などの政策の基本的な方針について、キリスト教民主同盟・社会同盟と足並みをそろえようとしていた。この結果、66年に社民党はジュニア・パートナーとしてキージンガー政権に参加することができた。

しかし、こうした社民党による保守政党への接近戦略は、支持者の間で不満を高めるとともに、西ドイツ民主主義にとってのリスクをはらんでいるのではないかという不安も存在していた。1964年に社民党員でベルリン自由大学の政治学者エルンスト・フレンケルは、二大政党が合意形成を過度に重視して両党の政策の違いが小さくなることで、市民が議会での議論を無意味なものとして捉えるようになる危険性を指摘した。多様な意見を代表する政党同士の討論によってではなく、円滑な議会運営に重きを置く大政党間の調整によって政策が決定されてしまうことで、市民が議会制民主主義を欺瞞だと感じ、それに背を向けてしまうリスクが真剣に議論されていた[76]。

フレンケルは、1960年代の西ドイツで二大政党が互いに対立を避けようとした結果、政策決定から疎外されたと感じた市民による急進的な抗議運動が盛り上がったと分析したが、この考察には説得力があっただろう。二大政党を支持したくない人々のうち、左翼的な考え方をする者は急進的な68年運動を、右翼的な信条を持つ者はネオナチ政党のドイツ国民民主党を支持したことで、民主主義は左右からの攻撃に直面していると見られていた[77]。

こうした問題に対応するために、民主主義を議会や政党だけが実践するものではなく、より市民に近いものとして理解するように主張する者もいた。社民党のバイエルン州支部党首を務めたヴァルデマー・フォン・クネーリンゲンは、1965年11月に生活のあり方として民主主義を捉え直すことを求めた。生活のあり方として民主主義を捉えること自体は、バート・ゴーデスベルク綱領でも見られる主張だったものの、クネーリンゲンは、民主主義を議会、選挙、政党のような形式的制度や特別な機会だけに行われるものではなく、学校や職場のような公共空間の至るところで日常的に実践される身近なものであると論じ、市民があらゆる場でともに自己決定できるような生活を目指すことを訴えた。このような目標は、アデナウアー政権時代の宰相民主主義のような、権威主義的な民主主義に対するオルタナティヴとして、特に若い社民党員に支持された[78]。

この民主主義を市民にとって身近なものとして捉え直す見方は、新首相ブラントの言葉を通じて新たな影響力を持つようになった。1969年10月28日の施政方針演説で彼は、「我々はもっと多くの民主主義を敢行したい」と述べ、次のように市民の積極的な政治参加を促した。

民主主義体制の政府は、市民の民主的な参加によって支えられている時にだけうまく活動できる。国民が大袈裟な威厳と近寄りがたい権威を必要としないのと同じように、我々は盲目的な賛同を必要としていない。［中略］我々は民主主義の終わりにいるのではなく、初めてそれを正しく始めるのだ。[79]

社民党独自の政治に期待する声に応えようとしたブラントは、意欲的な社会改革を宣言し、約90分の演説で「改革」という言葉を31回も用いて婚姻関係、刑法、教育制度、住宅建設、環境保護、職場での共同決定といった30以上の多岐にわたる分野で、政府によって策定される長期的な計画に基づく改革と民主化を進めることを表明した。さらにブラントは左右の急進主義に対応しようとした。彼は、１９６９年９月の連邦議会選挙でドイツ国民民主党が議席を得られなかったことを念頭に、極右政党を選ばなかった有権者に感謝を述べるとともに、急進的な若者を政治への参加機会の拡大によって社会に統合しようとした。彼、選挙権年齢を21歳から18歳に、被選挙権年齢を25歳から21歳に引き下げることを約束した。同時に新首相は、若者には権利だけでなく、国家と社会に貢献する義務もあると指摘することを忘れなかった。[80]

ユーゾーについて言えば、新首相による若者への呼びかけは特に重要だった。ブラントの演説は、社会をより良くしたいと考えているものの、68年運動には限界があることを感じた人々にとって魅力的であり、特に若者に対して、社民党に入党することで自らの政治への参加意欲を活かせるかもしれないという希望を与えた。それゆえブラントの演説後、非常に多くの若者が社民党に参加した。[81]

ブラントによる市民の参加と民主化への要請は、ユーゾーが活動する大義名分になった。若い党員は、急進的な運動を草の根の要求に対応したものとして正当化するために、ブラント演説をよく引き合いに出した。例えば１９６９年12月にフォークトは、演説を社会主義運動のための呼びかけとして解釈し、ブラントの求める民主的な権利と自由を完全に実現するために、資本主義を克服する運動の必要性を強調した[82]。またハンブルクのデトレフ・アルバースは、ブラントの言葉にしたがって社会のあらゆる領域で勤労大衆の利益、その民主的権利の擁護と拡大、資本主義の克服のために社民党員が活動する必要があると論じた[83]。このようにに多くのユーゾーにとって民主化は、資本主義を克服するために党内外で活発に活動することを意味していた。

もっともブラント演説が必ずしも若い活動家に有利な内容ばかりではないことは、当時はあまり意識されていなかった。特に市民の参加に基づく草の根の権力と、ブラント政権が約束した社会改革と民主化のための長期的な計画のような中央の権力は、どのように調和させるべきだったのだろうか。この問題は政治の民主的な正統性に関わるものだったものの、その重要性は十分に認識されていなかった。草の根と中央の間にある権力の対立関係は、ブラントの参加要請に応じたユーゾーの下からの急進的な要求が、後に社民党幹部会の強い抵抗によって挫折する要因のひとつになった。

社会主義ドイツ学生同盟の解散（1970年3月）

社会主義ドイツ学生同盟の解散は、1968年半ばからすでに始まっていた68年運動の衰退の結果だった。70年3月の解散提案自体は現状の追認でしかなかったが、これによって社会主義ドイツ学生同盟という若い活動家を緩くまとめていた枠組みがなくなり、68年運動は完全に瓦解し、様々な立場の活動家が別々の道を歩み始めた。このことは、キンダーラーデン運動とユーゾーが独自の主体として活動する前提でもあった。

1970年3月21日にフランクフルトで開催された代表者会議において、社会主義ドイツ学生同盟の解散を暫定連邦議長ウド・クナップが提案した。その理由としてクナップは、「社会主義を信奉する知識人は「中略」階級闘争とプロレタリアートを組織することに関心」があり、労働者による階級闘争を本格的に支援したいと考えていることから、先の展望のない学生運動を続ける意味はもはやないためであると述べた[84]。クナップの提案には明確な賛成者も反対者もおらず、フランクフルトで活動するダニエル・コーン＝ベンディットだけが、社会主義ドイツ学生同盟を土台に新しい運動組織を作ることを求めた。会議には約350人が参加していたものの、大半の出席者はもはや社会主義ドイツ学生同盟自体に関心を持っておらず、運動の中心地だった西ベルリンからは参加者すらいなかった[85]。

フランクフルトの代表者会議までに社会主義ドイツ学生同盟は、内部分裂によってほとんど機能しなくなっていた。このことは、1968年8月の「プラハの春」介入をめぐる対応を見ても明らかだった。68年春からチェコスロヴァキアで共産党第一書記アレクサンデル・ドゥプチェクを中心に進められた一連の民主化プロセスは、東側陣営の軍事同盟であるワルシャワ条約機構からの離脱も視野に入れたため、8月に東側諸国による軍事介入を招いた。

社会主義ドイツ学生同盟は、「プラハの春」に対する評価で様々な陣営に割れていった。そのひとつが、東側諸国の「現実社会主義」を支持する一派である「伝統主義者」であった。この「伝統主義者」は、1968年7月にブルガリアの首都ソフィアで開かれた、東側諸国の強い影響下にある「世界青年学生祭典」に参加し、さらに現地の米国大使館前でベトナム反戦デモを行ったにもかかわらず、その後のソ連による「プラハの春」への介入を批判しなかった。これが問題視されたことで、「伝統主義者」は社会主義ドイツ学生同盟から追放された。その後の「伝統主義者」は、東ドイツに近いモスクワ系ドイツ共産党を支持する学生組織MSBスパルタクスを69年1月に設立して、各地の大学自治会で非常に大きな影響力を持った[86]。

他方、反権威主義者は、1967年から活動の場を社会主義ドイツ学生同盟からコミューンに移しつつあったが、69年以降のコミューンIは暴力をめぐる問題で分裂していた。コミューンI内には、暴力に反対するライナー・ラングハンスのような活動家もいた一方で、クンツェルマンとトイフェルらが実際に武装闘争を始めようとしていた。10月にはヨルダンに旅立ち、現地のパレスチナ人キャンプで軍事訓練を受けたクンツェルマンは、帰国後にテロ組織「トゥパマロス・西ベルリン」を設立した。この組織は、11月にユダヤ人共同体の建物に爆弾を仕掛けたものの、このテロは未遂に終わった[87]。

東側諸国を支持せず反権威主義者でもない学生活動家の一部は、毛沢東主義をはじめとする、それまでの西ドイツでは主流でなかった潮流を支持してKグループを設立した。「プロレタリア左翼・政党イニシアティヴ」を設立したクナップも、そうした活動家のひとりだった。この組織は、社会主義ドイツ学生同盟の西ベルリン支部の幹部だったユルゲン・ホーレマンとクリスティアン・ゼムラーによって1970年2月に設立された、毛沢東主義系の「ドイツ共産党・建設組織」に合流した[88]。また、68年の大晦日に設立された毛沢東主義的な「ドイツ共産党・マルクス・レーニン主義者」がすでに活動しており、支持者を集めていた。

このようなセクト組織は全国で多数存在し、通常は互いにライバル関係にあったが、共通していた点は、9月ストライキで示されたとされる労働者の「革命的な潜在力」に期待し、彼らを動員しようと試みていたことだった。Kグループは、学生運動の分裂状態をイデオロギーと規律によって乗り越えようとしたため、レーニン主義に基づく厳格なヒエラルキー的組織構造を持っていた。Kグループの参加者は、いつの日か西ドイツでも労働者革命が発生することを夢見て、生活の細々としたことまで指導者の指令に従うような権威主義的組織で活動していた[89]。

イデオロギーと暴力をめぐる学生運動の議論にもヒエラルキー的な組織にも嫌気が差していた活動家は、独自の活動を開始した。特に若い女性活動家は、68年運動が女性差別的であることに苛立ちを覚えていた。

1968年に社会主義ドイツ学生同盟メンバーの約25%は女性であり、当時の政治組織としてはかなり女性参加率が高かったにもかかわらず、女性活動家はほとんどの場合、重要でない役職にしか就けなかった。女性活動家が指導的な役職に就くこともあったが、それは女性活動家が男性中心主義的な組織に順応したためだった。さらに当時の男性活動家は、女性活動家に対して非常に冷淡だった。例えばトイフェルは、68年9月に社会主義ドイツ学生同盟の女性活動家が、ジェンダーに関する議論を求めているのを見て、問題解決のために、「男性よりもさらに疎外されていて、馬鹿みたいなおしゃべりばかりしている」全ての女性活動家を除名することを提案していた[90]。

後述するように社会主義ドイツ学生同盟の女性メンバーは、ジェンダーについて議論するために、フランクフルトで「女性評議会」、西ベルリンで「女性解放のための活動評議会」を設立した。しかし、1968年9月に行われた、西ベルリンの活動家ヘルケ・ザンダーによる学生運動内の男性中心主義を批判する演説が、男性活動家の共感を呼ばなかったため、失望した女性活動家は、キンダーラーデンを中心に、社会主義ドイツ学生同盟から離れた独自の運動を進めることを決断した。

若い社民党員は、社会主義ドイツ学生同盟の分裂と衰退とともに活動の場を党内に移した。フォークト、アルバース、ガンゼルのような指導的な若い党員は、1968年ごろから学生運動に積極的に参加するようになっていたものの、社会主義ドイツ学生同盟の衰退を目の当たりにしたことで、大学での活動に見切りをつけ始めた。69年から70年の状況についてフォークトは、社会主義ドイツ学生同盟の問題意識に共感するユーゾー参加者は多かったものの、新旧左翼の派閥対立のせいで崩壊している学生運動とは協力できないと考え、社民党内での活動を改めて重視するようになったと述べている[91]。

また学生組織の社会民主主義大学同盟と社民党の関係が悪化したことも、若い党員にとっては重要だった。

とりわけノルトライン・ヴェストファーレン州の学生党員が党の方針を尊重せず、モスクワ系ドイツ共産党にあまりにも協力的であることを問題視した社民党幹部会は、1969年末にこの学生組織への補助金を停止した。これを見た多くの青年党員は、衰退している学生運動と社民党内での活動を天秤にかけ、後者を選択した。[92]

第3節　新しい運動の誕生

キンダーラーデン運動の成立

68年運動の過程で生まれた自治的な保育施設であるキンダーラーデンは、コミューンIIの教育方針から強い影響を受けていた。西ベルリン初のキンダーラーデンは、コミューンIIよりも少し遅い1968年1月に設立されたが、そのきっかけは社会主義ドイツ学生同盟の女性活動家ザンダー、ラスペの恋人マリアンネ・ヘルツォーク、コミューンIに参加していたドロテア・リッダーらが、ベルリン自由大学で配布した次のビラだった。[93]

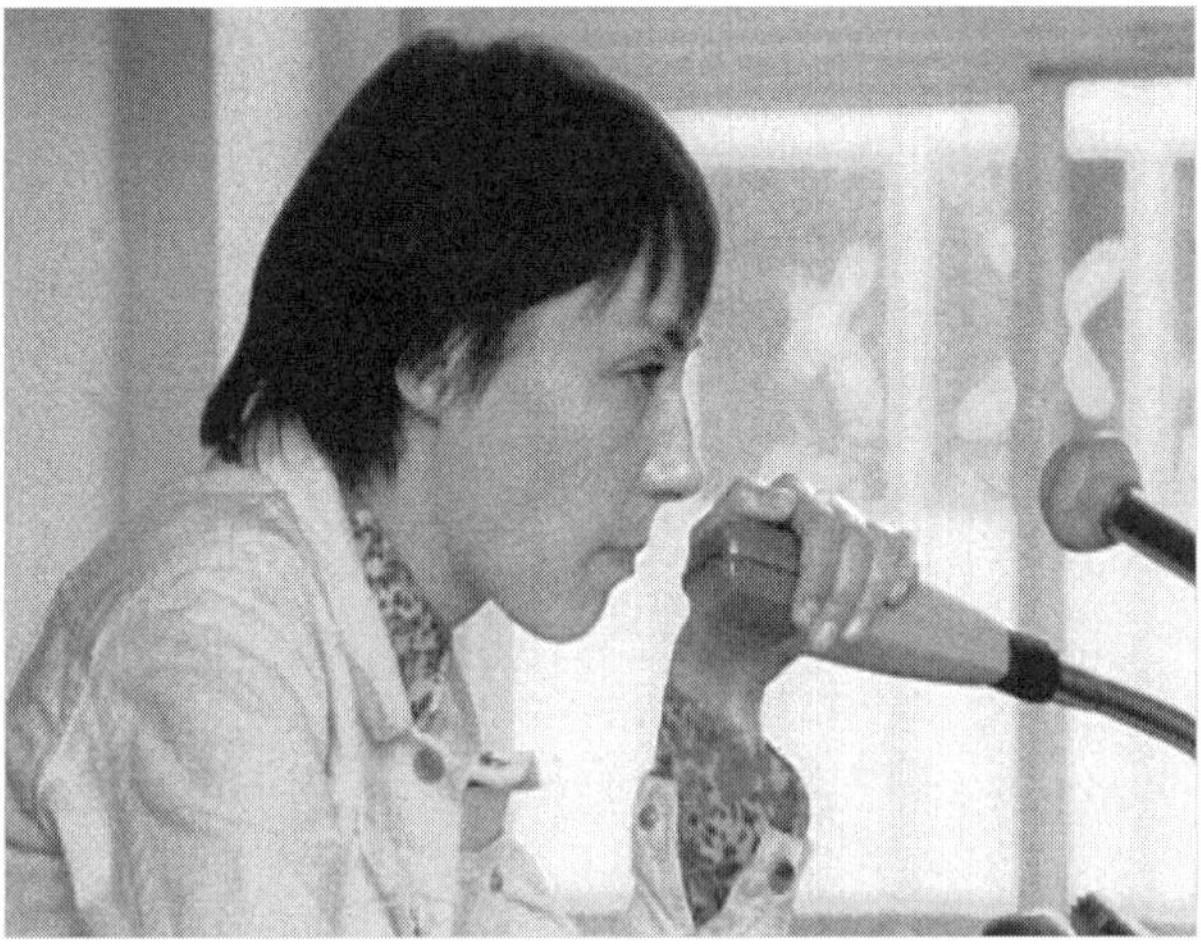
演説するザンダー（1968）
© FrauenMediaTurm Feministisches Archiv und Bibliothek

社会全体が依然として女性を抑圧し続けており、女性も社会からの抑圧を受けて、自ら子どもを抑圧している。時間が不足しているせいで、女性は自分の状況についてよく考えて結論を出すことができていない。女性とともに行動しようとしている組織においてでさえも、女性は少数派であるだけでなく、女性の活動は男性のそれよりも生産性が低い。［女性が活発に］活動できるようにするために、一定時間母親が子どもを預けられる組織が切実に求められている。しかし、この要求は特に二つの理由で満たされていない。

一、幼稚園の数があまりにも少ない。

二、既存の幼稚園は権威主義的に運営されているため、そうした施設に子どもを預けることには害があるだろう。

このことからなるべく早く幼稚園が設立されなければならない[94]。

この呼びかけに共感した人々は、1968年1月中に五つのキンダーラーデンを設立し、さらに女性活動家を中心に約100人が参加する、育児問題についての勉強会を毎週水曜日に開催していた。この勉強会を母体に「女性解放のための活動評議会」が設立された[95]。活動評議会は、『人間関係の変化』という要求と左翼運動内の女性の現状との間にある矛盾を明らかにする」ことを求めていた。「左翼運動内の女性の現状」とは、例えば女性の発言力が弱いこと、お茶汲みやビラ配りのような地味な仕事ばかり任されること、男性活動家を支えるために女性は家庭に留まることを強いられて、運動に関わることができないといった女性差別が罷《まか》り通っている状況を指していた。この状況は人間を解放し、より自由で平等な生活を実現するための「人間関係の変化」という社会主義の目標に矛盾していると女性活動家は主張した[96]。

保育問題との取り組みを通じて、活動評議会はこうした女性差別にスポットライトを当てようとしていた。1968年2月17日と18日に西ベルリンで開催された国際ベトナム会議に参加したことで、活動評議会は初めて衆目を集めた。この会議に女性たちも交代で参加できるように、活動評議会は会場であるベルリン工科大学大講堂の前にキンダーラーデンを設置するとともに、ジャーナリストの目の前で約40人の子どもに横断幕を持たせてデモごっこをさせた。多くのマスメディアが取材に訪れていた国際会議でのこうした活動は注目を集め、大きな話題になった[97]。

国際ベトナム会議を契機にして、活動評議会は保育問題が持つ政治的な力への信頼を深め、活動を強化した。1968年9月13日にフランクフルトでザンダーは、社会主義ドイツ学生同盟の代表者会議に参加した。彼女は、活動評議会に参加する多くの女性がもはや社会主義ドイツ学生同盟のメンバーではないと述べ、あくまで外部組織として協力を求めつつ、学生運動内部の主導権争いの陰で女性が抑圧されており、より自由で平等な解放された人間生活という目標が実現されていない現状を次のように指摘した。

社会主義ドイツ学生同盟が、その組織の内部で社会全体の状況をそのまま投影していると我々は断言する。ここでは「より自由で平等な解放された人間生活を実現するという」目標と現実の矛盾の暴露につながるもの全てが、可能な限り抑圧されている。なぜなら矛盾の存在が暴露されると、社会主義ドイツ学生同盟の方針全体が再考されなければならなくなってしまうからである。矛盾の暴露は簡単な方法で阻止されている。つまり生活の特定の領域を社会の領域から分離し、それに私生活という名前を与えることで、「女性差別の問題を議論することが」タブーにされているのだ。このタブーに関して言えば、社会主義ドイツ学生同盟は労組および既存政党と全く同じである。このタブーは結果として、女性が強いられている特定の搾取を不可視化している[98]。

続けてザンダーは、こうした女性の抑圧の克服について次のように述べた。

女性解放のための活動評議会は次のような結論に至った。我々は、女性の社会的抑圧を個人では解決できない。我々は、革命後の時代を待つことはできない。なぜなら全ての社会主義国家で証明されているように、単なる政治的・経済的革命だけでは私生活の抑圧が解決されないからだ。我々は、男女の対立状態を解消する生活の実現のために努力する。これは、民主的社会を作り出すための生産関係とそれに伴う権力関係の転換によってのみ可能である[99]。

このようにザンダーは、女性解放のためには既存社会の包括的な革命的転換が必要であるとしつつも、革命後の時代を待つのではなく、現時点で可能なことから取り組むことを宣言した。そのために彼女は、キンダーラーデンでの保育を社会変革の第一歩として重視し、以下のように論じた。

我々は、既存社会の内部でユートピア的社会を実現したい。この対抗社会の中で、我々の要求を実現するための場所を作り出したい。教育に集中することは、自らの解放を諦めたのではなく、自らの問題を建設的に解決するための前提である。主な課題は、［キンダーラーデンを社会の中で孤立させることで］我々の子どもをあらゆる社会的現実から離れた孤島のような場所へと追いやることではなく、［教育によって］子ども自身の解放的努力を支援することで、彼らに抵抗のための力を与えることである。［中略］キンダーラーデンからさらなる活動が生まれている。現在我々のキンダーラーデンにいる子どもが、普通の学校に通うことはもはやない。この子どもの親が、既存の学校をもはや受け入れないだろう。〔中略〕我々は、資本主義社会が学ぶことを許可するものを、子どもに学ばせないようにしなければならない。〔中略〕我々は、活動を教育問題とそれに関係する全ての事柄にまずは限定する。現時点で全ての資金は、キンダーラーデンとそのために必要な準備活動に充てられる。[100]

ザンダー演説は、女性活動家が学生運動から離脱して独自の活動を始めたことを示すものだった。女性活動家は、自らが日常で経験する、生活に密接に結びついた悩みを政治的問題として議論することを求め、「私的なことは政治的である」という、1960年代から世界各国で活発化した第二波フェミニズムのスローガンを掲げ始めた。

演説は、新しい女性運動の開始宣言であるとともに、当時の女性運動のあり方を示すものでもあった。それまで男性活動家は、社会主義社会に向けた政治的転換の方法を「大きな問題」として捉え、それを解決することで、女性への抑圧という「小さな問題」は自ずと解決されると考えていた。この見方をザンダーは批判し、女性への抑圧自体を直接解決することの重要性を主張した。しかし、だからと言ってザンダーは、社会主義社会を諦めたわけでもなかった。ザンダーは、子どもの教育を通じて女性を取り巻く差別的状況と資本主義社会の現状を拒否し、最終的にオルタナティヴな社会主義社会を目指す構想を持っており、その実現のためにまずはキンダーラーデンの活動に注力することで、子育て中の人々を動員することを目指した。[101]

ザンダー演説は、社会主義に基づく解放という当時よく用いられた論法を用いて、女性解放のための努力を学生活動家に幅広く呼びかけたものの、臨席していた男性からは否定的な反応を受けた。学生運動指導者クラールが、ザンダーの論点を無視して議事を進めようとしたため、怒った妊娠中の活動家ジグリト・リューガーが、「反革命、階級の敵のエージェント」と叫んでトマトを投げつけた。これは「トマト事件」としてメディアに取り上げられ、西ドイツの新しい女性運動の開始を象徴する出来事として知られる。[102]

他方、キンダーラーデン運動の持つ力が認識されたことで、それを利用してフェミニスト中心の活動評議会とは異なる方針で運動を進めようとする人々も登場した。その代表が、ベルリン自由大学の教育学者ラインハルト・ヴォルフだった。二歳の息子を育てるために活動評議会に参加していたヴォルフは、国際ベトナム会議での子どもによるデモに感銘を受け、1968年8月10日に毛沢東主義者の社会学者ルッツ・フォン・ヴェーダーとともに、西ベルリンで「社会主義キンダーラーデン中央評議会」を設立した。[103] 北京系の新左翼グループであるドイツ共産党・マルクス・レーニン主義者の支持者を多く抱える中央評議会は、西ベルリンのキンダーラーデン運動全体を主導しようと試み、8月末には活動評議会との一方的な合同宣言を発表して、自らの指導権を主張した。さらに中央評議会は、出版活動を通じて自らの活動方針を積極的にアピールした。[104]

こうした中央評議会の動きに対抗するために、フェミニスト中心の活動評議会は、自らの政治的立場を改めてはっきりさせようとした。1968年10月16日に活動評議会は、自らを反権威主義運動の一部とし、資本主義社会に対して根本的に反対する組織であると表明した。その最終目標は、資本主義社会において男性と対等に競争できるような経済的・社会的権利を女性に与えることではなく、人間同士のあらゆる競争関係を完全に廃止する生活環境を創出することだと主張した活動評議会は、その実現のために社会主義社会建設の必要性を強く訴えた。しかし、活動評議会は、私生活での女性差別が東側陣営の「現実社会主義」国家でも依然として存在しており、さらに社会主義ドイツ学生同盟のような「最も進歩的」な左翼組織ですら女性差別の問題を理解していないことに示されているように、男性優位の既存の国家と組織が信用できない以上、女性は男性の協力抜きで運動を行わなければならないと呼びかけた。[105]

毛沢東主義的な中央評議会の攻勢に反発したフェミニスト系の活動評議会は、１９６８年9月のザンダー演説とは異なり、男性活動家との協力を拒否すると同時に、これまで以上に社会主義社会の必要性を強調するようになった。68年運動の過程で登場した当時の女性運動は、男性中心主義的な運動を批判しつつ展開したが、すぐに新しい運動の目標を正当化する論理を編み出すこともなかったため、当初は女性活動家の最終的な目標も社会主義思想から導き出されていた。さらに活動評議会は、70年に組織名を「西ベルリン社会主義女性同盟」に改称した。[106]

それでも中央評議会は活動評議会への批判をやめなかった。１９６９年4月にフランクフルトで開かれた社会主義ドイツ学生同盟の代表者会議に、中央評議会は西ドイツ10都市のキンダーラーデンとともに代表を送った。この会議で中央評議会の代表者は、女性活動家による活動の意義を認めつつも、彼女らは恵まれた「ブルジョア家庭」出身者の個人的な悩みの解決を過度に重視していると批判し、もし個人が解放されたとしても、労働者が階級として生産過程での搾取に抵抗することで、抑圧の根源を断ち切らないのであれば意味がないと述べた。中央評議会は、現時点のキンダーラーデンが「左翼ブルジョアジー」による自助組織に過ぎず、より重要な目的であるはずの労働者の動員には繋がらないと非難した。[107]

中央評議会の非難に対応し、労働者とのつながりをアピールしようとしたザンダーらは、１９６９年６月に西ベルリンで保育士を中心とする女性労働者約５００人が参加するストライキを実行したものの、労組に対する連帯の呼びかけは成功しなかった。[108]

このようなフェミニストと非フェミニストの主導権争いは、キンダーラーデンが存在する他の地域でも見

演説するフォークト（1973）
© Deutsches Bundesarchiv

られたが、西ベルリンの活動評議会の対応は全体として受け身で、毛沢東主義的な中央評議会が主導権を握るようになった。この背景には、活動評議会が多様な状況に置かれた女性の共感を呼び、多くの参加者を集めていたことがあった。賛同者が多様化して、子どもを持たない保育問題に関心が薄い者も参加するようになった活動評議会は、より広く支持されやすい、女性自身の自己決定に関わるテーマに運動の重点を置くようになった。具体的には活動評議会は、女性だけでカフェや酒場、映画館に行くといった、当時の社会規範に反するような活動をしたり、定期的にメンバーの家に集合して身の回りの問題について議論するといった活動を行うようになった。さらにザンダーは、１９７１年ごろから刑法２１８条による堕胎禁止規定への抗議を目的とする「パンとバラ」運動を呼びかけ始め、活動評議会も72年までに活動の重点を中絶自由化の実現にシフトした。[109] これに対して、子育てに専門的に取り組む政治運動を体系的に進めようとした中央評議会が、最終的に西ベルリンの運動の主導権を握り、独自のキンダーラーデン運営を試みることになるが、この展開は第2章で扱う。

活発化するユーゾー

社民党の青年組織であるユーゾーは、第二次世界大戦後長らく党に従順だったものの、1960年代半ば以降には、68年運動の影響を受けて西ドイツ社会と社民党に対する批判を強めた。本項では、従順な青年組織が社民党内の抗議勢力へと変化する展開を検討する。

1912年に設立されたユーゾーは、ナチ時代の活動停止期間を挟んで45年に復活し、その後20年近く社民党幹部会とほとんど衝突しなかった。党に従順だった理由はその組織構造にあり、59年まで30歳未満の若者しかユーゾーに参加できなかったため、メンバーは若過ぎて独自の活動を行うことが難しかった。加えて当初社民党の学生組織だった社会主義ドイツ学生同盟が、反抗的な態度をとったために61年に党から放逐されると、多くの批判的な若い党員も一緒に離党したため、ユーゾーはますます社民党に従順になった[110]。

若い社民党員があまりにも従順だと、一般の若者への魅力に欠けるのではないかと考えた社民党幹部会は、キリスト教民主同盟・社会同盟の青年組織に対抗するために、ユーゾーの自律性を高める必要性を感じていた。1959年に社民党は組織改革を始め、3月にはユーゾーに参加できる上限年齢が34歳に引き上げられた[111]。さらにこの年にカールスルーエで第一回の全国大会を開催して以降、ユーゾーは二年に一回、65年以降はほぼ毎年全国大会を開催するようになった[112]。

行動力を増したユーゾーは、1960年代を通じて次第に反抗的になった。この過程では、社会主義ドイツ学生同盟に代わって、党公式の学生組織になった社会民主主義大学同盟が重要な役割を果たしていた。学生のユーゾー・メンバーが参加していたこの組織が、とりわけ60年代半ばから学生運動とマルクス主義に感化されて、68年運動の問題意識を持ち込んだことで、ユーゾーも次第に党に批判的になっていった[113]。

1964年以降の社会民主主義大学同盟は、特に大学自治会で学生運動の中心だった社会主義ドイツ学生同盟と協力して勢力を拡大しようとしたが、この方針は社民党指導者から抵抗を受けた。しかし、党指導者からの批判を若い党員はむしろ歓迎した。フォークトは、政治批判を好む一般の若者を参加させるために、ユーゾーが社民党内の批判勢力であることを積極的にアピールするように呼びかけた。[114] マルクス主義者の彼は、フランクフルトの社民党幹部会が禁止したベトナム反戦デモに実際に参加して、党内反対派の若き旗手として知られるようになった。[115]

1967年は、ユーゾー内の批判派と社会民主主義大学同盟にとって飛躍の年だった。1月のデュースブルク臨時全国大会において、社会民主主義大学同盟が、キージンガー大連立政権と緊急事態法制に反対する決議を行い、学生からますます支持を集める議会外反対派への支持を表明した。[116]

とりわけ1967年6月のオーネゾルク射殺事件以降、社民党の若い党員にとって有利な状況が発生した。この事件をきっかけに68年運動は爆発的に拡大したものの、依然として多くの学生は、社会主義ドイツ学生同盟が呼びかける急進的な抗議運動から距離をとっていた。この状況は、ユーゾーと社会民主主義大学同盟にとって都合が良かった。なぜなら社会主義ドイツ学生同盟を支持するほど急進的ではないものの、キリスト教民主同盟・社会同盟や自由民主党系の学生組織では保守的過ぎると考えていた非常に多くの学生が、ユーゾーと社会民主主義大学同盟を支持するようになったためである。この結果、67年11月までに社会民主主義大学同盟は、全国で35の高等教育機関で自治会会長を輩出した。これに対して社会主義ドイツ学生同盟所属の自治会会長はいなかった。[117]

オーネゾルク射殺事件後、学生の社民党員はますます活発になった。ユーゾー所属のベルリン自由大学自治会会長ネヴァーマンは、事件直後に独自の捜査委員会を立ち上げた。[118] 1967年6月9日にはユーゾーに所属するハンブルク大学自治会会長アルバースが、社会主義ドイツ学生同盟メンバーとともに、ハンブルク大学の新学長就任式で、「ガウンの下には１０００年分の埃」と書かれた横断幕を教授の前で掲げ、旧態依然とした大学の体制を非難した。９月には学生運動を批判した社民党党首ヴィリ・ブラントに対して、ユーゾーのゲルト・ボェルンゼンが公開書簡を送って抗議した。[119] 68年のザールブリュッケン全国大会で社会民主主義大学同盟は、翌年の連邦議会選挙において、緊急事態法制と大連立政権に反対する社民党候補者だけを支持すると宣言した。[120]

このように厳しく社民党を批判する者もいたが、１９６７年中は社民党と足並みを合わせようとする勢力がユーゾー内で多数派だった。[121] 67年12月のマインツ全国大会で、党幹部会に比較的忠実なペーター・コルテリーが、ユーゾー連邦議長に就任した。彼はユーゾーの活動の活発化に賛成したものの、社民党を厳しく直接批判することには反対し、代わりになるべく多くの若者を党内で出世させることで、ユーゾーの主張を実現することを呼びかけた。[122]

コルテリーの呼びかけにもかかわらず、１９６８年以降は社民党を直接批判することを躊躇しないユーゾー・メンバーが急速に数を増した。68年5月のフランクフルト全国大会でユーゾーは、社民党によって参加を禁止されたベトナム反戦デモに加わった党員二名が除名されたことを非難した。[123] さらにヘッセン州南部支部のユーゾーは、緊急事態法制と大連立政権に反対し、議会外反対派との連帯を宣言した。[124]

党幹部会に忠実なユーゾー連邦幹部会と、ヘッセン州南部支部を中心とする批判派の間での最初の直接対決は、１９６８年5月のフランクフルト全国大会において行われた。[125] この大会でヘッセン州南部支部は、ユーゾーが各々の担当地域で社民党所属の連邦議会議員の家を訪問し、緊急事態法制に反対するように説得してまわる活動を提案した。コルテリーは反対したものの、この動議は可決されたため、フランクフルトのユーゾーが、連邦交通大臣ゲオルク・レーバーらの家を実際に訪問した。これを知ったコルテリーは、レーバーらに謝罪し、ヘッセン州南部支部にこの「前代未聞の事件」について報告することを求めた。[126] 反発したヘッセン州南部支部は、決議通りの活動を批判するコルテリーの信任を問うべきだとして、臨時全国大会を即刻開くことを要求した。[127]

社民党幹部会は、ユーゾー内部で党に反抗的な勢力が影響力を増していることに不安を感じていたものの、厳しい制裁を加えることはいまだなかった。というのも党幹部会は、68年運動に感化された若者が反抗的なユーゾーに魅力を感じて、1969年9月の連邦議会選挙で社民党に投票することを期待していたからだった。[128] ヘッセン州南部支部を中心とする、党に批判的なユーゾーの側では、12月のミュンヘン全国大会に向けて「反乱」が準備されていたが、この展開は第3章で扱う。

小括

1949年の建国後、西ドイツ社会では保守的風潮が支配的だったものの、復興に伴って豊かになった市民は自己主張を強めるようになった。60年代半ば以降に活発化した68年運動は教育改革、ナチの過去への不十分な反省、緊急事態法制とキージンガー大連立政権の成立による民主主義の「危機」、ベトナム戦争、マスメディアの世論への強い影響力といった多様な問題に批判的に取り組んだ。67年6月のオーネゾルク射殺事件以降に、68年運動は最盛期を迎えたものの、急速に急進化した学生運動は次第に社会で孤立するようになった。

この68年運動の最盛期から衰退期にかけて、1970年代の新しい運動を生み出す前提として次の五つの状況が発生した。つまりコミューン運動とそこから生まれた規律や規範を重視しない新しい子育ての登場、政治的暴力の是非をめぐる運動の分裂、69年の9月ストライキによる労働運動への再評価、ブラント政権成立後の社民党に対する期待の高まり、学生運動を主導した社会主義ドイツ学生同盟の解散である。これらの展開を経て、多様な抗議勢力が緩くまとまって行われていた68年運動は終息したものの、キンダーラーデン運動やユーゾーのような主体が独自の活動を開始した。

68年運動は文化と生活の革新運動でもあった。若い活動家の中には、旧来の生活様式を拒絶し、新しいオルタナティヴな生き方を模索する過程で、子育ての方法を革新しようとする者がいた。とりわけ私生活に潜む性差別を認識した女性たちによって、自治的な共同保育施設であるキンダーラーデンが生み出された。フェミニストを中心とした「女性解放のための活動評議会」も、社会主義思想を用いてキンダーラーデンの活動を正当化したものの、運動の主導権は、子育ての問題により集中して取り組んだ毛沢東主義的な「社会主義キンダーラーデン中央評議会」へと次第に移っていった。

また68年運動は政党組織にも影響を及ぼした。戦後、ユーゾーは長らく社民党に従順だったものの、次第に行動力を増し、党に批判的な姿勢をとるようになった。特に１９６０年代半ば以降68年運動を支持する学生メンバーを中心とした若手党員が、社民党を批判するようになった。社民党幹部会は、反抗的な青年党員の増加を不安視していたものの、彼らの存在が69年9月の連邦議会選挙での若い世代からの集票につながると考えたため、差し当たってはユーゾーを厳しく制裁しなかった。

註

〔1〕 Narr, Wolf-Dieter, „Der CDU-Staat“, in: Roth, Roland/Rucht, Dieter (Hg.), *Die sozialen Bewegungen in Deutschland seit 1945. Ein Handbuch*, Frankfurt a.M./New York 2008, S. 51–70.

〔2〕 Ebd.

〔3〕 クレスマン、クリストフ著 石田勇治／木戸衛一訳『戦後ドイツ史 1945－1955——二重の建国』未來社 1995年 259頁。

〔4〕 安野正明『戦後ドイツ社会民主党史研究序説——組織改革とゴーデスベルク綱領への道』ミネルヴァ書房 2004年 2頁。

〔5〕 Schulze, Gerhard, *Die Erlebnisgesellschaft. Kultursoziologie der Gegenwart*, 2. Aufl., Frankfurt a.M. 2005, S. 537.

〔6〕 Schildt, Axel, „Materieller Wohlstand – pragmatische Politik – kulturelle Umbrüche. Die 60er Jahre in der Bundesrepublik“, in: Lammers u.a. (Hg.), *Dynamische Zeiten*, S. 31.

〔7〕 Geppert, Dominik, *Die Ära Adenauer*, Darmstadt 2002, S. 133f.

〔8〕 Institut für Demoskopie Allensbach (Hg.), *Jahrbuch der Öffentlichen Meinung 1968 bis 1973*, Allensbach/Bonn 1974, S. 213.

〔9〕 Geppert, *Die Ära Adenauer*, S. 94–97.

〔10〕 井関『戦後ドイツの抗議運動』32－35頁。

〔11〕 オルド自由主義は、経済活動に対する国家の直接的な介入を批判したものの、自由な競争秩序を維持するために国家によって行われる介入は支持していた。この点に関する詳細な分析は次の文献を参照。網谷龍介『計画なき調整——戦後西ドイツ政治経済体制と経済民主化構想』東京大学出版会 2021年 64－65頁。

〔12〕 Fach, Wolfgang, „Das Modell Deutschland und seine Krise 1974–1989“, in: Roth/Rucht (Hg.), *Die sozialen Bewegungen*, S. 94ff; 山井敏章『「計画」の20世紀——ナチズム・〈モデルネ〉・国土計画』岩波書店 2017年 4－6頁。

〔13〕 Vorstand der Sozialdemokratischen Partei Deutschlands (Hg.), *Jahrbuch der Sozialdemokratischen Partei Deutschlands 1958/59*, Bonn o.J., S. 377.（以下、脚註で参照される書誌情報に登場するドイツ社会民主党（Sozialdemokratische Partei Deutschlands）は、全てSPDと略記する。社民党の年鑑（Jahrbuch）の書誌情報に

ついては次のように記す。Vorstand der SPD (Hg.), *Jahrbuch* 年, 頁数.)

〔14〕 Lammers, Karl Christian u.a. (Hg.), *Dynamische Zeiten. Die 60er Jahre in den beiden deutschen Gesellschaften*, Hamburg 2000.

〔15〕 Görtemaker, Manfred, *Geschichte der Bundesrepublik Deutschland. Von der Gründung bis zur Gegenwart*, München 1999, S. 475; Kersting u.a., *Die zweite Gründung*, S. 7ff.

〔16〕 Fichter, Tilman/Lönnendonker, Siegward, *Kleine Geschichte des SDS. Der Sozialistische Deutsche Studentenbund von Helmut Schmidt bis Rudi Dutschke*, 4. überarbeitete Aufl., Essen 2008, S. 135ff.

〔17〕 井関『戦後ドイツの抗議運動』37頁。

〔18〕 Spix, Boris, *Abschied vom Elfenbeinturm? Politisches Verhalten Studierender 1957–1967. Berlin und Nordrhein-Westfalen im Vergleich*, Essen 2008, S. 580–610.

〔19〕 川喜田敦子『シリーズ・ドイツ現代史Ⅳ――ドイツの歴史教育』白水社 ２００５年 36頁。

〔20〕 この時期のナチの過去との取り組みについては、次の文献を参照。石田『過去の克服』１３９－２０７頁。

〔21〕 長谷部／石田『ナチスの「手口」と緊急事態条項』１１６－１２６頁。

〔22〕 „SDS Landesverband Berlin, 4. Rundbrief Berlin“, 22. Mai 1965, Bestand SDS, Sig. 60, LV Berlin - Rundschreiben 1965, Box 18, APO-Archiv.

〔23〕 „Kuratorium Notstand der Demokratie“, 1. Okt. 1967, Bestand SDS, Sig. 52, Sozialistische Februarkonferenz, Vietnam 1967–1969, Box 16, APO-Archiv; Schulz, Kristina, „Studentische Bewegungen und Protestkampagne“, in: Roth/Rucht (Hg.), *Die sozialen Bewegungen*, S. 426.

〔24〕 Ellwein, Thomas, *Krisen und Reformen. die Bundesrepublik seit den sechziger Jahren*, München 1989, S. 13f.

〔25〕 Frei, Norbert u.a., *Zur rechten Zeit. Wider die Rückkehr des Nationalismus*, 2. Aufl. Berlin 2019, S. 81ff.

〔26〕 石田勇治『シリーズ・ドイツ現代史Ⅰ――20世紀ドイツ史』白水社 ２００５年 82頁、井関『戦後ドイツの抗議運動』35－38頁。

〔27〕 „Erklärung über den Krieg in Vietnam, (Gruppen) Berlin 1963–65“, Sept. 1965, Bestand SDS, Sig. 54, (Gruppen) Berlin 1963–65, Box 17, APO-Archiv.

〔28〕 „Wie wird Berlin regiert, Überall in Westeuropa wird gegen den Krieg der USA in Vietnam demonstriert“, Febr. 1966, Bestand SDS, Sig. 44, Vietnam Berlin 1 Vietnam Konferenzen 1966–1973, Box 15, APO-Archiv.

〔29〕 Fichter, Tilman u.a. (Hg.), *Hochschule im Umbruch. Freie Universität Berlin 1948–1973*, Teil IV, Berlin 1975, S. 130 u. 151f.

〔30〕 Aly, *Unser Kampf*, S. 30.

〔31〕 „Vietnam ‚Analyse eines Exempels‘, Informationen über den Studentenkongreß am 22. Mai 1966 in der Universität Frankfurt“, 22. Mai 1966, Bestand SDS-BV Kongreß „Vietnam - Analyse eines Exempels“, Sig. HDE 668.02, Archiv des Hamburger Instituts für Sozialforschung (HIS-A).

〔32〕 Richter, Pavel A., „Die Außerparlamentarische Opposition in der Bundesrepublik Deutschland 1966 bis 1968“, in: Gilcher-Holtey (Hg.), *1968. Vom Ereignis zum Gegenstand der Geschichtswissenschaft*, S. 48.

〔33〕 Kraushaar, *Achtundsechzig*, S. 150–153.

〔34〕 „Aufruf zur Internationalen Vietnamkonferenz, Westberlin“, 17./18. Febr. 1968, Bestand SDS, Sig. 44, Vietnam Berlin 1 Vietnam Konferenzen 1966–1973, Box 15, APO-Archiv.

〔35〕 井関『戦後ドイツの抗議運動』45－46頁。

〔36〕 „Vietnam 10. Informationen, Am 1. Februar wurden Steine in die Scheiben von Springerfilialen geworfen“, Febr. 1968, Bestand SDS, Sig. 44, Vietnam Berlin 1 Vietnam Konferenzen 1966–1973, Box 15, APO-Archiv.

〔37〕 Kraushaar, *Achtundsechzig*, S. 155.

〔38〕 Schulz, „Studentische Bewegungen und Protestkampagne“, S. 426ff.

〔39〕 フライ『１９６８年――反乱のグローバリズム』１４２頁。

〔40〕 イングルハート『静かなる革命』２５８－２５９頁。

〔41〕 Gilcher-Holtey, Ingrid, *Die 68er Bewegung. Deutschland, Westeuropa, USA*, München 2001. S. 80f.

〔42〕 ヴィンクラー、ハインリヒ・アウグスト著 後藤俊明ほか訳『自由と統一への長い道―― ドイツ近現代史 １９３３～１９９０年』第2巻 昭和堂 ２００８年 ２４３頁。

〔43〕 Habermas, Jürgen, *Die nachholende Revolution*, Frankfurt a.M. 1990, S. 26.

〔44〕 アドルノ、Th. W.著 三光長治訳『ミニマ・モラリア 傷ついた生活裡の省察』法政大学出版局 ２００９年 42頁。

〔45〕 Kraushaar, Wolfgang (Hg.), *Frankfurter Schule und Studentenbewegung. Von der Flaschenpost zum Molotowcocktail 1946–1995*, Bd. 2, Hamburg 1998, S. 213ff.

〔46〕 „Vietnam 10. Informationen, Am 1. Februar wurden Steine in die Scheiben von Springerfilialen geworfen", Febr. 1968, Bestand SDS, Sig. 44, Vietnam Berlin 1 Vietnam Konferenzen 1966–1973, Box 15, APO-Archiv.

〔47〕 井関『戦後ドイツの抗議運動』40－41頁。

〔48〕 Breiteneicher, Hille Jan u.a., *Kinderläden. Revolution der Erziehung oder Erziehung zur Revolution?*, Reinbek 1971, S. 25f.

〔49〕 Kommune 2, „Kindererziehung in der Kommune", in: *Kursbuch*, Nr. 17, Juni 1969, S. 149.

〔50〕 N.N., *Berliner Kinderläden*, S. 78.

〔51〕 N.N., *Kommune 2. Versuch der Revolutionierung des bürgerlichen Individuums. Kollektives Leben mit politischer Arbeit verbinden!*, Köln 1971, S. 80f.

〔52〕 Ebd., S. 320.

〔53〕 Fichter, Tilman u.a. (Hg.), *Hochschule im Umbruch. Freie Universität Berlin 1948–1973*, Teil V: 1967–1969, Berlin 1983, S. 35–38.

〔54〕 Kraushaar, *Achtundsechzig*, S. 20ff.

〔55〕 „Aufruf zur Internationalen Vietnamkonferenz", Bestand SDS, Sig. 44, Vietnam Berlin 1 Vietnam Konferenzen 1966–1973, Box 15, APO-Archiv.

〔56〕 Seiffert „*Marsch durch Institutionen?*“, S. 97.

〔57〕 Fichter/Lönnendonker, *Kleine Geschichte*, 2007, S. 186f; Fichter u.a., *Hochschule im Umbruch*, Teil V, S. 76.

〔58〕 Fichter/Lönnendonker, *Kleine Geschichte*, 2007, S. 198f.

〔59〕 „Realer Angriff. Aktion am Tegeler Weg...“, in: *FU-Spiegel*, Nr. 67, Nov./Dez. 1968, YY 1623, BAdsD.

〔60〕 ヴェルナー・ザウバーによるキンダーラーデンでの活動とテロリズムへの傾倒は、作家ウルリケ・エトシュミットによる２０１３年の自伝的小説『フィリップ・Ｓの失踪』で扱われている。エトシュミットとザウバーの子どもはキンダーラーデンに通っており、二人はそこで短期間保育士をしていた。これについては次の文献の特に第Ⅸ章を参照。Edschmid, Ulrike, *Das Verschwinden des Philip S.*, Berlin 2013（電子書籍）; „Panne auf dem Parkplatz Polizeierfolg gegen Terroristen. Doppelrolle des Doktor Roth gelüftet“, in: *Die Zeit*, Nr. 21, 16. Mai 1975.

〔61〕 Fichter u.a., *Hochschule im Umbruch*, Teil V, S. 88f.

〔62〕 Ebd., S. 116.

〔63〕 „Karsten Voigt gegen Gewaltanwendung“, in: *Mannheimer Morgen*, 11. Juni 1970. 後にユーゾー連邦議長に就任するフォークトは、１９７６年から連邦議会議員を務め、80年代以降社民党幹部会役員を含む要職を歴任した。

〔64〕 Seiffert, „*Marsch durch Institutionen?*“, S. 99.

〔65〕 Butterwegge, *Jungsozialisten und SPD*, S. 53; Vorstand der SPD (Hg.), *Außerordentlicher Parteitag der SPD vom 16. bis 18. April 1969 in der Stadthalle zu Bad Godesberg. Protokoll der Verhandlungen. Anträge*, Bonn o.J., S. 778–781; Vorstand der SPD (Hg.), *Jahrbuch der SPD 1968/1969*, S. 463.

〔66〕 Marcuse, Herbert, *Ende der Utopie*, Berlin 1967, S. 22.

〔67〕 Reichardt, Sven, „Große und Sozialliberale Koalition. 1966–1974“, in: Roth/Rucht (Hg.), *Die sozialen Bewegungen*, S. 81f.

〔68〕 Koenen, *Das rote Jahrzehnt*, S. 186; Kühn, *Stalins Enkel*, S. 255f; 井関『戦後ドイツの抗議運動』71頁。

〔69〕 Werder, Lutz von, „Die kommunistische Kinderbewegung in Deutschland 1920–1933“, in: *Rote Presse*

Korrespondenz, Nr. 52, 13. Febr. 1970; Werder, Lutz von, *Von der antiautoritären zur proletarischen Erziehung*, Frankfurt a.M. 1972, S. 13.

〔70〕 N.N., *Berliner Kinderläden*, S. 32f, 43f u. 235–238.

〔71〕 Butterwegge, *Jungsozialisten und SPD*, S. 60f; Schumann, Michael u.a., *Am Beispiel der Septemberstreiks. Anfang der Rekonstruktionsperiode der Arbeiterklasse?*, Frankfurt a.M. 1971, S. 27ff u. 49f.

〔72〕 Voigt, Karsten D., „Vorbemerkung zu dieser Veröffentlichung. Die ‚Doppelstrategie' im Rahmen einer Strategie antikapitalistischer Strukturreform", in: N.N., *Der Thesenstreit um «Stamokap». Die Dokumente zur Grundsatzdiskussion der Jungsozialisten*, Hamburg 1973, S. 22–25.

〔73〕 „Die Jungsozialisten und die wilden Streikes", in: *Frankfurter Allgemeine Zeitung*（以下、FAZと略記）, 29. Aug. 1973.

〔74〕 Wolfrum, Edgar, *Die geglückte Demokratie. Geschichte der Bundesrepublik Deutschland von ihren Anfängen bis zur Gegenwart*, Stuttgart 2007, S. 14.

〔75〕 Herbert, Ulrich, *Geschichte Deutschlands im 20. Jahrhundert*, München 2014, S. 865f; ヴィンクラー『自由と統一への長い道』２６２－２６４頁。

〔76〕 Fraenkel, Ernst, „Strukturdefekte der Demokratie und deren Überwindung", in: *Aus Politik und Zeitgeschichte*, B 9/64, 26. Febr. 1964, S. 15.

〔77〕 Herbert, *Geschichte Deutschlands*, S. 836.

〔78〕 Knoeringen, Waldemar von u.a., *Mobilisierung der Demokratie. Ein Beitrag zur Demokratiereform*, München 1966, S. 176f; Süß, „Die neue Lust am Streit", S. 127ff.

〔79〕 „Willy Brandts Regierungserklärung, 28. Oktober 1969", URL: https://www.1000dokumente.de/index.html?c=dokument_de&dokument=0021_bra&object=pdf&st=&l=de（２０２４年11月23日閲覧）。

〔80〕 Ebd.

〔81〕 Vorstand der SPD (Hg.), *Jahrbuch 1970–1972*, S. 306. ２０２４年８月22日にヴィースバーデンにて筆者がヘッセン州南部支部のユーゾー元メンバーであるクラウディア・Sに行ったインタビュー調査に基づく。

〔82〕 Voigt, „Vorbemerkung zu dieser Veröffentlichung“, S. 15.

〔83〕 Albers, Detlev, „Jungsozialisten in der SPD. Landesverband Hamburg. Das Hamburger Strategiepapier“, in: N.N., *Der Thesenstreit um «Stamokap»*, S. 67ff.

〔84〕 „Auflösung durch Selbsterkenntnis. Nachruf auf einen antiparlamentarischen Verband. Die Geschichte der Diskussionen im SDS“, in: *Colloquium*, Nr. 6, Juni 1970, Z 13987, BAdsD, S. 4f.

〔85〕 Koenen, *Das rote Jahrzehnt*, S. 183f.

〔86〕 „Jugendring stellt sich vor SDS. Unterdrückung der Meinungsfreiheit in Sofia ist ‚unerträglich‘“, in: *Frankfurter Rundschau*（以下、*FR*と略記）, 6. Aug. 1968.

〔87〕 „Bombe im Jüdischen Gemeindehaus“, in: *Berliner Zeitung*, 11. Nov. 1969.

〔88〕 „Bündniskonzept der KPD (ao) gegenüber der studentischen Intelligenz“, 1974, Bestand KPD Abspaltungen 1973–1976, Sig. 522, APO-Archiv.

〔89〕 Kühn, *Stalins Enkel*, S. 31f.

〔90〕 „‚Was denn nun, Genossen?‘“, in: *Die Zeit*, Nr. 38, 20. Sept. 1968.

〔91〕 Gorholt, Martin u.a. (Hg.), „*Wir sind die SPD der 80er Jahre*“. *Zwanzig Jahre Linkswende der Jusos*, Marburg 1990, S. 13f.

〔92〕 „SHB will der SPD nicht nachgeben“, in: *FR*, 29. Juli 1972.

〔93〕 西ドイツ初のキンダーラーデンは、１９６７年９月にフランクフルトで社会主義ドイツ学生同盟の女性活動家モニカ・ザイファートが設立した施設とされている。後年になってザンダーは、ザイファートの活動を知らず、自分の子育ての負担を軽減するために保育施設の設置を思いついたと述べている。Sander, Helke, „Die Entstehung der Kinderläden“, http://www.helke-sander.de/2008/01/die-entstehung-der-kinderlaeden/（２０２３年５月３日閲

覧)。西ベルリンにおけるキンダーラーデンの登場の過程については、次の文献も参照。川崎「草創期の自治的な共同保育施設「キンダーラーデン」に関する考察」21－22頁。

〔94〕„Kurze Darstellung über die Entwicklung des Aktionsrates der Frauen", 00000112, Okt. 1969, Bestand Aktionsrat zur Befreiung der Frauen (H. Kröger) 1968/69, 230, APO-Archiv.

〔95〕„Flugschrift zur Vorbereitung der Kinderläden", Febr. 1969, Bestand Aktionsrat zur Befreiung der Frauen (H. Kröger) 1968/69, 230, APO-Archiv.

〔96〕„Arbeitskreis. Theorie der Emanzipation", Mai 1968, Bestand Frauen Aktionsrat zur Befreiung der Frauen, 239, APO-Archiv.

〔97〕Zentralrat der sozialistischen Kinderläden West-Berlin (Hg.), *Vera Schmidt. 3 Aufsätze. Nr. 1*, Berlin 1969, S. 2f.

〔98〕„helke sander (aktionsrat zur befreiung der frauen)", 00000258, Sept. 1968, Bestand Frauen Aktionsrat zur Befreiung der Frauen, 1968/69, 239, APO-Archiv.

〔99〕Ebd.

〔100〕Ebd.

〔101〕Ebd.

〔102〕„Hü und Hot", in: *Der Spiegel*, Nr. 39, 23. Sept. 1968.

〔103〕„Kurze Darstellung über die Entwicklung des Aktionsrates der Frauen", 00000112, Okt. 1969, Bestand Aktionsrat zur Befreiung der Frauen (H. Kröger) 1968/69, 230, APO-Archiv.

〔104〕N.N., *Berliner Kinderläden*, S. 15; „Systematische Gliederung", in: *KL-Info*, Nr. 4, 12. Febr. 1969, Bestand Aktionsrat zur Befreiung der Frauen (H. Kröger) 1968/69, 230, APO-Archiv.

〔105〕„Selbstverständnis des Aktionsrats zur Befreiung der Frauen", Okt. 1968, Bestand Aktionsrat zur Befreiung der Frauen (H. Kröger) 1968/69, APO-Archiv.

〔106〕Sozialistischer Frauenbund Westberlin, *Plagea*, Nr. 2, 1971.

107 „Berichte der westdeutschen Gruppen in Stichworten", in: *KL-Info*, Nr. 7, 7. Mai 1969, Bestand Kinder, Jugendhilfe, Erziehung 1969–76, 1064, APO-Archiv.

108 „Frauen!", Bestand Frauen Aktionsrat zur Befreiung der Frauen. 1968/69, APO-Archiv.

109 „Brot und Rosen, Berlin", 14. Juli 1972, Bestand Frauen 68–72, 246, APO-Archiv.

110 „Bruch mit den Babys", in: *Der Spiegel*, Nr. 13, 24. März 1969.

111 Butterwegge, *Jungsozialisten und SPD*, S. 27; Vorstand der SPD (Hg.), *Jahrbuch der SPD 1958/59*, S. 322.

112 SPD. Arbeitsgemeinschaft der Jungsozialisten, *15 Jahre Jungsozialistenarbeit. Von Hannover bis Düsseldorf. Jubiläumsbuch*, o.O. 1963, A 38819, BAdsD, S. 66f.

113 Gorholt, (Hg.), *„Wir sind die SPD der 80er Jahre"*, S. 28f; Seiffert, *„Marsch durch Institutionen?"*, S. 61.

114 „Der neue Bundesvorstand", in: *JS-Magazin. Zeitschrift der Jungsozialisten in der SPD*, Sondernummer. Bundeskongreß der Jungsozialisten, 1969, Z 673, BAdsD; Voigt, Karsten, „Um das Selbstverständnis der Jungsozialisten", in: *JS. Zeitschrift junger Sozialdemokraten*, Nr. 2, 1967, Z 673, BAdsD.

115 „Karsten Voigt. links vom linken Flügel", in: *Wiesbadener Kurier*, 11. Dez. 1969.

116 Seeliger, Rolf, *Die außerparlamentarische Opposition*, München 1968, S. 27; Voigt, K.D., „Vergleich", in: *frontal*, Nr. 42, Dez. 1967, Z 115, BAdsD.

117 Seiffert, *„Marsch durch Institutionen?"*, S. 79.

118 Nevermann, Knut (Hg.), *Der 2. Juni 1967. Studenten zwischen Notstand und Demokratie*, Köln 1967, S. 111.

119 „Offener Brief von Gert Börnsen an Willy Brandt", 12. Okt. 1967, Bestand SHB, APO-Archiv.

120 „‚SPD wendet die Taktik des Totschweigens an'", in: *FR*, 17. Aug. 1968.

121 „Die Mainzer Resolution", in: *JS-magazin. Zeitschrift junger Sozialdemokraten*, Nr. 1/2, 1968, Z 673, BAdsD.

122 Butterwegge, *Jungsozialisten und SPD*, S. 47f; Corterier, Peter, „Wo stehen die Jungsozialisten?", in: *JS. Zeitschrift junger Sozialdemokraten*, Nr. 1/2, 1968, Z 673, BAdsD.

〔123〕 „In Sachen Ristock und Beck. Erklärung des Bundesvorstandes der Jungsozialisten der Jungsozialisten“, in: *JS. Zeitschrift junger Sozialdemokraten*, Nr. 3/4, 1968, Z 673, BAdsD.

〔124〕 Börnsen, Gert, *Innerparteiliche Opposition*, Hamburg 1969, S. 44f.

〔125〕 „Jungsozialisten-Bundeskongreß“, in: *JS. Zeitschrift junger Sozialdemokraten*, Nr. 6, 1968, Z 673, BAdsD.

〔126〕 „Bei Abgeordneten entschuldigt“, in: *FR*, 28. Mai 1968.

〔127〕 „Jungsozialisten stellen richtig“, in: *FR*, 29. Mai 1968.

〔128〕 „Der Kampf um die Mehrheit im Bundestag“, in: *JS-magazin. Zeitschrift junger Sozialdemokraten*, Nr. 4, 1969, Z 673, BAdsD.

第2章　共同保育施設キンダーラーデンの運動

第1節　1960年代から70年代の子育てをめぐる状況

まず本節では、自治的な共同保育施設であるキンダーラーデンが1960年代に登場した背景として、西ドイツの子どもが置かれた状況について検討する。[1]

1960年代以降西ドイツの子育てをめぐる状況には、主に二つの問題があると考えられるようになった。一つ目の問題は子どもを世話する施設と人員が不足していることであり、二つ目には子育てに関する一般的な意識の低さと、規律と命令への服従を重視する旧来の教育が問題視されるようになった。

一つ目の問題である保育施設と人材の不足の主な原因は、西ドイツ社会の近代化にあった。戦後の経済成長と産業構造の近代化に伴って、とりわけサービス業が拡大し、パートタイムの労働形態が普及したことで子どもを持つ女性の就労が促された。[2] １９５０年から70年の間に、西ドイツで働く女性の数は約１５０万人から約９７０万人に急増し、子どもを育てながら働く女性も約50万人から約２６０万人に増加した。[3] 家庭を留守にする母親の代わりに、かつては同居している家族や地域共同体が子どもを世話したものの、核家族化と地域社会の関係希薄化に伴い、従来のような保育のあり方を維持することが困難となった。そのため女性の社会進出とともに、保育施設への需要が高まる傾向にあった。

さらに子どもの数自体が、戦後のベビーブームの影響で増加していた。１９５０年から70年で西ドイツの人口は、約５１００万人から約６１００万人になったが、増加した約１０００万人のうち、約７５０万人が新生児、約２５０万人は東ドイツからの逃亡者と、第二次世界大戦の敗戦とともにドイツが失った東部領土から移動してきた被追放民だった。70年には総人口の58％が40歳以下であり、[4] 60年代後半には15歳から49歳の女性一人に対する子どもの数は、２・５人に達していた。[5]

西ドイツで保育問題の存在感が高まっていたにもかかわらず、社会の対応は遅れていた。１９６５年に西ドイツと西ベルリンに存在していた約1万５０００ヶ所の保育施設では、未就学児全体の約30％しか受け入れられなかった。[6] とりわけ西ベルリンの状況は悪く、69年12月に6歳未満の人口は14万７３８５人だったが、保育施設が受け入れられる数は3万４８３８人だけだった。[7] さらに保育施設における人材不足も顕著だった。19世紀前半に活動した「幼稚園の父」フリードリヒ・フレーベルに代表されるように、ドイツは幼児保育について先進的な歴史を持っていたにもかかわらず、職業としての保育士は社会的地位も給与水準も低く、あまり人気がなかった。そのため保育施設は人手不足に悩み、70年には保育士一人につき平均52人の子どもを世話しなければならなかった[8]。保育施設と人材の不足のために、子どもは大人による十分な安全管理のもとで生活できないという不安の声も多く聞かれた。実際に他の西欧諸国に比べて西ドイツの子どもは生命の危険に遭う可能性が高く、1000人あたりの幼児死亡率はスウェーデンでは5・0人、デンマークでは16・9人、イギリスでは19・0人だったのに対し、西ドイツでは23・6人という高い値を記録した。加えて子どもが交通事故に遭うリスクも高かった。70年代を通じて西ドイツでは15歳未満の子ども10万人につき、毎年約336人が交通事故に遭っていたが、これは割合にして英仏伊の三倍以上に相当した[9]。

社会学者ラルフ・ダーレンドルフは、このような問題が発生しているにもかかわらず、保育問題の解決が捗らない一因は、西ドイツ人の子育てへの関心が一般的に低いためであり、このこともまた子どもの生活水準を押し下げる重大な社会問題であると1965年に論じている[10]。71年から児童虐待に関する統計が全国的に集計され始め、子どもへの暴力の問題が認識されるようになった。71年から73年で虐待件数は1508件から1968件、ネグレクト件数は906件から978件に増加し、73年には約600人の子どもが虐待で命を落とした[11]。保育士による子どもへの対応も望ましいものではないことがあった。子どもの生活への意識の低さと多忙さから、保育士による子どもへの対応は一方的になりがちで、60年代末に行われたハンブルク大学の調査によると、保育士の発言の82%が命令あるいは厳しい口調による質問だった。この調査によると、保育士は毎分平均で二つの命令と一つの質問をしていたが、そのうち20%から25%しか命令と認識していなかった[12]。

子どもは、厳しい状況に置かれることで、身体と精神に問題を抱えがちであると指摘されていた。1974年にバイエルン州で行われた調査によると、対象となった7000人の小学生のうち、約20%が何らかの身体的あるいは精神的問題を抱えていた。73年のバーデン・ヴュルテンベルク州での調査によると、小学生の約60％が、何らかの痛みを伴う恒常的な身体的疾患に苦しんでいた。さらに約30％の子どもが、集中力を保つことに困難を抱えていたり、常に不安や強制を感じていた。[13] しかし、子どもの問題に対応するはずのスクール・カウンセラーの数は、全く足りていなかった。ユネスコは、カウンセラーの数に関して児童と生徒2000人につき一人が適当であり、西ドイツには5000人が必要であると計算していたにもかかわらず、実際の数はその5％にも満たなかった。そのため計算上、カウンセラーは一人で約5万人の児童と生徒を受け持たなければならないとされた。[14]

このように子どもが生きづらい状況に置かれる理由は、社会全体で規律と命令への服従を重視する権威主義的な教育理念が支配的なことにもあると論じる者もいた。1966年に哲学者アドルノが講演「アウシュヴィッツ後の教育」の中で、幼児期から規律を重んじることを子どもに強要する教育の悪影響を批判したが、こうした規律訓練は保育施設でも行われていると見られていた。[15] 多くの保育施設では、きっちりと決められた毎日のタイムスケジュールに子どもは服従することが求められた。保育士には園児個人の意向に配慮する余裕がなく、例えば園児を一人ずつトイレに連れて行くのではなく、全員で集まって行かせるような状態が普通になっていた。[16] 園児を統制できなくなる外での遊びは著しく制限され、園庭は子ども一人につき平均一平方メートル程度しか確保されていなかった。子どもは基本的に保育室で管理され、手間のかかる園児は厳しい懲罰を受けることがあった。落ち着きのない子どもを椅子に紐で縛り付けたり、粗相をした園児にはその糞便を顔につけるといった不条理ともいえる罰を与えることもあったが、これらは「保育士の重い労働負担をある程度軽減するために」必要とされていた。[17]

第2節　キンダーラーデンの教育理念

旧来の子育てに対する批判と反権威主義教育

本節では、キンダーラーデン活動家によって批判された旧来の教育理念と、それへのオルタナティヴとして構想された子育てのあり方について考察する。[18] 子育てをめぐる西ドイツの状況に不満を感じた活動家は、キンダーラーデンを設立して保育施設の不足問題を自力で解決しつつ、独自の教育を実践した。一般的にキンダーラーデン活動家は、規律と命令への服従を重視する旧来の教育理念に反対するために、反権威主義教育と呼ばれるオルタナティヴを提案した。[19]

反権威主義教育の前提には68年運動があった。68年運動は、資本主義社会に順応しない自律性(Autonomie)を持った人間の形成を理念的な目標のひとつとしていた。特に反権威主義に影響を受けた活動家は、ハプニングをはじめとする社会規範に疑問を呈するような直接行動を通じて、人間を画一化して体制に順応させようとする資本主義の病理を暴露しようと試みた。[20] 多くの場合、こうした抗議活動は象徴的な性格を持っていたものの、子育ての場においては具体的な批判対象が見出された。将来の疎外された資本主義的な労働によって搾取されるために、社会規範と規律を重視する子育てを通じて、子どもは服従の重要性を意識に刻み込まれ、個性と思考能力を奪われていると若い活動家は批判した。１９６９年にはキンダーラーデンの活動家であるモニカ・ザイファートが、保育施設での「子どもは大人と同じくコンピュータを正しく使えることが求められ、自分の行動の意味を考えることは求められていない」と非難し、人間が本来持っているはずの自律性を取り戻す教育の重要性を主張した。[21] 他にもルッツ・フォン・ヴェーダーは、資本主義的な働き方に順応しない教育によって権威主義的な人格を変革し、資本主義を克服することを訴えていた。[22]

こうした問題意識に基づく教育コンセプトである反権威主義教育は、主に次の三つの主張を掲げていた。一つ目の主張は、子どもを社会規範と規律から解放し、自己決定能力を身に付けさせるべきであるというものだった。毛沢東主義系の「社会主義キンダーラーデン中央評議会」やザイファートらは、本来子どもは高い思考能力と自律性を持ち、現実を踏まえつつ自らの希望を実現する能力を持つと主張した。それにもかかわらず、一般的に西ドイツの教育理念は、子どもを無力でわがままな存在とみなし、子どもに規律を押し付け管理することで、早い時期から資本主義社会に順応させようとしていると中央評議会とザイファートは非難した。[23] キンダーラーデン活動家は、子どもは自ら周囲の環境に応じて行動することができると論じ、子どもの能力を信頼し、それを教育によって伸ばすことで、搾取を受け入れないような自律性を備えた人物を育成しなければならないと主張した。[24]

こうした教育の模範として、アレクサンダー・S・ニールの実践をキンダーラーデン活動家は熱心に参照した。1883年にスコットランドで生まれた教育者のニールは、1921年にドレスデン近郊で設立され、現在までイギリスで存続しているサマーヒル・スクールの創設者として知られる。5歳から17歳の子ども約100人を集めて実験的な教育を行ったニールは、学ぶ内容を大人が強制的に決めてしまうことは、子どもに無力感と疎外感を与えてしまうと論じ、人間の能力を伸ばすためには自律性を重視する教育が有効であるとして、生徒に広範な自己決定を認めた。そのためサマーヒル・スクールではクラスが廃止され、授業への参加は生徒の自由であり、宿題と点数評価が存在せず、校則は毎週の生徒総会で議論の対象になり、必要なら修正された。他方、共同生活が重視されたため、生徒同士が話し合って決めたルールには従うことが求められた[25]。戦前のサマーヒル・スクールは注目を集めなかったものの、65年と69年にニールが自らの学校についての書籍をドイツ語で出版したところ、大きな注目を集めた[26]。ニールの著書は、「女性解放のための活動評議会」が68年1月に開始した勉強会で、最初に扱った文献だったことに示されているように、社会規範からの自由と自治を重んじる彼の教育は、キンダーラーデン活動家を含む多くの賛同者を集めた[27]。

反権威主義教育の二つ目の主張として、子どもは大人の権威を恐れずに行動するべきだとされた。そのため、キンダーラーデンでは何があっても子どもを叱らないことが求められた。その理由は、大人が子どもを怒鳴ったり、罰したりすることは権威への畏怖を植え付け、社会に順応するように子どもを誘導していると されたからだった。加えて大人は子どもを褒めることもしてはならないという。なぜなら大人に褒められることを心地よいと感じるようになった子どもは、権威ある他者からの承認にすがって生きるようになってしまうと見られたためだった。畏怖と承認ではなく、自律性と合理性が子どもの行動原理にならなければならないと考えたキンダーラーデン活動家は、子どもに何かを求めるときには理性的な話し合いで納得してもらうことが重要だとした。例えば子どもが喧嘩を控えるとして、その理由が大人に褒めてもらう、ないしは怒られないようにするためであったとすれば、それは子どもが自立性や合理性を備えていることを意味しない。この場合、喧嘩中は誰も自由に遊べないことを子ども自身が理解することが重要であった。子どもは、大人の権威を恐れるのではなく、共同体の対等で自律した構成員として周囲と話し合った上で、合理的な基準に基づいて自らの行動を決めるべきだとキンダーラーデン活動家は主張した[28]。

反権威主義教育において社会規範と権威への服従が拒否された点に関連してキンダーラーデンでは、子どもでも大人の顔色を窺わずに性を謳歌するべきだとされた。一般的にキンダーラーデンで性的な遊びは奨励されており、裸になって過ごすことも子ども同士で生殖器を用いて遊ぶことも認められた[29]。こうした遊びは、「性的な事柄や快楽に対して根本的に敵対的」な社会から、子どもの自由を守るために必要だという。[30]キンダーラーデンの性に開放的な教育理念は、特にジークムント・フロイトの弟子で、1920年代から30年代に活動した精神科医ヴィルヘルム・ライヒに影響されていた。人間が多様なセクシャリティを持つことを強調したライヒは、大人によって性的な問題がタブーにされることは、子どもにとって権威により自由を制限される最初の体験であると考えていた。そのため子どもは、性的欲求を抑え込むのではなく、自ら節度を持って充足させることで、権威に抵抗できる自律的な人格を備えた人間に育つことができるとライヒは論じた。[31]ライヒの主張は、戦間期には異端だったものの、ニールを含む様々な教育者を刺激し、性の問題についてオープンに議論することができるようになった60年代における社会的風潮の変化の精神的基盤のひとつとなった。

反権威主義教育における三つ目の主張は、排他的な家庭生活を廃止し、参加者はキンダーラーデンで集団生活を送るべきだというものだった。一般的にキンダーラーデン活動家は、親の権威や家父長的な家族像をきわめて批判的に見ていた。彼らは、ナチズムに順応した年配世代への反発と、子どもの頃に親からしばしば暴力を振るわれた苦い経験から、伝統的な家族のあり方に不信感を抱いており、自らの子どもを新しい方法で育てたいと考えていた。[32]また精神分析の知見を参照した活動家は、父・母・子どもの三角関係からなる「ブルジョア家庭」での生活は、自律的な生活の対極にあると論じた。[33]「ブルジョア家庭」で子どもと母親は父親の権威に服従し、父親によって私生活でも性的にも搾取された母親も、不満を子どもに対して発散するという。それゆえ子どもは、父と母によって二重に抑圧された状態で生活せざるを得ないと考えられていた。こうした「ブルジョア家庭」は、自律的な人格が育まれる環境とは程遠いものと見られていた。[34]

加えて全体として「ブルジョア家庭」は権威主義的であり、その先にあるナチズムとファシズムへの最初の一歩だとキンダーラーデン活動家は論じた。親が毎日の生活に介入することで、子どもは権威に服従することに次第に慣れていくと見られていた。例えば家庭内で清潔さや行儀良さなどの規律を押し付けられたり、性的な事柄について興味を持つことを禁止されたりする経験をした子どもは、親への服従が良いことであると思い込むことで、権威主義者に育つとされた。規律と服従を重視する権威主義者は、勤勉ではあるものの、他者に対しても規律を守り、服従することを当然の義務として要求するようになるという点で、潜在的に攻撃的であるという。この攻撃性は、「ナチ独裁とジェノサイドの社会心理的な基盤」になったと考えられていた。[35]

ナチズムとファシズムを克服するために、子どもを権威主義者に育ててしまう「ブルジョア家庭」を廃し、代わりにキンダーラーデンの共同体で生活させることが参加する両親に求められた。さらにキンダーラーデンでは親子の特別な関係が否定され、両者の密接な接触はなるべく避けられた。[36] なぜなら子どもが親に強い愛着を感じるようになると、特定の人物から愛情を注がれる快感を覚え、他者の権威に依存してしまうと考えられたためだった。親個人ではなく、自分自身とキンダーラーデンの共同体全体に愛着を感じるようになることで、子どもは特定の他者に依存せず自律して生きられると中央評議会は主張した。[37]

親子関係から自由な共同体に愛着を感じる理想例として、中央評議会は奇妙なことにナチの強制収容所で育ったユダヤ人の子どもを挙げた。中央評議会は、１９４５年にチェコのテレージエンシュタット強制収容所から解放された、3歳から4歳のユダヤ人7人についての児童心理学者アナ・フロイトが行った報告を参照した。彼女はジークムント・フロイトの娘である。アナ・フロイトの報告によると、この子どもたちはあまりにも早い時期に両親から引き離されてしまったため、庇護者としての父親と母親のイメージをほとんど持っておらず、代わりに同じ境遇の仲間に強い結びつきを感じていた。大人が保護者としての役割を果たす様をほとんど見ていないこの子どもたちは、大人からの承認や愛情を得ようとした経験がなく、嫉妬心も競争心も欠如しているとアナ・フロイトは述べた[38]。

このような子どもたちを自律的な子どものモデルとした中央評議会は、強制収容所の例外的な状態を擬似的に再現しようとした。生後6ヶ月以降の子どもは、両親以外の人物とも積極的に関わって世話をしてもらい、一緒に遊ぶことを中央評議会は勧めた。これにより子どもは、両親だけが自分の欲求を満たしてくれる唯一の存在ではないことと、自らが親子関係だけでは定義できない多面的な存在であることを早い時期から学ぶことができるという。さらに同年代の子どもとの関係を早いうちに認識することで、幼児は思考力を鍛えられ、知的に洗練され、豊かな感情表現と柔軟な振る舞いを身に付けられると中央評議会は考えていた[39]。

「プロレタリア的教育」

反権威主義教育を支持した毛沢東主義系の中央評議会は、キンダーラーデンを社会変革の手段と見なしたため、次第に直接的な政治教育を志向するようになった[40]。中央評議会は、反権威主義教育とニールのような教育者による実験的試みを積極的に模倣したものの、すぐにそれだけでは不十分であると考えるようになった。中央評議会曰く、ニールの教育には「中立を支持する危険があるが、社会主義的意識は党派性を必要としている」のであり、サマーヒル・スクールは、「言葉巧みに信じ込まされた『明るい世界』」に過ぎなかった[41]。反権威主義教育のように子どもに自己決定と自律性の大切さを教えるだけでは不十分であり、個人の解放を目指す教育が、労働者階級を解放する社会主義運動に直接結びつかない限り、教育の効果は限定的で、真に人間を解放したことにはならないとされた[42]。

さらにキンダーラーデンに通う子どもの大半が、大卒者を親に持つ比較的裕福な家庭出身であることは問題だと見られた。彼らは両親の経済的余裕のおかげで当初から恵まれた環境に生きているだけであり、社会の逆境の中で生きていくことは難しいと中央評議会系の著作家グループは主張した。子どもに抑圧に立ち向かう政治的能力を身に付けさせる必要性を強調した中央評議会は、キンダーラーデンで将来の革命家を直接的に育てなければならないと訴えた[43]。そのためには「プロレタリア的教育」が必要であり、これにより「全面的な人間の教育」が実現されることで、「社会の根本から支配と抑圧を解消することができる」とされた[44]。

この「プロレタリア的教育」とは、具体的にはどのようなものだったのだろうか。労働者ではなく大卒者中心の中央評議会によって構想された「プロレタリア的教育」の要点は、子どもが幼いうちから「ブルジョアジー」の影響を受けることを避けるために、資本主義社会から切り離されたキンダーラーデン内部で子育てを行うことにあった[45]。これによって子どもの社会主義者としての意識を高め、来たる革命運動を指導できる人物を育て、さらには子どもの教育を通じて大人の参加者も、自らの「ブルジョア的」な価値観を克服し、革命家へと生まれ変わらなければならないとされた[46]。

そのために中央評議会は、キンダーラーデンで扱われる事物を社会主義的なもので置き換えたり、解釈し直したりした。例えば子ども向けに読み聞かせるものは童話ではなく、南ベトナム民族解放戦線、ホー・チ・ミン、毛沢東のような運動とその指導者の話を分かりやすくしたものであるべきだと中央評議会は論じた。こうした物語は、必ずしも中央評議会が自ら作らなければならなかったわけではなく、対応した内容の子ども向け書籍が当時は販売されていた[47]。

また中央評議会は、実際の遊びや遠足を通じて子どもに特定の政治的姿勢を身に付けさせようとした。西ドイツで広く行われていた、北米大陸原住民の服装を真似て遊ぶインディアンごっこではなく、南ベトナム民族解放戦線兵士と米兵のごっこ遊びをすることで、子どもは抑圧への抵抗を感覚で学ぶべきと論じた。同

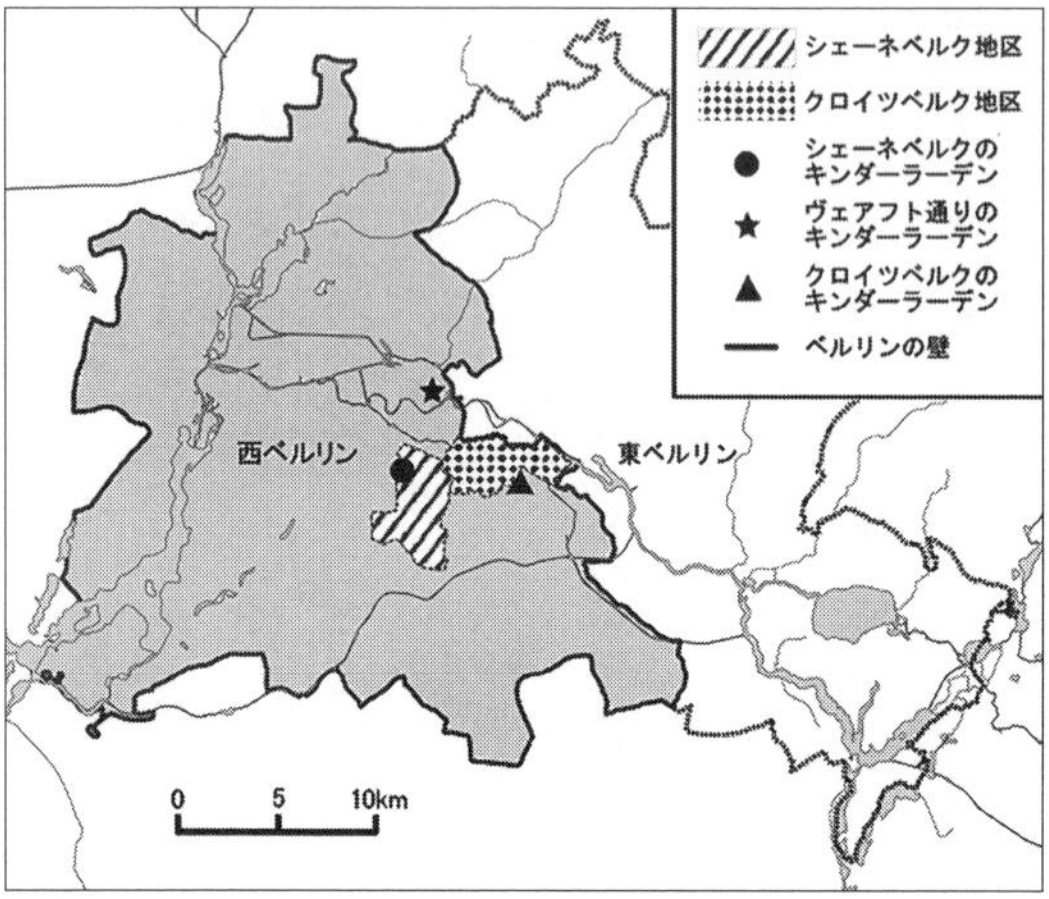

西ベルリンにおけるキンダーラーデンの位置

様に早い時期から資本主義による抑圧と搾取について身体で学ぶために、労働者地区と富裕層地区に遠足に連れていって比較させたり、デモ隊と警察の振る舞いを観察させたりして、子どもに意見を言わせるといったことが行われていた。[48] 加えて宗教の影響を排除するために、キンダーラーデンでキリスト教批判を行ったり、遠足で子どもをあえて教会に連れて行って騒がせることで宗教の厳粛さを否定したり、クリスマスにはツリーを焼くといったことも行われていた。代わりに子どもは労働歌を歌い、拳、ハンマー、鎌、赤い星といった社会主義的なシンボルに愛着を感じるようになるべきという。[49] 加えて資本主義を支える私的所有の観念も否定された。キンダーラーデンでは、「私のもの」と「君のもの」といった言葉を使わないように強制し、「これは僕の車だ」といったような特定の発言には、「これはみんなのものだ」といった決まった言葉ですぐに反応することが予め決められていた。[50]

　また中央評議会は、キンダーラーデンの子どもが市販のおもちゃで遊ぶことを禁止した。その理由は、大人が用途を決めて大量生産したおもちゃで遊ぶことによって、子どもは創造性の発達を阻害され、大人の共同体に順応した画一的な人格に育ってしまうと活動家が考えたことにあった。代わりに子どもは未加工の素材、家具や食器のようなおもちゃでない物で遊ぶべきだという。そうした物から新しい遊び方を発見することは、資本主義に対抗するオルタナティヴな社会を考え出すヒントになると見られていた。[51] 加えて早い時期から生産活動についてのイメージを子どもに持たせることも求められたため、キンダーラーデンでは子どもが食事の用意を手伝うことが奨励された。また食べられるものを作るためには、調理器具と材料を適切に用い、調味料を入れすぎてはならないといった特定のルールを守る必要があるため、料理は合理性に照らして守るべき規則とそうでないものを自ら判断できる、自律的な人格を育成する訓練になると考えられていた。[52]

第3節　キンダーラーデンの活動

本節では、西ベルリンで中央評議会が運営していたキンダーラーデンに注目して、前節で扱った教育方針がどの程度まで実践されていたのかについて、主に当事者の報告を通じて検討する。

あるキンダーラーデンの一日

毛沢東主義系の中央評議会は、1969年時点で五つのキンダーラーデンを運営し、約120人の子どもを受け入れていた。[53] 子どもの数は次第に増加し、70年代初めには約200人が通園していた。例えば西ベルリンのシェーネベルク地区にあったキンダーラーデンでは、40人程度の子どもが年長組と年少組の二グループに分けられ、大人が各グループ二人ずつ半日交代で世話していた。[54]

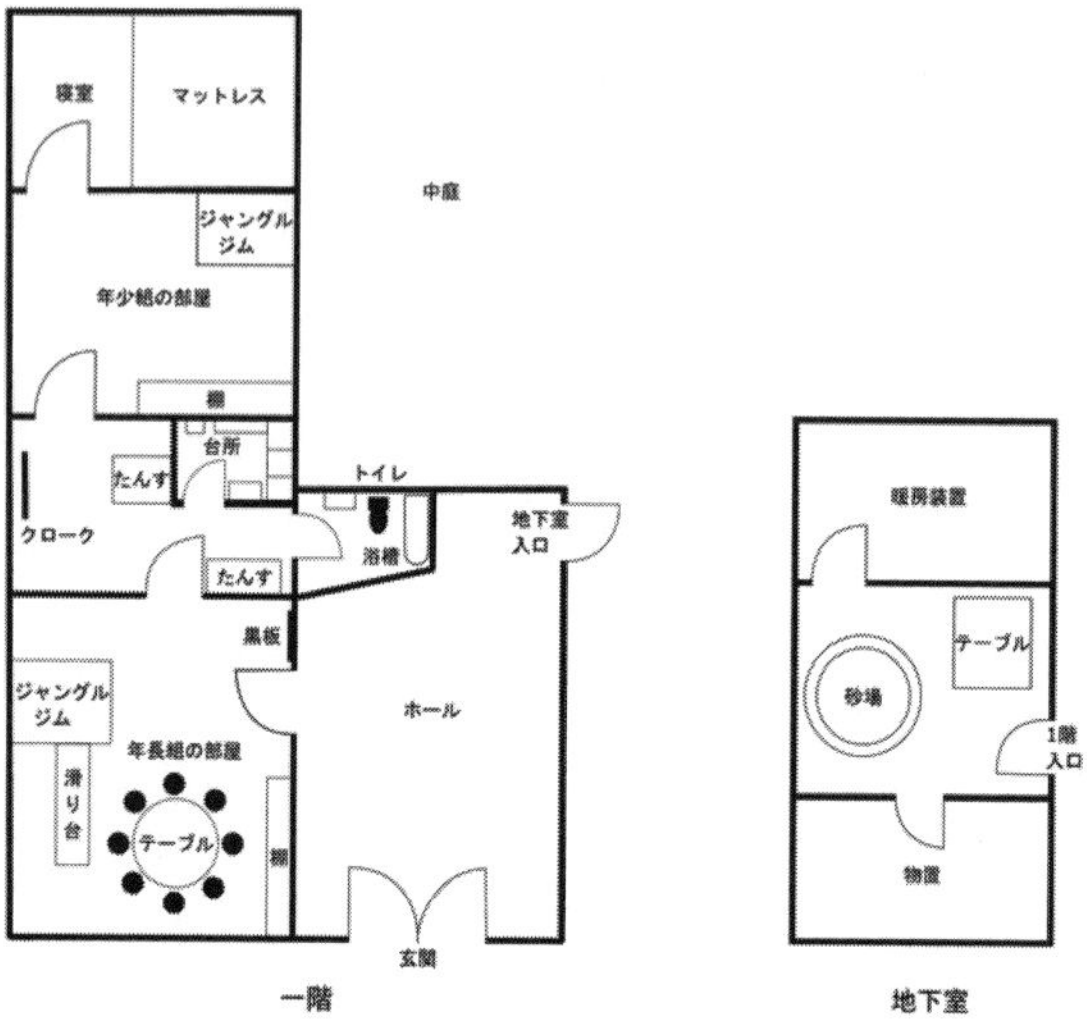

シェーネベルクのキンダーラーデンの間取り
出典：Breiteneicher, Hille Jan u.a., *Kinderläden. Revolution der Erziehung oder Erziehung zur Revolution?*, Reinbek 1971, S. 153fを参考に筆者作成。

専任の保育士がいないため、開園時間は他の保育施設よりも遅い朝8時半だった[55]。中央評議会は、なるべく時間を守って登園することを子どもに求めていた。これは時間厳守を重視していたというよりも、遅刻は子どもの人格的な問題から発生すると考えられていたことが背景にあった。中央評議会曰く、遅刻する原因は、子どもが親からの愛情を失わないようにするために離れたがらないという、特定の人物への執着にあり、この執着は、父親・母親・子どもの三角関係から成る「ブルジョア家庭」において、子どもが不安定な立場にあることから生まれていた。「ブルジョア家庭」で育った子どもは、両親に愛されていることが自明であると感じていないため、自らへの愛情を疑ってキンダーラーデンに行くことを嫌がっているのだという。中央評議会の本来の主張としては、子どもは親からの愛情に依存するのではなく、キンダーラーデンの共同体自体に愛情を感じ、遅刻をしないことが望ましかったが、現実には親と離れたくない子どもの要求を抑圧するべきではないとされ、必要なら親は仕事や学校に行かずに一緒に過ごし、子どもの不安を解消することが大切であると中央評議会は勧めた。[56] このように毛沢東主義系のキンダーラーデンは、親の育児負担を減らして、特に女性の学業と職業生活を充実させるという、フェミニスト系の活動評議会が掲げた当初の方針とは異なる方法で運営されていた。

登園後、子どもは昼食の時間まで屋内で自由に遊ぶことになっていた。その間に保育者の一人が子どもを世話し、三人が昼食を作った。人手が足りないため、創造性を育むような屋外や集団での遊びを子どもにさせることは難しかったという。屋内で一人遊びをさせると、子どもがおもちゃを所有している感覚を持つようになるとされたため、活動家は避けたがっていたものの、代替案はなかった。次善策として使い方が決まっている商品化されたおもちゃではなく、木片や空き瓶などの廃材で子どもを遊ばせることしかできないと中央評議会は１９６９年の報告に書いている。[57]

昼食は前日に保育者によって作られたもので、加えてサラダとデザートが当日調理された。子どもが調理に関わりたがったら、なるべく参加させることが勧められ、少なくともテーブルクロスを敷いたり、鍋を運んだり、椅子を並べることは子どもが行うべきという。[58] なぜなら遊び感覚で食事の準備に参加することで、子どもは労働を通じて食欲という自らの欲求を満たすことを学べるとされたためである。さらに調理を手伝うことで食べ物に対して責任と愛着を感じ、簡単に食べ残すこともなくなると考えられた。他方、食事を完食することを大人は子どもに強いてはならないともされた。この理由は、キンダーラーデンにおいて子どもに何かを強制したり、禁止したりすることが避けられたためだったが、加えて資本主義批判も背景にあった。資本主義社会では資本家が食品を過剰生産した後、価格維持のために意図的に大量廃棄して無駄にしていることから、大人には子どもに完食を強制する理由がなく、食べ残しが捨てられたりすることを子どもに教えたとしても、説得力がないと論じられた。[59]

食後は昼寝の時間だったが、子どもを寝付かせるために、部屋を閉め切るなどのある程度は強制的な手段が使われた。なぜなら特に小さな子どもは睡眠が不十分だと、その後の外遊びの時間に攻撃的になり、喧嘩の原因になるためだった。シェーネベルクのキンダーラーデンの場合、昼寝後に子どもは目の前にあった公園で遊ぶことが多かった。そこには、1969年秋に年長の子どもと大人が設置した砂場、焚き火台、廃材で作った遊具があった。[60]

16時半ごろ大人と子どもが協力して遊び道具を片付け、キンダーラーデンの清掃も行った。食器洗いおよび風呂場とトイレの掃除は、子どもが行う方が良いとされたものの、清潔さ自体は重視されなかった。清潔さは子どもにとって異質な観念であるため、それを大人が強制することは服従と順応を促してしまうという。片付けと掃除は、あくまで子ども自身が設備を再び利用できるようにするために必要なのであり、この合理性を理解した上で、子どもが自らのために行うべきであると考えられていた。[61]

17時ごろから親が子どもを迎えにやってきたが、その際には親が子どもを三々五々に連れて帰るのではなく、なるべく集団で帰宅するべきだとされた。なぜなら子どもは、迎えの早さを比較することで、自分が親からどれほど愛情を受けているかを測るようになってしまい、このことは、特定の人物に子どもを心理的に依存させる原因になるとされたためだった。これによって子どもは、集団の中で相対的に自らの価値を評価するようになってしまい、キンダーラーデンの共同体の一体感が損なわれると活動家は見ていた。[62]

このように一日の進行について、大まかな順序が決まっていたものの、何時までに何を行うかは固定されていなかった。食事のような重要なことでも遊びを中断させてまで行うべきではなく、基本的に子どもの自由をまずは尊重するべきだと活動家は論じた。[63]

キンダーラーデンに参加する親と活動家の関係

設立当初のキンダーラーデンは専任の保育士を雇わなかったため、中央評議会活動家と子どもの親のボランティアが運営の主体になり、参加者の話し合いで方針が決められた。活動家によって出された子育てに関する様々な要求は、政治的な意図に基づいてキンダーラーデンに参加していたわけではなかった一部の親たちからの反発を受けた。

まずキンダーラーデンに両親がどのように参加するかは重要な問題だった。ジェンダー規範を批判する女性活動家の問題意識を、毛沢東主義系の中央評議会も受け継いでいたため、女性だけが子育てをするわけではないことを強調するために、運営に関わる大人は、ジェンダーニュートラルな「関係する人（Bezugsperson）」という言葉で言い表された。[64]

しかし、中央評議会に特別なシンパシーを感じていない参加者の観察によると、キンダーラーデンは男性優位で運営されていたことが多かったようだ。キンダーラーデンに参加したドイツ精神分析協会会長ホルスト＝エバーハルト・リヒターの報告では、特に中央評議会が男性活動家中心の組織だったため、多くの場合、女性は男性よりも弱い立場に置かれることが多かったとされている。[65]

それでも女性は、子どもの教育や運営に関与する過程で自分が置かれた立場を見つめ直し、性差別を議論の俎上に載せ、解放的な意識を持つようになっていったという。一方で、男性は女性の意識変化にうまく対応できないことが多かったようだ。伝統的なジェンダー関係に疑問を呈すると、キンダーラーデン参加者の間で不安が生まれ、女性の私生活の問題を議論することは、政治運動の「個人化」としてしばしば非難された。[66]さらにリヒターは、女性よりも良い教育を受けていることが多い男性は、教育学や心理学に関する議論の場で女性の問題意識をレトリックによって誘導したり、権威主義的な対応で押さえ込もうとすることがあったと指摘した。キンダーラーデンでは性規範を廃止することが宣言されていたものの、1970年代前半には依然として旧来のジェンダー観念が温存されていたため、理念と現実の間の矛盾を解消することが求められていた。[67]

参加者の生活に積極的に介入した中央評議会は、両親たちに共同生活をすることを要求した。キンダーラーデンには学生、研究者、サラリーマン、労働者といった様々な立場の親が関与したが、多くは中間層出身だった。それゆえそうした「ブルジョア家庭」から子どもを解放して、それぞれの家族の生活環境を均質化し、「プロレタリア的」なものにするために、中央評議会は共同生活を呼びかけたが、これは親の反発で実現しなかった。[68]代わりに親と活動家が運営について議論し、教育について学ぶため毎週末に会合が開かれていた。[69]

それでも中央評議会の活動家は、反権威主義教育と「プロレタリア的教育」のために、会合の廃止と共同生活を何度も提案し続けた。とりわけ活動家は、平日のキンダーラーデンと週末の「ブルジョア家庭」の間で、子どもが混乱してしまうことを問題視した。というのも、たとえ子どもがキンダーラーデンに愛着を感じ、一体感を持つようになったとしても、家庭内で父母がキンダーラーデンから距離を取ったり特定の人物への不満を述べれば、子どもは容易に影響されてしまうと考えられたためである。こうした問題は、家族が別々に住む「ブルジョア的」生活を行う限り解決されないと活動家は訴え続けた。[70]

参加者の職業も介入の対象になった。ヴァイマル時代のよく組織された労働者の共同体を理想としていた中央評議会活動家ヤン・ヒレ・ブライテナイヒャーは、同じように集団の一体感を大切にした生活を送り、

「正しい革命的な職業の実践」を求めた。これは具体的に言えば、大卒の参加者が頭脳労働をやめて労働者とともに働きながら工場でキンダーラーデンを設立することや、学生は学術研究をやめて教育学を専攻し、社会主義運動に参加する教員として義務教育課程で働き、体制内部から社会を急進的に変革することなどを意味していた。これらの要求は参加者から反発され、従う者はほとんどおらず、一部の参加者は中央評議会から離脱し、別の保育施設に子どもを預けることを選んだ。[71]

さらに「プロレタリア的教育」をより発展させるために、中央評議会のヴェーダーらは、労働者との接触を求めて、キンダーラーデンを比較的裕福な住民が多いシェーネベルク地区から、労働者が多く住むクロイツベルク地区に移転しようと試みた。こうした政治的意図に基づく移転を、多くの参加者は子どもと親に対して無責任であると強く批判した。[72]中央評議会は、労働者地区への移転を通じてキンダーラーデンを「特権的な街区にある我々の小さなグループが持つ閉鎖性」から解放し、「そこで労働者の子どもと協力し、彼らの両親とともに政治的で教育的な議論を行う」ことで、参加者は自らの「ブルジョア家庭」から最終的に抜け出さなければならないと主張した。[73]ヴェーダーは、移転に反対する親の態度を、自らの「階級の経済的・政治的強制」を子どもにも背負わせてしまう行為であると糾弾し、「教育のあらゆる結果を無意味にするか、子どもを倫理的に没落させる悲劇的な紛争へと追いやってしまうだろう」と非難した。[74]

子どもが置かれる状況よりも政治運動を重視するこうしたヴェーダーらの要求は、広い理解を得られるものではなかったが、移転は彼らなりに子どものためを考えてのことだった。２０１９年のヴェーダーの回想によると、東側陣営に自由な社会が存在しなかった理由は、社会主義体制が指導者への個人崇拝を通じて権威主義体制に至ったことにあった。将来子どもが生活することになるはずの社会主義社会が、自由なものであり続けるためには、模範を個人にではなく環境と人間の集団に求めるべきであり、そのためには労働者地区で労働者集団と協力して子どもを育てなければならないと当時のヴェーダーは考えていた[75]。

最終的に意見がまとまらないまま、シェーネベルク地区のレーゲンスブルク通り9番地にあったキンダーラーデンの一部が、1969年にクロイツベルク地区のフィヒテ通り15番地に移転された。キンダーラーデン自体の解散も議論になったものの、保育施設自体は必要だったため、廃止されることはなかった。代わりに両親の会合は週一回から週二回に増やされ、参加者同士が運営についてよく話し合うことになった[76]。キンダーラーデン内部で活動方針に関する合意がなかったため、新たに参加する両親に対して特別な政治的要求を出さないことが決定された。会合の頻度は増えたものの、日々の運営に関する話し合いが主で、政治運動についての議論が進まなかったため、ブライテナイヒャーら活動家は不満を持ち続けた[77]。

勉強会と心理セラピーによる実験

会合での政治的議論が進まない理由は、両親たちの間で中央評議会が掲げる目標への支持が自明でないことにあると活動家ラインハルト・ヴォルフらは考えていた。中央評議会は、キンダーラーデンを通じて子どものみならず、親もまた資本主義に批判的な精神を身につけなければならないとした。その意味でキンダーラーデンは、「両親ラーデン」でもあるべきだとされ、こうした考えから中央評議会は、様々な方法で参加者を教化しようとした[78]。とりわけ中央評議会が最も力を入れたのが、シェーネベルクでヴェーダーとヴォルフを中心に開催された勉強会だった。勉強会では哲学者アドルノ、ヴァルター・ベンヤミン、心理学者ヴィルヘルム・ライヒ、ジークムント・フロイトとアナ・フロイト、ヴェーラ・シュミットといった、教育と精神分析について先駆的だとみなされた人物の文献が扱われた。

なかでもヴェーダーとヴォルフは、オーストリア系ユダヤ人でマルクス主義者の教育学者ジークフリート・ベルンフェルトを重視し、１９６９年から彼の著作を再出版した[79]。シオニストのベルンフェルトは、ウィーン郊外の保育施設キンダーハイム・バウムガルテンで、第一次世界大戦後の19年からユダヤ人の戦災孤児の教育に取り組んでいた。彼は、子どもが既存の教育制度を通じてオーストリア社会に順応するあまり、ユダヤ人アイデンティティを失ってしまうことを恐れており、多数派社会の圧力に抵抗するために、子どもの自由と自主性を重視することを強調した。ベルンフェルトは、キンダーハイムでの「教育者の活動はむしろ何もしないこと」であるとし、さらに保育者もキンダーハイムで生活することで、自らの中にある成功者になりたいという気持ちを徹底的に抑制し、多数派社会からの順応圧力に抵抗するべきだと論じた。これによってキンダーハイムは、自律性を保ち「愛と友情と公共心によって完璧な」ものになるという[80]。

ヴェーダーとヴォルフは、ベルンフェルトの著作を取り上げることで、政治活動に乗り気でない参加者の翻意を促せると見ていた。中央評議会はキンダーラーデンの保育を政治運動の前提と見ていたが、大半の親は子どもを預けることで育児負担を軽減し、仕事や学業に集中することを求めていた。親が資本主義社会での成功を目指していると批判したヴェーダーは、ベルンフェルトを参照しつつ、「教育制度を作るのは教育学ではなく政治である。倫理学と哲学が教育の目的を決定するのではなく、支配者がその権力目標に応じて決定する」と論じた。ヴェーダーによると、親たちは支配者によって決められた教育制度の中で、社会での栄達を求める「誤った意識」を持っていた。実際には、政治活動による「今日の社会の転覆がより高次な人間性のための場を作り出す」のだから、社会での栄達を求める両親は、子どもの「幸福」よりも資本主義社会での自らの「幸福」を優先しているとヴェーダーは批判した[81]。

社会主義社会の実現のためには、社会制度に組み込まれていないオルタナティヴな教育組織が必要であるというベルンフェルトの考察を受けて、ヴェーダーらは、１９６９年末にキンダーラーデンの園児と労働者家庭の小学生以上の子どもが参加できる政治運動グループを設立した。このグループは、米国のブラック・パンサーに因んで「レッド・パンサー」と名付けられ、ヴァイマル時代のドイツ共産党（KPD）の子どもグループを模範にしていた。レッド・パンサーは、貧しい家庭と中間層家庭の子どもによる少人数の共同体を作ることで、社会階層を越えた連帯を生み出し、特に貧しい家庭の子どもの特徴とされた自分の能力の過小評価と自己肯定感の低さを克服することを目指した。そのために政治運動を行うことで、子どもに成功体験を得させようとしたレッド・パンサーは、69年11月にはクロイツベルク区役所に押しかけて子どもの遊び場を作ることを要求し、また12月にはベトナム戦争に関する映画の上映会と反戦デモを行った。[82]

しかし、レッド・パンサーは一年程度で解散してしまった。ヴェーダーはその理由として、子育てと直接の関係が薄い政治運動に親を参加させることが難しく、大人の支援を十分に得られなかったことを挙げている。[83] さらに小学生以上の子どもを対象にする活動は、すぐに市政府によって禁止された。1970年4月に西ベルリン市政府の家族・青少年・スポーツ担当大臣ホルスト・コルバー（社民党）は、「成長段階が高くない幼い子どもに政治的影響を及ぼす」ことを禁止すると発表した。[84]

勉強会だけでなく、心理セラピーもキンダーラーデンでは開かれた。コミューンIIも心理セラピーを行っていたが、ヴェーダーが心理セラピーを特に重視した理由は、心理学の知見を通じて親たちが社会に対する批判的精神を持つようになることで、政治動員につながることを期待したからであった。[85] 資本主義的な労働への意欲を高めるために精神的な問題を解決するといったように、心理学が体制安定化のために利用されていることを批判したヴェーダーは、むしろ心理学を規範意識と権威主義からの解放と、批判能力の育成のために用いることを呼びかけた。[86]

セラピーでは、前述の心理学者リヒターが重要な役割を果たした。彼は、参加を希望する親を毎週一回夜に二時間集め、予めテーマを決めずに自然に会話することで、個々人の精神的な問題に向き合い、解決することを目指した。セラピーの主なテーマは、「パートナー関係の構造、性別による役割分担、夫婦とグループの関係、子どもの教育原則、セクシャリティと攻撃性の関係、心的葛藤への対処方法、社会政治的な目的とキンダーラーデンでの実験的活動の関係、キンダーラーデンにおける政治と精神分析の関係」だった。[87]

セラピーの経験を踏まえ、リヒターはキンダーラーデンに好意的な立場をとり、精神分析の知見が反映された教育の最初の成功例であると高く評価した。彼によるとキンダーラーデンの功績は、家父長制を解体して親子関係を平等なものにすることと、資本主義的な競争原理へのオルタナティヴとして連帯を重視することを、教育目標として参加者の間で共有させたことにあった。[88]

しかし、リヒターは、キンダーラーデンの活動の一部が親子に強いストレスを与えていると厳しく批判した。[89] 1972年のリヒターの報告によると、キンダーラーデンで親たちは自らもできないことを子どもに要求していた。例えば、子どもには性教育を行っているにもかかわらず、大人自身は自分の性的問題を直視しないといった、「グロテスクな不一致」があると指摘した。さらに幼い子どもは、自我形成のために両親の助けを必要としているにもかかわらず、キンダーラーデンで親との特別な関係を否定されることは、子どもの精神に悪い影響を及ぼすとリヒターは論じた。加えて活動方針をめぐる毎日の議論で消耗してしまった親たちは、少数の権威ある人物にキンダーラーデンの運営を委ねてしまっており、この姿勢は当初の反権威主義的な目標からかけ離れているとリヒターは述べた。[90]

このような問題が生まれる原因は、活動家と親が心理学についてよく学んでいるために、理念が先行して実践と乖離してしまっていることにあるとリヒターは考えていた。社会主義者を育てるためにキンダーラーデン活動家は、既存の教育を「ブルジョア的」として全て否定しようとしたものの、これは時期尚早であり、

「目標には一気に到達するのではなく、そのための小さな進歩によってのみ近づけることを学ばなければならない」とリヒターは見ていた。心理学への過大な期待に警鐘を鳴らしたリヒターは、中央評議会の望み通りに心理学が、キンダーラーデンの政治組織化を促すことはないと論じ、心理学は個人の問題についてより深く理解し、それとのより良い付き合い方を見つける手助けはできるものの、問題の解決策を直接提示することはできないと考えていた。[91]

キンダーラーデンを政治組織にするために、政治運動と心理セラピーを通じて認識された問題の全てを心理学で解決することを活動家は求めていたが、このように心理学を政治運動に従属させて、後者のために前者を用いることは不可能であるとリヒターは述べた。心理学の目標と政治運動の目標は互いに対立することもあるため、心理学を用いて親を政治的に教化する試みはうまくいかないとリヒターは見ていた。[92]1974年のリヒターの報告によると、政治運動と心理学の知見を用いた活動が対立した結果、多くのキンダーラーデンは、後者を次第に重視するようになっていった。[93]

地域住民とキンダーラーデンの関わり

西ベルリンのキンダーラーデンは地域住民と積極的に関わろうとしたが、その結果は様々だった。労働者地区に設置されたキンダーラーデンでは、労働者と接触することで「プロレタリア的教育」を行うことが求められていたが、うまくいかないことが多かった。それは、中央評議会が理想にしていたような階級意識を持つ労働者の集団を、1960年代から70年代の西ベルリンで見つけることは難しく、発見したとしても長期的に接触を保つことは難しかったためである。[94]さらに中央評議会の活動家は、教育の模範であるはずの労働者家庭に対しても不信感を持っていることがあった。労働者の親も、子どもを殴ったり怒鳴ったりするなど、権威主義的に教育することがあると見ていた活動家は、労働者の子どもに反権威主義教育と「プロレタリア的教育」を行うことで、権威主義的な人格に育つことを防ごうとした。こうして子育てに積極的に介入したため強い反発を受け、政治的な意図に基づく教育に反発する親が、キンダーラーデンに怒鳴り込んでくることもあった[95]。

中央評議会の教育方針に反対する参加者を排除することも行われた。あるキンダーラーデンは、新聞の募集広告で「反権威主義的・批判的・社会主義的」態度を持つ両親の子どもを募集すると堂々と表明していた。このような広告であっても、当時の保育施設不足を背景に多数の入園希望が寄せられており、多くの両親は、電話での問い合わせの時点で入園を拒否されていた。たとえ選抜をクリアしても、両親の集いで政治的な適性に関する「定期的な諮問」が行われ、適格でないとされたものは追い出されることがあった[96]。

しかし、キンダーラーデンが地域住民の需要に応じた活動をする場合、うまく協力関係を結べることもあった。なかでも、12人の学生から成るグループによってヴェアフト通りに設置されたキンダーラーデンは、地域住民から求められていた公園を設立することで支持を得た。当初、1969年夏にヴェアフト通りの一ブロック西方に位置するモアビット小学校の児童に勉強を教えていたこの学生グループは、児童に政治的影響が及ぶことを恐れた小学校側から活動停止を求められたため、対象を未就学児に変更したのだった[97]。

1970年4月から二ヶ所の地下室を借りて子どもを受け入れた学生グループは、教育を通じた社会主義運動を試みた。しかし、当時はすでにキンダーラーデンの急進的な性格が、報道を通じてよく知られていたことから抵抗が予想されたために、このグループは、ヴェアフト通りで反権威主義教育や「プロレタリア的教育」を前面に出すことを避けていた。その代わりにこのグループは、まずキンダーラーデンを地域社会の一部にすることと、これによって長期的にローカルな抵抗組織を作ることを目指していた。この判断が功を奏して、ヴェアフト通りのキンダーラーデンは地域住民からそれほど抵抗されず、予想以上に多くの子どもが訪れた。学生グループは、社会主義のための草の根活動として、各家庭を回ってキンダーラーデンの趣旨について説明し、各家庭の生活状況と不満について聞き取りをした。こうした調査によって、住民の多くがヴェアフト通りで遊び場が不足していることを不満に思っていると見た学生グループは、71年から新しい公園の建設を求める運動を開始した[98]。

当時の西ドイツでは、公園の不足による都市の生活環境の悪化が広く問題視されていた。1959年にドイツ全国都市連絡協議会は、75年までに西ドイツ人一人当たり1・5平方メートルの広さを確保できるように、公園を整備する計画を発表したものの、73年時点でも10万ヶ所以上の公園が不足していた[99]。このような状況に対応して、60年代末から公園建設を求める声が盛んに上げられるようになっていた[100]。ヴェアフト通りにおいては、子どもを交通事故から守る観点からも公園の整備が求められていた。ヴェアフト通りのすぐ南には鉄道車両の格納庫があり、そこに向かって多くの車両が行き交っていたにもかかわらず、周辺に住む約600人の子どもは、適切な公園がないために街頭で遊んでいた。そのため、しばしば交通事故が発生し、72年までの三年間で9人の子どもが重傷を負っていた[101]。

この状況を改善するために、ヴェアフト通りの住民が1960年代から運動したものの、大きな進展はなかった。その理由は、当時の西ドイツにおいて公園を作ることが法的に難しかったことにあった。73年以降世帯数に応じて公園を作る法的義務が、ニーダーザクセン州をはじめとして全国で定められるようになったが、それ以前は複雑な法的状態を住民が自ら調べた上で、公園建設を政府機関に働きかける必要があった[102]。70年代初頭からドイツ規格協会（DIN）が、公園建設のための統一的な方法を提示しようとしたものの、これは難航していた[103]。

このように一度は挫折した公園建設に取り組んだことで、学生グループは住民の支持を得た。1971年7月に彼らは、ヴェアフト通りを封鎖してドライバーに安全運転を求め、交差するゲアハルト通りに遊び場を建設することを要請する署名運動を行った。「応用教育学協会」と名付けられたこの運動団体は、400人あまりの署名を集めた。[104]

西ベルリン市政府との交渉を経て1972年6月にオープンした公園は、プレーパークと呼ばれる新しいタイプの遊び場だった。[105] プレーパークは滑り台や砂場といった一般的な遊具ではなく、子どもが楽しみながら身体能力を培うことができるアスレチックスを設置したり、遊び方を自分で考えられるような知育的な遊具を置いた公園だった。こうした公園で子どもは、幼い頃から多様な体験を積み、教育的な刺激を得られるとされていた。プレーパークで子どもが自ら新しい遊びを作り出すことは、男女の区別なく遊ぶことによる既存のジェンダー規範の克服、および欲求の実現能力を育てて個性を伸ばすことに繋がるとされ、子どもの精神的・身体的な問題を解決することが期待されていた。さらに遊び方について話し合って自ら決める経験は、子どもの自己決定能力を伸ばすことになるとされた。こうした利点は、規律と規範からの子どもの解放につながると考えられていたため、学生グループは、プレーパークの設置を積極的に要求していた。[106]

学生の予想を越えて、プレーパークには毎日平均70人から80人の子どもがやってきた。さらに国際デザインセンター協会（ＩＤＺ）から「模範的活動」として補助金を得たため、水道、登り棒、古いキャンピングカー二台、テント、工具、タイヤ、ローラー付き滑り台、古い自動車、土管、木製の大きな積み木などをプレーパークに設置することができた。[107]

プレーパークの運営に関して、親たちによる夕べの会が週に一度、金曜日か土曜日の夜に開かれ、そこには地域住民も参加していた。彼らはボランティアで遊び場にブランコを作ったり、子どもに工具や電源を提供したりした。夕べでは議論だけでなく映画上映会や音楽演奏会、バーベキュー、子どもの服を融通しあったり売買したりするバザーなども開催された。大晦日にはキンダーラーデンでパーティーが催され、地域のトルコ人家族も参加し、トルコ音楽を聴く会が開かれた。(108)

しかし、このように地域住民がプレーパークを歓迎したとしても、学生グループが期待したように地域を越えた政治運動が生まれることはなかった。1976年5月に赤軍派指導者ウルリケ・マインホフが、刑務所内で自殺して西ベルリンの教会に埋葬された時、応用教育学協会を通じて住民も立ち会うことを学生グループが提案したものの、これは拒否された。なぜなら住民のほとんどが、テロリストの追悼はヴェアフト通りには何の関係もないと考えていたためだった。(109)

第4節　キンダーラーデンの「体制内化」

キンダーラーデンは日々の運営を通して様々な問題に直面したが、これらを解決するために行われた外部との交渉と運営のルーティン化などは、全体として中央評議会の政治活動にブレーキをかけた。本節では、キンダーラーデンが標準的な保育施設に次第に近づく過程を「体制内化」として検討する。

キンダーラーデンと政府機関の関係

キンダーラーデンは、運営資金を工面するために市政府と交渉した。(110) 施設では資金難がほとんど常態化していた。キンダーラーデンの設立費用は、西ベルリンのような大都市では安くなく、初期費用として約15万マルクが必要で、暖房設置には約3000マルク、光熱費や衛生用品などの雑費には毎月約1300マルクかかった。これに対して、例えばベルリン自由大学は一回限りの補助金７００マルクを提供していたが、これだけでは全く足りなかった。[111] 通常、運営資金は寄付、出版活動の利益、親の月謝によって賄われていた。あるキンダーラーデンでは、参加する親が収入に応じて毎月60マルクから80マルクの月謝を支払っていたが、この金額は普通の保育施設とあまり変わらなかった。さらに費用節約のために、親たちはキンダーラーデンでボランティア活動をすることを求められたため、フルタイムの職に就くことを諦めることもあった。[112] このようにキンダーラーデンに参加する負担は、次第に大きくなる傾向にあった。[113]

毛沢東主義的な中央評議会は、キンダーラーデンを資本主義社会から切り離された場所にしようと試みる以上、市政府からの支援は不要であると主張した。それゆえ、１９７１年初めに西ベルリンで運営されていたキンダーラーデンのうち、市政府からの支援を受けていたのは、フリーデナウとホーエンシュタウフェン通りの二ヶ所だけだったという。[114]

中央評議会による出版物の一例
『共同体の子どもたち』(1969)
出典：Zentralrat der sozialistischen Kinderläden WestBerlin (Hg.), *Kinsder im Kollektiv*. Nr. 5, Berlin 1969より筆者撮影。

しかし、実際には資金不足に悩んでいた中央評議会のヴォルフは、早くも１９６８年11月に西ベルリン市政府の家族・青少年・スポーツ担当大臣コルバーに手紙を送り、中央評議会を通じたキンダーラーデンの支援を求めた。[115] 西ベルリン市政府がキンダーラーデンを新しい保育施設として公式に承認すること、特に親が社会主義思想を学ぶことをキンダーラーデンの不可欠な前提として認めること、専業主婦がキンダーラーデンに参加しても財政支援をやめないことをヴォルフは要求した。なぜならキンダーラーデンが子どもの世話をする理由は、共働き家庭を増やして女性を資本主義社会で搾取させるためではないからだと彼は論じた。[116]

ヴォルフは、キンダーラーデンを支援する二つの利点を市政府に対して主張した。一つ目に、保育施設と保育士の数が不足している現状において、キンダーラーデンは既存の保育施設と比べて安価で、必要があるところにすぐ設置できる利点を彼は強調した。次に、キンダーラーデンは市民の生活をより良くし、自律したものにする意義を持つとされた。待機児童問題を親たちが自発的に解決するものであるキンダーラーデンは、市民を公的支援の単なる受け手から、社会問題を自ら解決できるような自律した存在にする効果を持つ運動であるという。二つ目の利点として、参加者同士が緊密な関係を持つ共同体であるキンダーラーデンは、人間の生活が家庭の内部と外部で分離している状態を解決するものであり、家庭外で個人が孤立してしまうことを防ぐといった市民の生活水準を高める利点を持っているとされた。[117] ヴォルフは手紙の中で、社会主義社会実現を目指しているとは述べなかったものの、キンダーラーデンを政治参加に積極的な市民による運動団体と定義し、資本主義社会や官僚制といった既存の社会とその制度を代替するオルタナティヴな存在であるとして市政府にアピールした。

コルバーはヴォルフの主張を受け入れ、支援に前向きだった。現在、結婚と家族のあり方も市民団体も多様化しており、合理的で民主的な家族政策が求められていることから、中央評議会のキンダーラーデンを民主的な保育施設のモデルケースとして承認できるとコルバーは返答した。彼は、キンダーラーデンが市民運動によって運営されているために、様々な形態をとることを積極的に認め、柔軟に支援できると表明した。[118]

コルバーは、毛沢東主義的な中央評議会を１９６９年から助成することを認めた。彼はキンダーラーデンが未就学児向けである限りにおいて好意的だったが、その理由は保育施設の深刻な不足問題を早急に解決することが求められていたためだった。69年には西ベルリンで約4万7000人の子どもが保育施設への入園を申し込んだものの、通園できたのは約3万2000人だった。[119] このような状況においてキンダーラーデンは、保育施設に入れなかった子どもを世話していたが、中央評議会が受け入れられたのは、せいぜい100人から200人程度だったため、たとえ急進的な活動をしていたとしても、社会的な影響は小さいと考えられた。[120] 市政府は8万マルクを中央評議会に助成する条件として、キンダーラーデンを週七日開園することと、親自身が子どもを世話し、保育の専門人材を節約するために専任の保育士をなるべく雇わないことを求めた。8万マルクという決して多いとは言えない助成金を支払う代わりに、開園時間を延長させ、専門の保育士人材をキンダーラーデンから切り離すことは、市政府にとって十分に利益のある取引だっただろう。[121]

しかし、この交渉には横槍が入った。保守系日刊紙『ベルリーナー・モルゲンポスト』は、1969年1月19日に「キンダーラーデンでは毛沢東が〔童話の〕赤ずきんを追い出している」という記事を掲載し、反権威主義教育が子どもをボルシェヴィズムに洗脳しようとしていると非難した。[122]

記事が出た翌日、中央評議会は市政府に支援を求める手紙を再び送った。手紙によると、キンダーラーデンは、既存の子育てに対するオルタナティヴを実践する施設であるものの、特定の政治綱領に固執せずに柔軟な方法で子どもを世話しているという。手紙の中で中央評議会の活動家エバーハルト・シュルツは、キンダーラーデンの目的は子どもを社会に順応させる教育ではなく、彼らの認知能力を自由に発展させつつ、批判精神を身に着けさせることによって、社会を集団で変革できるような人物を育成することにあると主張した。この目的のためには、全てのキンダーラーデンが一体となって活動することが必要であるとし、市政府による一括支援をシュルツは求めた。[123]

しかし、コルバーはこの要求を拒絶した。市政府は、キンダーラーデンの活動に全面的には同意していないことを示すために、いくつかのキンダーラーデンだけをモデルケースとして認め、それらに支援の対象を限定するとした[124]。

市政府が全面的な支援を撤回した理由は、メディアがキンダーラーデンに批判的なことにあると考えた中央評議会は、直接行動で抗議の意思を示したが、それは裏目に出ることとなった。1969年2月22日に『シュテルン』誌は、「ドイツで最もわんぱくな子どもたち」という記事を掲載し、キンダーラーデンの性教育を批判した[125]。中央評議会は2月26日に子どもを連れて『シュテルン』誌の編集室を占拠し、記者は菓子をあげて暴れる子どもをなだめつつ対応しなければならなかった[126]。この占拠事件は複数のメディアによって広く報道されたため、キンダーラーデンはさらなる批判を受けた[127]。

事件を受けてキリスト教民主同盟の西ベルリン市議会議員エーリヒ・マッハは、1969年3月にキンダーラーデンを批判し、今後の対応について市政府に質問した[128]。西ベルリンの内務大臣クルト・ノイバウアー（社民党）とコルバーは回答の中で、市政府は家族と教育の新しいあり方を歓迎するものの、占拠は犯罪行為であり子どもを幸せにしないため、参加者を訴追すると表明した[129]。

その後の市政府は、中央評議会を通してキンダーラーデンを一括で支援することを拒み続けた。1969年3月に市政府は、キンダーラーデンを全体として支持したことはないと表明し、キンダーラーデンでは教育理念と実際の活動が一致しておらず、教育的な配慮が全くなされていないこともあると指摘した。コルバーは、社会主義的なキンダーラーデンを新たに支援するつもりはないと述べ、これを受けて中央評議会は、5月までには市政府に対するキンダーラーデンへの一括支援の要求を取り下げた[130]。

このようにキンダーラーデンが話題に上がるようになった1970年代前半には、そこで行われる教育を政府機関はしばしば厳しく批判した。例えば、70年に連邦教育科学省次官ヒルデガルト・ハム＝ブリュッヒャー（自由民主党）は、反権威主義教育において行き過ぎた「放埒」が見られると非難した。[131] 74年には西ベルリンの教育庁長官ヘルベルト・バート（社民党）が、反権威主義教育の本質は「性的パラダイス」の実現と教条主義的な「ネオ・スターリン主義」にあると述べた。バートによると、子どもを教育者による抑圧から解放しようとした反権威主義教育は失敗に終わり、キンダーラーデンは、今やむしろ権威主義的で柔軟性のない「ネオ・スターリン主義」に向かっており、「我々の生活秩序の正統性に対する攻撃」を行っているのだった。[132]

このようにキンダーラーデンは、全体として公的に承認されることはなかったものの、個別にはヴェアフト通りの施設のように公的支援を受けることができた施設も存在した。

ヴェアフト通りのキンダーラーデンも、当初は市政府との関係は良好ではなかった。1971年7月から学生グループは、プレーパーク建設とヴェアフト通りでの速度制限導入を求める署名運動を始めた。学生グループの要求に対して西ベルリン警察は、子どもの世話と安全確保は職掌に含まれず、家庭や地域社会の問題であると考えていたため、まずは子どもに交通ルールを教え、徹底させることを優先するべきだと主張し、速度制限導入を却下した。一方、署名を受け取ったティーアガルテン区役所は、まずは地域住民から聞き取り調査を行うことにした。10月12日にはティーアガルテン区議会与党の自由民主党が、運動代表者を青少年福祉委員会に呼んで11月まで議論を行ったものの、合意に至らなかった。[133]

行政だけでなく司法もプレーパーク建設に難色を示していた。1971年9月24日には上級行政裁判所が、プレーパークでの火や水を用いた遊びと騒音が近隣に害を及ぼす可能性を指摘して、西ベルリン北部のメルキッシュ地区での設立を却下する判決を下した。[134]

他方、ティーアガルテン区議会においては別の議論が行われていた。社民党とキリスト教民主同盟と自由民主党が遊び場設置に合意し、建設を西ベルリン市政府に委ねることにした。その結果、市政府の内務大臣ノイバウアーと新任の家族・青少年・スポーツ担当大臣イルゼ・ライヒェル（社民党）は、１９７５年までにヴェアフト通り近くの空き地に公園を作ることを決めた。[135] とはいえ、遊び場建設を75年まで延期するという決定に学生グループは不満を募らせた。さらにキリスト教民主同盟の政治家が、市民運動を排除してしまう方が子どもに自由に遊べる機会を確実に与えられると発言したこと、遊び場建設に関する市政府との会合が11月12日の平日昼間に行われたため、ほとんどの住民が参加できなかったことも、学生グループからの批判を呼んだ。[136]

そのため学生グループは、署名運動以外にもビラ配りや鍋の蓋などを叩いて音でアピールするデモを行い、ライヒェルに直接訴えかけた。その結果、ライヒェルはティーアガルテン区建設委員会に遊び場の案をまとめるように働きかけ、これに対して担当者ゴットフリート・ヴルヒェは、砂場とジャングルジムを設置した小さめの公園を提案した。しかし、これはプレーパークを求める学生グループの賛成を得られなかった。[137]

１９７１年末に活動家は新たな活動を計画した。12月にヴェアフト通りで約４７０人の住民と活動家が、サンタクロースと天使の服装でデモを行い、72年3月には「ベルリンにもすぐにプレーパークを」と題されたセミナーを開催した。4月20日にヴェアフト通りのキンダーラーデンで開かれたヴルヒェとの会合では、約60人の住民が25平方メートルしかない会場に押しかけて、彼を非難する示威行為を行った。その結果、市政府は、ヴルヒェの案よりも広い遊び場を、国際デザインセンター協会とドイツ産業全国連盟の資金で建設することを認めた。[138]

しかし、プレーパークのコンセプトはすぐには認められなかった。区役所の造園課は、プレーパークでの遊びによって子どもが危険に晒されるのではないかと述べ、特にターザンロープと水遊び用の水道設備は危険であるとして拒否した。ターザンロープの設置はできなかったものの、水道設備は子どもを清潔に保つために必要であると学生グループは主張した。これは反権威主義教育の方針には反したものの、遊び場建設という実利を優先した学生グループの主張は功を奏し、1972年1月からヴェアフト通りの遊び場は、模範的公園と評価されて、市政府から公式の財政支援を受けた[139]。

キンダーラーデンが支援を受けられるかどうかは、施設の政治的性格がどれだけ問題視されるかに左右された。保育施設の不足問題の解決を迫られていた市政府には、新しい保育運動を支援する意欲があったものの、毛沢東主義運動としての性格を積極的にアピールする中央評議会のキンダーラーデンは、メディアや保守政党の批判を受けて支援を得られないことがあった。他方、ヴェアフト通りの運動は、メディアからの批判と地域住民による拒絶を避けるために政治信条を隠して、遊び場建設という政治性を薄めた要求を掲げていた。学生グループは、場合によっては反権威主義教育の方針に反してでも、実利を追求する姿勢を持っていたため、最終的に公的支援を受けることができた。

まとめると、公的支援を受けることは、運動にとって社会に統合される用意があるかを試す「踏み絵」だった。活動家が自らの政治信条を隠すことは、キンダーラーデンの支援を受けやすくすることにつながり、施設を将来的に円滑に運営できるかどうかを左右した。同時に政府機関との交渉は、キンダーラーデンの社会批判を行う直接的な政治運動組織としての性質を弱めさせる要因でもあったと言えよう。

メディアの反応

ユニークな活動を行っていた西ベルリンのキンダーラーデンは、規模の小ささに見合わないほどの大きな注目をメディアから集め、ときに強く批判された。すでに述べたように、1969年1月に日刊紙『ベルリーナー・モルゲンポスト』が、中央評議会のキンダーラーデンは子どもを毛沢東主義に洗脳しているという記事を掲載した。[140] シングルマザーの記者が、キンダーラーデンに潜入取材を行って書いたこの記事に衝撃を受けた中央評議会は、マスメディアへの情報開示を制限するようになった。中央評議会は、キンダーラーデンがあくまで現体制の転覆を目指す組織である以上、社会批判を行うことができる機会以外には、マスメディアの取材を受けるべきではなく、人々への情報提供は報道よりも、地域住民に対する直接の広報を通じて行われるべきであるとした。[141]

それにもかかわらず、キンダーラーデンはメディアによって報道され続け、特に1969年2月22日の『シュテルン』誌による報道は大きな反響を呼んだ。「教育手段としての女性の交換」という見出しで『シュテルン』誌は、キンダーラーデンでは子どもが特定の大人に執着しないようにするために父親がパートナーである母親を取り替えており、子ども同士は互いに性的な嫌がらせをしていると主張した。精神科医の話を引用する形で、キンダーラーデンでは大人が子どもを自分の精神的問題解決のための実験台として利用して失敗し、その結果子どもが他の保育施設の園児よりも強い攻撃性を持つようになっていると記事は批判した。[142] 当時の『シュテルン』誌が約500万部の発行部数を誇る大雑誌だったことを踏まえれば、この記事が社会におけるキンダーラーデンのイメージを悪化させたことは想像に難くない。[143] この報道は中央評議会にとって青天の霹靂であり、強い憤激を呼んだ。[144] 中央評議会は、弁護士で後に赤軍派に参加するホルスト・マーラーと、同じく弁護士で98年から社民党所属の連邦内務大臣を務めるオットー・シリーに依頼し、『シュテルン』誌への損害賠償請求を検討したものの、最終的に69年2月26日に雑誌編集室を占拠して抗議した。[145]

占拠事件のせいで、かえって他の多くのメディアが、西ドイツ社会にとって危険な存在としてキンダーラーデンを報じた。左翼の若者に人気だった『コンクレート』誌ですら、キンダーラーデンに批判的だった。社民党員でジャーナリストのベルント・ミヒェルスは、「実際のところキンダーラーデンとは何なのか?」という記事を『コンクレート』誌に投稿した。ミヒェルスによると、能力社会で生き抜くために必要なことを教えずに、むしろそれを転覆させる方法を学ばせようとする反権威主義教育は、長期的な観点から見て子どものためにならず、キンダーラーデンの教育は、進歩的知識人の「エリート的な傲慢」だった。「革命と中国式の社会学」を宣伝するキンダーラーデンは、市民を解放するのではなく、むしろ威圧しているとミヒェルスは述べた。[146]

しかし、全ての報道が批判的であったわけではなく、1960年代末に一部のメディアは、キンダーラーデンの保育を評価し始めた。特に69年12月1日にドイツ公共放送局連盟(ARD)が放映したドキュメンタリー番組『不服従のための教育』は、小規模な運動に過ぎなかったキンダーラーデン運動を全国に知らしめた。[147] 北ドイツ放送(NDR)によって制作されたこの番組は、西ベルリンを含む三都市のキンダーラーデンと他の保育施設の日常生活を比較した。シェーネベルク・キンダーラーデンも扱われたこの番組では、ヴォルフら中央評議会の活動家がインタビューに応じ、権威主義と規律に対抗する教育の必要性を訴えた。それに応じるように、キンダーラーデンの子どもがピアノの上に登って飛び跳ねたり、わんぱくに振る舞っている様子は、他の保育施設での子どものおとなしさと対照的だった。法学博士号を持つ番組監督ゲアハルト・ボットは、中央評議会のキンダーラーデンに対してアンビバレントな評価を下した。彼は、一方では毛沢東主義的な傾向を次のように厳しく批判している。

カトリックの幼稚園に通う子どもが、聖書の語句を学び祈ることを促されているように、4歳児が恭しく毛沢東語録を暗唱できるようにならなければならないキンダーラーデンもいくつかある。両方の場合で洗脳が行われているのだ。つまり子どもたちは、教育者のイデオロギーを無批判に受け入れることを強制されている。(148)

他方でボットは、キンダーラーデンの良し悪しを判断することは時期尚早であるとし、キンダーラーデンには将来の教育のあり方を考えさせる刺激的な要素もあるため、今後の展開を注視する必要があると結論づけた。(149)

ボットの番組に対する反応は賛否両論だった。ボットの報告によると、放送後、テレビ局に約200回の電話と728通の投書による問い合わせが寄せられ、そのうちキンダーラーデンを支持する意見は14・7%、反対の意見は45・6%、中立の意見は39・7%だった。(150) 中立の意見の多くは、キンダーラーデンに関心を持ち、番組資料の送付を求める教育機関や研究機関からのものだったという。加えて全国で21の雑誌と新聞が、概ね肯定的にキンダーラーデンを報道した。(151) とりわけ日刊紙『ハンブルガー・アーベントブラット』は「若者による歓迎するべきイニシアティヴ」として、『デア・シュピーゲル』誌は「西ドイツの幼児保育が抱える問題への対応策」としてキンダーラーデンを評価した。(152)

1970年代に入ると、キンダーラーデンが批判的・煽動的に報道されることは次第に減り、活動家の報告の中で、メディアによるキンダーラーデンの取り扱いが反発の対象になることは少なくなっていった。(153)

むしろこの時期には幼児保育全般への関心の高まりから、キンダーラーデンと反権威主義教育は、新しい子育ての可能性として注目されるようになった。1970年9月に幼児教育について話し合うため、ハノーファーで初めて開催された「未就学児会議」は、600人の来場者を想定していたのに対して、約3000

人の参加者を集めた。この会議の若い出席者の多くは、反権威主義教育を支持しており、現在の幼児教育の状況を厳しく批判して、年配の教育者と激しい論争を繰り広げた[154]。

さらに当時の出版業界では、幼児保育に関する書籍がよく売れていた。ニールの著書『反権威主義教育の理論と実践』は、発売当初の売れ行きは良くなかったものの、1969年にドイツ語の新装版が出版されると注目を集め、約60万部を売り上げた[155]。中央評議会が69年から70年に出版したベルンフェルトの『反権威主義教育と精神分析』は、全三巻で約13万部も販売され、専門書としては大ヒットだった[156]。さらに幼児保育に関して、子どもと大人に向けて書かれた多くの書籍がベストセラーになった[157]。

映像メディアもキンダーラーデンと反権威主義に刺激された。1978年に映画監督マルガレーテ・フォン・トロッタが制作した映画『第二の目覚め』は、資金難のキンダーラーデンを閉鎖させないために、銀行強盗をする女性保育士の物語だった。この映画は高く評価され、ドイツ映画賞銀賞を含む数多くの賞を獲得した[158]。

第二ドイツ・テレビ（ZDF）は、1973年9月から84年まで子ども向け番組『ラッペルキステ』を放映した。週三日、30分ずつ放送されたこの番組は、幼児・児童のいる家庭で平均22％の高い視聴率を誇り、ドイツで質の高いテレビ番組に贈られるアドルフ・グリム賞を73年度に獲得した。この番組は、子役とパペットによるドラマ形式だが、ほぼ同時期に放映され始めた番組『セサミストリート』が、学校への入学準備を主眼にしたのとは違い、『ラッペルキステ』は、「子どもが自分と他者の行動の条件と周囲の環境について自ら理解し、それに対して自律して社会的に適切な形で応答できるようになること」を目指していた[159]。番組が扱ったテーマとして、「キオスクで売られている棒キャンディーは、なぜそれを食べたいわけでもないキオスク店主のものなのか」、「父は自動車工場で毎日働いているのに、どうして作った車は父のものにならないのか」、「なぜ集合住宅は住む人のことを考えて作られていないのか」といったものがあった(160)。番組は反権威主義教育から影響を受けて、子どもが日常的に経験する出来事を題材に社会的な問題提起を行った(161)。

賛否両論があったにもかかわらず、『ラッペルキステ』が成功したことは、1970年代までに反権威主義教育の問題意識が、市民権を得るようになったことを意味した。この教育は、特に若者の間で支持されていた。例えば67年に30歳以下の西ドイツ人のうち81%が、清潔さと慎ましさを子どもに身に付けさせるべき教育上の価値観と見ていたものの、72年までにこの値は51%にまで減少した。これはキンダーラーデンだけでなく、官民による様々な教育改革の結果であるが、運動の価値観の一部が、一般に受け入れられるようになったことを反映していた(162)。

さらにキンダーラーデンのような、既存の保育施設へのオルタナティヴとなる施設が持った影響力は見逃せない。西ドイツの保育施設で受け入れ可能な子どもの数は、1970年の約110万人から74年の約150万人へと大幅に増加した(163)。69年には3歳から6歳の子どもの35・8%しか公的な保育施設に入れなかったものの、74年にその値は60%を超えた。政府機関は、保育施設の不足問題を以前から認識はしていたものの、新しい保育運動に象徴される世論の圧力が、問題解決への重要な刺激になったことも指摘される(164)。

メディアとの関係は、キンダーラーデンの「体制内化」を促した。メディアは、登場直後からキンダーラーデンに注目しており、しばしば批判的な報道を行った。前項の内容も踏まえると、批判的な報道により、公園施設の拡充を訴えたヴェアフト通りの運動のような後発の運動は、急進的な主張を前面に出すことを避けるようになった。同時に若い活動家が持つ保育に関する問題意識が、マスメディアを通じて広く認知されるようになったことで、キンダーラーデンと特に反権威主義教育は、幼児保育のあり方のひとつとして認められるようになった。このことでキンダーラーデンは、次第に社会の中で特殊な存在ではなくなっていったと言えよう。

参加者による回顧

本項では、当事者による回顧を参照し、運動参加者がキンダーラーデンをどのように見ていたのかを検討する。その際、雑誌『クアスブーフ』に1983年に掲載されたモニカ・アリーとアネグレート・グリュットナーによる回顧を主に参照する。[165] 45年生まれのアリーは、体操医療の指導員であり、西ベルリンで教育を受けた後は小児科に勤務し、子どもの教育に取り組むベルリン・ピクラー協会会長兼セラピストとして活動した。[166] 47年生まれのグリュットナーは、西ベルリンの青少年保護施設で働いていた。高等教育を受けた両名は、キンダーラーデン参加者の典型だった。[167] 82年時点でアリーには息子一人と娘二人、グリュットナーには息子二人と娘一人がいた。72年5月から77年までアリーは、育児と学生運動を両立するために長男を、グリュットナーは、学業を再開するために長女を西ベルリンのキンダーラーデンに通わせた。[168]

アリーとグリュットナーは、当時の西ドイツ社会で支配的とされていた子育てに関する二つの理解に反発を感じていたという。つまり第一に子どもを持つことが女性の人生の幸福であるがゆえに、子育ては働いている女性一人で行うべきという理解、そして第二に自律した人格ではない子どもは、大人の命令に従わなければならないという理解に、二人は抵抗していた。これらの理解へのオルタナティヴを実践する、女性の育児負担を軽減して子どもを自由な環境で育てる保育施設としてのキンダーラーデンに、アリーとグリュットナーは魅力を感じて参加したと述べている。[169]

アリーとグリュットナーが参加したキンダーラーデンは、反権威主義的で「プロレタリア的」だった。参加者は、「ブルジョア家庭」と別の共同体において集団で子育てを行い、子どもに規律を押し付けたり、欲

中央評議会のキンダーラーデンの様子
出典：*N.N., Berliner Kinderläden. Antiautoritäre Erziehung und sozialistischer Kampf*, Köln/Berlin 1970 表紙裏。

求を抑圧したりするような教育を行わず、性に関してオープンでジェンダーニュートラルな生活を目指していたという。加えて親子の特別な関係を否定し、教育方針について参加者同士で話し合い、他人の子どもであっても育て方に関して互いに意見を述べ合うことが求められていた。また既存の教育制度が、「ブルジョア的エゴイズム」で汚染されており、学校からは何も学ぶことができないため、子どもは遅くとも6歳までにキンダーラーデンの理念に沿うように成長していなければならないと1970年代当時のアリーとグリュットナーは考えていた[170]。

回顧によると、アリーとグリュットナーのキンダーラーデンは、きわめて精力的に活動していた。教育方針や料理や掃除といった日常的な活動について、参加者同士でなるべく合意を得るために、キンダーラーデンでの定例の会合で活発な議論がなされていた。さらに古参の参加者は、新参の親を定期的に審査し、もし「権威主義的」な考えを持っていれば、子どもも含めて積極的に「矯正」しようとした。参加者は子どもの行動に強く介入した。子どもから私的所有の観念を除くことを試みて、おもちゃを占有することを認めず、封建的なジェンダー・ロールのイメージを無くすために、王や姫の人形を用いるような遊びを禁止するなどした。さらに自由な性教育の一環として、「お医者さんごっこと脱衣遊び」を奨励した。行儀作法は重視されなかったため、子どもは食事中でも走り回り、遊び場と食卓を行き来した。保育者は強制的に交代し、子どもが親にすがり付けば、無理に引き離されたという[171]。

しかし、こうしたことは、キンダーラーデンの参加者にとって大きな苦労と苦痛を伴うものだった。教育方針と日常的な問題についての話し合いは、参加者にとってストレスになり、いつの間にか「連帯と批判精神に基づくはずの議論が、グループ同士の攻撃的な衝突になることもしばしば」だった[172]。

子どもが所有観念を持たなくなることはなく、特に自分の家から持ってきたおもちゃを皆の所有物であると教え込むことは、強い反発を受けた。アリーの回顧によると、所有観念は早い時期から子どものアイデンティティと自己主張と強く結びついていた。アリーに次男が生まれると、キンダーラーデンに通う長男マックスは、母親の注意が弟に向けられていることに不満を感じたため、家からおもちゃを持って行くようになったという。彼は、母親からの関心が相対的に減ってしまうことを、おもちゃの所有によって周囲から注目されることで補おうとしたのだった。アリーは、当時の教育方針を頑《かたく》なに重視するあまり、所有欲という自然な欲求への配慮が欠けていたため柔軟な対応ができず、子どもを抑圧してしまったと回顧した[173]。

遊びと性教育を通して、男女の役割意識や資本主義的な消費を克服することもうまくいかなかった。子どものの振る舞いは他の保育施設と変わらず、女子は女子同士でおしゃべりすることを好み、男子と遊ぼうとすると馬鹿にされた[174]。グリュットナーの長女アナは、キンダーラーデンで人形を取り上げられていたため、8歳になってからそれで遊ぶことに熱中した。マックスは、5歳で家族の前でも裸になることを嫌がるようになった。既製品ではなく自作したおもちゃで遊ばせる実験の効果は限定的で、学校に通うようになった子どもは、他の生徒と変わらない遊び道具を求めるようになった[175]。

またキンダーラーデンで行儀作法を重視しなかったことは、親に不安を感じさせており、アリーは、12歳になっても家で落ち着いて座って食事ができないマックスを心配していた。さらに規律を無くそうとする教育は、子どもに別の形の規律を強いたという。大人が最終的に規律をどこまで見直し、自由をどの程度まで認めるかを決めたため、子どもに行動の基準を示す際、しばしば彼らは一方的な物言いをした。1993年にヴェーダーは、かつてのキンダーラーデンには「ある程度の使命感に基づくセクト的な熱狂」と「ある程度の命令口調」があったと回顧しているが、これはアリーとグリュットナーの施設にも当てはまった[176]。大人は、ある程度穏やかな口調ではあったものの、「これは本当に良くないと思う」、「これは分からなきゃいけないでしょ」といった発言で、子どもの行動をコントロールした。これらは、いずれにせよ権威主義的だったとアリーは述べている[177]。

親全員が同じようにキンダーラーデンでの子育てに関わろうとすることは、運営の助けというよりも混乱の原因になったという。親個人には向き不向きがあり、うまく子どもを世話できる人物が保育者になると、子どもは自発的に食事の用意や遊びの後片付けをするようになった。このような現象は教育的であると見られていたため、キンダーラーデンの政治的な教育理念を積極的に支持する者よりも、子どもの世話が上手な者が次第に運営の中心になった[178]。この傾向は時が経つにつれて強まり、親と活動家のボランティアによる運営が限界に至ったキンダーラーデンが、専門教育を受けた保育士を雇うようになると、保育士が大半の活動内容を決めるようになった[179]。

キンダーラーデンが、子どもを「ブルジョア家庭」から解放し、「プロレタリア的教育」を行うことができたとも言い難い。労働者とその子どもとの接触は常に奨励されたものの、1970年代には活動家が理想とするような「プロレタリア的」生活を送る者は、ほとんどいなかったとアリーは見ていた。少なくともアリーのキンダーラーデンには、労働者家庭と長期的に触れ合えた者はいなかったようだ[180]。

12歳のマックスと11歳のアナもキンダーラーデンについて証言した。二人は幼児期のことをあまり憶えていないものの、マックスはキンダーラーデンを好きではなかったと述べ、アナはキンダーラーデンをとても良い思い出とした。二人ともキンダーラーデンの特殊な教育方針をあまり意識していなかった。ジェンダーニュートラルであることは、活動家にとって重要な目標だったものの、子ども自身には認識されていなかった。マックスは男の子とも女の子とも仲良くしたと語り、アナは自然と女の子同士で遊ぶことを好んだという。性教育について、アナは人前で裸になることは皆行っていたため、恥ずかしいことだと思っていなかったが、これはマックスにとって嫌な思い出であるようで、このことについて語ることを拒否した。二人とも、規範にとらわれない教育に良い印象を持っているものの、物の共有、特にタオルのような衛生用品を共同で使うことには、あまり良い思い出がないと述べている[181]。

政治教育は部分的に成功したものの、活動家の目論見通りには進まなかったようだ。キンダーラーデンの子どもは、宗教的なシンボルやイベントから遠ざけられていたが、マックスは学校に入ってからキリスト教に強い関心を抱くようになり、クラスの中で唯一両親の意向と関係なく自分で教会に通っていると誇らしげに語った。マックスとアナは、キンダーラーデンで歌わされた労働歌にはもう興味がなく、他の子どもと同じように西ドイツや英語圏の流行曲を好んだ。頻繁にデモに参加させられた二人は、今でも関心のあるデモには行きたいと話した。ただマックスは、判断力がない子どもを政治的イベントに連れていくことに批判的だった一方で、アナは、判断力にかかわらずデモに行くこと自体は良いと述べた[182]。しかし、このようにキンダーラーデンの教育が、常に子どもの政治参加を促すとは限らなかった。成長した子どもの中には、キンダーラーデンの政治的性格を幼児のためにならないと見て、たとえ自らが高い政治意識を持っていたとしても、自分の子どもをデモに連れて行かないことを選ぶ者もいた。[183]

キンダーラーデンでの教育が与えた影響は個人差が大きいため、マックスとアナの証言から、キンダーラーデンが子どもに与えた影響について評価することは難しいとアリーとグリュットナーは考えていた。二人は、キンダーラーデンの教育が本当に自由で反権威主義的なものだったのか、それとも別の形の強い権威と秩序を持つものだったのかわからないとした。[184] アリーとグリュットナーは、自らの子どもが同学年の子どもより、自律的で自信のある性格をしていると考えているものの、キンダーラーデンの教育目標はほとんど達成されていないと見ていた。[185]

アリーとグリュットナーは、三人目の子どもをキンダーラーデンに通わせなかった。その理由は、キンダーラーデンでの経験への反省から、子どもを「普通の」環境の中で育てたいと二人が考えていたためだった。さらにキンダーラーデンでのボランティア活動は大きな負担だったため、両名は自分の時間を得るために、他の保育施設に第三子を通わせることを望んだ。また年長の子どもがある程度成長したため、年少の子どもの世話を任せられたことも一因だったようだ。[186]

それでもアリーとグリュットナーは、キンダーラーデンに大きな社会的重要性を認めており、その最大の意義は、西ドイツにおける子育てのあり方を柔軟にしたことにあると語った。両名は、キンダーラーデンが西ドイツにおける家庭内の家父長的な権力構造、および規律と命令への子どもの服従を重視するような教育を相対化し、当たり前ではないものにしたと考えており、そのおかげで彼らは第三子を他の保育施設に送る決断ができたという。[187]

参加者の回顧をまとめると、キンダーラーデンは二つの意味で「体制内化」する傾向にあった。まずキンダーラーデンの教育方針を厳密に実践し続けることは、親子に負担を強いたため、現実的ではなかった。加えて通園した子どもは、全体的に他の保育施設の園児とそれほど変わらずに成長したことから、キンダーラーデンは、子どもの人格形成に目に見えて大きな影響を及ぼしたわけではなく、長期的な観点から見れば、それほど特異な施設ではなかった。同時にキンダーラーデンのような新しい保育運動の刺激を、西ドイツ社会が受け入れ、子育てのあり方が一般的に変化したために、運動参加者は他の保育施設の価値を見直し、そこに子どもを通わせられるようになった。１９７０年代半ばまでにキンダーラーデンは、社会規範から逸脱した抗議勢力としての性格を弱め、幼児保育の選択肢のひとつになったと言える。

小括

１９６０年代後半にキンダーラーデンは、女性の社会進出と子どもの数の増加による保育施設の不足、および規律と命令への服従を重視する旧来の教育に対するオルタナティヴを求める声の高まりを背景にして登場した。

キンダーラーデンでは、ジェンダー規範、性的タブー、大人の権威などからの解放と、子どもの自己決定能力と自律性を重視する反権威主義教育が行われた。さらに、キンダーラーデンでの子育てを政治運動として体系的かつ持続的に組織しようとした毛沢東主義的な中央評議会は、より直接な政治教育を目指して「プロレタリア的教育」を主張した。この教育の要点は、資本主義社会から切り離されたキンダーラーデンで子どもを育てることにあった。参加者の生活に強く介入したキンダーラーデンの活動は、親からの反発を受けたため、全体として成功したとは言い難いものの、ヴェアフト通りの活動家のように地域の問題を解決することに重点を置いた運動は、地元住民から積極的な協力を得られることもあった。

キンダーラーデンは、西ドイツの社会と保育を厳しく批判したものの、次第に「体制内化」した。キンダーラーデンが公的支援を得る際、政治的性格が問題になったため、政府機関との交渉は施設の政治性を弱めることを促した。当初のメディアはキンダーラーデンを批判的に扱ったものの、運動の問題意識は西ドイツ社会で次第に注目されるようになった。さらに日々の運営の過程でキンダーラーデンの活動方針が修正されて、急進的なものではなくなると同時に、１９７０年代を通じて西ドイツにおける幼児保育のあり方が多元化したため、キンダーラーデンと他の保育施設の性格は次第に類似する傾向があった。

本章で扱ったキンダーラーデン運動が、西ドイツ史の広い文脈においてどのように評価されるかについては、第４章でさらに検討される。

註

〔1〕１９６０年代と70年代の西ドイツで子どもが置かれた一般的な状況については次の文献も参照。川﨑「草創期の自治的な共同保育施設「キンダーラーデン」に関する考察」18－19頁。

〔2〕Schildt, „Materieller Wohlstand", S. 25f.

〔3〕Werder, Lutz von, „Bedeutung und Entwicklung der Kinderladenbewegung in der Bundesrepublik", in: Werder (Hg.), *Was kommt nach den Kinderläden? Erlebnis-Protokolle*, Berlin 1977, S. 16.

〔4〕２０２２年のドイツにおける40歳以下の人口は43％である。Statistisches Bundesamt, „Bevölkerungsstand. Bevölkerung nach Altersgruppen", URL: https://www.destatis.de/DE/Themen/Gesellschaft-Umwelt/Bevoelkerung/Bevoelkerungsstand/Tabellen/bevoelkerung-altersgruppen-deutschland.html（２０２３年８月９日閲覧）。

〔5〕Statistisches Bundesamt (Hg.), *Geburten in Deutschland*, Wiesbaden 2012, S. 14f.

〔6〕N.N., *Berliner Kinderläden. Antiautoritäre Erziehung und sozialistischer Kampf*, Köln/Berlin 1970, S. 212.

〔7〕Breiteneicher, Jan Hille u.a., *Kinderläden. Revolution der Erziehung oder Erziehung zur Revolution?*, Reinbek 1971,

S. 107.

〔8〕 Deutscher Bildungsrat, *Empfehlungen der Bildungskommission*, Stuttgart 1970, S. 105.

〔9〕 Bast, Heinrich, „Zur Lagen der Kinder in der Bundesrepublik Deutschland“, in: Bast, Henrich u.a. (Hg.), *Gewalt gegen Kinder. Kindesmißhandlungen und ihre Ursachen*, Reinbek bei Hamburg 1975, S. 71ff.

〔10〕 Dahrendorf, Ralf, *Gesellschaft und Demokratie in Deutschland*, München 1965, S. 385f.

〔11〕 Wolff, Reinhart, „Kindermißhandlungen und ihre Ursachen“, in: Bast u.a. (Hg.), *Gewalt gegen Kinder*, S. 13 u. 25.

〔12〕 „Probe auf ein Erziehungsexempel“, in: *Die Zeit*, 24. Jan. 1969.

〔13〕 Bast, „Zur Lagen der Kinder“, S. 70f; „Eltern sind heute erziehungsbewußter“, in: *FR*, 12. Mai 1973.

〔14〕 „Geduckt und gedehnt“, in: *Der Spiegel*, Nr. 50, 4. Dez. 1972.

〔15〕 Adorno, Theodor W., *Erziehung zur Mündigkeit*, Frankfurt a.M. 1971, S. 88–105.

〔16〕 Berndt, Heide, „Zu den politischen Motiven bei der Gründung erster antiautoritärer Kinderläden“, in: *Jahrbuch für Pädagogik*, 1995, S. 239.

〔17〕 Bader, Kurt u.a., *Handbuch für Kindertagesstätten für eine aktive Erziehungspraxis*, Reinbek 1977, S. 50f.

〔18〕 キンダーラーデンの教育理念については次の文献も参照。川﨑聡史「西ドイツにおける自主管理型保育施設「キンダーラーデン」――68年運動後の新しい幼児保育の思想と実践に関する考察」『ヨーロッパ研究』第21号 ２０２１年12月 33－36頁。

〔19〕 Kraushaar, *Achtundsechzig*, S. 132.

〔20〕 ミュラー、ヤン＝ヴェルナー著 板橋拓己／田口晃監訳『試される民主主義――20世紀ヨーロッパの政治思想』下巻 岩波書店 ２０１９年 96－97頁。

〔21〕 Seifert, Monika, „Eine progressive Antwort. Der antiautoritäre Kindergarten“, in: *Publik*, Nr. 14, März 1969.

〔22〕 Werder, Lutz von, *Von der antiautoritären zur proletarischen Erziehung*, Frankfurt a.M. 1972, S. 11f.

〔23〕 „Von der antiautoritären zur sozialistischen Erziehung (Ergänzung)“, in: *KL-Info*, Nr. 7, 7. Mai 1969, Bestand

Kinder, Jugendhilfe, Erziehung 1969–76, 1064, APO-Archiv.

〔24〕 Seifert, Monika, „Zur Theorie der antiautoritären Kindergärten", in: Seifert, Monika/Nagel, Herbert (Hg.), *Nicht für die Schule leben. Ein alternativer Schulversuch freie Schule Frankfurt*, Frankfurt a.M. 1977, S. 18.

〔25〕 Neill, Alexander Sutherland, *Theorie und Praxis der antiautoritären Erziehung. Das Beispiel Summerhill*, Reinbek bei Hamburg 1969, S. 4 u. 30f.

〔26〕 „Neill als Erzieher Schwierigkeiten mit der sexuellen Freiheit", in: *Die Zeit*, Nr. 2, 8. Jan. 1971.

〔27〕 „Arbeitskreis. Theorie der Emanzipation", 1968, Bestand Frauen Aktionsrat zur Befreiung der Frauen, 239, APO-Archiv.

〔28〕 Seifert, „Zur Theorie der antiautoritären Kindergärten", S. 13.

〔29〕 „Agitationsschrift Hohenstaufenstrasse", in: *KL-Info*, Nr. 9, 17. Mai 1969, Bestand Kinder, Jugendhilfe, Erziehung 1969–76, 1064, APO-Archiv.

〔30〕 Seifert, Monika, „Kinderschule Frankfurt", in: Höltershinken, Dieter (Hg.), *Vorschulerziehung. Eine Dokumentation*, Freiburg 1971, S. 167ff; „Von der antiautoritären zur sozialistischen Erziehung (Ergänzung)", in: *KL-Info*, Nr. 7, 7. Mai 1969, Bestand Kinder, Jugendhilfe, Erziehung 1969–76, 1064, APO-Archiv

〔31〕 Reich, Wilhelm, *Der Einbruch der sexuellen Zwangsmoral. Zur Geschichte der sexuellen Ökonomie*, Frankfurt a.M. 1975, S. 24.

〔32〕 Seifert, Monika, „Diese Wiederholungen zu durchbrechen, individuell und politisch, dazu muß eine Veränderung in der Situation von Kindern kommen", in: Heinemann, Karl-Heinz/Jaitner, Thomas (Hg.), *Ein Langer Marsch. 68 und die Folgen*, Köln 1993, S. 74.

〔33〕 „Von der antiautoritären Erziehung zur sozialistischen Erziehung", in: *KL-Info*, Nr. 7, 7. Mai 1969, Bestand Kinder, Jugendhilfe, Erziehung 1969–76, 1064, APO-Archiv.

〔34〕 „Kurze Darstellung über die Entwicklung des Aktionsrates der Frauen", 00000112, Okt. 1969, Bestand Aktionsrat zur Befreiung der Frauen (H. Kröger) 1968/69, 230, APO-Archiv.

〔35〕„3) Das pädagogische Konzept", in: *KL-Info*, Nr. 4, 12. Febr. 1969, Bestand Aktionsrat zur Befreiung der Frauen (H. Kröger) 1968/69, 230, APO-Archiv.

〔36〕„1. Von der antiautoritären Erziehung zur sozialistischen", 1972, Bestand 6. Kinderladen-, Jugend- und Schülerbewegung, ASB.

〔37〕„c) Vorbereitung der Kommunediskussion", in: *KL-Info*, Nr. 6, 29. März 1969, Bestand Kinder, Jugendhilfe, Erziehung 1969–76, 1064, APO-Archiv.

〔38〕Burlingham, Dorothy/Freud, Anna, *Kriegskinder*, London 1949, S. 47f.

〔39〕Zentralrat der sozialistischen Kinderläden West-Berlin (Hg.), *Kinder im Kollektiv. Nr. 5*, Berlin 1969, S. 33–76.

〔40〕中央評議会の社会主義思想については次の文献も参照。川﨑「草創期の自治的な共同保育施設「キンダーラーデン」に関する考察」22－23頁。

〔41〕Breiteneicher u.a., *Kinderläden. Revolution der Erziehung*, S. 43 u. 47f.

〔42〕„1. Von der antiautoritären Erziehung zur sozialistischen" u. „Freiheit zur Onanie bleibet ein bürgerliches Privileg!", 1972, Bestand 6. Kinderladen-, Jugend- und Schülerbewegung, ASB.

〔43〕„Von der antiautoritären zur sozialistischen Erziehung (Ergänzung)", in: *KL-Info*, Nr. 7, 7. Mai 1969, Bestand Kinder, Jugendhilfe, Erziehung 1969–76, 1064, APO-Archiv.

〔44〕„1. Von der antiautoritären Erziehung zur sozialistischen", 1972, Bestand 6. Kinderladen-, Jugend- und Schülerbewegung, ASB.

〔45〕Ebd.; Zentralrat (Hg.), *Erziehung und Klassenkampf*, S. V.

〔46〕„Erziehung von den Eltern her", in: *KL-Info*, Nr. 4, 12. Febr. 1969, Bestand Aktionsrat zur Befreiung der Frauen (H. Kröger) 1968/69, 230, APO-Archiv.

〔47〕西ベルリンのバーシス出版社は、１９７０年から社会主義的な幼児教育を行いたい人々向けに子ども用書籍を販

売していた。„Politisch und trivial zugleich. Warum sollen wir die Kolportage der Reaktion überlassen“, in: *Die Zeit*, Nr. 49, 7. Dez. 1973; Werder, *Von der antiautoritären*, S. 75.

〔48〕 子どもをデモに連れて行き、社会に対する意見表明の方法を見せることは教育上良い効果があるとの見方は、１９６０年代当時の若者の間で広く共有されていた。Silvester, Karen, Ein Plädoyer für Engagement und Gelassenheit. Elternerwartungen an Vorschulerziehung im zeitgeschichtlichen Vergleich in: Bock u.a. (Hg.), *Zugänge zur Kinderladenbewegung*, S. 354.

〔49〕 „Freiheit zur Onanie bleibt ein bürgerliches Privileg!“, in: *KL-Info*, Nr. 7, 7. Mai 1969, Bestand Kinder, Jugendhilfe, Erziehung 1969–76, 1064, APO-Archiv.

〔50〕 Aly, Monika/Grüttner, Annegret, „Unordnung und frühes Leid. Kindererziehen 1972 und 1982“, in: *Kursbuch*, Nr. 72, 1983, S. 33.

〔51〕 Zentralrat (Hg.), *Walter Benjamin*, S. 18f.

〔52〕 Breiteneicher u.a., *Kinderläden. Revolution der Erziehung*, S. 51.

〔53〕 Zentralrat (Hg.), *Kinder im Kollektiv*, S. XIV; „Top 1: Durchführung der Beschlüsse vom 15.3.69“, in: *KL-Info*, Nr. 6, 29. März 1969, Bestand Kinder, Jugendhilfe, Erziehung 1969–76, 1064, APO-Archiv.

〔54〕 Breiteneicher u.a., *Kinderläden. Revolution der Erziehung*, S. 90.

〔55〕 „II. Zur Situation der Kinderläden“, in: *KL-Info*, Nr. 1, 22. Jan. 1969, Bestand Kinder, Jugendhilfe, Erziehung 1969–76, 1064, APO-Archiv.

〔56〕 Breiteneicher u.a., *Kinderläden. Revolution der Erziehung*, S. 50f.

〔57〕 Zentralrat (Hg.), *Walter Benjamin*, S. 18f.

〔58〕 Breiteneicher u.a., *Kinderläden. Revolution der Erziehung*, S. 64f.

〔59〕 Ebd., S. 65f.

〔60〕 Bott, Gerhard (Hg.), *Erziehung zum Ungehorsam. Antiautoritäre Kinderläden*, Frankfurt a.M. 1970, S. 78; Werder,

Von der antiautoritären, S. 65f.

〔61〕 Breiteneicher u.a., *Kinderläden. Revolution der Erziehung*, S. 63.

〔62〕 Ebd.; „II. Zur Situation der Kinderläden", in: *KL-Info*, Nr. 1, 22. Jan. 1969, Bestand Frauen Aktionsrat zur Befreiung der Frauen, 239, APO-Archiv.

〔63〕 Breiteneicher u.a., *Kinderläden. Revolution der Erziehung*, S. 63.

〔64〕 „Von der antiautoritären zur sozialistischen Erziehung (Ergänzung)", in: *KL-Info*, Nr. 7, 7. Mai 1969, Bestand Kinder, Jugendhilfe, Erziehung 1969–76, 1064, APO-Archiv.

〔65〕 キンダーラーデンと心理学の関係に関するリヒターの報告は、次の文献を参照。Richter, Horst-Eberhard, *Lernziel Solidarität*, Reinbek bei Hamburg 1974, S. 197–203.

〔66〕 „Initiiert Frauenbetriebsgruppen!", in: *KL-Info*, Nr. 9, 17. Mai 1969, Bestand Kinder, Jugendhilfe, Erziehung 1969–76, 1064, APO-Archiv.

〔67〕 キンダーラーデンのジェンダー・バランス、および理念と現実の矛盾についての同時代人による観察は、次の文献を参照。Richter, Horst-Eberhard, *Die Gruppe. Hoffnung auf einen neuen Weg, sich selbst und andere zu befreien. Psychoanalyse in Kooperation mit Gruppeninitiativen*, Reinbek bei Hamburg 1972. S. 137–141.

〔68〕 „III. Elternkollektiv und Kindererziehung", in: *KL-Info*, Nr. 7, 7. Mai 1969, Bestand Kinder, Jugendhilfe, Erziehung 1969–76, 1064, APO-Archiv; Breiteneicher u.a., *Kinderläden. Revolution der Erziehung*, S. 73; Werder, Lutz von, „Kinderladenbewegung und politische Psychoanalyse", in: Bock u.a. (Hg.), *Zugänge zur Kinderladenbewegung*, S. 50.

〔69〕 „Protokoll der Vollversammlung der Kinderläden", 26. März 1971, Bestand Kinder, Jugendhilfe, Erziehung 1969–76, 1064, APO-Archiv.

〔70〕 „Erziehung von den Eltern her", in: *KL-Info*, Nr. 4, 12. Febr. 1969, Bestand Aktionsrat zur Befreiung der Frauen (H. Kröger) 1968/69, 230, APO-Archiv.

〔71〕 Breiteneicher u.a., *Kinderläden. Revolution der Erziehung*, S. 73.

〔72〕 Werder, *Von der antiautoritären zur proletarischen Erziehung*, S. 20; „Zum Info“, in: *KL-Info*, Nr. 1, 22. Jan. 1969, Bestand Kinder, Jugendhilfe, Erziehung 1969–76, 1064, APO-Archiv.

〔73〕 Zentralrat (Hg.), *Kinder im Kollektiv*, S. 116.

〔74〕 Werder, *Von der antiautoritären zur proletarischen Erziehung*, S. 20f.

〔75〕 Werder, „Kinderladenbewegung und politische Psychoanalyse“, S. 56f.

〔76〕 „(2) Arbeitsweise“, in: *KL-Info*, Nr. 1, 22. Jan. 1969, Bestand Kinder, Jugendhilfe, Erziehung 1969–76, 1064, APO-Archiv.

〔77〕 Breiteneicher u.a., *Kinderläden. Revolution der Erziehung*, S. 73–76.

〔78〕 „b) Thesen“, in: *KL-Info*, Nr. 4, 12. Febr. 1969, Bestand Aktionsrat zur Befreiung der Frauen (H. Kröger) 1968/69, 230, APO-Archiv.

〔79〕 Werder, *Von der antiautoritären zur proletarischen Erziehung*, S. 14f.

〔80〕 Bernfeld, Siegfried, *Antiautoritäre Erziehung und Psychoanalyse,* Bd. 1, Meisenheim 1970, S. 106–113.

〔81〕 Werder, „Kinderladenbewegung und politische Psychoanalyse“, S. 57f.

〔82〕 レッド・パンサーについては次の文献を参照。Werder, *Von der antiautoritären zur proletarischen Erziehung*, S. 80–99.

〔83〕 Ebd., S. 81f.

〔84〕 „Aufrechter Gang“, in: *Der Spiegel*, Nr. 44, 26. Okt. 1970; „Schlechter Kundendienst im ‚Schülerladen‘“, in: *Die Zeit*, 17. Apr. 1970.

〔85〕 Kommune 2, „Kindererziehung in der Kommune“, S. 162 u. 226.

〔86〕 Werder, „Kinderladenbewegung und politische Psychoanalyse“, S. 55.

〔87〕 Richter, *Die Gruppe,* S. 62.

〔88〕 Werder, „Kinderladenbewegung und politische Psychoanalyse“, S. 60.

〔89〕 „Hoffnung auf die Gruppe. Ein Psychoanalytiker plädiert für Versuche mit kollektiven Lebensformen“, in: *Die Zeit*, Nr. 13, 31. März 1972.

〔90〕 Richter, *Die Gruppe*, S. 70; Breiteneicher u.a., *Kinderläden. Revolution der Erziehung*, S. 77–85.

〔91〕 Richter, *Die Gruppe*, S. 122 u. 167; „Patienten-Kollektiv Heidelberg. ‚Diese schreckensvolle Zeit‘“, in: *Die Zeit*, Nr. 46, 17. Nov. 1972; N.N., *Kommune 2*, 1969, S. 284.

〔92〕 Richter, *Die Gruppe*, S. 122.

〔93〕 Richter, *Lernziel Solidarität*, S. 203.

〔94〕 Aly/Grüttner, „Unordnung und frühes Leid“, S. 41.

〔95〕 Baader, Meike Sophia, „Von der sozialistischen Erziehung bis zum buddhistischen Om. Kinderläden zwischen Gegen- und Elitekulturen“, in: Baader, Meike Sophia (Hg.), *„Seid realistisch, verlangt das Unmögliche!“ Wie 1968 die Pädagogik bewegte*, Weinheim/Basel 2008, S. 26; „Briefwechsel zwischen dem Sozialistischen Kinderladen und Bezirksamt Kreuzberg von Berlin“, in: Bott (Hg.), *Erziehung zum Ungehorsam*, S. 74.

〔96〕 „Aufrechter Gang“, in: *Der Spiegel*, Nr. 44, 26. Okt. 1970.

〔97〕 „Grau und duster“, in: *Der Spiegel*, Nr. 49, 1. Dez. 1969; Hartung, Klaus, „Selbstbewußtsein und Bewußtwerdung proletarischer Eltern und die Grenzen des staatlichen Reformismus. Zur Geschichte des Berliner Sonderprojektes ›Werftstraße‹. 1969–1977“, in: Werder (Hg.), *Was kommt nach den Kinderläden?*, S. 134–137.

〔98〕 Hartung, „Selbstbewußtsein und Bewußtwerdung“, S. 134–137.

〔99〕 Bast, „Zur Lagen der Kinder“, S. 73.

〔100〕 Metzger, Hans Dieter, „Abenteuerspielplatz. Eine Bürgerinitiative im Märkischen Viertel. Berlin“, in: Butz, Willi H. u.a., *Bürger initiativ*, Stuttgart 1974, S. 52.

〔101〕 Frommlet, Wolfram u.a., *Eltern spielen Kinder lernen. Handbuch für Spielaktionen*, München 1973. S. 16; Hartung,

„Selbstbewußtsein und Bewußtwerdung“, S. 138.

(102) Partzsch, Kurt, „Erstes Spielplatzgesetz in der Bundesrepublik. Niedersachsen bietet Lösungsmöglichkeiten an“, in: *Sozialer Fortschritt*, Nr. 9, Sept. 1973, S. 193–196.

(103) Bast, „Zur Lagen der Kinder“, S. 73.

(104) Hartung, „Selbstbewußtsein und Bewußtwerdung“, S. 138.

(105) 西ベルリン市政府との交渉については、125－127頁を参照。

(106) Frommlet u.a., *Eltern spielen Kinder lernen*, S. 18 u. 27; Hartung, „Selbstbewußtsein und Bewußtwerdung“, S. 138.

(107) Hartung, „Selbstbewußtsein und Bewußtwerdung“, S. 146; „Information über den Ablauf den der Aktion ›Mobiler Spielplatz‹“, in: *IDZ-Papier*, 5. Sept. 1972.

(108) Hartung, „Selbstbewußtsein und Bewußtwerdung“, S. 153.

(109) Ebd., S. 154.

(110) „(3) Finanzen und Zuschüsse“, in: *KL-Info*, Nr. 1, 22. Jan. 1969, Bestand Kinder, Jugendhilfe, Erziehung 1969–76, 1064, APO-Archiv.

(111) „Kinderläden. Aktionsrat zur Vorbereitung der Befreiung der Frauen“, in: *FU-Spiegel*, Nr. 64, Mai 1968.

(112) „(3) Finanzen und Zuschüsse“, in: *KL-Info*, Nr. 1, 22. Jan. 1969, Bestand Kinder, Jugendhilfe, Erziehung 1969–76, 1064, APO-Archiv.

(113) Breiteneicher u.a., *Kinderläden. Revolution der Erziehung*, S. 88; „Probe auf ein Erziehungsexempel“, in: *Die Zeit*, 24. Jan. 1969.

(114) Zentralrat (Hg.), *Walter Benjamin*, S. 31ff.

(115) „Brief des Zentralrates vom 6.11.68“, in: *KL-Info*, Nr. 1, 22. Jan. 1969, Bestand Frauen Aktionsrat zur Befreiung der Frauen, 239, APO-Archiv.

(116) „(3) Finanzen und Zuschüsse“, in: *KL-Info*, Nr. 1, 22. Jan. 1969, Bestand Frauen Aktionsrat zur Befreiung der

Frauen, 239, APO-Archiv.

〈117〉„Zur Begründung", in: *KL-Info*, Nr. 1, 22. Jan. 1969, Bestand Frauen Aktionsrat zur Befreiung der Frauen, 239, APO-Archiv.

〈118〉„Brief vom Senator f. Fam., Jugend u. Sport vom 28(29?).11.68", in: *KL-Info*, Nr. 1, 22. Jan. 1969, Bestand Frauen Aktionsrat zur Befreiung der Frauen, 239, APO-Archiv.

〈119〉Breiteneicher u.a., *Kinderläden. Revolution der Erziehung*, S. 107.

〈120〉Ebd., S. 90f.

〈121〉Ebd.

〈122〉„Im Kinderladen hat Mao das Rotkäppchen verdrängt", in: *Berliner Morgenpost*, 19. Jan. 1969.

〈123〉„Berlin den 20.1.69. Sehr geehrter Herr Tschoepe!", in: *KL-Info*, Nr. 1, 22. Jan. 1969, Bestand Kinder, Jugendhilfe, Erziehung 1969–76, 1064, APO-Archiv.

〈124〉Ebd.

〈125〉„Deutschlands unartigste Kinder", in: *Stern*, 22. Febr. 1969.

〈126〉„Protokoll der Zentralratssitzung v. 15.3.69.", in: *KL-Info*, Nr. 6, 29. März 1969, Bestand Kinder, Jugendhilfe, Erziehung 1969–76, 1064, APO-Archiv.

〈127〉Breiteneicher u.a., *Kinderläden. Revolution der Erziehung*, S. 100.

〈128〉„Wortlaut der kleinen CDU-Anfrage: (Landespressedienst)", in: *KL-Info*, Nr. 6, 29. März 1969, Bestand Kinder, Jugendhilfe, Erziehung 1969–76, 1064, APO-Archiv.

〈129〉„a) Senatsprotokolle", in: *KL-Info*, Nr. 6, 29. März 1969, Bestand Kinder, Jugendhilfe, Erziehung 1969–76, 1064, APO-Archiv.

〈130〉„Protokoll der Zentralratssitzung v. 15.3.69.", in: *KL-Info*, Nr. 6, 29. März 1969, Bestand Kinder, Jugendhilfe, Erziehung 1969–76, 1064, APO-Archiv.

〔131〕 „Aufrechter Gang“, in: *Der Spiegel,* Nr. 44, 26. Okt. 1970.

〔132〕 Bath, Herbert, *Emanzipation als Erziehungsziel. Überlegungen zum Gebrauch und zur Herkunft eines Begriffes*, Bad Heilbrunn, 1974, S. 111 u. 147.

〔133〕 Frommlet u.a., *Eltern spielen Kinder lernen*, S. 31; Hartung, „Selbstbewußtsein und Bewußtwerdung“, S. 140.

〔134〕 Hartung, „Selbstbewußtsein und Bewußtwerdung“, S. 141.

〔135〕 Ebd.; Roth, Jürgen, *Eltern erziehen Kinder. Kinder erziehen Eltern*, Köln 1976, S. 145.

〔136〕 Hartung, „Selbstbewußtsein und Bewußtwerdung“, S. 141.

〔137〕 当時、公園に砂場や滑り台やジャングルジムといった一般的な遊具しかないことは、子どもの教育上良くないとされた。さらに魅力のない公園は、寂れて荒れる傾向にあった。１９７３年のキールでの調査によると、１０３ヶ所の公園のうち55ヶ所の砂場は、犬の糞やゴミによって荒廃して使用に適さなかった。この点からも遊具を新しい魅力的なものにすることは重要だとされた。Hartung, „Selbstbewußtsein und Bewußtwerdung“, S. 141; Bast, „Zur Lagen der Kinder“, S. 73; „Traurige Ergebnisse bei der Untersuchung von Kinderspielplätzen“, in: *FR,* 30. Okt. 1973.

〔138〕 Hartung, „Selbstbewußtsein und Bewußtwerdung“, S. 143f.

〔139〕 Ebd., S. 138; „Ein Hauch von Utopie. Spielen in der Industriegesellschaft“, in: *Die Zeit*, Nr. 46, 16. Nov. 1973; Metzger, „Abenteuerspielplatz“, S. 52.

〔140〕 „Im Kinderladen hat Mao das Rotkäppchen verdrängt“, in: *Berliner Morgenpost*, 19. Jan. 1969.

〔141〕 „Im Kinderladen hat Mao das Rotkäppchen verdrängt“, in: *KL-Info*, Nr. 1, 22. Jan. 1969, Bestand Kinder, Jugendhilfe, Erziehung 1969–76, 1064, APO-Archiv; „Schöneberg II Projekt: Flugschrift zur Verbreitung der Kinderläden”, in: *KL-Info*, Nr. 4, 12. Febr. 1969, Bestand Aktionsrat zur Befreiung der Frauen (H. Kröger) 1968/69, 230, APO-Archiv.

〔142〕 „Deutschlands unartigste Kinder“, in: *Stern*, 22. Febr. 1969.

〔143〕 Reichardt, *Authentizität und Gemeinschaft*, S. 755.

〔144〕 „Protokoll der Zentralratssitzung v. 15. 3. 69“, in: *KL-Info*, Nr. 6, 29. März 1969, Bestand Kinder, Jugendhilfe, Erziehung 1969–76, 1064, APO-Archiv.

〔145〕 „Aufrechter Gang“, in: *Der Spiegel*, Nr. 44, 26. Okt. 1970; Breiteneicher u.a., *Kinderläden. Revolution der Erziehung*, S. 104.

〔146〕 この記事は最終的に掲載されなかったようだ。記事については次の資料を参照。Michels, Bernd, „Was heißt eigentlich Kinderladen?“, Bestand Aktionsrat zur Befreiung der Frauen (H. Kröger) 1968/69, Mappe 230, APO-Archiv; Reichardt, *Authentizität und Gemeinschaft*, S. 756f.

〔147〕 Bott, Gerhart, „*Erziehung zum Ungehorsam*“, NDR 1969（テレビ番組）。

〔148〕 Bott (Hg.), *Erziehung zum Ungehorsam*, S. 11.

〔149〕 Ebd., S. 62f.

〔150〕 Ebd., S. 109.

〔151〕 Ebd., S. 119–123.

〔152〕 „Erziehung zum Ungehorsam“, in: *Hamburger Abendblatt*, 2. Dez. 1969; „Diese Woche“, in: *Der Spiegel*, Nr. 50, 7. Dez. 1969.

〔153〕 „Protokoll der Vollversammlung der Kinderläden“, 26. März 1971, Bestand Kinder, Jugendhilfe, Erziehung 1969–76, 1064, APO-Archiv.

〔154〕 „Aufrechter Gang“, in: *Der Spiegel*, Nr. 44, 26. Okt. 1970; Karsten, Maria-Eleonora, „Sozialisation im Kinderladen. Bildung und Politik ist machbar, Frau Nachbar!“, in: Bock u.a. (Hg.), *Zugänge zur Kinderladenbewegung*, S. 119.

〔155〕 Kraushaar, *Achtundsechzig*, S. 140.

〔156〕 Werder, Kinderladenbewegung und politische Psychoanalyse, S. 59.

〔157〕 „Das Beispiel Summerhill. Bücher von Alexander S. Neill und Siegfried Bernfeld zur antiautoritären Erziehung“, in:

Die Zeit, Nr. 32, 7. Aug. 1970.

〔158〕 Trotta, Margarethe von, „*Das zweite Erwachen der Christa Klages*“, 1978（映画）。

〔159〕 Löhr, Paul, „Geschichte des ARD und ZDF. Kinderfernsehens von seinen Anfängen bis zum Ende der 80er Jahre“, in: Erlinger, Hans Dieter/Stötzel, Dirk Ulf (Hg.), *Geschichte des Kinderfernsehens in der Bundesrepublik Deutschland. Entwicklungsprozesse und Trends*, Berlin 1991, S. 56ff.

〔160〕 Baur, Elke u.a., *Wenn Ernie mit der Maus in der Kiste rappelt. Vorschulerziehung im Fernsehen*, Frankfurt a.M. 1975, S. 63 u. 75–86.

〔161〕 „Kinder nicht als schicke Staffage“, in: *Die Zeit*, Nr. 40, 28. Sept. 1973.

〔162〕 Reichardt, *Authentizität und Gemeinschaft*, S. 757.

〔163〕 Werder, Kinderladenbewegung und politische Psychoanalyse, S. 37.

〔164〕 Bader u.a., *Handbuch für Kindertagesstätten*, S. 46; Höltershinken, *Vorschulerziehung*, S. 211.

〔165〕 Aly/Grüttner, „Unordnung und frühes Leid“, S. 33–49.

〔166〕 „Praxisgemeinschaft Ergotherapie für Kinder bis 12 Jahre ‚Monika Aly (*1945)‘“, URL: http://www.ergotulln.net/docs/Monika%20Aly.pdf（２０２４年２月10日参照）。

〔167〕 In: *Kursbuch*, Nr. 72, Juni 1983, S. 180. １９７１年の調査では、西ベルリンのキンダーラーデンに参加していた親のうち、労働者は約９％しかいなかった。79年の調査によると、学生と大卒の参加者は全体の５３ ．７％を占めていた。Nickel u.a., *Erzieher- und Elternverhalten im Vorschulbereich*, S. 53.

〔168〕 Aly/Grüttner, „Unordnung und frühes Leid“, S. 33ff.

〔169〕 Ebd., S. 34f.

〔170〕 Ebd., S. 38; 学校入学までの時期が子どもの成長にとって非常に重要であるという見方は、当時国際的にもますます支持されるようになっていた。Deutscher Bildungsrat, *Empfehlungen der Bildungskommission. Strukturplan für das Bildungswesen*, Stuttgart 1970, S. 41.

〔171〕 性教育の一環としての脱衣遊びなどは、キンダーラーデンで一般的に行われていた。Aly/Grüttner, „Unordnung und frühes Leid“, S. 39; Seifert, „Kinderschule Frankfurt“, S. 167–173.

〔172〕 Bader, „Von der sozialistischen Erziehung“, S. 28.

〔173〕 Aly/Grüttner, „Unordnung und frühes Leid“, S. 39f; Aden-Grossmann, Wilma, *Monika Seifert. Pädagogin der antiautoritären Erziehung. Eine Biografie*, Frankfurt a.M. 2007, S. 32f.

〔174〕 親と活動家の努力にもかかわらず、多くのキンダーラーデンでは、子どもの間でさえも男女の区別をなくすことはかなり困難だったと同時代的な研究も指摘している。Nickel u.a., *Erzieher- und Elternverhalten im Vorschulbereich*, S. 86.

〔175〕 Aly/Grüttner, „Unordnung und frühes Leid“, S. 39f; Heyden, Franziska, *Die lebensgeschichtliche Bedeutung des Kinderladens. Eine biographische Studie zu frühkindlicher Pädagogik*, Wiesbaden 2018, S. 178f.

〔176〕 Werder, Lutz von, „Die Auseinandersetzung mit der Realität hat einem die Scheuklappen beseitigt“, in: Heinemann/Jaitner (Hg.), *Ein Langer Marsch*, S. 17.

〔177〕 Aly/Grüttner, „Unordnung und frühes Leid“, S. 40. フランクフルトのキンダーラーデンでは、子どもが一方的に大人の要求を受け入れることがないように、子ども両親の夕べに参加させ、自分の主張を表明できる機会を確保するべきであるとされた。しかし、この提案もうまく機能したとは言い難かった。Seifert, Monika, „Kann die Kinderladenbewegung einen allgemeingültigen Beitrag zur Frage von Möglichkeiten Kindlicher Autonomie leisten?“, in: Seifert/Nagel (Hg.), *Nicht für die Schule leben*, S. 36f.

〔178〕 Aly/Grüttner, „Unordnung und frühes Leid“, S. 40.

〔179〕 Iseler, Katharina, *Kinderläden. Fallstudien zum Fortbestand sozialpädagogischer Organisationen*, Münster u.a. 2010, S. 65f, 144ff u. 226–230.

〔180〕 Aly/Grüttner, „Unordnung und frühes Leid“, S. 41; Seifert, „Kann die Kinderladen-bewegung“, S. 38f.

〔181〕 Aly/Grüttner, „Unordnung und frühes Leid“, S. 41; Heyden, *Die lebensgeschichtliche Bedeutung*, S. 159ff.

〔182〕Aly/Grüttner, „Unordnung und frühes Leid“, S. 43f.

〔183〕Mauritz, Miriam, *Emanzipation in der Kinderladenbewegung. Wie das Private politisch wurde*, Frankfurt a.M. 2018, S. 130.

〔184〕毛沢東主義的なキンダーラーデンによる教育の性格に関する考察について、次の文献も参照。川崎「西ドイツにおける自主管理型保育施設「キンダーラーデン」」37－38頁。

〔185〕Aly/Grüttner, „Unordnung und frühes Leid“, S. 40.

〔186〕Ebd., S. 45f.

〔187〕Ebd., S. 48. キンダーラーデンが親子関係に何の変化も及ぼさなかったと結論づける参加者家族もいる。その例として次の研究を参照。Gödderz, *Antiautoritäre Erziehung*, S. 207ff.

第3章　ドイツ社会民主党青年組織ユーゾーの運動

第1節　ユーゾーの党内活動

ユーゾーによる「反乱」の開始

1969年10月28日にブラント政権が成立した。これとほぼ同時期に、ユーゾーも新たな出発をアピールしようとした。69年10月末にヘッセン州南部支部とシュレースヴィヒ・ホルシュタイン州支部のユーゾーは、ヘッセン州南部のエルトフィレ・アム・ラインで二日間の会合を行った。この会合の目的は、バイエルン州のユーゾーが出した「ハウスハマー・マニフェスト」を左派全体の方針として確認することだった[1]。このマニフェストは、西ドイツでは権威主義的な社会構造と思考が支配的で、民主主義が不十分であると主張し、社会全体の変革の前提として、まずはマルクス主義に基づいて社民党を改革することを求めていた[2]。

そして1969年12月5日から7日に開催されたミュンヘン全国大会では、このハウスハマー・マニフェストが、ユーゾー全体の要求として認められることとなった。ユーゾーの左傾化が明らかになったこの大会では、ヘッセン州南部支部出身の若手の旗手カールステン・フォークトが、現職の連邦議長ペーター・コルテリーに対抗して立候補し、支持204票に対して反対15票の圧倒的多数でユーゾー連邦議長に選出された[3]。

ミュンヘン全国大会の様子
© AdsD/J. Darchinger

フォークトを中心とした新しいユーゾー連邦幹部会は、「議会外反対派の批判的な問題意識を硬直した社民党組織に持ち込むこと」を新たな方針として宣言した[4]。とりわけ彼らは、決議「社民党の状況と課題」の中で社民党の現状と組織構造を批判した。決議によると、社民党は「ブルジョアジー」の票を集めるために階級政党としての性格を放棄して国民政党を目指したせいで、本来の党の支持層であるはずの労働者の利益を擁護できなくなっていた。社会全体の民主化を目標にする社民党は、労働者階級政党に回帰して党の民主化を進め、マルクス主義的な社会主義社会を改めて目指さなければならないとユーゾーは主張した。それにもかかわらず現在の社民党は、大きな権限を持つ少数の党員によって指導され、大多数の一般党員は上の決定にただ従うことしかできない非民主的な構造を持っているとユーゾーは非難した。そのためユーゾーは、まず党を脱中央集権化し、一般党員の参加機会と権限を増やすことを要求した。党指導者の影響力を制限するために、役職への再選回数の制限や役職者の解任を可能にする制度の導入、そして党員が党指導部から介入を受けなくなる、政治活動の完全な自由などをユーゾーは主張した。さらに社民党員でない若者も、ユーゾーに参加して党に様々な要求を行えるようにすることで、より草の根の声を取り上げるための制度が求められた[5]。

ミュンヘン全国大会でユーゾーは社民党改革の先に踏み込んだ。ユーゾーは、選挙のような形式的な参加制度は民主的社会を構築するための出発点に過ぎないとし、社民党は西ドイツの憲法である基本法に則って、「真の民主主義」を実現するさらなる一歩を踏み出すべきだと論じた。ユーゾーによると、「真の民主主義」とは、「草の根での意思決定が中央での全体的な決定へと直接反映される」状況だった。このためには、特に若者が、より多くの政治的責任を担うことができるようにすることが求められた。若者は、選挙のような限られた機会のみならず、学校、集合住宅、職場など私生活に近いローカルな場でも、日常的かつ直接的に政治参加するべきだといった主張をユーゾーは掲げていた[6]。

決議「経済・社会政策」においてユーゾーは、ローカルな領域で重視するべき活動について論じた。ユーゾーは、特に住居と土地の権利を弱者に優しいものにすることを求め、具体的には公益のために私有地を接収する手続きを簡単にすること、公共住宅の建設を促進すること、家賃を引き下げる新しい法規則を導入することなどを要求した。さらにユーゾーは、公共交通機関の運賃を無料にすること、無料の保育施設を整備すること、教育と医療制度への支援を拡充すること、高所得者への課税を強化して低所得者を保護することなどを主張した[7]。

ミュンヘン全国大会に対して党指導者は否定的に反応した。社民党批判の矢面に立たされることを嫌がったブラントと連邦議会議員団長ヘルベルト・ヴェーナーは、大会への招待に応じなかった。招待の拒絶に対する報復としてユーゾーは、大会に出席していた数少ない党指導者のひとりだった連邦事務局長ハンス＝ユルゲン・ヴィシュネフスキの演説をキャンセルした。[8]

ユーゾーの左傾化に対する否定的反応は、ユーゾー内部でも見られた。フォークトに敗れて連邦議長を解任されたコルテリーは、68年運動に影響された「急進左翼」が社民党を破壊するために、「ユーゾーを破城槌として利用しようとしている」と非難した。[9] 同じくユーゾー連邦書記を解任されたエルンスト・アイヒェングリューンは、ユーゾーの社民党批判を「宣戦布告」と呼び、党幹部会に対応を求めた。彼は、68年運動とブラント政権成立を背景にして、若い有権者から支持されているユーゾーに対して拙速な制裁ではなく、長期的に柔軟な対応を行うことを提案した。具体的にはユーゾーが提起する議論に対応するグループを党内で作り、若い党員への働きかけを強化して党内の対立が激化しないように、ユーゾーを誘導することが求められた。[10]

アイヒェングリューンの提案は、社民党が置かれた状況をよく踏まえていた。当時は党幹部会が、68年運動に参加した若者を社民党に取り込もうとした結果として、ユーゾーが過去最大規模の新規参加者を抱えることになったため、若い党員と年配党員の間で意見対立が発生していた。そのため党幹部会は、ミュンヘン全国大会での若い党員による要求を、完全に無視することはできなかった。とはいえ当時の社民党が階級政党に回帰することは、党幹部会にとって現実的な選択肢ではなかった。年配の指導者は、1950年代後半から非常に苦労しながらキリスト教民主同盟・社会同盟への接近政策をとり、社民党を国民政党へと転換させたため、国民政党化に対する新参の党員による批判は受け入れがたかった。[11]

他方、ユーゾーによる批判の一部は妥当だった。実際に当時の社民党は、全体として一部の幹部と大多数の党の活動に積極的でない一般党員から成っており、さらに全国レベルでも地方においても、一般党員が党の意思決定に関与することは難しかった。ブラント政権は、「もっと多くの民主主義を敢行したい」という革新的な目標を掲げて国政の舵取りを始めたばかりだったため、ユーゾーによる民主主義拡大の要求を、ある程度は真剣に受け止めなければならなかった。

また68年運動に影響を受けたユーゾーは、独自の理論と世界観を持って社民党の方針に反対した。そのため彼らを抑えるためには、制裁というムチだけでは不十分であり、ユーゾーの活動を党のために活かすような柔軟な対応が必要だというアイヒェングリューンの指摘は、妥当だっただろう。[12]

「体制克服的改革」と「二重戦略」

ミュンヘン全国大会でユーゾーは、党と社会の変革を目標として掲げたものの、その時点では実際にどのような活動を行うかが曖昧だった。今後の運動の目標と戦略について議論する過程で、ユーゾーは「体制克服的改革」と「二重戦略」という言葉で、自らの活動を説明するようになった。

「体制克服的改革」は、1970年12月のユーゾーのブレーメン全国大会で「二重戦略」とともに提示された目標だったが、当初は西ベルリンのユーゾーのクヌート・ネヴァーマンが68年に主張したものだった。民主主義拡大のために、既存の社会秩序を変革する必要性を訴えたネヴァーマンは、「体制克服的改革」という言葉を用いて、暴力革命ではない改革志向の社会主義運動を要求した。市民生活全体の民主化を求めた彼は、まず職場や学校や青年団体といった、身近でローカルな場所での活動を重視した。[13]

ネヴァーマン自身は、社民党をすぐに社会主義政党に回帰させることは難しいと考えていたため、まずは社民党との協力を重視する穏健な活動を想定していた。しかし、1970年のユーゾーは、より急進的な方針を掲げていた。ブレーメン全国大会での決議「西ヨーロッパの資本主義」の中でユーゾーは、社会主義運動の統一を求めていた。決議を持ち込んだヘッセン州南部支部のユーゾーによると、特にヨーロッパ統合の進展によって団結した西側の資本主義諸国は、ヨーロッパ内外からの搾取を強めているという。この搾取が最終的に世界戦争に至る前に、社会主義社会に移行する必要があると訴えたユーゾーは、まずは社会民主主義勢力と共産主義勢力の分裂を解決することを求め、共産主義組織と協力してでも社会主義社会を目指すことを示唆した。(14)

冷戦下でのこうしたユーゾーの主張は、甚だしい挑発行為として受け止められた。ブレーメン全国大会に参加していたブラントは、「ユーゾーが若い社民党員の組織であると同時に、［独自の］路線決定を行う組織でありたいなら、党はユーゾーが行う主張自体をほぼ常時無視しなければならない」と宣言し、社民党は共産主義組織との協力を容認しないと表明した。(15)

このようなブラントの厳しい対応を見たユーゾーは、社民党の路線に合わせつつ独自の活動を行う方針を打ち出した。1971年4月のマンハイム会議でユーゾーは、「体制克服的改革」を実現するために、党外と党内の二つの場で活動を行う方針として「二重戦略」を打ち出した。これは、「より良い社会秩序のための政治的前提」を作り出すために、党内のあらゆる場所で改革勢力同士が協力して党の民主化に努めること、同時にローカルな市民の政治意識を高め、彼らが生活に関する利益を強く主張できるような運動を促すこと、さらにこのようなローカルな次元で発せられる声を社民党が汲み取れるように、一般党員の参加機会を増やすという三つの要求を含むものだった。(16)

「二重戦略」もまた社民党に批判的な内容を含んでいたものの、党の路線と対立しないとユーゾーは主張していた。例えばユーゾー連邦副議長ヴォルフガング・ロートが、「二重戦略」は1959年の社民党のバート・ゴーデスベルク綱領が目標にした「民主的社会主義」の実現を党の内外で支援するものであり、ユーゾーの活動内容については、地方の党組織や地方政治家と議論済みであり、合意を取り付けていると主張していた。[17]

しかし、党幹部会は「二重戦略」に強く反発した。「二重戦略」という言葉が最初に登場した1970年12月のブレーメン全国大会で、ブラントは「自党に対する個別戦略も二重戦略もあり得ない」と演説し、ユーゾーではなく党大会、党評議会、連邦議会議員団が社民党の方針を決定すると述べた。[18]

社民党民主化の試み

こうしたブラントの反発の背景には、ユーゾーが積極的に党内で異議申し立てを行い、内部対立を引き起こしていたことがあった。すでに1969年の連邦議会選挙の時点で若い党員が、社民党の有名な年配党員に対抗して立候補したことが話題になっていた。この選挙でユーゾーは、西ドイツ全国の248選挙区の内、74ヶ所で独自の対立候補者を擁立した。なかでもフォークトは、社民党の連邦交通大臣ゲオルク・レーバーに対抗して、フランクフルトで党の公認候補者に名乗りを挙げたが、落選した。[19]

さらにユーゾーは、党大会を社民党批判の場として積極的に利用することと、実質的な信任投票になっていた党の役職選挙に独自の候補者を擁立することで、硬直化した党内の意思決定プロセスを変革しようとした。[20]

こうしたユーゾーの方針が実践されたのが、1970年5月のザールブリュッケン党大会だった。この党大会を多くのユーゾー・メンバーが社民党批判の場として利用した。この大会でフォークトは、党エリートが草の根の意思を無視して、自らの利益になるように党の方針を決定していると非難した。[21] また西ヴェストファーレン支部議長エルトマン・リンデは、約82万人の党員のうち党の何らかのイベントに定期的に参加している者が10％から15％に過ぎないこと、また党内選挙の投票率が30％から40％しかないことを問題視し、大半の党員がほとんど活動していないと指摘した。加えて社民党の指導者は、党の民主化を求めながら、一般党員の声を取り上げないことで、彼らの努力を無駄にしているとリンデは厳しく批判した。バート・ゴーデスベルク綱領が求める社会の民主化のためには、少数のエリート党員だけでなく一般党員と市民の政治参加が必要であるとの考えから、リンデは、ユーゾーのような草の根で活動する組織が党の意思決定により深く関与できるようにすることで、一般党員の政治参加への意欲を高めることを訴えた。[22] 他にも「議論の手続きを民主化せよ」と訴えた連邦副議長ノルベルト・ガンゼルは、党内で公平で自由な議論を保障することを要求し、党幹部会はユーゾーに介入して意見表明の自由を侵害するべきではないと述べた。さらに党幹部会を党大会で直接選出すること、一般党員であっても党幹部会の会合に自由に参加できるようにすることをガンゼルは支持した。[23]

「公開」と「透明性」をスローガンに掲げたユーゾーは、これまで党の多くの決定が、「集会後の飲み屋での半分私的なサークル」で下されていたことと、そのために党幹部会への批判が、かなり困難になっていることを強く批判した。[24]

こうした批判に困惑したブラントは、ユーゾーの出席者に党大会から一時退出することを求めた。[25] ヘッセン州南部支部のユーゾー副議長ハンス・アイヒェルは、こうしたブラントの要求を誤りと断じ、撤回を求めた。[26] それでもブラントは、党幹部会がユーゾーの要求通りに議論を行わなければならない理由はなく、一般党員の意見よりも社民党内の上層部の意思が優先されるのは当然だとした。[27] これをユーゾーは、党幹部会が社民党の民主化に反対している証拠と見て強く反発した〔28〕。

ユーゾーが社民党の役職選挙に積極的に立候補したことは、大きな話題になった。特に注目されたのは、1970年のザールブリュッケン党大会でガンゼルが、副党首選挙に立候補して、連邦国防大臣ヘルムート・シュミットと争ったことだった。後の首相であるシュミットは、彼を実務のために理想を犠牲にするプラグマティストとして見ていたユーゾーから目の敵にされており、フォークトからは「政治全体に関する目標設定に欠けている」人物、ガンゼルからは目先の利益ばかりを求めて社会変革をおろそかにする、党内に一定数存在する党員の筆頭だと非難された〔29〕。しかし、投票の結果、ガンゼルが65票しか得られなかったのに対して、シュミットが256票を得て勝利した〔30〕。

以前の社民党大会よりも活発な議論がなされたザールブリュッケン党大会は大きな注目を集め、この時期からユーゾーは社民党内の反対勢力として党内外から認識されるようになった。ユーゾーの活動について、野党キリスト教民主同盟は「社民党の左翼過激派の成功」と述べ、報道機関も積極的に取り上げた〔31〕。

大方の報道が指摘したように、全国レベルでユーゾーの党内活動が具体的な成果に結びつくことは少なかった。しかしその一方で、地方ではユーゾーにも成功の可能性があった。例えば1970年10月にザールラント州の社民党首に、32歳のフリーデル・レプレが選ばれた。この時レプレは、ユーゾーに所属する26歳の州議会議員団副団長オスカー・ラフォンテーヌから支援を受けていた。ユーゾーのメンバーがザールラント州の党幹部会に選ばれることは快挙であり、その後もラフォンテーヌは辣腕を発揮し、この州では社民党が伝統的に弱かったにもかかわらず、85年4月に彼は社民党出身者として初の州首相に上り詰めた〔32〕。

しかし、1970年以降は党幹部会が、青年党員の活動に対処すべく事前に備えるようになったため、ユーゾーの「反乱」は、全国的に見ればうまく行かなくなった。71年12月のバート・ゴーデスベルク党大会において、議論の対象になる動議を管理する委員会が、ユーゾーの議案提出権を否定したことにより、ユーゾーは、議事進行に直接介入できなくなった。[33] シュレースヴィヒ・ホルシュタイン州支部とともに、この決定の撤回を求めたフォークトは、ユーゾーの活動は若者の主張を党内に持ち込むためのものであり、党を混乱させるためのものではないと論じたものの、この主張が通ることはなかった。[34]

さらに1972年2月には、ユーゾーの活動を念頭に置いた「社民党内における活動委員会の活動についての原則」が発表された。これによってユーゾーは、党の公式組織ではないものの、社民党と協調した活動をすることと、ユーゾーによる全ての地域横断的な活動は党幹部会の許可を得ることが義務付けられた。[35]

この新しい原則が発表された直後の1972年2月末のオーバーハウゼン全国大会では、ユーゾーが党幹部会に反抗する士気を喪失していることが明らかになった。青年党員は、もはや新しい活動について積極的に議論するのではなく、ユーゾーの現状について冷静な分析を行った。ロートは、これまでのユーゾーが数の力で党に影響力を行使してきたと評価したものの、資本主義を克服するような政策を取るように社民党を方向転換させることには失敗したと述べた。[36] オーバーハウゼン全国大会でのユーゾーは、社民党内に留まりつつ独自の活動を行うことの限界を意識していた。[37]

ローカルな活動に関する社民党内の議論

ユーゾーの党内改革は、党幹部会による抵抗によってすぐに停滞したものの、「二重戦略」が対象とするもう一つの領域だったローカルな活動に関する議論は、党指導者の協力を得ながら比較的円滑に進めることができた。

ユーゾーが持つエネルギーを社民党のために生かそうとしたブラントと社民党出身の連邦大統領グスタ

フ・ハイネマンは、1969年と70年にフォークトと会談し、若い党員の活動を建設的なものにするように求めた。71年2月末に党幹部会と党評議会と党統制委員会の会合で、ブラントはユーゾーの活発な活動を称賛しつつ、次のように発言した。

ユーゾーの本来の使命と全く関係ないテーマに関する活動グループがあると、我々は誤った道に入り込む。議論にはより良い方法がたくさんあり、外部に開かれた会議において自党の政策に反対することは誤っている。

このように社民党の公式路線に反抗する若い党員を戒めたブラントは、代わりにユーゾーが関与できるような地方での活動に関する専門会議を開く計画を発表した[38]。すでに1970年のブレーメン全国大会において、ユーゾーは地方での活動方針について議論する会議を開くことを決めていた。しかし、ブラントの発言を受けたユーゾー連邦幹部会は、アドバイザーとして社民党の地方政治家も招待することを決定し、この会議は当初の想定よりも規模の大きなものになった[39]。この会議に関して、「ユーゾーの全てのイベントは基本的に開放され、メディアに公開される」という、69年のミュンヘン全国大会決議に則って開催することをユーゾーは望んだものの、党からの圧力で会議は非公開にされた[40]。ここでもユーゾーの目論見が、党の意思で簡単に妨げられてしまうことが明らかになった。しかし、ユーゾーにとってこの展開自体は、必ずしもネガティヴなものではなかった。というのは、「二重戦略」に沿って党内で協力相手を獲得することも目指していたユーゾーにとって、会議に有力な地方政治家を招いて協力関係を構築することは理にかなっていたためである[41]。さらにユーゾーの大多数は、ローカルな組織で活動していたため、地方は自らの要求を実現しやすい場でもあった。

1971年4月24日と25日にマンハイムで開催された会議には、社民党の有力な年配地方政治家が参加し、特にフランクフルト市長ヴァルター・メラー、マインツ市長ヨッケル・フックス、ミュンヘン市長ハンス＝ヨッヘン・フォーゲルは、ユーゾーと積極的に議論した。(42)

ユーゾーが用意した議題の多くは、党幹部会の要求に配慮したものだったため、年配地方政治家とユーゾーは、個別の論点について概ね合意に達することができた。しかし、地方での活動目標に関しては、対立があった。(43)フォークトは、反資本主義的な意識を市民の間で作り出すことを地方での活動目標にしようとしたものの、これに年配政治家が反発した。(44)最終的に地方での活動目標は、バート・ゴーデスベルク綱領が謳う「民主的社会主義」を実現するための前提条件を整えることであり、そのためにまずはローカルなレベルで民主主義を深化させることで、賃金労働者と社会の周縁的集団が置かれている不利な状況を解消することだと決められた。それに向けた最初の目標として近距離公共交通機関、保育施設、病院といった公共サービスを市民に無料で提供することと、電気、水道、ゴミ処理などに関して社会的に公平な費用負担を実現することをユーゾーは挙げた。(45)

こうした市民の生活水準の向上をもたらすような活動を通じて、「社会主義的な民主主義」を目指すとユーゾーは論じた。その実現のためにユーゾーは、市民の参加機会の拡大、地方の政治と経済に関する情報の公開、地方行政の財政的な自立の三点を求めた。(46)

一点目として、地方行政と地域社会全体をより民主的なものにするために、ユーゾーはローカルなレベルでの市民の参加機会の拡大を最も重視した。そのために地域住民が参加する様々な合議機関の設立が要求された。具体的には州やゲマインデと呼ばれる市町村ごとの既存の議会に加え、より小さい自治体単位の合議機関を設立することをユーゾーは提案した。さらに特定の分野で人々の利害関係が交錯することを念頭に、そのような場合に対応する専門的な常設の評議会を設立することを求めた。例えば集合住宅においては住民、物件所有者、建設業者が参加する合議機関を設置し、ローカルな問題一般に関する全ての事柄について議論して要求を出す権利や、保育施設、老人ホーム、病院、学校といった地域の共同施設を管理する権利をその合議機関に与えることが構想された。さらにこの合議機関は、地方議会で常に質問とヒアリングの時間を求めることができ、既存の立法機関と積極的に協力するべきだという。[47]

ローカルなレベルで民主化を達成するために、官僚が地方政治で持っている影響力を減らすことも求められた。ユーゾーは住宅建設、都市計画、保健衛生、学校設備といった多くの地域住民の利害に関わる問題を管轄する専門の合議機関を作ることで、官僚が住民の利害を無視した振る舞いをすることを防ごうとした。さらに市民運動団体にも、活動資金獲得と意見表明の権利が法的に保障されるべきだとした。加えてユーゾーは、投票制度の民主化にも言及し、現在は専任の公務員が行っている選挙事務を、各選挙に際して公選により任命される非専門家の手に委ねることを求めた。その際、地域住民は、これらの事務担当者をリコールする権利を留保するとされた。[48]

第二の点として、市民による自己決定の機会を拡大するためには、地域社会の情報を十分に得られる状態にすることが必要であるとユーゾーは主張した。とりわけ地元の有力者の情報を積極的に開示し、市民が容易に閲覧できるようにすることが求められた。具体的には議員とその候補者、様々な行政委員会と評議会の委員、地元企業の幹部が、それぞれどのような利害関係者であるのかについて、詳細な情報を公開しなければならないとされた。さらに地域の具体的な問題に関して、例えば都市再開発が議論になっている場合、行政の決定とそれが持つ影響、建設業者や土地・建物所有者のような各主体間の利害関係、土地の売り買いに伴う地価の変動、環境破壊の現状と将来的な予測、再開発による産業のコストパフォーマンスの変化といった情報がわかりやすく示されるべきとされた。各関係者がこうしたアカウンタビリティをよりよく果たすために、地域社会に関する情報を一ヶ所に集めるセンターの設立をユーゾーは求めていた[49]。

三つ目の要求として、ユーゾーは地方自治体の財政的な自立を求めた。中央権力に対抗する役割を地方自治体に期待したユーゾーは、ゲマインデ独自の財源を拡充する必要があると述べた。そのためには大規模な合併を通じて、ゲマインデに最低一万人以上の人口と効率的な統治機構を持たせるべきだと論じた[50]。

ここまで述べてきた内容は地方での活動の原則であるが、ユーゾーは具体的な問題については、どのような活動を構想していたのだろうか。ここからは後に扱うヘッセン州南部支部ユーゾーの活動との関連で、特に土地と住居の問題に関する方針を論じる。マンハイム会議の決議は、多くの紙幅を土地政策、都市計画、住居問題のために割いたが、この議論は、1970年9月19日にフランクフルト・アム・マインのサブ支部党大会において、現地のユーゾーが提出した動議を下地にしている[51]。

当時のユーゾーは、地域の社会的公正を実現する主体としてゲマインデの役割に期待していた。とりわけ不動産市場の不安定化と家賃高騰が、市民生活に害を及ぼしていると見ていたユーゾーは、ゲマインデに土地投機を防止する権限を与えることを主張した。具体的には、利益を追求する個人所有者から、再開発地域と人口密集地域の土地を接収する強力な権限をゲマインデが持つことを求めた。さらに土地投機の防止とゲマインデの財政強化のために、土地への課税方法を柔軟にすることも議論の俎上に載せられた。例を挙げると、投機目的のための所有など「社会的に価値ある」使われ方をしていない土地に関して、売買の有無にかかわらず、地価の値上がりに応じて所有者に課税できる権限をゲマインデは持つべきだという。同時に個人の宅地や農地のような「社会的に価値ある」土地のために、非課税制度を拡充することも当時のユーゾーの要求に含まれている。[52]

ユーゾーは、都市計画の決定プロセスへの市民の参加機会を増やすべきだとも考えていた。都市再開発は、資本家による利潤追求によってではなく、市民が満足するような社会的に調和した計画に則って進められるべきだと論じたユーゾーは、そのために三つの要求を行った。すなわち市民の情報交換を容易にするような制度を構築すること、市民が都市計画の代替案を行政に持ち込む機会を常に保障すること、市民のフォーラムと地区ごとの評議会の設立によって議論の場を制度的に確保することを主張した。[53]

ユーゾーは、これらの要求を実現するための具体的な方法として、再開発を担う公的な住宅建設会社の設立を訴えた。すでに西ドイツにおいては、ノイエ・ハイマートや家産住宅に代表される住宅建設とその支援を行う公益企業が活動していたものの、これらの企業はとりわけ１９５０年代後半以降に、住宅不足を主に郊外での住居の新築によって解決しようとした。その結果、都市中心部から周縁部への特に所得が低い人々の移動を促した。他方、ユーゾーが求めた新しい住宅建設会社は、都市中心部の古い住宅を再開発に伴う解体から保護し、住民の意思に反した移動を防ぐことを目的にしていた。私企業や個人投資家の利害から切り離され、ゲマインデの議会によって統制されるこの住宅建設会社の経営に、地元の住民を参加させることで、市民の利益に沿った都市再開発の実施を保障することをユーゾーは目指した。[54]

再開発による住宅解体からの賃借人の保護も、マンハイム会議の重要なテーマだった。ユーゾーは、住宅を市場経済から切り離し、基本的な生活保障に含めることを最重要の要求として掲げた。住宅市場を利潤追求の場にしないために、ユーゾーは三つの措置の導入を要求した。一つ目に所有者の恣意によって住人が家を失うことがないように、長期の賃貸契約の解約権限は借主だけが持つこと、二つ目にゲマインデが市民向けに住宅仲介を行うことと無料の法律相談窓口を開設すること、三つ目にゲマインデが公共住宅を地域住民に自由を提供する権限を持つことである。[55]

マンハイム会議での要求は、ユーゾーと社民党の地方政治家の間で基本的に合意されていた。[56]また、ユーゾーが重視した合議機関の設立と市民の参加機会の拡大による民主化は、1960年代後半以降は当時の活動家の間ではよく見られた主張だった。[57]

ユーゾーの議論には問題点もあった。とりわけ統治機構の効率化と市民の参加機会の拡大は、両立困難な要求だった。ユーゾーは、ゲマインデの合併によって統治機構の行動力を高めようとするとともに、市民と距離が近い合議機関を多数作ろうとしていた。ゲマインデの統廃合自体は、当時の西ドイツで1960年代半ばから進んでいた地方行政改革に対応したものであり、この結果ヘッセン州政府の報告によれば、70年から77年で州内のゲマインデの数は、2644から424にまで劇的に減少した。[58]地方自治体の数を減らす「耕地整理」は、地方議会の数の減少をもたらしたため、民意が表明される機会の減少が想定されたが、ユーゾーは、このことをあまり問題視していなかった。[59]どの程度まで統治機構を効率化し、どの程度まで草の根の参加機会を作り出すべきかについて、当時のユーゾーは深い考察を行っていない。

加えてユーゾーは、市民運動団体のような既存の制度内に収まらない勢力との関わり方について、深くは検討しなかった。当時のユーゾーと市民運動団体の目標は異なることが多かった。1960年代以降労働者よりも、むしろ富裕な市民の方が積極的に政治参加を実践しており、社会運動が必ずしも反資本主義的な意識を持っていないことに、フォークトをはじめとするユーゾー指導者は困惑していた。[60]

同時代の社会学者クラウス・オッフェが指摘したように、ユーゾーが既存の体制を安定化させずに、劇的な社会変革を目指しているのであれば、市民運動団体との協力のあり方に関する詳細な議論が必要なはずだった。[61]なぜなら市民運動団体は、本来政府が対応すべきところが未解決のまま取り残された問題を市民が自ら引き受けて解決しようとするものであり、その活動は政府の負担軽減と社会福祉の民営化につながることがあったためである。[62] こうした市民社会の共助と政府の役割に関する問題について、当時のユーゾーは深く検討せず、市民運動団体への活動資金獲得と意見表明の権利を保障することを提案しただけだった。たとえ行われていた議論に欠陥があったとしても、マンハイム会議を通じて社民党の地方政治家は、ユーゾーを重要な協力相手として認知するようになった。[63] 例えば個人住宅向けの税額控除制度の拡大を支持したユーゾーと地方政治家が、1971年11月のボン党大会と12月のバート・ゴーデスベルク党大会で協力したように、マンハイム会議で議論された要求の実現のために両者は協働するようになった。[64]

第2節　ユーゾーによる地方での実践——ヘッセン州南部を例に

マンハイム会議でのユーゾーの主張は、社民党の地方政治家からおおむね同意を得ていた。[65] なかでも会議で支持を集めた都市の開発と居住の問題に関する議論は、ヘッセン州南部フランクフルトのユーゾーの主張と実践を下地にしていた。[66] 本節ではヘッセン州南部を中心にユーゾーによる地方での活動を検討する。

フランクフルト再開発の展開とその背景

まずは前提として、当時西ドイツ各地で問題になっていた都市開発と居住の問題について論じる。20世紀初頭からドイツの住宅市場は、政府によって強く統制されていた。第一次世界大戦中の1917年には賃借人を守るため、土地と建物の所有者による家賃価格の変更を大幅に制限する措置が導入された。さらに22年には法定家賃が全国的に設定された。法定家賃は住宅ごとに標準的な家賃を示すことで、賃借人と貸主の交渉の基準になるものだった。第二次世界大戦後まで効力を持っていた法定家賃は、賃借人の利益になるように意識的に低い水準に抑えられていた[67]。

第二次世界大戦後の荒廃したドイツにおいて、住宅不足の解消は喫緊の課題だった。西ドイツ地域の政府機関は、住宅建設を最重要の公共事業のひとつとして大規模に保護・推進した。1948年に西側占領地区で行われた通貨改革によって、消費財の価格統制はほとんど廃止されたものの、住宅市場は依然として政府の統制下にあった。その理由は、とりわけ終戦直後には復員兵、戦災で財産を失った人々、ソ連影響下の東ヨーロッパや中央ヨーロッパ地域から逃れてきたドイツ系住民など、住宅を求める貧しい人々が非常に多かったことにあった[68]。このような状況で住宅供給を市場原理に委ねてしまうことは、困窮者を不利な状態に置いてしまい、社会秩序の維持のためには好ましくないと考えられていた[69]。

1950年代後半に入ると状況は変化し始めた。特に土地と建物の所有者は、数十年前に決められた法定家賃が、昨今の賃料相場の値上がりに対応していないと不満を述べるようになった。復興期の巨大な住宅需要が落ち着き、経済成長が軌道に乗り始めると住宅建設のコストは増大し、とりわけ富裕になった市民がより高品質な住宅を求めるようになったことで、第一次世界大戦直前の13年と比べて58年の住宅新築費用は、4倍以上に値上がりした。さらに以前は主に行政が大規模な住宅建設を進めていたが、特に60年以降私企業も重要な担い手になり、裕福な市民の需要に応じた高級な住宅を建設するようになっていった[70]。

とりわけ建設業者が住宅市場の自由化を強く求めていたが、当時のキリスト教民主同盟・社会同盟と自由民主党の連立政権は対応に苦慮していた。西ドイツの住宅数は、1950年から61年の間に約620万戸増加して約1690万戸になったものの、世帯数は約1940万を数えており、住宅不足は、まだ解決していなかった[71]。そのため住宅問題の専門家で、57年から65年に連邦建設大臣を務めたパウル・リュッケ（キリスト教民主同盟）は、市場の自由化のための計画を慎重に練り、60年に「リュッケ・プラン」を発表した。これは、住宅供給数と住宅を求める世帯数の差が3％以下になり次第、その地域の住宅市場を自由化する計画だった。リュッケの当初の目論見では、66年1月までに全国で自由化が完了するはずだった。[72]

リュッケ・プランに沿って市場が自由化された地域では家賃が高騰した。連邦統計局によると、1963年7月から翌年3月の間に約40％の住宅の家賃が6％から8％値上がりし、約5％の住宅では30％以上も上昇した。[73] 一般的に家賃は家計の中で占める割合が大きく、定期的にまとまった額の支払いが必要になることから、値上げは他の消費財価格の高騰よりも大きなショックを有権者に与えるのではないかと不安視されていたため、66年1月の全国的な自由化は実施されなかった。その後、12月にキージンガー大連立政権が成立した際、連邦建設大臣に就任したラウリッツ・ラウリッツェン（社民党）は、市場自由化の完了を69年1月まで延期すると発表した。[74]

当時、住宅建設と再開発には大きな利益が期待できると考えられていたため、土地と建物の所有者や都市開発を担う建設業者は、この市場自由化の延期を批判した。特に西ドイツでは1960年代末までに、古い市街地を中心に約210万戸の住宅が、早急に改修を必要とするほど老朽化していたため、それらを取り壊して高品質な新しいものを高価格で供給することで、建築業者は新しい住宅需要に対応しようとしていた。[75] さらに都市が持つ経済圏が都市化とモータリゼーションの進展で拡大していたため、交通の便の良い街の中心部を再開発し、デパートや銀行などの高付加価値の施設と駐車場を作ることが、より多くの利益を生み出すようになっていた。実際に71年時点で古い建物を住居として貸し出した場合、一平方メートル当たり3マルクから4マルクが標準的な家賃だった一方で、新築のオフィスの場合は10マルクから15マルクになり、もし空調設備を設置すれば20マルクにもなった。[76]

再開発に伴い、住宅地は都市周縁部に移動した。かつての農村部には大規模な住宅地とコンクリート団地が出現し、都市部で働く人々がそうした新しい住宅地に住み、職場に通勤することが増えた。それまで旧市街地に住んでいた人々も、新しい住宅地に移住する傾向が見られた。他方、旧市街地に住み続けたいと考えている人々は、しばしば改修が滞った悪い住環境を甘受しなければならず、さらに再開発の対象になった地域の地価が上昇すると、それに対応して家賃も値上げされることがあった。[77]

投機的な利益を見込んで行われた再開発の中には、綿密な都市計画や住民への配慮を欠くような「皆伐再開発」と呼ばれるようなものもあった。[78] 投機対象になった建物の住民は、家賃の値上げなどでほとんど強制的に追い出され、建物所有者は物件を相場が高騰した時にいつでも売却できるように、空き家のままで放置することもしばしばあった。追い出しに抵抗して高い家賃を払って留まる一部の住民は、以前の慣れ親しんだ近所付き合いを失い、不便さを甘受しなければならなかった。[79]

フランクフルトで皆伐再開発の対象になったのが、ヴェストエント地区とその周辺地域だった。ヴェストエント地区は、フランクフルト市中央部に位置する住宅地で、近隣にはメッセ会場とフランクフルト大学があった。地区のすぐ南には、ドイツ屈指のターミナル駅であるフランクフルト中央駅が位置し、1968年に地下鉄が開業したことで、利便性はさらに向上した。また地区内にフランクフルト西高速道路ジャンクションがあったため、道路交通の便も良かった。

フランクフルト市内でもヴェストエント地区は、急速に経済発展が進んだ地区だった。第三次産業の成長は特に目立ち、1960年には地区の地所の約50％がサービス業のために利用されていた。[80] ヴェストエント地区で働く者は、61年から70年で約3万8600人から約4万7300人へとおよそ25％増加したが、これは他の地区と比べて非常に大きな伸び幅だった。[81] 住民の移動は活発だった。60年から3万人前後が住ん

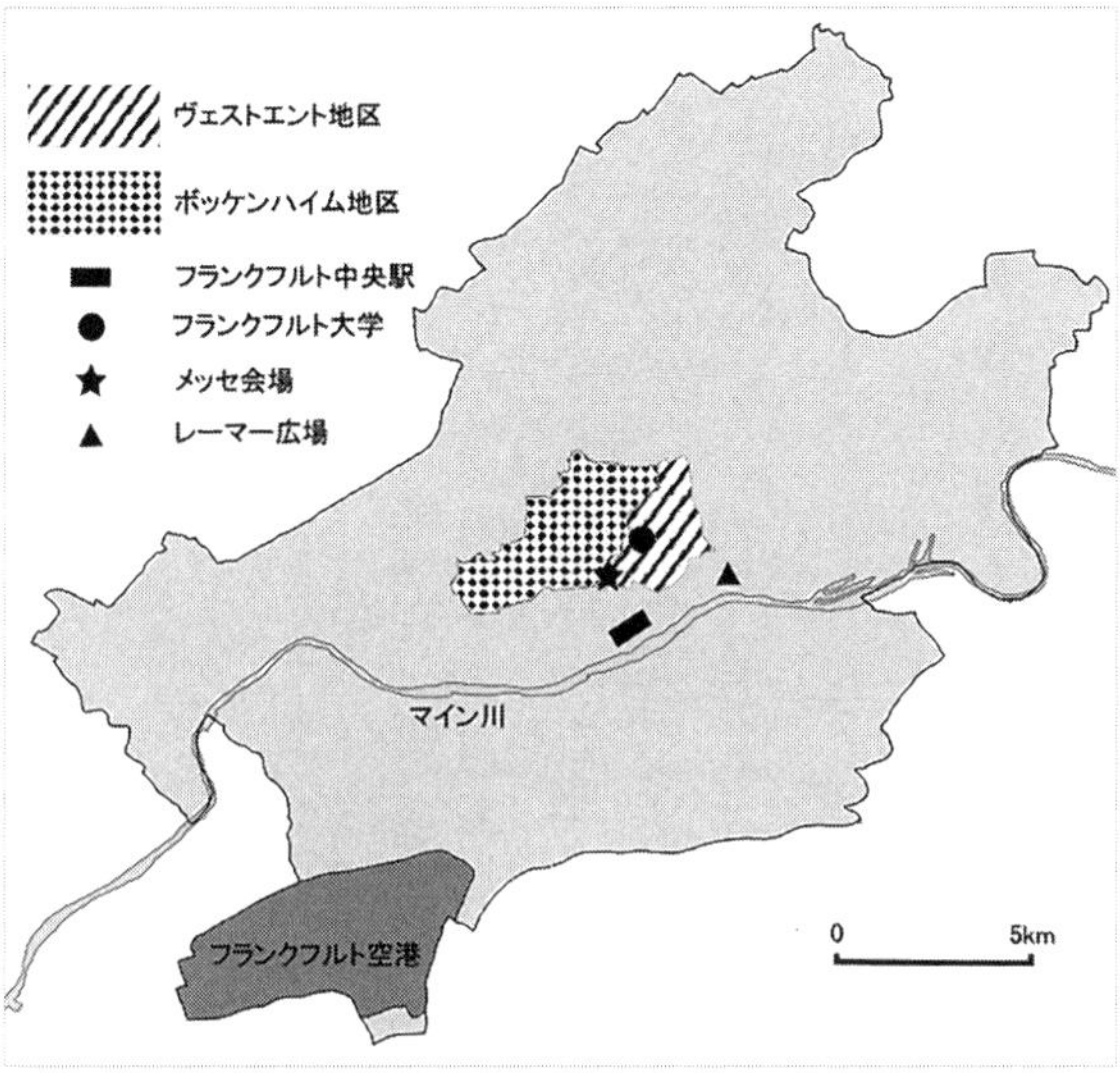

フランクフルトにおけるヴェストエント地区とボッケンハイム地区の位置

でいたヴェストエント地区では、72年には約7200人が転入して約9500人が転出しており、三分の一近い住民が一年あまりで入れ替わっていた[82]。その中で住民構成は二極化していった。中間層以上の裕福な住民の割合は70年に13・5%だったが、他の地区では7%以下だったことを考えると、これは非常に高い数値だった。他方、ヴェストエント地区周辺に住む外国人労働者（ガストアルバイター）は、72年までに約8000人に増加し、地区人口の30%に迫ろうとしていた[83]。

1960年ごろから本格化したヴェストエント地区の再開発自体は、地域社会で当初は歓迎されていた。62年5月に地区初の高層ビル「チューリヒ・ハウス」が完成した際には、地元の名士が多数参加する記念式典が開催され、このビルをローカル紙『フランクフルター・ルントシャウ』も地区の「親しみが持てる象徴的建物」として称賛した[84]。65年に市政府は、ヴェストエント地区を「シティ拡張地域」に指定し、商業利用を特に推進した[85]。67年から68

年に市の都市計画課課長ハンス＝ライナー・ミュラー＝レミッシュらが、ヴェストエント地区の開発のために五ヶ所に商業用高層ビルを建設する「五本の指計画」を発表した。発表直後から土地が買い占められ、住宅地から商業地区への転換が促された。地価は、50年代半ばの一平方メートルにつき平均15マルクから、62年には386マルク、70年には1713マルクにまで上昇し、場所によっては8000マルクに達したこともあった[86]。

また当時の社民党政府による教育改革も、地価の値上がりを間接的に煽っていた。フランクフルト大学は施設拡張のために、1970年までにヴェストエント地区で約40ヶ所の建物を新たに取得していた。このことは、大学も地区の開発者であるという印象を生み、一部の学生から強い批判を受けていた[87]。さらに社民党も再開発に関与していた。土地購入のために多くの融資を行ったヘッセン州立銀行の経営には、州政府与党社民党の幹部会、なかでも72年から77年にフランクフルト市長を務めたルディ・アーントが大きく関わっていた。そのため社民党の再開発に対する対応は分裂していた。ヘッセン州の党幹部会に抗って、ユーゾーとヴェストエント地区の社民党組織は反対運動に連帯し、再開発とそれに伴う建物の取り壊しに強く抗議した[88]。

1960年代半ばになると、住宅地から商業地とビジネス街への急激な転換を目の当たりにし、また地価と家賃の高騰により直接不利益を被っていた地元住民の間で再開発への批判が強まった。とりわけ家賃高騰の被害を受けたのは、外国人労働者だった。短期間しかドイツに留まらないと見なされていた外国人労働者は、交渉力の弱さからしばしば高い家賃を支払って劣悪な建物に住むことを余儀なくされていた[89]。なかでも、ヴェストエント地区に隣接するレーデスハイム地区の建設業者フィリップ・ボルツマン社に雇用されていた多くの外国人労働者が、ゲットーのような粗末な施設に押し込められるように生活していたことは、70

年12月に『ディー・ツァイト』紙によって全国的に報道されて強い批判の対象になった。[90] また再開発の過程で空き家が増加したことは、治安悪化やゴミの不法投棄のような問題を生むことがあり、こうしたことも地元住民の怒りを買っていた。[91]

このように都市の荒廃を招きかねない再開発は全国で問題視されたため、1971年7月には都市建設促進法が公布された。[92] この法律は都市計画への市民参加を容易にした。しかし、同時にこの法律は、地方自治体が持つ土地収用権や不動産取引への介入権の拡大を通じて、行政が再開発を行いやすくする効果も持ったため、都市環境の変化に戸惑う住民の不満をすぐに解消したわけではなかった。[93]

ユーゾーによる再開発反対運動の開始

このような状況の中でヘッセン州南部支部ユーゾーは、社民党の市政府と州政府に反対して、再開発反対運動に連帯した。ユーゾーが社民党政府に反抗した背景には、1969年以来の党幹部会に対する反抗心に加えて、連邦議長フォークトがヴェストエント地区に住んでいたことがあった。[94] 彼のリーダーシップの下で、約3000人の参加者を抱えるフランクフルトのユーゾーは、社民党に対するローカルな「反乱」の象徴となる存在だった。フォークトは、再開発問題がユーゾーの地方での活動の「試金石」になると見て、積極的な活動をメンバーに求めた。[95]

フォークトは、党外のローカルな市民運動との協力を求めるという「二重戦略」の方針に則って、「ヴェストエント活動委員会（AGW）」への支持を表明した。[96] ヴェストエント活動委員会は、高層ビルの建設計画が、ボーリング調査の開始後になって初めて公表されたことに怒った住民によって、1969年4月に設立された。[97] この組織は、地区の変化に戸惑うオディナ・ボットを中心とする地元の年配住民500人から

600人を中心に活動していた。ヴェストエント活動委員会は公園と緑地の拡充、歴史ある美しい建築物の保護に重点を置いたオルタナティヴな都市計画の提案、家賃を値上げされたり住宅からの退去を求められたりした者向けの情報センターと法律相談窓口の開設、デモや抗議集会の企画、住宅訪問などを行っていた。[98]

フォークトは、1969年からヴェストエント活動委員会に参加していた。彼は、70年11月の州議会選挙でヴェストエント地区および隣接するボッケンハイム地区とレーデルハイム地区からなる選挙区から出馬することを念頭に、ヴェストエント活動委員会との協力以外にあり得る選択肢はないと述べた。[99] 再開発反対運動には、「反社会的で、非常に反民主的な状況にある住居の賃貸と土地に関する権利」に注目を集める効果があると論じたフォークトは、生活が脅かされている住民のために、地域に関する問題の決定権限を市政府よりも下のレベル、つまり住民に移管する「コミューン化」を進めようと呼びかけた。具体的には、地域社会にとって重要な土地の所有権を私人や企業ではなく、地区の行政に移譲するべきであると彼は論じた。[100]

さらにフォークトは社民党の市政にも批判を加えた。彼は、戦後一貫してフランクフルト市政府与党だった社民党が私企業優先政策を行ってきたせいで、ヴェストエント地区での生活環境の悪化、家賃高騰、土地投機が発生していると論じた。[101] 市財政が法人税に依存している現状では、住民にとって本当に必要なインフラの整備ができないと訴えたフォークトは、私企業から生産手段を接収することで財源を拡充することと、予算の使途決定の権限を分配し、住民が直接関与できるようにすることを求めた。[102]

加えてフォークトは、当時のフランクフルト市長ヴァルター・メラーも私企業やマスメディアの動向ばかり気にして、再開発問題に真剣に向き合っていないと非難した。[103] 実際には社民党左派に属するメラーは、68年運動中に若者の主張に共感する姿勢をとっており、さらに1970年5月のザールブリュッケン党大会では、ユーゾーによる党幹部会批判に公然と支持を表明した数少ない有力政治家だったため、フォークトによる市長批判は党内の対立関係を複雑にしていた。[104]

フォークトは、ヴェストエント活動委員会への連帯と社民党市政への批判的姿勢をアピールして、1970年11月のヘッセン州議会選挙に挑んだものの、キリスト教民主同盟の候補者に敗北した。社民党の得票率は8・9%減少の37・5%だった一方で、キリスト教民主同盟は10・1%上昇して38・7%の票を得た。[105] この敗北の原因は、社民党首班の市政府が再開発問題にうまく対応できていないことだけでなく、フォークト自身の急進的な主張が有権者の支持を集められなかったことにあった。例えば、彼は民主主義の前提として、土地の公有化だけでなく生産手段の社会化も再三主張し、その理想としてユーゴスラヴィアの自主管理型社会主義を、反対に悪い例として米国社会を引き合いに出した。[106] マルクス主義者で民主的社会主義者を自称するフォークトは、社会主義社会は段階的に時間をかけて実現されるべき目標であると見ていたものの、その一連の発言は、彼が急進主義者であると有権者に警戒させ、不安を煽るには十分だった。[107]

住宅占拠の開始

社民党市政府も再開発問題の収拾を試みたものの、すぐには解決できなかったため、反対運動は急進化した。[108] 1970年9月18日から19日夜に若者と外国人労働者とその家族が、エップシュタイナー通り47番地とコーネリウス通り24番地の建物に侵入し、その直後にリービッヒ通り20番地の建物も占拠した。当初は占拠者の多くが、家賃値上げによって立ち退かされた元住人の外国人労働者、学生、ホームレスとその家族だったため、メディアと地域住民は理解を示していた。[109]

しかし、68年運動から派生したシュポンティスが、住宅闘争と呼ばれる戦闘的な占拠運動を行うようになると、状況は変化した。[110] ローザ・ルクセンブルク主義に依拠したシュポンティスは、レーニン主義理論や

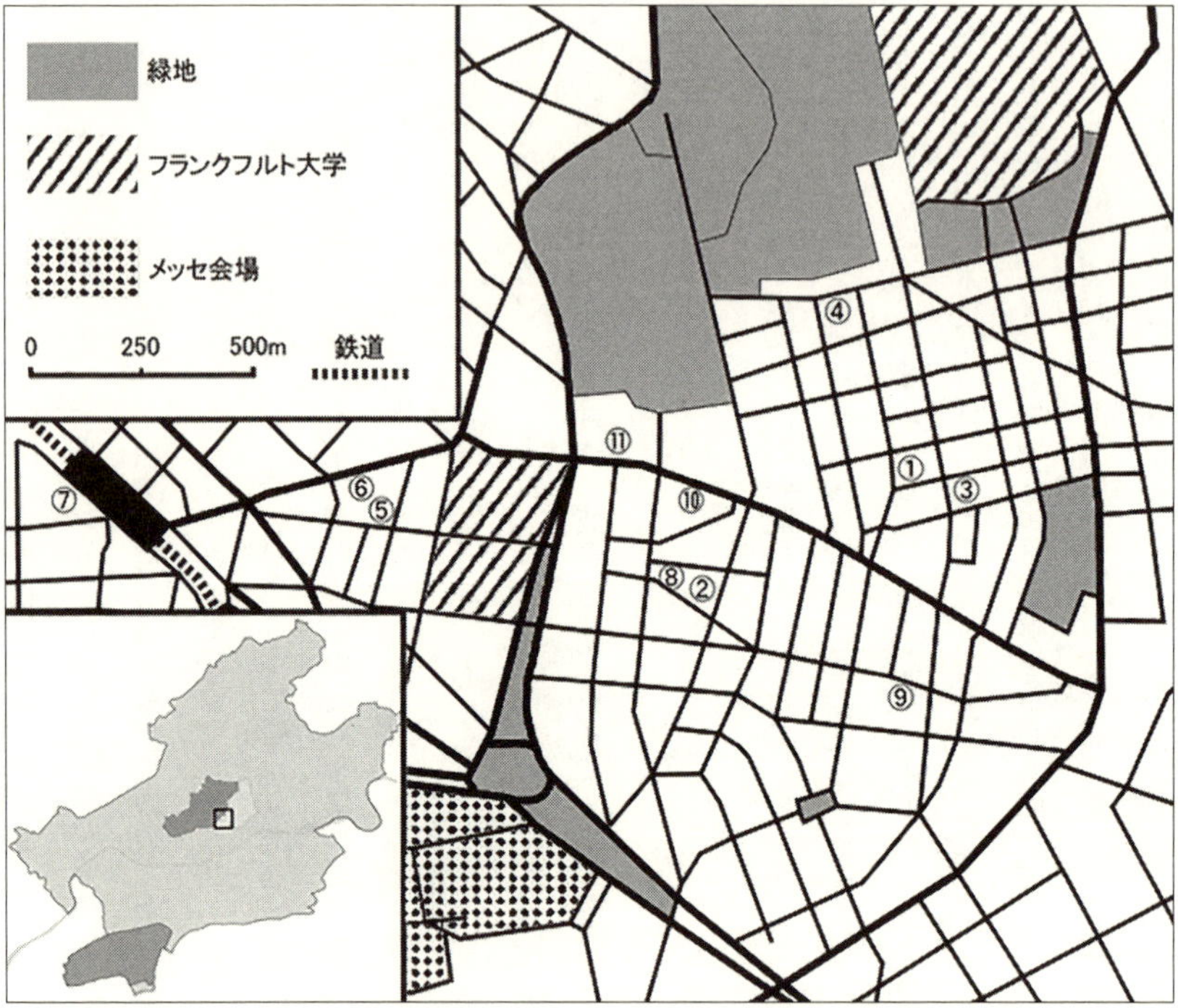

ヴェストエント地区とボッケンハイム地区の地図
① エップシュタイナー通り47番地　② コーネリウス通り24番地
③ リービッヒ通り20番地　④ グリューネブルクヴェーク113番地
⑤ 旧シャンツェンバッハ社敷地　⑥ アダルバート通り15番地
⑦ フランクフルト西駅　⑧ シューベルト通り27番地
⑨ ケッテンホーフヴェーク51番地　⑩ ボッケンハイマー・ラント通り93番地
⑪ 賃借人評議会事務所
次の史料をもとに筆者作成。„Dezernat Planung Stadtplanungsamt“, 20. Juli 1974, Bestand Stadtplanungsamt 39, ISG.

厳格なヒエラルキー構造に基づいた少数の職業革命家を中心とする運動組織を批判し、革命に大衆が自発的に参加するようになることを目指した[111]。それゆえ私生活に近い領域の活動を重視したシュポンティスは、占拠した建物内で、グループでひとつの住居に住む居住共同体のような独自の生活様式を実践した。ヴェストエント地区の古い大きな建物は、このようなシュポンティスによるオルタナティヴな生活様式の実践に適していた[112]。さらにフランクフルトのシュポンティスには、後にドイツ連邦議会とヨーロッパ議会で活躍することになる人々が参加していた。とりわけ68年運動で活発な活動家だったダニエル・コーン＝ベンディットとヨシュカ・フィッシャーは、新左翼組織「革命闘争」を結成し、1971年10月以降フランクフルトの住宅闘争の中心になった。その後、緑の党に参加したコーン＝ベンディットは、94年からヨーロッパ議会議員を、フィッシャーは、シュレーダー政権下で98年から2005年まで副首相兼外務大臣を務めた。両名が率いる「革命闘争」を中心とするシュポンティスは、自らの生活様式を守るため、警察による排除にレザージャケットとヘルメットを着用して、バリケードやまきびしやビール瓶のような「消極的武装」で抵抗した。こうしたシュポンティスの戦闘性は、71年9月末からのグリューネブルクヴェーク113番地の建物をめぐる衝突で知られるようになった[113]。

ユーゾーは、建物占拠自体には理解を示していたものの、建物占拠が注目を集めるようになったことで、活動方針を再考しなければならなくなった[114]。とりわけ戦闘的なシュポンティスの存在感が増した再開発反対運動と無条件に連帯すると、社民党から制裁を受ける可能性があったため、フォークトは占拠に理解を示しつつも、暴力的な住宅闘争からは距離を置いた[115]。加えてシュポンティス、ヴェストエント活動委員会、ユーゾーの三者の関係が、いつでも良好ではないことも問題だった。地区に長く住む年配の市民が主な担い手であるヴェストエント活動委員会の目標は、自らが住む都市の環境を守るという保守的なものであり、ユーゾーの目的と同一ではなかった[116]。またヴェストエント活動委員会は、シュポンティスを「新参の根無し草の左翼青年」して批判的に見ていた[117]。

ユーゾー独自の取り組み

このように都市開発と住宅問題をめぐり三者の思惑が異なったため、フランクフルトのユーゾーは、「地方政治」部門の責任者ライナー・エッカートを中心に街頭で活動しつつ、社民党との関係を利用する「二重戦略」に従って独自に行動した。この地域のユーゾーの活動は、1971年4月のマンハイム会議での議論の下敷きになるとともに、フランクフルトのユーゾーも会議の議論を参照する相互作用の関係にあった。フランクフルトのユーゾーは、特に再開発に影響を受ける住民が参加する合議機関の設立と公益企業による建物管理によって、街のあり方に関する議論への市民の参加機会を増やすことで問題を解決しようと試みた[118]。

合議機関設立の例として、シャンツェンバッハ社元社長ヨハン・ケルシュゲンによる土地投機に反対した運動が挙げられる。ボッケンハイム地区に工場と社宅を持つ電機メーカーだったシャンツェンバッハ社は、1960年代半ばに個人向けの電気メッキ装置を販売して利益を上げたものの、経営の悪化で約4000万マルクの負債を抱えて70年に倒産した。その際に約380人の従業員が解雇されたが、その多くは外国人労働者であり、倒産後も会社敷地内に住み続けていた[119]。ユーゾーは、70年11月に「ボッケンハイム賃借人アクション（BMA）」を設立し、元従業員が住み続けるのを支援していたが、71年6月にケルシュゲンは元従業員を追い出すことを前提に、約7500万マルクをかけて敷地内に28階建の高層ビルを建設する計画を立てた[120]。ケルシュゲンは計画によって地価を高騰させてから、土地を競売にかけて利益を得ようとした[121]。

この計画に反対したユーゾーはボッケンハイム賃借人アクションを通じて集会を開き、敷地内に元従業員が住み続けることを認めることと、市政府と市議会が高層ビル建設を即時禁止し、法に基づいた再開発計画を立てることを要求した[122]。こうした要求は地元メディアにも取り上げられ、最終的に約800人の署名を集めて市政府に提出された[123]。1971年8月には元従業員とユーゾー・メンバー約150人が、土地の競売会場で横断幕を掲げ、「入札者を打倒せよ！全ての権力を賃借人に！」というシュプレヒコールで競売を妨害した。さらに市議会の社民党会派に対して、元従業員を守るための決議を出すことと、ボッケンハイム地区の再開発計画を全面的に見直すことをユーゾーは要求した[124]。

これを受けて市長メラーは建設計画の停止を宣言し、今後改めて許可を出すこともないと表明した。さらに1971年9月に会社敷地の地価を再評価した結果、一平方メートル当たり1300マルクに値上がりしていることが発表された。これに応じてメラーは、ユーゾーとボッケンハイム賃借人アクションとともに、地価の高騰に歯止めをかけるために再開発計画の再検討を求めた。これを拒否したフランクフルトの都市計画局の局長ハンス・カンプフマイアーは、9月に退任させられた[125]。

こうしたユーゾーの活動は、反資本主義的な主張によって支えられていた。このことは、ボッケンハイム賃借人アクションによる次の決議で端的に示されている。

> 社民党と近しい関係を持つボッケンハイム賃借人アクションは、住民が社会計画と建設計画の策定に積極的に参加するための支援を行う。資本家の利益に基づく件の法的決定は、賃借人を動員・組織化することと、計画立案に積極的に介入することによって撤回されなければならない。再開発とその当事者である住民による闘争は、人間の尊厳が保たれるような安い家賃と良い住宅を求めることのみならず、急進的な反資本主義の必要性を認識することにつながらなければならない[126]。

このようなユーゾーとボッケンハイム賃借人アクションの活動は、フランクフルトの社民党サブ支部で議論の対象になり、その綱領に反映されるとともにマンハイム会議でも参照された[127]。フランクフルトではユーゾーの要求に対応して、公営の集合住宅株式会社による住居管理も行われた[128]。この会社は、戦災で住居を失った者向けの仮設住宅を管理するために、ヘッセン労働者住宅協会によって1949年に設立され、70年以降は建物所有者と占拠者の調停や、移民など社会的弱者への住居の優先的な貸し出しなども行うようになった[129]。

集合住宅株式会社は、アダルバート通り15番地の建物をめぐる問題を解決したことで注目を集めた。これは、ユーゾーが建物を直接占拠した珍しい例だった。この事件の発端は、建物を所有するフランクフルト貯蓄銀行が敷地から外国人労働者を中心とする住人を追い出し、水道と暖房設備を破壊して住めない状態にしたことにあった[130]。これに対してユーゾーは、密かに建物に侵入して設備を直し、再び居住可能にすることを計画した。この計画は市政府に知られていたため、手配した自動車と道具類が二度も警察の摘発を受けたものの、ユーゾーは1972年5月に建物を占拠することに成功した。貯蓄銀行はユーゾーを排除するために警察に出動を要請することを検討したが、4月に就任した市長アーントが拒否したことで断念した。7月まで占拠された後に、建物は集合住宅株式会社に委託されてユーゾーは退去した。さらに7月末にシューベルト通り27番地の住居が占拠された時にも、市長アーントの合意のもとに会社が建物の所有権を獲得し、占拠者はそのまま入居することになった[131]。

1973年以降フランクフルトの住宅闘争は最高潮を迎えた。73年4月にはケッテンホーフヴェーク51番地からのシュポンティス排除に抗議する4000人規模のデモ隊が、占拠された建物周辺と市庁舎のあるレーマー広場で警察と衝突し、約１００人が負傷した。[132] 74年2月にはボッケンハイマー・ラント通り93番地をめぐる衝突で、デモ隊約２００人と警官77人が負傷し、１９２人が逮捕された。[133]

こうした激しい衝突が注目を集めていた一方で、ユーゾーはより穏健な活動を行っていた。１９７２年10月のフランクフルト市議会選挙への準備として、ユーゾーは改めて住宅問題との取り組みを強化した。この時に重要な役割を果たしたのが、6月に設立された「社民党女性連盟（ＡＳＦ）」だった。[134] フランクフルトの社民党女性連盟議長アニータ・ブライトハウプトは、社会住宅の内装の見直しと子どもの遊び場の確保を重点的に訴え、市議会選挙に立候補して当選した。市議会議員となったブライトハウプトは、ボッケンハイマー・ラント通りとシューマン通りの交差点に面する建物に事務所を置いていた賃借人評議会で活動していた。[135]

ケッテンホーフヴェーク51番地をめぐる衝突
© dpa/ullstein bild

この賃借人評議会は、１９７２年12月末の株式建設会社（ＡＢＧ）による最大60％の家賃値上げ発表に反発した住民によって設立された。[136] １８９０年に設立された株式建設会社は、主に低所得者向けに住宅を提供していたが、その管理物件の多くは、１９２０年代から30年代に建てられた古い建物だった。大半の住民は、そうした物件にすでに数十年間住み続けていたため、転居は容易ではないと見られていた〔137〕。

家賃の値上げは副市長ルドルフ・ゾルヒが議長を務める監査役会によって承認され、株式建設会社は6週間の猶予の後に家賃値上げへの対応を決めることを住民に求めた。会社は1973年1月28日に住民集会を開催して値上げへの賛同を得ようとしたものの、住民は強い反対を表明し、地元の社民党組織に支援を求めた。この集会をもとに2月初めに設立された賃借人評議会は、約1200人の参加者を集め、家賃の値上げを撤回させること、株式建設会社と妥協しないこと、裁判で値上げ問題に決着をつけることを決定した〔138〕。

ユーゾーは賃借人評議会と協力し、1973年2月に四度の集会とデモを実行した。これに対して賃借人評議会は、2月17日から18日にフランクフルト社民党のサブ支部党大会に代表を送った。4月にはブライハウプトらが賃借人評議会の要求をまとめ、5月のフランクフルトの社民党サブ支部党大会に持ち込んだ。この動議は市長アーント、副市長ゾルヒ、監査役会の反対を受けたものの、アーントに退任を求めてでも決議させるとフォークトが示唆したこともあって可決された。さらに賃借人評議会は、9月初めに約1000人が参加する集会を開催して値上げに抗議するとともに、ユーゾーと裁判への準備を進めた。こうした圧力を背景に、73年9月3日にフランクフルトの区裁判所が値上げは不当であると判決を下したことで、反対運動は成功を収めた〔139〕。

1974年には家賃値上げ反対運動も戦闘的な住宅闘争とともに終息局面に入ったが、これは市政府の対応によるものでもあった。ユーゾーを含む激しい抗議運動に直面した市政府は、市民の要求への対応を余儀なくされ、72年2月以降投機目的での住宅の現状変更を禁止できるような法制度の整備を進めた〔140〕。さらに市政府が、ヴェストエント地区周辺で新しい建設許可を出すことを渋るようになったことで、建設業者や建物と土地の所有者の思い通りに開発が進まなくなり、投資ブームにブレーキがかかった〔141〕。加えて市の住宅局は、占拠者向けの住居を用意することで暴力的な衝突を避けようとした。[142] 74年9月には、ヘッセン州で新たな記念物保護法が適用された。暫定的な保護対象リストに掲載された物件の解体を半年間無条件に禁止するこの法律によって、古い住宅がより容易に保護できるようになった。[143] 続けて75年2月に連邦裁判所がシュポンティスを規制するために、住居をめぐる衝突で警官に危害を加える占拠者を、「犯罪団体」構成員として罰するという判決を下したことも、戦闘的な住宅闘争の終息の一因だった。[144]

戦闘的な住宅闘争は世論の注目を集めたものの、ユーゾーが組織として関与することはほとんどなかった。例えば、シュポンティス系の「ボッケンハイム市区グループ（STGB）」は、賃借人評議会に対して連帯を要求していたものの、評議会はほとんど取り合わなかった。[145] 1973年9月にボッケンハイム市区グループは、テロ組織の赤軍派との連帯すら要求したが、これを賃借人評議会の多数派は拒絶した。これに激しく反発したボッケンハイム市区グループは、賃借人評議会が「怠惰な妥協」を行い、ユーゾーを信用しすぎていると批判した。[146] さらにシュポンティスの中心組織だった住宅評議会は、ユーゾーが土地と建物の所有者と占拠者の和解を斡旋する制度構築ばかり重視して、賃借人個人の生活上の問題を解決できていないだけでなく、「投機家の非人間的な振る舞い」を目立たなくすることで「階級闘争」を妨害していると非難した。[147]

ユーゾーは建物を占拠したり、警察に摘発されることもあったものの、非合法的な活動を行うことは少なかった。そのため急進的な主張を掲げても、ユーゾーが社民党から制裁を受けることはあまりなかった。したがってローカルな再開発や住宅の問題などに取り組むことは、ユーゾーにとって独自の主張に基づいて比較的自由に活動し、自らの存在を広くアピールする絶好の機会だったと言えよう。[148]

ハノーファー党大会での成果

ユーゾーの活動は全国的にも成功を収めた。1973年4月にハノーファーで開かれた社民党大会は、ユーゾーの地方での経験に基づく要求の多くを受け入れた。なかでもヘッセン州南部支部が持ち込んだ「土地と住宅の仲介業者」の廃止を求める動議と、1975年から85年までの社民党の政策の基本的な方向性を示すものである「指針大綱85」に関する議論において、若い党員が存在感を発揮した。[149]

「土地と住宅の仲介業者」の廃止に関して、「土地の権利改革」を要求したヘッセン州南部支部ユーゾーは党大会に次のような動議を持ち込んだ。

これまでの法規則では、投機が土地と住宅の市場でさらに進んでしまうことは明らかである。責任はこのセクターにおける仲介業者の悪事にある。大規模な不動産と住宅の仲介業者は価格を釣り上げている。なぜなら仲介業者は専門家として市場を観察し、巨大な需要に対して少数しか供給せず、もっぱら自らの利益のために、土地と住宅の不足状態を無慈悲に利用し尽くしているからである。土地は増やすことができないため、ここには本当の窮状がある。これに対して公益の保護のために、法的措置が検討されなければならない。[150]

1959年のバート・ゴーデスベルク綱領において、社民党は土地投機に対して明確に反対を表明していたものの、不動産仲介業の廃止を求めるこの動議は党内で強い抵抗を受けた。[151]動議を予め検討する党大会の委員会は、ユーゾーの要求を却下することを求めた。連邦法務大臣ゲアハルト・ヤーンは、ユーゾーの要求が基本法第12条に定められた職業選択の自由を侵害するものであり、この自由は第19条が定める変更不可能な基本権のひとつであると反対した。ミュンヘン市長から連邦建設大臣に転身したフォーゲルも、こうした基本法に反し得る決議を党大会で行うべきではないと述べて、ヤーンの主張を支持した。[152]加えて72年から連邦国防大臣を務めていたレーバーは、ユーゾーの要求には政治的な実現可能性があまりないことと、もし不動産仲介業がなくなれば、代わりに新しい大規模な官僚組織が必要になると論じて反対した。[153]

ユーゾーは大臣たちの意見に反論した。ヘッセン州南部支部のヨルク・ヨルダンは、職業選択の自由に関して、土地取引は水道事業のように公共性が高いため、公的な管理下に置かれることは基本法に反しないと述べた。[154]ブレーメン支部ユーゾーに所属し、1998年からはシュレーダー政権下で連邦法務大臣を務めることになるヘルタ・ドイブラー゠グメリンは、連邦憲法裁判所による最終的な判断を待ちつつ、決議を行うこと自体は違法ではないという認識を示した。レーバーの批判に対しては、バイエルン州南部支部のジグマー・ガイゼルベルガーが、ミュンヘンとニュルンベルクで導入された独自の住宅仲介制度を紹介し、大規模な官僚組織がなくても仲介業者の活動を制限できると主張した。[155]

多くの地方政治家はユーゾーの主張を支持した。特にフランクフルト市長アーントとシュレースヴィヒ・ホルシュタイン州支部副党首ギュンター・ヤンセンは、反対する大臣たちとユーゾーの間を取り持とうとした。アーントは、ユーゾーによる仲介業者個人への攻撃をたしなめつつ、土地取引がひどい結果をもたらすことを防ぐためにも、個人ではなく法律を批判して変えることが大切だと説いた。ヤンセンは、ユーゾーが求める土地の公有化に反対しつつ、取引が政府機関の管理下に置かれることは正当であると述べた。最終的にユーゾーの動議は賛成多数で可決され、長期的に地方自治体や公的企業が住宅仲介を担うことと地域の住宅地を公有化していくことが求められた。[156]

ユーゾーは不動産仲介業を、利潤だけを追求して公共の福祉に害を与える可能性のある職業だと非難したが、これは経済成長志向に対する批判とも結びついていた。指針大綱85をめぐる党大会での議論で、ユーゾーは「どのように経済成長すれば、特にどのように生産性が成長すれば、生活の質は向上するのか」を検討する委員会の設置を求めた。「成長は自己目的ではない。成長は我々の政治を実行するための手段である」という文言が含まれたこの決議は、無制限な経済成長の追求を再検討するように要求していた。[157] さらに経済成長を追求するがあまり、官僚や企業家が持つ経済的マネージメント能力に行きすぎた信頼が寄せられていると非難したユーゾーは、「彼らが持つ過大な経済的権力を剝奪」し、「生産手段を共有物にすること」を党大会で訴えた。そのために決議は、上述の委員会がどの経済分野への投資を国家が統制するべきか、および「どの分野の生産手段を共同所有にすることが適切か」を検討することを求めていた。[158]

この決議は党内左派の意向を受けたものだった。ユーゾーや党内左派は、無批判な経済成長志向を持つ経済専門家による決定が、現地住民の生活を顧みない産業立地の決定や都市計画を生み出していると批判していたが、このことは地方政治での経験にも基づいていた。[159] 経済成長志向を見直すべきとの要求は、ヘルムート・シュミットらが起草した指針大綱85の草案に対抗して、主にフランクフルター・クライスに集う左派議員が提出した代替案に由来するものだった。フランクフルター・クライスは、フランクフルト市長メラーを発起人の一人とする社民党左派の派閥であり、フォークト、ガンゼル、ロート、ドイブラー＝グメリンらユーゾーの指導者も参加していた。[160]

このようにハノーファー党大会では、社民党の長期的な政策を決定する決議に、ユーゾーの求める資本主義批判と、社会主義社会の実現に貢献すると考えられた要求を組み込むことができた。その理由は、ユーゾーが地方での運動の成果を土台にして党内で協力関係をうまく構築できたことにあった。主に全国レベルで活動する政治家がユーゾーに批判的であったのに対して、若い党員は党内左派および地方政治家と協力してこれに対抗した。

さらに「土地と住宅の仲介業者」の廃止決議が可決に至ったことには、西ドイツ政府内の雰囲気の変化も影響したと考えられる。住宅市場の不安定化を不安視する世論を見たブラント政権は、これに歯止めをかけることを検討していた。そのため、連邦建設大臣ラウリッツェンによって期限付きで再導入された賃借人保護のための家賃価格の制限措置が再延長されることが、1973年12月に閣議で決定された[161]。これに続いて西ドイツ政府は、家賃価格の上限設定と貸主による賃貸契約の解約制限を含む、新しい住宅解約保護法を75年1月に施行させた[162]。

共産主義組織との協力問題

社民党はユーゾーのローカルな活動に概して理解を示したものの、ユーゾーが地元の共産主義組織と接触した場合、ときには制裁措置が講じられることもあった[163]。1969年以来ヘッセン州南部支部を含む全国のユーゾーは、共産主義組織と協力する可能性を排除していなかったが、冷戦下での共産主義組織との協力は、社民党にとって受け入れ難いものだったため、こうした青年党員の態度は、党幹部会に不安を感じさせていた[164]。

党幹部会の不安の背景には、当時の社民党が進めていた東側諸国との関係改善を目指す新東方政策があった。新東方政策の結果、西ドイツ政府は1970年8月にソ連との間でモスクワ条約を、同年12月にポーランドとの間でワルシャワ条約を、72年12月に東ドイツとの間で東西ドイツ基本条約を、73年12月にチェコスロヴァキアとの間でプラハ条約を結ぶなど、東側諸国との関係正常化を進めた。しかし、西ドイツ政府が東側諸国と積極的に交渉することは、西ドイツ社会を共産圏に向けて開放することも意味していた。そのため社民党は自らの政治的信頼性を守り、保守政党からの批判をかわすために、西ドイツ国内で共産主義勢力の影響を拡大させる意図を持たないことをはっきりと示す必要があると考えていた[165]。

共産主義勢力と明白に距離を置くことは、68年運動に影響されて左傾化した若者やユーゾーが、東ドイツの手先なのではないかと疑われることもあった当時の状況において、なおさら必要だとされた。実際にユーゾーは、東ドイツと独自に交流することで党幹部会を挑発していた。1970年6月には東ドイツ訪問中のフォークトらユーゾー指導者が、党幹部会から正式の許可を得ずに同国の支配政党ドイツ社会主義統一党（SED）書記長ヴァルター・ウルブリヒトと会談した。この会談でフォークトらは、東ドイツ体制に対する率直な批判をウルブリヒトにぶつけることで、ユーゾーが東側陣営のシンパでないことを示そうとしたものの、こうした独断専行に党幹部会は非常に苛立っていた[166]。

そのため社民党幹部会は、政治学者リヒャルト・レーヴェンタールの助言に従って、党評議会と党統制委員会と共同で、1970年11月に次のようないわゆる「離間決議」を行った。

社民党と共産主義組織の間に共同の活動組織は存在しない。それゆえ党評議会は、社民党員がドイツ共産党（DKP）、西ベルリン社会主義統一党（SEW）、社会主義ドイツ労働者青年団（SDAJ）、ベルリン自由ドイツ青年団（FDJ）のメンバーとともに共同でイベントを開催したり、出版物を発行したり、呼びかけやビラや招待状などに署名した場合、あるいは社民党がドイツ共産党、西ベルリン社会主義統一党、社会主義ドイツ労働者青年団、ベルリン自由ドイツ青年団が関わる出版物に協力した場合には、その行動が党に害を与えることを指摘し、必要なら規律措置を行うことを全ての党組織に要求する[167]。

「離間決議」で名指しされたのは、全てモスクワ系の共産主義組織だった。これらの組織は、東ドイツから直接的・間接的な指示と資金援助を受けて西ドイツと西ベルリンで活動していた。この「離間決議」と1971年2月の東側諸国との平和共存に関する決議を通じて、社民党は西側陣営の自由民主主義と東側陣営の共産主義が対立状態にあると改めて指摘し、異なった社会秩序を持つ国家同士の平和共存を支持する一方で、国内での共産主義組織との「イデオロギー的共存」は拒否すると表明した[168]。「離間決議」はユーゾーの活動に制裁を科す根拠にもなり得た。ユーゾーがモスクワ系共産主義組織と協力していないと主張したとしても、仮にユーゾー主催のデモや集会に東ドイツ系組織のメンバーが参加していれば、社民党によって制裁される可能性があった[169]。

これに対してユーゾーは、草の根レベルの運動への参加者を選り好みすることはできないため、共産主義組織との協力関係を完全に無くすことは不可能であるという考えだった。それゆえ「離間決議」は、各地のユーゾーから強い批判を受けていた。例えばヘッセン州南部支部は、1971年2月にオフハイム・バイ・リンブルクで開いた会議で、共産主義組織と共闘することになるからといって、住宅問題との取り組みをやめるわけにはいかないと述べた[170]。さらに確かに東側諸国は民主的でないものの、西側諸国の民主政も完璧でもなければ唯一実現可能な理想でもない以上、今必要なのは社民党が共産主義組織と民主主義について批判的に議論することであるとユーゾーは論じた。このような建設的議論すら禁止している点で、「離間決議」は非民主的だとした[171]。

ヘッセン州南部では社民党組織の多くが「離間決議」を批判し、ユーゾーの立場を支持した。1971年3月のオッフェンバッハ州党大会では、多くの社民党組織が「離間決議」の内容を実践することは不可能だと宣言した。ギーセン中部の活動グループからの参加者は、家賃と物価の問題のような市民の利害に直接関係する事柄について、社民党とモスクワ系ドイツ共産党の意見は一致しており、両者は対立するよりも協働した方が効率的であると指摘した。ヘッセン州中部のヴェアドルフの活動グループからの参加者は、活動内容を問わずに一括して共産主義組織との協力を禁止することは、50年代の「冷戦の暗黒期」を彷彿とさせるような時代錯誤だと批判した。ギーセン南部の活動グループに至っては、共産主義組織との協力を拒否すれば、ブラント政権が目指す改革の実現が遠のいてしまうと論じ、社民党の掲げる「民主的社会主義」のためには、共産主義組織との協力が必要であると主張した。[172]

こうした社民党の指導部と、ユーゾーと党の草の根組織の間にあった緊張関係は、1971年の「赤点アクション」をきっかけに表面化した。「赤点アクション」は赤い丸のロゴを掲げ、地域住民が近距離公共交通機関の運賃値上げに反対する市民運動である。ハンブルクから始まったこの運動は、全国的な広がりを見せ、60年代末から70年代前半にハノーファーやケルンをはじめとする西ドイツの各都市で展開された。こうした運動の波は、ヘッセン州南部にも波及した。デモや集会のほかに道路封鎖のような非暴力的な直接行動を行うこともあった「赤点アクション」に、ユーゾーは積極的に参加するように呼びかけていた。[173]

「赤点アクション」が各地に広まった背景には、西ドイツの交通状況と都市の生活環境が一般的に悪化していたことがあった。特にモータリゼーションの進展はしばしば都市環境の悪化をもたらした。1960年から69年で西ドイツの乗用車数は、約450万台から約1300万台に増加した一方で、交通インフラの整備が追いついていなかったため、大量の自動車が都市部に乗り入れることで交通渋滞が深刻化していた。[174]さらに自動車の排気ガスを一因とするスモッグは、住民の健康を害していた。とりわけハンブルクでは、65年までに肺と気管支の癌による死亡率が、死者数1000人に対し12・8人を数え、西ドイツの都市で最も高い数値を記録した[175]。加えて当時は交通事故が非常に多く、72年には約2万1000人が事故死した[176]。

この状況に対応するために、1961年9月に西ドイツ政府が設置した「市町村の交通事情改善専門家委員会」は、65年6月に近距離公共交通機関が特に大きい費用対効果を持つと論じて、その重点的な拡張を連邦議会に提案した[177]。さらに67年10月に当時の連邦交通大臣レーバーが、72年までに全国で交通インフラを拡充する計画を発表した[178]。他方、全国レベルでの措置に先んじてすでに各都市は、インフラ拡充に取り組んでいた。例えばハンブルクでは60年に戦後初の地下鉄拡張が開始され、65年には鉄道網を効率的に近代化するためにハンブルク運輸連合（HVV）が設立された。この企業は、それまでの四つの鉄道会社による競合状態を解消し、ハンブルク高架鉄道株式会社（HHA）と協力して鉄道網を効率的に開発することを目指した[179]。

しかし、鉄道網の近代化は鉄道会社の経営悪化によって行き詰まった。全国175の鉄道会社が加盟する公共交通連盟（VöV）は、1971年時点で約6億5000万マルクの赤字を抱えており、建築資材費と人件費の高騰、鉄道事業自体の減益から、近い将来に債務は10億マルクに達すると予測していた[180]。同様にハンブルク運輸連合も赤字を抱えていたものの、ハンブルク市政府経済大臣ヘルムート・ケルン（社民党）が、補助金による赤字の補塡には限界があると発言した。このことを受けてハンブルク運輸連合は、71年初めに平均21%の運賃値上げを決定した[181]。

公共交通機関の運賃値上げは、当時のユーゾーの要求に真正面から反していた。1971年4月のマンハイム会議では交通問題も重要な議題だった。そこでユーゾーは、人口密集地域での公共交通機関の運賃を無料にすること、現在の赤字を連邦と地方自治体の政府が補塡すること、今後は近距離公共交通機関の運賃値上げを一切行わず、むしろ値下げすることを求めた。これらの要求は、ユーゾーの活動に批判的だったフォーゲルのような政治家からも同意を得ていた[182]。

ハンブルク運輸連合による運賃値上げをきっかけに抗議運動が組織され、1971年3月末にユーゾーのハンブルク支部は反対運動を行うことを決定した。4月から本格的な議論を開始したユーゾーは、同月19日に12人からなる「赤点」活動サークルを設立し、労組と反対運動の方法について折衝を行った。しかし、6月1日の社民党ハンブルク支部の党大会で、参加者の過半数および市長ヘルベルト・ヴァイヒマン（社民党）が値上げを支持した。市政府の与党だった社民党と自由民主党が値上げに賛成したことを受けて、これに反発するユーゾーと労組が中心となって、ハンブルクで「赤点アクション」が組織された。「赤点アクション」が6月2日に企画した最初のデモでは、約2500人がハンブルク市庁舎まで行進して、約2万2000人の署名を集めた。このことに驚いたハンブルクの社民党は、急遽4日に臨時党大会を開いたものの、そこでも改めて値上げを認める決議を行った。ユーゾーのハンブルク支部幹部会は、党幹部会と歩調を合わせて値上げに賛成したため、ユーゾーの多数決で解任された。その跡を継いだユーゾー臨時幹部会は、6月14日に「市党大会の決議は資本の利害と権力への降伏である」と述べて、運賃値上げを非難した[183]。

運賃値上げ前日の1971年8月2日には、ユーゾーを含めた26組織が参加する抗議集会が開かれた。集会の参加者の中にはロートとともにフォークトもいた。フォークトが参加した理由は、彼がハンブルク近郊のエルムスホルン出身で、十代の頃はハンブルクの福音主義教会の青年組織で活動していたため、現地のユーゾーと強い関係を持っていたことにあった[184]。

抗議集会でフォークトは演説し、社民党の市政を厳しく批判した。ハンブルクの社民党は、全国レベルの党の方針を代表しておらず官僚的であり、特に社民党ハンブルク支部によるユーゾーへの対応は、独裁政治を行う共産主義政党と似ているとフォークトは非難した[185]。

フォークトの発言内容自体は特に問題視されなかったが、彼の直後にモスクワ系ドイツ共産党員が演説を行ったことが大きな問題になった。社民党ハンブルク支部幹部会は、この機会を捉えて共産主義組織との協力を許容しない姿勢をアピールするため、ユーゾーに厳しい制裁を行うことにした[186]。この時期に支部幹部会が強気の対応に出た背景には、ハンブルクのユーゾー内でモスクワ系ドイツ共産党に近い主張を行うシュタモカップ派（国家独占資本主義派）が存在感を増していたため、共産主義勢力との協調に積極的な姿勢を示すユーゾーに対して、警戒感を強めていたことがあった[187]。

ハンブルクのユーゾー臨時幹部会は制裁を恐れて退陣したものの、現地の社民党調停委員会は所属する8人の青年党員の除名決議を行い、さらにフォークトにも同様の措置を行うことをヘッセン州南部支部に要求した[188]。連邦事務局長ヴィシュネフスキと連邦議会議員団長ヴェーナーは自制を求めたものの、社民党ハンブルク支部は聞く耳を持たなかった[189]。

1971年9月からフランクフルトのサブ支部の調停委員会が、フォークトの審理を担当した。調停委員会に対してフォークトは、民主的政党は権威主義的な構造を持ってはならないと主張し、政治活動の是非を政治家が自身の良心に従って判断できるような自由裁量を認めるように要求した[190]。社民党左派の連邦議会議員カール・フレット・ツァンダーが委員長を務める調停委員会は、フォークトの主張を受け入れて除名要求を棄却した。棄却理由として、「赤点アクション」に参加した組織の数から、運動が多くの住民から支持されていることは明白なため、この状況でユーゾーが運動に参加しないで孤立することは政治的に誤りであり、たとえ共産主義組織が参加していても、この事実は変わらないと論じた。もし社民党ハンブルク支部の要求を受け入れた場合、ユーゾーは参加者を限定できない市民運動にほとんど参加できなくなるが、これは政治的に許容できないと調停委員会は述べた[191]。

社民党ハンブルク支部は、フランクフルトのサブ支部の対応に強く反発した。調停委員会の委員長に就任した社民党ハンブルク支部党首オスヴァルト・パウリッヒは、市議会議員ハンス゠ウルリッヒ・クローゼ（社民党）を通じて、フォークトの除名を再び強く求めた。社民党ハンブルク支部事務局長ヴェルナー・ノルも、「『赤点アクション』がドイツ共産党に操られていることはハンブルクでは誰もが知っている」と非難し、厳しい措置を要求した。[192] さらに彼はユーゾー・メンバーの三分の一は、社民党系学生組織である社会民主主義大学同盟に所属して、多くの大学でモスクワ系ドイツ共産党の学生組織と協力していると指摘し、ユーゾーと共産主義組織の密接な関係を批判した。しかし、ツァンダーはフォークトを制裁する理由はないとして、ハンブルクからの要求を拒絶し続けた。[193]

両者の対立があまりにも激化したため、ハンブルク市議会議員ラインハルト・ホフマン（社民党）は、党員100人あまりの署名を集めて早急な解決を求めた。ハンブルク社民党支部は、このような事態収拾の試みを「有能な馬鹿者」によるものとして、党の一体感の保持にとってふさわしくないと非難した。さらにヴィシュネフスキから依頼された党首ブラントと副党首シュミットが、フランクフルトとハンブルクの党組織間の調停を試みたものの、パウリッヒが強硬姿勢を崩すことはなかった。[194] 最終的にフランクフルト側が譲歩し、フォークトは党の役職に就くことを二年間禁止されるという比較的軽い処分を受けた。[195]

フォークトの集会での急進的な発言が咎められたわけではなかったことと、彼が厳しく処分されなかったことの背景には、社民党よりも左寄りで反抗的なユーゾーが若者の人気を集めていたことがあった。[196]
1972年11月の連邦議会選挙で社民党は、69年の選挙よりも3・1%高い45・8%の票を得て戦後初めて第一党になったが、この成功の一因は、若い有権者から多くの票を得たことにあった。72年6月の連邦選挙法改正で選挙権年齢が21歳から18歳に引き下げられたことは、ユーゾーにとって有利に作用した。調査によ

	20歳以下	21～24歳	25～29歳	30～34歳	34歳以下の合計	全年齢
1967年	5531	6014	8603	7092	27240	50714
1968年	5847	5510	8980	7930	28267	51998
1969年	9781	10467	15863	15112	51223	93827
1970年	14023	10827	14833	13584	53267	87185
1971年	15891	9886	12834	10865	49476	75186
1972年	30678	24316	24636	22403	102033	155992
1973年	12081	9267	10047	9726	41121	68772
1974年	7772	9134	8169	7722	32797	55036
1975年	9307	7029	8147	7452	31935	51598
1976年	13031	8961	11244	8757	41993	68111
1977年	5796	3668	5096	4249	18809	32309

社民党の年齢別の新規入党者数。34歳以下がユーゾーに所属した。（単位：人）[202]

ると、72年に連邦議会選挙で初めて投票した18歳から24歳の54・7％が社民党を支持していた。[197] さらにこの年齢の約三分の一は、社民党よりもユーゾーの主張に共感していた。[198] 加えて72年には史上最多の約10万2000人が入党したことで、ユーゾーのローカルな活動グループの数は全国で4000に達した。そこではヴィリ・ブラントにちなんで「ヴィリ投票者」と呼ばれた政治的意識の高い若者が活発に運動していた。[199]

また「赤点アクション」の問題は、フォークトのキャリアに悪影響を及ぼさなかった。1972年2月のオーバーハウゼン全国大会で、彼はすでに二年間務めていた連邦議長の座には立候補しなかったが、副議長に選出された。フォークトに代わってそれまで副議長だったロートが、202票中156票を得て議長に選出された。[200] 連邦幹部会の顔ぶれがあまり変わらなかったことで、党指導者との衝突も辞さないユーゾーの方針が、多数派によって支持されていたことが改めて明らかになった。[201]

第3節　ユーゾーの弱体化

西ドイツにおける「傾向転換」

このように当初は活発に活動していたユーゾーであったが、1970年代前半から西ドイツ社会で「傾向転換」と呼ばれる変化が生じたことで、その活動は強い抵抗を受けるようになった。[203] 50年代から西ドイツ経済は、高い成長率に支えられて繁栄を謳歌していたが、特に73年の第一次石油危機に象徴される経済不況を境に低成長時代に突入した。それとともに、これまで歓迎されていた社会改革のための財政的・精神的余裕がなくなっていった。さらに社民党が約束したはずの改革の進展が遅れていると指摘されるようになり、首相ブラントの指導力と実行力に疑問が呈された。[204]

加えて従来の政策ではうまく対応できないような、環境破壊やエネルギー問題といった新たなテーマが人々の関心を集めるようになった。これらの問題は社会の利便性を高め、近代化を目指すようなこれまで歓迎されていたはずの改革の結果として引き起こされたのではないかと考えられるようになり、従来の改革政策に対する不信感が広まった。これによって、政治や経済の将来の方向性と展望が不明瞭になり、社会全体に不安が広がり始めた。今や近代化と技術進歩に付随するリスクが強調されるようになったことで、知的にも文化的にも潮目が変わり、新たな変革への挑戦よりも、すでにあるものの維持を重視する保守的な態度が影響力を強めていた。[205]

さらに1970年代には、68年運動から派生した左翼テロリズムが西ドイツで猖獗を極めていた。とりわけ77年には4月に連邦検事総長ジークフリート・ブーバクが、7月にドレスデン銀行頭取ユルゲン・ポントがそれぞれ赤軍派により殺害された。さらに9月から10月にかけて経営者連盟会長ハンス＝マルティン・シュライヤーの誘拐・殺害事件、および赤軍派と協力したパレスチナ人テロリストによるルフトハンザ機ハイジャック事件が発生した。このいわゆる「ドイツの秋」をもって、西ドイツにおけるテロの波は最高潮に達した。こうした一連のテロ事件を通じて、政治的に活発な左翼の若者全体に対する風当たりが強くなっていった。(206)

この時期はユーゾーと社民党にとっても「傾向転換」期だった。1974年5月のブラント政権の退陣、6月の連邦大統領ハイネマンの退任のように、社会改革に好意的な指導者の退場が相次いだ。とはいえ退陣以前からブラント政権は、若者の政治活動に厳しい態度を取るようになっていた。72年1月の「過激派決議」によって、ブラント政権は政治的に活発な若者を統合するそれまでの路線を転換し、むしろ排除の方針へと舵を切った。(207) この傾向はブラント退陣後にシュミットが首相に就任すると、さらに強まることとなった。シュミットは、60年代から学生運動に批判的であり、ブラント政権下の社民党は若者に融和的すぎると考えていた。すでに70年のザールブリュッケン党大会時点でユーゾーの目の敵にされていたシュミットは、それまでの大規模な改革政策の継続を保留し、代わりに社会不安を乗り越えるために、より地に足のついた政治を進めようとしていた。このことは、シュミットが首相に就任してから最初に開かれた党大会である、75年11月のマンハイム党大会のモットーが、「一体性、連帯、規律」だったことによって端的に示されていた。(208)

そのためユーゾーによる変革の訴えは、当初からそれほど歓迎されていたわけではなかったものの、この時期以降は特に強い逆風を受けるようになった。ユーゾーの活動はとりわけ二つの理由から停滞した。一つ目の理由は、1972年1月の「過激派決議」によって、社民党政権が政治的に活発な若者に厳しい態度をとるようになったことであり、二つ目の停滞の理由は、ユーゾー内部の派閥対立が激化し、それに対して社民党が厳しい制裁を科すようになったことにあった。

「過激派決議」への反対運動

1972年1月28日に首相ブラントと各州首相によって決議された「過激派決議」は、当初「過激派組織における職業官吏（Beamte）のメンバーシップに関する原則」あるいは「公職における体制敵対的な勢力の問題に関する原則」などと呼ばれていた。[209]「過激派決議」は省庁、裁判所、学校や、国内の治安維持を管轄する憲法擁護庁と警察などの政府機関に「基本法が定めるところに従って、自由で民主的な基本秩序をいつでも支持する保障のある者だけ」を雇用するように要請した。「過激派決議」は新しい法律ではなく、既存の規則の運用方針を示したものだった。50年代から西ドイツの政府機関は、共産主義組織やネオナチ組織の構成員が公職に就こうとする際、その人物の政治信条を審査して雇用を拒否することがあったが、「過激派決議」はこうした雇用拒否を可能にする既存の法規則を、新旧左翼の急進主義的な組織で活動する人物に対して体系的に運用することを各地の政府機関に求めていた。[210]

西ドイツにおいて公職からの過激派の排除が目指された背景には、ヴァイマル時代の民主的制度を悪用して権力を掌握したとされるナチズムへの反省と、東ドイツの独裁体制に対する警戒があった。西ドイツでは独裁体制の樹立を防ぐために、基本法が定める「自由で民主的な基本秩序」を破壊しようとする勢力に政治活動の自由と権利を認めない、いわゆる「戦う民主主義」が採用された。[211]「戦う民主主義」は極右に対しても適用されたが、特に68年運動以降は左翼の若者が増加したことと、赤軍派などがテロ事件を度々引き起こしていたことから、急進左翼に対して積極的に運用されるようになった。急進左翼が西ドイツの民主的体制を転覆させようとしているのではないかと不安視した政治指導者は、新たに「過激派決議」を発表し、左翼の若者が公務員として国家機関に浸透することを防ごうとしていた。当初の「過激派決議」は、モスクワ系ドイツ共産党員が公職に就くことを妨げることを念頭に置いていたが、実際の適用対象の約40％はユーゾーを含む新旧左翼の若者だったとされる。[212]

「過激派決議」は強い批判を受け、西ドイツ史上最大級の政治的分断を生んだとも言われるが、ユーゾーも合流した市民運動は「過激派決議」を批判する際、賛成派と同じようにナチズムの過去に言及する形で論陣を張った。[213] 市民運動側は、異論と政敵を徹底的に排除することで独裁体制を確立したナチズムの経験を踏まえて、体制に批判的な勢力に寛容であることと政治活動の多様性を守ることで、全体として民主主義を生き生きとしたものにすることの意義を強調した。民主的体制にとって批判と異論は不可欠であり、そのために政治活動の自由は積極的に守られるべきとする、基本法第21条第1項に基づいたこの考え方は「政党特権」と呼ばれており、１９６０年代初めから司法の領域でも一定の影響力を持っていた。[214]

「過激派決議」の反対派も、公務員が民主的な社会秩序に忠実である必要性を認めていたものの、西ドイツ市民のうち非民主的な急進主義者はごく少数であるため、恐れられているような左翼による体制転覆の危険は存在しないとした。例えば、１９７５年1月には約５５５万人が住むヘッセン州で働く約40万人の公務員のうち、極左組織の構成員は１１３人しかおらず、これほど少数の急進主義者が、西ドイツの体制を内側から転覆させることは不可能だと反対派は主張した。[215]

さらに「過激派決議」は、「基本法が定めるところに従って自由で民主的な基本秩序をいつでも支持する保障」のない者が実際には誰であるのか、およびどこから排除されるのかについて具体的に定義しなかったため、幅広い職種に対して恣意的な運用がなされているとユーゾーは批判した。[216] とりわけ西ドイツにおいて学校と大学の教員、行政官僚、判事、郵便局員、鉄道員、ソーシャルワーカーなどの大多数は、政府機関や公営企業によって雇用されていた。[217] それゆえ「過激派決議」は、国家が特定の政治信条を任意に「脅威」として判定し、そうした信条を持つ人物を多くの職業から排除することを可能にするという点で、良心の自由と職業選択の自由という基本権を侵害しているとされた。[218]

加えて「過激派決議」は、個人の職業生活に直接大きな影響を与えることがあった。「過激派決議」の対象は、当初フルタイム雇用の公務員に限定されていたが、次第にパートタイム雇用の学生チューターや助手、あるいは職業実習への応募者にまで拡大した。[219] しかもたとえ雇用拒否されなかったとしても、政治信条調査の結果発表までにしばしば長い時間がかかったことで、希望通りの時期に就職できなかった者が多くいた。就職の遅れは、生涯年収と年金の減少につながるため、「過激派決議」への反対の主な原因になった。[220] 自らの進路を決めにくくなったことに大きな不安を抱えていた多くの若者が、「過激派決議」とそれを運用する社民党政権に対して不満を募らせていた。[221]

そのため社民党内からも「過激派決議」に対する異議申し立てが行われた。1973年4月のハノーファー党大会に提出された「過激派決議」の撤回を求める動議は、196票対160票で棄却されたものの、その代わりに「過激派決議」の運用方法を詳細に検討する評議会が設立された。この評議会は、公職に就くための条件は「基本法が定める意味での自由で民主的な基本秩序への支持と活発な献身」を行うことだけであり、法律で禁止されていない政党に参加していることが、特定の人物の就職を妨げることはないと論じた。[222] しかし、これはあくまで社民党内の意見であり、実際に政治信条を調査する政府機関が党内の議論を尊重する保障は特になかった。

ユーゾーは、「過激派決議」を1970年11月の「離間決議」と同様に、西ドイツの変革のために活動する者を社会から排除する試みであるとして強く反発した。ハノーファー党大会での議論に不満を持っていたユーゾーは、73年6月半ばに開催した会議において、「過激派決議」廃止のために、全国レベルでも地方レベルでも精力的に活動することを決定した。またユーゾーは、社民党員に対してあらゆる場で「過激派決議」について議論すること、加えて首相ブラントと各州首相に対しては「過激派決議」を撤回することを求めた。さらにユーゾーは、反対運動組織として「職業禁止令廃止イニシアティヴ」と「基本法を守ろう！民主的権利の廃止に対抗する社民党員」キャンペーンを開始し、特に党幹部会と社民党所属の議員に対して「過激派決議」の再検討を要求した。[223]

こうしたユーゾーの活動を受けて1975年6月に社民党幹部会は、「過激派決議」が不適切に運用される可能性があることを認め、「過激派決議」への不満に理解を示す決議を行った。同時に党幹部会は、「過激派決議」に反対する運動に参加しないよう党員に呼びかけた。その理由は、社民党員が反対運動に参加すると、社民党が容共姿勢をとっているとして保守勢力に批判の口実を与えるとともに、共産主義勢力に誤ったシグナルを送ってしまう可能性があるとされたからだった。[224]

「過激派決議」への批判は、地方でも積極的に表明されたものの、反対運動を通じてヘッセン州は、ユーゾーにとって活動しやすい場からそうでない場に変化した。

1978年4月にフランクフルトで「過激派決議」への国際的な反対運動を組織した国際ラッセル法廷によると、ヘッセン州では1973年1月から78年6月までに、延べ人数で約11万人の公務員志望者と公務員が審査され、そのうち195件で雇用拒否、60件で解雇がなされた。[225] もっとも当初のヘッセン州では、「過激派決議」に批判的なアルバート・オスヴァルト（社民党）が州首相だったことで、73年までほとんど「過激派決議」が適用されておらず、彼の姿勢はユーゾーからも高く評価されていた。[226] それでもヘッセン州南部支部は、「過激派決議」に対する反対運動を72年から開始した[227]。そのため72年から75年までに開かれた全ての支部党大会で、「過激派決議」を批判する決議が行われた[228]。

1974年以降ヘッセン州でも「過激派決議」の適用が強く求められるようになった。この背景には、野党キリスト教民主同盟による圧力とそれを受けたヘッセン州政府の方針転換があった。

とりわけヘッセン州のキリスト教民主同盟党首アルフレート・ドレッガーは、「過激派決議」の熱心な支持者として全国的に知られており、1972年初頭以来「過激派決議」に消極的な社民党州政府の姿勢を、「ヘッセンの単独行動」として厳しく批判し続けていた[229]。74年に入るとドレッガーは、10月の州議会選挙を念頭に社民党への圧力を強めた。その際に彼が批判の矛先を向けたのはユーゾーであり、74年2月の連邦議会では、69年12月のミュンヘン全国大会以来ユーゾーの急進性は目に余ると演説した。民主主義と社会主義が水と油の関係にあると論じたドレッガーは、西ドイツの社会主義的な変革を要求しているユーゾーを民主主義に対する脅威として名指しし、こうした社会主義を支持する若者が政府機関で働くことで、西ドイツの民主的体制が危険に晒されると論じた。このようなことを防ぐために「過激派決議」を適用することを、ドレッガーはヘッセン州政府に要求した[230]。

加えてドレッガーは、以前から州文部大臣ルートヴィヒ・フォン・フリーデブルクが進めていた「不人気な」教育改革を重点的に批判した。教育機会の平等を重視したフォン・フリーデブルクは、ギムナジウム、実科学校、基幹学校の三類型からなるドイツ特有の分岐型の中等教育制度を根本的に改革し、各類型を統合する総合制学校の拡張を目指していた。しかし、こうした改革の目論見は、自らの階層が持つ教育上の特権的な立場を維持したがった、子どもを持つ中間層以上の多くの有権者から強い反発を受けていた[231]。この状況を見てとったドレッガーは、教育改革への反発を、左翼学生が教員になって子どもを洗脳するかもしれないという親たちの不安と巧みに結びつけて支持を拡大し、社民党に政策転換を迫った。[232]
こうしたドレッガーのヘッセン州政府に対する攻勢は功を奏し、1974年10月の選挙でキリスト教民主同盟が47・3％の票を獲得して、戦後初めて州議会の第一党に躍り出た。社民党は、70年11月の前回選挙に比べて得票率を2・7％減らし、43・2％を得て第二党になったものの、自由民主党が連立継続に同意したため、州政府与党の座をかろうじて守ることができた。[233]
さらに1975年には、「過激派決議」の適用を後押しする司法判断が相次いだ。2月初めに連邦行政裁判所が、政府機関は西ドイツの体制に敵対的とされる政党の党員を雇う前に、当該人物の調査を行う必要があり、その結果によっては公職に就かせてはならないとする判決を下した。主にモスクワ系ドイツ共産党員の雇用を拒否することを念頭に置いたこの判決は、各州政府に対して「過激派決議」の厳密な適用を要求していた。[234]加えて5月には連邦憲法裁判所が、シュレースヴィヒ・ホルシュタイン州で新たに制定された職業官吏法をめぐる裁判で、国家と憲法に対して特別な政治的忠誠を誓う義務を公務員は持つと認め、「過激派決議」の妥当性を確認した。[235]
1974年9月になってもヘッセン州南部支部の社民党幹部会は、「過激派決議」の適用によってヘッセン州の職業官吏の待遇を変えないよう求めていた。[236]しかし、州選挙の責任をとって辞任したフォン・フリーデブルクの跡を継いだ州文部大臣ハンス・クロルマン（社民党）は、選挙結果と相次ぐ司法判断を受けて方針転換に踏み切った。彼は75年2月に、憲法擁護庁が今後全ての教員志望者を審査し、4月末には特にドイツ共産党員は教職に就けなくなると表明した。[237]
さらに5月にクロルマンは、フランクフルト南東の町ノイシュタット・イム・オーデンヴァルトで開かれた社民党教員連盟の会合で、州都ヴィースバーデンの総合制学校で働くある教員の雇用を打ち切ることを明らかにした。連邦行政裁判所の判決を受けたクロルマンは、モスクワ系ドイツ共産党に所属しているその教員が、「自由で民主的な基本秩序」を尊重しない可能性があり、左翼テロが頻発する現状でそうした人物を雇用し続けることは危険であると述べた。さらにヘッセン州では職業官吏の政治的信頼性を判断する際に、どの政党に所属しているかが「明白な基準」になるだろうと彼は論じた。(238) 続けてクロルマンは、不況によって税収が減ったことで改革政策の継続が難しくなっているため、フォン・フリーデブルクが進めてきた総合制学校の拡張に重点を置く教育改革を中断し、むしろ今後は教員数を削減せざるを得ないと表明した。さらに「傾向転換」に伴い、市民の間で改革への関心と教育意識の低下および財政的余裕の減少が見られるため、学校運営への保護者の関与を増やすことなどを通じて教育制度の民主化を進める、これまでの方針は今後継続できないと論じた。(239)

ヘッセン州南部支部ユーゾーは、これまで進められてきた社会の民主化を目指す改革が、「過激派決議」をきっかけにヘッセン州文部大臣によって撤回されようとしていると考え、本格的に反対運動を開始した。(240) ギーセンでは、1975年5月末にユーゾーが現地の党幹部会を動かしてクロルマンの解任を要求し、党規違反として処分させようとしたものの、これは成功しなかった。(241) 最終的にヴィースバーデンの教員の雇用契約は延長されず、クロルマン自身は84年まで文部大臣を、82年から87年には州副首相を務めた。

1975年6月にヘッセン州南部支部のユーゾー幹部会は、党幹部会に逆らってでも「過激派決議」への抗議運動を行うことを決議した。(242) 73年6月にハノーファーで会合を開いたユーゾー連邦委員会は、地方レベルでの反対運動の方針として、「過激派決議」の適用対象者がいる教育機関で教員と協力して周知活動を行うことを求めていた。(243) これに沿ってヘッセン州南部支部ユーゾーは、マールブルク大学の政治学者ヴォルフガング・アーベントロートを中心として行われていた「過激派決議」反対運動に合流した。(244) さらに運動組織として「憲法に依拠した権利を守ろう」を結成したユーゾーは、地方議会の社民党議員に「過激派決議」に反対するよう働きかけた[245]。加えてギーセン大学ではユーゾーが、社会民主主義大学同盟と協力して多数の学生と約80人の大学教員の署名を集め、「公職における政治的選別の実践に関するギーセン大学教員の宣言」を出させた。この宣言は、ホロコーストにおいて殺害される者とそうでない者を区別する際に用いられた、特別な響きを持つ「選別（Selektion）」という言葉を用いて、政治信条による公務員志望者の審査を基本法に違反する人権侵害であると非難した[246]。

またヘッセン州南部支部ユーゾーは、「過激派決議」によって就職を阻まれた者を積極的に支援した。例えば1975年6月にユーゾーに所属していたグドルン・ヴェーナーという若者が、モスクワ系ドイツ共産党員と親密であったことを理由にして、フランクフルト北東のヴェッターアウ郡にある市民大学における教員としての採用を拒否されると、ユーゾーは社民党の郡議会議員団と現地党組織にヴェーナーの雇用を認めるよう求めた[247]。しかし、野党に批判の口実を与えたくない社民党は、問題となっている人物の雇用を認めないか、あるいは雇ったとしても職業官吏よりも待遇の劣る一般職員（Angestellte）として雇用することが多かったため、こうした活動はしばしば失敗に終わった[248]。

社民党の若い党員が「過激派決議」の直接の対象になることは多くなかったが、ユーゾーは決議廃止のために精力的に活動した。その理由は、若者が社民党に失望することを防ぐと同時に、「過激派決議」がユーゾーの潜在的支持者を萎縮させかねないと考えられたためである。例えば1976年までにギーセンでは、62人の公務員志望者に「過激派決議」が適用されたが、その中で社民党員は一人だけだった。しかし、45人はデモや政治イベントに参加した経験があったり、モスクワ系ドイツ共産党員と親密だったり、同じシェアハウス（WG）に住んでいたという理由で適用対象になった[249]。このように多様な要因を公職からの排除の基準とみなした「過激派決議」は、政治活動への参加を若者に躊躇させる強力な効果を持っていた。そのため「過激派決議」への反対運動がうまくいかないことは、ユーゾーの支持基盤を弱体化させることになった。[250]

ヘッセン州で「過激派決議」の適用が停止されたのは、ユーゾーの「反乱」が終息した後の1978年だった。この時期になると、当初は「過激派決議」を支持していた社民党指導者も不満の高まりを見て、適用に尻込みするようになった。[251] 70年代末になって特に社民党指導者は、少数の急進主義者を公職から排除することで民主主義を安定させるメリットよりも、「過激派決議」への不満が高まることで民主主義自体に背を向けてしまう人々が増えるのではないかという長期的なリスクを心配するようになった。78年12月にヘッセン州首相ホルガー・ボェルナー（社民党）は、西ドイツ市民の大半が民主的な態度を持っていることを指摘し、今後は公務員の雇用を所属政党で判断することはやめると州議会で演説した。[252] 79年1月には首相シュミットも、厳格な個人調査をもう行わないと述べた。[253] しかし、こうした社民党指導者の方針転換は、ユーゾーにとって遅きに失した。「過激派決議」は、政治参加に意欲的な若者に冷や水を浴びせ、社民党が方針を変えたときには、すでにユーゾーの活力低下が顕著となっていた。[254]

ユーゾー内の派閥対立と党からの制裁

1960年代末からユーゾーは運動の方針をめぐって活発な議論を行ってきたが、このことは組織内部の派閥形成を促した。さらに派閥同士が論戦する過程で、ユーゾー内の議論は急進化する傾向にあった。急進的な主張は、特に「傾向転換」期以降広い支持を得ることができず、むしろ党幹部会がユーゾーに制裁を加える理由になった。結果として派閥対立と制裁はユーゾーの低迷を招いた。

派閥対立の争点は、西ドイツの資本主義に対する評価と、その中で社民党がどのような役割を果たすべきなのかというものだった。当時のユーゾーでは、資本主義の発展によって西ドイツで貧富の差が拡大するとともに、一部の資本家が国家を支配するほどの経済権力を獲得することで、ファシズムとナチズムが再来するのではないかとの懸念が広く共有されていた。[255] 1970年代初頭までのユーゾーは、この展開を阻むのが社民党であると考えており、これが多くの参加者を党に惹きつけていた理由のひとつでもあった。しかし、彼らは次第に社民党には、資本主義の抜本的な変革を行うつもりも、青年党員の問題意識を真剣に取り上げるつもりもないと見なすようになった。党の姿勢に不満を持ったユーゾーは、ますます急進的な主張を掲げるようになり、一部は社民党の存在意義すらも疑うような議論を展開するようになった。[256]

当初ユーゾー内部で最も影響力を持っていたのは、改革派と呼ばれるグループだった。ヘッセン州南部支部に根強い地盤を持つ改革派は、1969年以来、連邦議長フォークトをはじめとするユーゾー連邦幹部会の中心となっていた。改革派は、社民党幹部会に挑戦すると同時に、党内で協力相手を探そうと試みるコンセンサス志向で比較的穏健な派閥だった。[257]

改革派の穏健さに反発したのがシュタモカップ派だった。国家独占資本主義派とも呼ばれるこの派閥は、モスクワ系ドイツ共産党に影響を受けたグループで、1971年11月にユーゾーのハンブルク支部が決議した「ハンブルク戦略文書」に賛同するメンバーが参加していた。[258] この派閥は、現在の西ドイツにおいて少数の大コンツェルンが、経済的な効率化を進めるために生産手段と資本を一手に握ることで、独占体制を成立させていると論じた。シュタモカップ派曰く、大コンツェルンは影響力を高めることで、政府すらも左右する権力を手に入れたため、今日の国家は「独占のための道具」であった。独占体制は資本主義の延命を目指して、ますます人々の生活と民主的権利を脅かす搾取を強化しているとシュタモカップ派は非難した。[259]

シュタモカップ派は、大コンツェルンによる独占体制が最終的に西ドイツをファシスト国家に至らしめることを防ぐために、今すぐ資本主義を克服するように呼びかけたが、その際に社民党はあまり信用できないと考えていた。なぜなら社民党は政権与党であるため、既存の体制をまずは維持しなければならない役割を担っていると見ていたためだった。シュタモカップ派は社民党が信頼できない以上、まずはユーゾーが議会外の職場や学校といったローカルな領域で労組、市民運動、学生組織と協力して自己決定権を民衆の手に取り戻す反独占闘争を行うべきだと論じた。[260] これとともに社民党を下から社会主義政党へと転換し、社会主義運動が国家権力を獲得して、重要産業の国有化および計画に基づいた社会・経済政策を進めるべきだと考えていた。[261]

国家は「独占のための道具」であり、社民党もその一部であるとするシュタモカップ派の主張は、ユーゾー内でも批判を受けた。1973年初めにユーゾー連邦副議長ヨハノ・シュトラッサーは、急進的なシュタモカップ派のせいでユーゾー内に一体感がなくなっていると非難した。[262] これに対して3月にシュタモカップ派の指導者デトレフ・アルバースとフランクフルトのサブ支部副議長エッカートらが、派閥対立の原因はむしろ改革派がシュタモカップ派を議論から排除していることにあると反論した。[263]

こうしたユーゾーの論争に党幹部会は介入した。1973年3月半ばに党幹部会は、ユーゾー内にいるシュタモカップ派のような「共産主義者」から明白に距離を置くことを求めるとともに、ユーゾー連邦幹部会がそうした「共産主義者」と対決していることを歓迎した。党幹部会は、ユーゾー内に社民党に敵対的な主張が存在することを批判し、党内の一体性を尊重するように呼びかけるとともに、全体としてユーゾーは社民党への口出しを自粛するべきであり、党の青年組織としての領分を弁えるべきだと述べた。[264]

党幹部会の発言はかえってユーゾーの一部メンバーの敵意を煽った。特にヘッセン州では1973年3月にフランクフルトのサブ支部に所属する30人のシュタモカップ派メンバーが、一斉に社民党からの離党を表明した。そのうちエッカートと19人のユーゾー・メンバーは、離党と同時にモスクワ系ドイツ共産党に入党した。[265] エッカートは離党に際して、社民党は「社会主義の決定的な敵」であり、ドイツ共産党こそが「一貫して勤労大衆の利益を支持している」と述べ、これに反発したフランクフルトのユーゾーがエッカートの発言は組織として関知するところではないと声明を出した。[266]

シュタモカップ派が社民党に無条件に忠実であるわけではないことを示したエッカートらの離党は、党に衝撃を与えるとともに、フランクフルトのユーゾーにも大きな影響を与えた。シュタモカップ派は、フランクフルトのローカルな領域では長らく協調志向で、改革派が過半数を占めていた幹部会も、イデオロギーの違いによってローカルな活動が阻害されないように配慮していた。[267] こうしたヘッセン州南部支部内部での協調関係を、シュタモカップ派の一斉離党とそれに伴う展開は破壊した。特に１９７０年からフランクフルトの「地方政治」部門責任者を務めていたエッカートがいなくなったことは、現地のユーゾーにとって打撃だった。[268]

シュタモカップ派と並び、ユーゾーに激しい派閥対立をもたらしたのが反修正主義派である。この派閥は社民党が掲げる改革政策を修正主義として批判し、改革では社会主義社会を樹立できないと主張した。反修正主義派によると、現在の資本主義国家は資本家の利益に反した行動を取れないため、反資本主義運動は既存の国家とは異なる形で労働者階級による権力を樹立し、国家権力を代替することで資本主義社会を克服する必要があった。[269]

反修正主義派は、ハノーファーを中心に住宅占拠運動に参加していた、学生を中心とする「非教条主義的」な新左翼グループに影響を受けていた。改革派の党内協調路線を批判し、より戦闘的な活動を求めて生まれたこの派閥も社民党を低く評価した。反修正主義派は、議会主義に批判的だったため、選挙を重視する限りにおいて、社民党は労働者階級が権力を握る国家を指導できないと考えていた。[270]それゆえユーゾーの課題は、草の根の権力を拡大させて、社民党の既存権力を打倒することだと述べ、そのためにユーゾーは、ローカルな活動を行い、民衆を動員して党に対する影響力を可能な限り拡大すべきだと論じた。[271]１９７３年3月のバート・ゴーデスベルク全国大会以来、全国的な存在感を発揮するようになった反修正主義派は、社民党を抜本的に改革するための急進的な「オルタナティヴ・コンセプト」を検討することを、ユーゾー全体に求めた。[272]

反修正主義派とシュタモカップ派は、起源も立場も異なるものの、改革派中心の連邦幹部会打倒を目指す戦略的な協力関係にあった。１９７４年1月の第2回ミュンヘン全国大会で反修正主義派は、シュタモカップ派とともに連邦幹部会への批判を強めた。議会を通じた漸進的な方針転換を求める社民党を弱腰だと非難した両派は、より急進的な活動をするべきだと論じ、党の態度全体に不満を持っていた大会出席者の過半数の支持を得た。[273]大会では、連邦副議長にシュタモカップ派のクラウス・ウーヴェ・ベネターが選出され、さらに初めての女性連邦議長として、ヘッセン州南部出身の改革派ハイデマリー・ヴィーチョレック＝ツォイルが選ばれた。[274]彼女は、98年から２００９年までシュレーダー政権とアンゲラ・メルケル政権で連邦経済協力・開発大臣を務めることになる。

ユーゾーの多数派が社民党の議会主義を強く批判するようになった背景のひとつには、１９７３年のチリ・クーデタがあった。チリでは70年にサルバドール・アジェンデが、世界で初めて選挙を通じて社会主義政府を樹立したが、この政権は73年9月に米国の支援を受けた将軍アウグスト・ピノチェトによって打倒された。このチリ・クーデタは、ユーゾーに議会と選挙を通じた改革への不信感を抱かせた。73年末に改革派のユーゾー連邦副議長ミヒャエル・ミュラーは、これからは選挙を通じて国家権力を獲得した上での改革を目指すのみならず、民衆を直接動員して社会運動によって体制に圧力をかけることが重要だと論じている。[275]同じく改革派のフォークトも、仮に西ドイツで選挙によって社会主義政権を樹立したとしても、右翼の軍部や警察によって打倒されることはあり得ると見ており、議会と選挙だけに社会変革の期待をかけることに懐疑的な意見を表明した。[276]

演説するヴィーチョレック・ツォイル（1976）

このように議会主義への不信感が改革派にも共有されていたこと、およびシュタモカップ派と反修正主義派が影響力を高めて連邦幹部会に圧力をかけていたことに対応したヴィーチョレック＝ツォイルは、西ドイツ体制を根本的に批判する議論を今までのように排除するのではなく、むしろ自らのアイデンティティとして積極的に認め、ユーゾーの一体感を守ろうとした。[277]

しかし、このヴィーチョレック＝ツォイルの姿勢は、社民党の警戒心を煽ることになった。1974年2月には、西ドイツの民主主義と改革可能性を疑うことを党として容認しないように求める動議が、連邦経済協力・開発大臣エアハルト・エプラー（社民党）によって提出され、首相ブラントの支持を受けて決議された。この決議を根拠にして、社民党はユーゾーを制裁することができるようになった。[278]

さらに74年2月末から3月初めに開かれたユーゾーの

ヴィースバーデン全国大会に出席したブラントが、青年党員の活動方針はユーゾーだけによって決定されるわけではないと述べるとともに、西ドイツを議会制民主主義によって改革できないと考えている者を社民党は受け入れないと演説した。[279] 加えて75年2月に党幹部会は、ユーゾーの全ての活動が社民党によって審査され、場合によっては制裁対象になると決議した。[280]

ユーゾーの一体感を取り戻そうとするヴィーチョレック＝ツォイルの試みもうまくいかなかった。ヴィースバーデン全国大会においてユーゾーは、社民党からの締め付けに抵抗することについては一致しており、特にヴィーチョレック＝ツォイルは、党幹部会がユーゾーの議論内容を精査せずに一方的に制裁しようとしていると非難した。[281] しかし、シュタモカップ派は彼女の非難を手ぬるいと難じ、ユーゾーが社民党の青年組織であり続けること自体が、社会主義運動のためになるのかどうかさえ議論の対象にしようとした。[282] 改革派を弱腰だと断じた一部のユーゾーは、シュタモカップ派を中心にして１９７５年夏にゲッティンガー・クライスを設立し、組織的な改革派批判を開始した。[283]

１９７６年3月のドルトムント全国大会でユーゾーは、10月に迫った連邦議会選挙の準備について議論した。ヘッセン州南部支部は、ユーゾーが社民党のマニフェストを支持し、そのために全力で選挙活動を行うことを求める動議を提出した。この動議を修正するように強く求めたハンブルクとハノーファーのユーゾーは、現在の社民党が西ドイツ社会に順応し過ぎていると論じ、特に経済政策について党のそれとは異なる、社会主義社会の実現を前面に押し出した抜本的な代替案を検討することを要求した。この主張は受け入れられ、連邦議会選挙において社民党の路線とは異なる独自の選挙運動を行うことをユーゾーは決議した。[284] これを受けて3月末に社民党幹部会が、選挙戦に積極的に参加しようとするユーゾーの姿勢を歓迎しつつも、党の一体感を乱さないように求め、青年党員による独自の選挙活動は制裁対象になると示唆した。[285]

この時期の社民党は、選挙で野党を利するような隙を見せないよう慎重に振る舞おうとしていた。1976年10月の連邦議会選挙でキリスト教民主同盟・社会同盟は、「社会主義の代わりに自由を」という古典的なスローガンを用いた。これによってキリスト教民主同盟・社会同盟は、社会民主主義と社会主義の違いを意図的にぼかし両者を自由と対置する、50年代によく見られたような古典的な図式を提示した。[286] こうした野党のレトリックは、70年代の社民党の実情からはかけ離れていただろうが、このような状況下で社会主義社会への移行を声高に求めるユーゾーに、独自の選挙活動を党が認めるようなことはあり得なかった。むしろこの時期の社民党は、69年のブラント政権成立以来積み上げてきた成果と指導力、危機的状況への対処能力をアピールするために「ドイツ・モデル」というスローガンを掲げていた。こうした現状維持を強く志向する社民党の態度は、ユーゾー内部でさらなる不満の種になり、党内対立はますます深まっていった。[287]

1976年の連邦議会選挙で社民党は、前回よりも3・2％減の42・6％の票を得た。さらに、7・9％を獲得した自由民主党と連立することで政権を守ることができた。しかし、3・7％増の48・6％を得たキリスト教民主同盟・社会同盟に第一党の座を奪われた。さらに世論調査では、社民党の支持率が若者の間で伸び悩んでいることが明らかになった。72年の連邦議会選挙では18歳から23歳の有権者のうち、54・6％が社民党に投票すると答えていたが、この値は76年の連邦議会選挙で39・8％に減少した。76年1月の調査では、社民党よりもキリスト教民主同盟・社会同盟の方が、より多くの若い有権者から支持されていた。[288]

この状況に焦りを感じ、なんとか状況を打開したいと考えたユーゾーは、1977年3月のハンブルク全国大会で行動を起こした。この大会で実施された連邦議長選挙では、シュタモカップ派と反修正主義派が初めて統一候補を擁立した。両派はすでに改革派幹部会を倒すことで合意しており、そのための努力を惜しまなかった。選挙では改革派が推すそれまで副議長だったオトマー・シュライナーの議長選出が予想されていたものの、反修正主義派が自派の候補者を撤退させ、シュタモカップ派への投票を呼びかけた。この結果、シュタモカップ派の候補者であるベネターがシュライナーを破って当選した。改革派の敗北は、この逆転劇の立役者だったゲッティンガー・クライスすら予想していなかった。[289]

ベネターは当選直後から党幹部会を挑発した。手始めに彼は、ハンブルク全国大会に提出された「平和・軍縮・協力のための会議」を支持する動議に賛成を表明した。このいわゆる「平和会議」には、モスクワ系ドイツ共産党が深く関わっていたことから、会議を支持した社民党員がすでに制裁を受けていたため、改革派は会議への参加に対して非常的に消極的だった。しかし、「平和会議」への参加は、ユーゾーが常に主張している、党との対立を避けない姿勢を示す絶好の機会であるとベネターは宣言し、「共産主義者との接触に関して不安はなく、平和・軍縮・協力のための会議主催のデモには率先して参加する」と述べた。[290]

多数派がベネターを支持したため、ハンブルク全国大会では1977年5月の「平和会議」に参加すると決議された。しかし、この決議は、改革派幹部会が倒されたことによる高揚感の中でなされており、あまり中身が伴っていなかった。というのは、ユーゾーの多くの地方組織が、全国大会以前は参加を拒否しており、「平和会議」への参加を支持した全国大会参加者も、一般のユーゾー・メンバーをあまり動員できないことを認識していたためである。[291]

それでもこの決議は、ベネターが意図した通りに党幹部会を挑発した。ハンブルク全国大会に参加していた社民党事務局長エゴン・バールは、共産主義組織との協力を禁止した党の決議を尊重し、「平和会議」から距離を取ることを宣言するようにユーゾーに求め、その一週間後に党幹部会も同様の要求を行った。[292]これを受けてヘッセン州南部支部を含む改革派のユーゾー支部議長は、決議を実行することはないと表明し、ユーゾー連邦幹部会も、会議参加決議の実行は不可能であり、社民党との協力を優先すると決議した。[293]

「平和会議」問題ではうまくいかなかったものの、ベネターはめげずに社民党を再び挑発し、1977年4月25日に雑誌『コンクレート』のインタビューで次のように述べた。

[ユーゾーは]共産主義者との協力を求めていないものの、もし政治的に意味があり我々の組織を強化するならば、それを避けたくない。[中略]我々ユーゾーにとって社民党員であることは、今や何があっても拘らなければならないドグマではない。[294]

この発言を知ったバールはすぐに撤回するように求めたものの、ベネターが応じなかったため、彼から議長職を取り上げて党から除名することを要求した。党首ブラントも、ユーゾーが持つ「あり得ない考えを正しい位置に戻す」必要があると語って、積極的に除名を支持した。党幹部会もすぐにベネターの除名を決議し、党評議会と統制委員会とともに、今後三ヶ月間はユーゾーへの制裁を強化すると宣言した。[295]

ベネターの除名に対するユーゾーの反応は様々だった。1977年4月末にユーゾー連邦幹部会が、ベネターの発言は「ユーゾーの基本的立場の範囲内」であり、除名に値するものではないと全会一致で決議した。シュタモカップ派もベネターに連帯し、副議長のトラウテ・ミュラーは、5月初めにボンでブラントと会談して除名措置の撤回を求めたものの、失敗した。党幹部会は、ベネターを支持するユーゾー・メンバーに警告を発し、彼への支援活動を継続すればさらなる制裁は免れないと宣言した。[296]

他方、ベネターの除名を当然と見るユーゾー・メンバーもいた。特にヘッセン州南部支部の意見は割れていた。フランクフルト支部は、除名措置を批判する決議を行い、ベネターが議長に留任することを求め、フォークトも党幹部会が党内対立を解決するために党員を除名したことを批判した。しかし、党幹部会への不満がユーゾー内で高まることで、両者の関係がさらに悪化することを心配していたフォークトは、ベネターの発言自体は除名に値するとも考えていた[297]。他方、ヴィーチョレック＝ツォイルは、二年間彼と幹部会で活動した経験から、ベネターは共産主義のシンパではなく、党との妥協を避けているだけであると擁護した[298]。

ベネターへの支援活動は全体として緩慢だった。除名を決議した党評議会には、ガンゼルやロートのようなユーゾーの指導者が参加していたが、特にロートは、青年党員の一部がモスクワ系ドイツ共産党と近い立場をとっていることを問題視していた。彼のように党内でキャリアを積み上げつつあったメンバーは、ベネターを支持しなかった[299]。

ユーゾー連邦幹部会は、全体としてかなり慎重に対応した。1977年4月に連邦幹部会は、6月半ばまで待ってからベネターのための連帯大会を開くことを決定した。これは、連帯大会が党からの制裁措置の対象にならないことを確認した後でなければ、そもそも開催できないと連邦幹部会が考えていたためだった。しかし、連邦幹部会が全国的に呼びかけたにもかかわらず、エッセンで開かれた連帯大会には約500人の参加者しか集まらなかった。これは、ユーゾーの地方支部が大会に参加することを不安に感じ、呼びかけに積極的には応じなかったためだった[300]。

ベネターの除名は、ユーゾーの「反乱」で大きな注目を集めた最後の事件だった。党幹部会が現職の連邦議長を除名したことで、ユーゾーが独自に行動できる組織ではないことが示された。ユーゾーの行動力が制裁と派閥対立で失われる過程は、社民党が若者の間で求心力を失う過程と並行していた。1976年の連邦議会選挙時点でユーゾーの凋落は示されていたが、特にベネター事件以降はそれが顕著になった。当時ユーゾー副議長を務めた改革派のヘルマン・シェーアは、若い党員の約15％しか積極的に活動していないと嘆いていた。[301]

ユーゾーの低迷は、1970年代半ば以降地方でも次第に目立つようになっていった。特にヘッセン州南部支部は改革派の牙城として、ユーゾー連邦幹部会に多数の指導者を送り込み続けていたものの、その活動は派閥対立により停滞を余儀なくされていた。ヴィーチョレック＝ツォイルは75年のヴィースバーデン全国大会において、ユーゾーが派閥対立にかまけているせいで、活動のために必要な「最小限の合意」すら生み出せないと述べ、これでは地方での活動を具体化することができないと慨嘆していた。[302]

ベネターの除名は、ユーゾーの「反乱」にとどめを刺した。ベネター退任後の1978年に連邦議長の座を得たのはゲアハルト・シュレーダーだった。98年からドイツ首相を務める彼は、当初シュタモカップ派に近い人物だったものの、社会主義社会を真剣に求めず、むしろ派閥対立を利用して党内でキャリアを積むことを決意していた。[303]

小括

1969年10月のブラント政権成立をきっかけに、マルクス主義者のカールステン・フォークトに率いられたユーゾーは、西ドイツ社会の民主化が不十分であると厳しく批判し、社民党には労働者階級政党への回帰と草の根民主主義の拡大を求めた。社民党の改革は、党指導者の抵抗を受けてあまりうまくいかなかったものの、代わりにユーゾーはローカルな領域で積極的に運動した。

1960年代末からヘッセン州南部支部ユーゾーは、特にフランクフルトの再開発反対運動に参加して賃借人のための運動を組織した。こうしたユーゾーのローカルな活動はフランクフルトだけでなく、社民党を通じて全国的にも成果を上げげた。地方での活動が社民党から強い反発を受けることは少なかったものの、共産主義組織との関係をめぐって党とユーゾーはときに激しく対立した。共産主義組織と一緒に活動したユーゾーに、社民党は除名を含む厳しい制裁を加えたが、党との対立を躊躇しないユーゾーの方針は、当初は若者を中心に強く支持されていた。

しかし、1970年代半ばに生じた「傾向転換」以降は社会変革に好意的な風潮が弱まり、ユーゾーの活動は次第に停滞した。75年ごろからヘッセン州で「過激派決議」が本格的に適用されるようになると、若者は政治運動を躊躇するようになり、現地のユーゾーは活動の足場を失った。ユーゾーは派閥同士の意見対立にも悩まされるようになり、またこうした派閥対立は社民党から制裁を招くことがあった。ユーゾーの「反乱」は、これらの要因によって行動力と若者への求心力を失ったことで失速し、現役の連邦議長クラウス・ウーヴェ・ベネターが党から除名された77年までに終了した。

次章では、キンダーラーデンについての前章およびユーゾーに関する本章の知見を踏まえて、社会主義社会の樹立を求めて、とりわけローカルな領域で活発に活動した両者の運動の歴史的意義を考察する。

註

〔1〕 Butterwegge, *Jungsozialisten und SPD*, S. 58.

〔2〕 „Haushammer Manifest der bayerischen Jungsozialisten“, in: *JS-Magazin. Zeitschrift der Jungsozialisten in der SPD*, Nr. 7, 1968, Z 673, BAdsD.

〔3〕 „Rechenschaftsbericht des Bundesvorsitzenden der Jungsozialisten, Peter Corterier“, 5.–7. Dez. 1969, Bestand Karsten Voigt, 1/KVAC000002, AdsD.

〔4〕 „Die Presseerklärung von 15 Bezirken“, in: *JS-Magazin. Zeitschrift der Jungsozialisten in der SPD*, Sondernummer.

Bundeskongreß der Jungsozialisten, 1969, Z 673, BAdsD.

〔5〕 Bundesvorstand der Jungsozialisten in der SPD (Hg.), *Bundeskongressbeschlüsse der Jungsozialisten in der SPD 1969–1976*, Hannover 1978, X 4434, BAdsD, S. 2ff.

〔6〕 Ebd.; „Zur Situation der SPD“, 5.–7. Dez. 1969, Bestand Karsten Voigt, 1/KVAC000002, AdsD.

〔7〕 Bundesvorstand der Jungsozialisten in der SPD (Hg.), *Bundeskongressbeschlüsse*, S. 9.

〔8〕 Butterwegge, *Jungsozialisten und SPD*, S. 71.

〔9〕 „Die Presseerklärung von Peter Corterier“, in: *JS-Magazin. Zeitschrift der Jungsozialisten in der SPD*, Sondernummer. Bundeskongreß der Jungsozialisten, 1969. Z 673, BAdsD.

〔10〕 „Eichengrün-Papier“, 19. Jan. 1970, Bestand Karsten Voigt, 1/KVAC000002, AdsD.

〔11〕 社民党の国民政党化については、次の研究に詳しい。安野『戦後ドイツ社会民主党史研究序説』。

〔12〕 Gansel, Norbert, „Über Godesberg hinaus!“, in: *Die Neue Gesellschaft*, Nr. 1, 1970, Y 539, BAdsD, S. 81ff; „Vorsichtige Reaktion der SPD-Führung auf Kritik an Voigt“, in: *Die Welt*, 10. März 1971.

〔13〕 Nevermann, Knut, „Zur Strategie systemüberwindender Reformen“, in: Ehrler, Solveig u.a., *Sozialdemokratie und Sozialismus heute*, Bonn 1968, S. 209ff u. 224f.

〔14〕 Bundesvorstand der Jungsozialisten in der SPD (Hg), *Bundeskongressbeschlüsse*, S. 18ff.

〔15〕 Schonauer, *Die ungeliebten Kinder*, S. 236.

〔16〕 Bundesvorstand der Jungsozialisten in der SPD (Hg), *Bundeskongressbeschlüsse*, S. 52.

〔17〕 Roth, Wolfgang, „Was wollen die Jungsozialisten“, in: *Neue Gesellschaft*, Nr. 10, 1972, Y 539, BAdsD, S. 746.

〔18〕 Vorstand der SPD (Hg.), *Protokoll des Parteitages der SPD vom 10. bis 14. April 1973 Hannover,* Bonn, o.J., S. 102.

〔19〕 Börnsen, Gert, „Entwicklung des innerparteilichen Konflikts“, in: Gansel, Norbert (Hg.), *Überwindet den Kapitalismus oder Was wollen die Jungsozialisten?*, Hamburg 1971, S. 20; Gorholt u.a., „*Wir sind die SPD der 80er Jahre*“, S. 18ff.

〔20〕 Voigt, Karsten D., „Aufgaben des Bundesvorstandes. Rechenschaftsbericht“, 11.–13. Dez. 1970, Bestand Karsten Voigt, 1/KVAC000003, AdsD.

〔21〕 Vorstand der SPD (Hg.), *Parteitag der SPD vom 11. bis 14. Mai 1970 in Saarbrücken*, Bonn o.J., S. 182.

〔22〕 Ebd., S. 654–665.

〔23〕 Ebd., S. 56, 184 u. 220.

〔24〕 Süß, „Die Enkel auf den Barrikaden“, S. 96.

〔25〕 Vorstand der SPD (Hg.), *Parteitag der SPD vom 11. bis 14. Mai 1970 in Saarbrücken*, S. 223.

〔26〕 Ebd., S. 18–23.

〔27〕 Ebd., S. 218.

〔28〕 Süß, „Die Enkel auf den Barrikaden“, S. 96.

〔29〕 „Die Wahlen zum Parteivorstand“, in: *JS-magazin. Zeitschrift der Jungsozialisten in der SPD*, Nr. 5/6, 1970, Z 673, BAdsD.

〔30〕 Vorstand der SPD (Hg.), *Parteitag der SPD vom 11. bis 14. Mai 1970 in Saarbrücken. Protokoll der Verhandlungen. Angenommene und überwiesene Anträge*, Bonn o.J., S. 802.

〔31〕 例えば次の報道を参照。„Der Gegenkandidat von Helmut Schmidt. Linksaußen der SPD“, in: *Die Zeit*, 15. Mai 1970.

〔32〕 レッシェ／ヴァルター『ドイツ社会民主党の戦後史』３４３－３４４頁。

〔33〕 Schonauer, *Die ungeliebten Kinder*, S. 235.

〔34〕 Vorstand der SPD (Hg.), *SPD Parteitag 1971. Bad Godesberg, 17. bis 18. Dezember. Protokoll*, Bonn o.J., S. 82 u. 351.

〔35〕 Vorstand der SPD (Hg.), *Jahrbuch 1970–1972*, S. 583.

〔36〕 „Bundeskongress der Jungsozialisten in der SPD vom 26.–27. Februar 1972 in Oberhausen, Langzeitprogramm von

Wolfgang Roth“, Bestand Karsten Voigt, 1/KVAC000005, AdsD.

〔37〕 „Nicht mehr auf Kriegsfuß. In Oberhausen arrangieren sich die Jusos mit der SPD“, in: *Die Zeit*, Nr. 9, 3. März 1972.

〔38〕 Gorholt u.a., „*Wir sind die SPD der 80er Jahre*“, S. 19.

〔39〕 „Rede vor dem SPD-Parteirat, gehalten am 26. Februar 1971“, in: Vorstand der SPD (Hg.), *Zur Diskussion in der SPD*, Bonn 1971, A 5592, BAdsD, S. 16f.

〔40〕 Bundesvorstand der Jungsozialisten in der SPD (Hg.), *Bundeskongressbeschlüsse*, S. 2f.

〔41〕 Gansel, Norbert, „Rechenschaftsbericht. Berichtszeit: 7.12.1969–5.12.1970“, 11.–12. Dez. 1970, Bestand Karsten Voigt, 1/KVAC000003, AdsD.

〔42〕 „II. Arbeitsbereiche der Arbeit auf Bundesebene“, 11.–12. Dez. 1971, Bestand Karsten Voigt, 1/KVAC000007, AdsD; Schonauer, *Die ungeliebten Kinder*, S. 281f.

〔43〕 „Rechenschaftsbericht. Allgemein I“, 11.–12. Dez. 1971, Bestand Karsten Voigt, 1/KVAC000007, AdsD.

〔44〕 Roth, Wolfgang (Hg.), *Kommunalpolitik – für wen? Arbeitsprogramm der Jungsozialisten*, Frankfurt a.M. 1971, S. 148; „II. Arbeitsbereiche der Arbeit auf Bundesebene“, 11.–12. Dez. 1971, Bestand Karsten Voigt, 1/KVAC000007, AdsD.

〔45〕 Roth, *Kommunalpolitik*, S. 21f.

〔46〕 Bundesvorstand der Jungsozialisten in der SPD (Hg.), *Bundeskongressbeschlüsse*, S. 52f.

〔47〕 Roth, *Kommunalpolitik*, S. 25f.

〔48〕 Ebd., S. 36f.

〔49〕 Ebd., S. 25 u. 36f.

〔50〕 Ebd., S. 10 u. 27.

〔51〕 Roth, *Kommunalpolitik*, S. 46f; „SPD Jungsozialisten Hessen-Süd, Dokumentation: Beschlüsse 1970. Bearbeitung

Zwischenberichte Bilanz“, 1970, Bestand SPD-Bezirk Hessen-Süd, 3/HSAP000018, AdsD.

〔52〕 Bundesvorstand der Jungsozialisten in der SPD (Hg.), *Bundeskongressbeschlüsse*, S. 54.

〔53〕 Ebd.

〔54〕 Strobl, Hilde, „‚Hohe Häuser, lange Schatten‘. Die Bauten des Gewerkschaftsunternehmens Neue Heimat“, in: Lepik, Andreas/Stroble, Hilde (Hg.), *Die Neue Heimat 1950–1982. Eine sozialdemokratische Utopie und ihre Bauten*, München 2019, S. 13; 芦部彰『カトリシズムと戦後西ドイツの社会政策――１９５０年代におけるキリスト教民主同盟の住宅政策』山川出版社 ２０１６年 １０１－１１１頁。

〔55〕 Bundesvorstand der Jungsozialisten in der SPD (Hg.), *Bundeskongressbeschlüsse*, S. 55.

〔56〕 „Rechenschaftsbericht. Allgemein I“, Bestand Karsten Voigt, 1/KVAC000007, AdsD.

〔57〕 ミュラー『試される民主主義』96－97頁。

〔58〕 Stein, Erwin, *30 Jahre Hessische Verfassung 1946–1976*, Wiesbaden 1976, S. 389.

〔59〕 Wagner, Patrick, *Bürgerinitiative-Betroffenheit-Selbstbestimmung. Die „partizipatorische Revolution“ in der Bundesrepublik der 1970er Jahre und ihre Sprache*, Halle (Saale) 2013, S. 24.

〔60〕 Voigt, Karsten D., „Aktionen im Wohnbereich und Organisation“, in: *Express International,* 1. Okt. 1971, XX 532, BAdsD.

〔61〕 Offe, Claus, „Bürgernitiativen und Reproduktion der Arbeitskraft im Spätkapitalismus“, in: Grossmann, Heinz (Hg.), *Bürgerinitiativen. Schritte zur Veränderung?*, Frankfurt a.M. 1971, S. 152–165, u.a. 158f.

〔62〕 参考として次の文献も参照。ハーヴェイ、デヴィッド著 渡辺治監訳 森田成也ほか訳『新自由主義――その歴史的展開と現在』作品社 ２００７年 ２４３－２４５頁。

〔63〕 Börnsen, Gert, „Entwicklung des innerparteilichen Konflikts“, in: Gansel (Hg.), *Überwindet den Kapitalismus*, S. 23.

〔64〕 Vorstand der SPD (Hg.), *Jahrbuch 1970–1972*, S. 456ff.

〔65〕 „Rechenschaftsbericht. Allgemein I“, 11.–12. Dez. 1971, Bestand Karsten Voigt, 1/KVAC000007, AdsD.

〔66〕„Doppelstrategie und Praxis der Jungsozialisten“, 26.–27. Febr. 1972, Bestand Karsten Voigt, 1/KVAC000005, AdsD; Roth, *Kommunalpolitik*, S. 46f. フランクフルトのサブ支部党大会で提出された動議は、次の史料を参照。„Antrag Nr. B 22“ u. „Antrag Nr. B 28“, 18./19. Sept. 1970, Bestand Büro Stadtrat Haverkamp 7, ISG. ユーゾーのフランクフルトでの活動については、次の文献も参照。川﨑聡史「１９６８年運動後のドイツ社会民主党青年部ユーゾーによる「反乱」――フランクフルト・アム・マインを中心に」『西洋史学』第２６９号２０２０年６月48–54頁。

〔67〕Führer, Karl Christian, *Die Stadt, das Geld und der Markt. Immobilienspekulation in der Bundesrepublik 1960–1985*, Berlin/Boston 2016, S. 239.

〔68〕川喜田敦子『東欧からのドイツ人の「追放」――二〇世紀の住民移動の歴史のなかで』白水社２０１９年１１３–１１５頁。

〔69〕Führer, *Die Stadt, das Geld und der Markt*, S. 238f.

〔70〕Kleßmann, Christoph, *Zwei Staaten, eine Nation. Deutsche Geschichte 1955–1970*, Göttingen 1988, S. 51.

〔71〕Statistisches Bundesamt (Hg.), *50 Jahre Wohnen in Deutschland. Ergebnisse aus gebäude- und Wohnungszählungen, -stichproben, Mikrozensus-Ergänzungserhebungen und Bautätigkeitsstatistiken*, Stuttgart 2000, S. 54.

〔72〕Führer, *Die Stadt, das Geld und der Markt*, S. 247 u. 251.

〔73〕Statistisches Bundesamt (Hg.), *50 Jahre Wohnen*, S. 101.

〔74〕Führer, *Die Stadt, das Geld und der Markt*, S. 257; Schildt, „Materieller Wohlstand“, S. 27.

〔75〕Schubert Dick, „Wohnungen, Wohnungen und nochmals Wohnungen.... Die Neue Heimat – ein Wohnungsbaukonzern zwischen Reformambitionen und wohnungswirtschaftlichen Zwängen“, in: Schwarz, Ullrich (Hg.), *neue heimat. Das Gesicht der Bundesrepublik. Bauten und Projekte 1947–1985*, München/Hamburg 2019, S. 287.

〔76〕„In zehn Jahren ein Geschäft“, in: *Wirtschaftswoche der Volkswirt*, Heft 26, 25. Juni 1971.

〔77〕 „SPD und Banken sind die wahren Spekulanten“, in: Häuserrat Frankfurt, *Wohnungskampf in Frankfurt. Schriften zum Klassenkampf* 42, München 1974, Bestand Archiv 451, AMA, S. 16.

〔78〕 Reichardt, *Authentizität und Gemeinschaft*, S. 499.

〔79〕 „Aktionsgemeinschaft Westend. Arbeitsgruppenbericht ‚Soziale Folgen‘“, Nov. 1969, Bestand AGW V66/65, ISG.

〔80〕 Giering, Dietrich, Mieter, habt den Mut, um eure Wohnungen zu kämpfen, in: Grossmann (Hg.), *Bürgerinitiativen*, S. 122.

〔81〕 „Bodenspekulation. Beispiel: Westend“, in: *JUSO*, Nr. 3/4, 1971, Z 673, BAdsD; Häuserrat Frankfurt, *Wohnungskampf*, Bestand Archiv 451, AMA, S. 23.

〔82〕 Häuserrat Frankfurt, *Wohnungskampf*, Bestand Archiv 451, AMA, S. 23f.

〔83〕 Noack, Hans Joachim, „Eine Bürgerinitiative gegen die Zerstörung des Frankfurter Westends“, in: Haffner, Sebastian u.a., *Bürger initiativ*, Stuttgart 1974, S. 126.

〔84〕 „Ständchen am Zürich-Hochhaus“, in: *FR*, 30. Mai 1962.

〔85〕 „Antrag der SPD-Fraktion für den Bauausschuss“, 4. Juni 1969, Bestand Stadtverordnetenversammlung 2.478, ISG.

〔86〕 „Bodenspekulation. Beispiel: Westend“, in: *JUSO*, Nr. 3/4, 1971, Z 673, BAdsD; Häuserrat Frankfurt, *Wohnungskampf*, Bestand Archiv 451, AMA, S. 23.

〔87〕 Führer, *Die Stadt, das Geld und der Markt*, S. 108; Häuserrat Frankfurt, *Wohnungskampf*, Bestand Archiv 451, AMA, S. 45f.

〔88〕 „Schafft die Stadt einen 2. Kettenhofweg?“, in: *Häuserrat-Info* 7, 1973, Bestand Archiv 451, AMA.

〔89〕 Häuserrat Westendgruppe, „Kampffmeyer ist tot - Es lebe Adrian“, 20. Nov. 1973, Bestand AGW V66/60, ISG.

〔90〕 „33 Mark pro Quadratmeter. Philipp Holzmann und sein Gastarbeiterlager“, in: *Die Zeit*, Nr. 50, 11. Dez. 1970; „Die Wohnungsnot der ausländischen Arbeiter“, in: *JUSO*, Nr. 3/4, 1971, Z 673, BAdsD.

〔91〕 „Willkommen im Westend“, 1. Aug. 1972, Bestand AGW V66/66, ISG.

〔92〕 太田尚孝／大村謙二郎「再統一後のドイツにおける都市再生プログラム推進のための支援制度に関する基礎的研究――「都市計画助成制度Städtebauförderung」に注目して」『都市計画論文集』Vol.49 No.2 ２０１４年10月２０１頁。

〔93〕 Herbert, *Geschichte Deutschlands*, S. 878.

〔94〕 „Schafft die Stadt einen 2. Kettenhofweg?“, in: *Häuserrat-Info 7*, 1973, Bestand Archiv 451, AMA.

〔95〕 „Geschäftsberichte der Unterbezirke 1970/71“, Bestand SPD-Bezirk Hessen-Süd, 3/HSAP000077, AdsD, S. 18.

〔96〕 „Doppelstrategie und Praxis der Jungsozialisten“, 26.–27. Febr. 1972, Bestand Karsten Voigt, 1/KVAC000005, AdsD.

〔97〕 „Bericht zur ersten Protestdemonstration (mit schwarzen Fahnen) der Aktionsgemeinschaft Westend e.V.“, Juli/Aug. 1970, Bestand AGW V66/54, ISG.

〔98〕 „Antrag Nr. B 28“, 18./19. Sept. 1970, Bestand Büro Stadtrat Haverkamp 7, ISG.

〔99〕 Gorholt u.a., „*Wir sind die SPD der 80er Jahre*“, S. 17.

〔100〕 „Sozialismus ist erforderlich“, in: *Süddeutsche Zeitung*（以下、*SZ*と略記）, 16. Okt. 1970; „Für ein „linderes Spektrum“ sieht Voigt keinen Bedarf“, in: *Frankfurter Neue Presse*, 26. Okt. 1970.

〔101〕 „Mit langem Haß durch die Institutionen“, in: *FR*, 23. Okt. 1970.

〔102〕 Schulz, Til, „Hausbesetzungen im Westend. eine Bürgerinitiative?“, in: Grossmann (Hg.), *Bürgerinitiativen*, S. 147.

〔103〕 Häuserrat Frankfurt, *Wohnungskampf*, Bestand Archiv 451, AMA, S. 38.

〔104〕 „Kampf wider die Spekulanten. Die Behörden warten ab“, in: *Die Zeit*, Nr. 40, 2. Okt. 1970; „Möller rief die Polizei. ‚Bürgerschreck‘ gegen “Häuserstürmer”“, in: *Die Zeit*, Nr. 48, 27. Nov. 1970.

〔105〕 „Analyse der Landtagswahlen“, in: *Internationale Arbeiter Korrespondenz*, Nr. 34, Nov./Dez. 1970.

〔106〕 „Jungsozialisten suchen Wirkungen in den Betrieben“, in: *NRZ*, 15. Dez. 1969; „Sozialismus ist erforderlich“, in: *SZ*, 16. Okt. 1970; Schröder, Jürgen, „Die Internationale Arbeiter-Korrespondenz (IAK). Materialien zur Analyse von Opposition“, URL: https://www.mao-projekt.de/BRD/ORG/TRO/Internationale_Arbeiter-Korrespondenz.shtml（２０２４年５月27日閲覧)。

〔107〕„Mit langem Haß durch die Institutionen“, in: *FR*, 23. Okt. 1970; „Man wird uns den Fehlschlag anlasten“, in: *Der Spiegel*, Nr. 47, 16. Nov. 1970.

〔108〕この時期のフランクフルト市政府による再開発問題との取り組みについては、次の文献も参照。川﨑聡史「１９６０～70年代のフランクフルト・アム・マイン再開発問題――抗議運動への行政の対応に注目して」『現代史研究』第68号 ２０２２年12月 ６－７頁。

〔109〕„Kampf wider die Spekulanten. Die Behörden warten ab“, in: *Die Zeit*, Nr. 40, 2. Okt. 1970; „Willkommen im Westend“, 1. Aug. 1972, Bestand AGW V66/66, ISG.

〔110〕„Kampf wider die Spekulanten. Die Behörden warten ab“, in: *Die Zeit*, Nr. 40, 2. Okt. 1970; „Kollektiv statt Kommune. Aus dem Alltag der Frankfurter ‚Haus-Besetzer‘“, in: *Die Zeit*, Nr. 42, 16. Okt. 1970; „Sozialismus ist erforderlich”, in: *SZ*, 16. Okt. 1970.

〔111〕井関『戦後ドイツの抗議運動』73－74頁。

〔112〕Kraushaar, Wolfgang, „Die Frankfurter Sponti-Szene. Eine Subkultur als politische Versuchsanordnung“, in: *Archiv für Sozialgeschichte,* Nr. 44, 2004, S. 110 „Aktionsgemeinschaft Westend. Arbeitsgruppenbericht ‚Soziale Folgen‘“, Nov. 1969, Bestand AGW V66/65, ISG.

〔113〕„Hausbesetzungen“, in: *Kettenhofweg 51. Wohnungskämpfe in Frankfurt,* 1973, Bestand Archiv 451, AMA.

〔114〕„Schafft die Stadt einen 2. Kettenhofweg?“, in: *Häuserrat-Info 7*, 1973, Bestand Archiv 451, AMA.

〔115〕„Karsten Voigt gegen Gewaltanwendung“, in: *Mannheimer Morgen*, 11. Juni 1970.

〔116〕Bott, Odina, „Anmerkungen zur Westend-Situation jetzt“, 26. Nov. 1969, Bestand AGW V66/65, ISG.

〔117〕Koenen, *Das rote Jahrzehnt*, S. 340ff.

〔118〕„SPD, Jungsozialisten Hessen-Süd, Anträge 1971“, 1971, Bestand Jungsozialisten Hessen-Süd, 3/HSAP000077,

AdsD.

119 „Guter Name", in: *Der Spiegel*, Nr. 31, 30. Juli 1973; „Strategie einer Mieteraktion II", in: *Express International*, 15. Okt. 1971, XX 532, BAdsD.

120 „Straßenschlachten", 1973, Bestand AGW V66/60, ISG.

121 „Strategie einer Mieteraktion", in: *Express International*, 1. Okt. 1971, XX 532, BAdsD.

122 „Straßenschlachten", 1973, Bestand AGW V66/60, ISG.

123 „Strategie einer Mieteraktion II", in: *Express International*, 15. Okt. 1971, XX 532, BAdsD.

124 „Zum ‚Fall Schanzenbach'", in: *JUSO Information Hessen*, Nr. 4, 1971, Z 7376, BAdsD.

125 Ebd.; „Guter Name", in: *Der Spiegel*, Nr. 31, 30. Juli 1973; „Noch sind wir nicht aus dem Schneider.....", 21. Sept. 1976, Bestand AGW V66/57, ISG.

126 „Strategie einer Mieteraktion", in: *Express International*, 1. Okt. 1971, XX 532, BAdsD.

127 Roth, *Kommunalpolitik*, S. 46f.; „SPD, Jungsozialisten Hessen-Süd, Anträge 1971", 1971, Bestand Jungsozialisten Hessen-Süd, 3/HSAP000077, AdsD; „Schanzenbach-Skandal II. Akt", in: *JUSO*, Nr. 5/6, 1972, Z 673, BAdsD.

128 „SPD Jungsozialisten Hessen-Süd. Anträge 1971", 1971, Bestand Jungsozialisten Hessen-Süd, 3/HSAP000077, AdsD.

129 „Wohnheim GmbH", in: *Dokumentation des Häuserrates und des AStA der Universität Frankfurt*, 1973, Bestand Archiv 451, AMA.

130 „Chronik der Hausbesetzungen", 11.–12. Nov. 1972, Bestand AGW V66/60, ISG.

131 Häuserrat Frankfurt, *Wohnungskampf*, Bestand Archiv 451, AMA, S. 46ff.

132 „Der ‚blutige Mittwoch'", in: *Kettenhofweg 51. Wohnungskämpfe in Frankfurt*, 1973, Bestand Archiv 451, AMA.

133 „Gegen den Abriss der Bockenheimer Landstr./Schumannstr.", 24. Okt. 1975, Bestand Archiv 451, AMA; Kraushaar, Wolfgang, *Fischer in Frankfurt. Karriere eines Außenseiters*, Hamburg 2001, S. 38–52.

134 Vorstand der SPD (Hg.), *Jahrbuch 1970–1972*, S. 305 u. 323–326.

135 Arbeitsgemeinschaft sozialdemokratischer Frauen, „Wahlkonzept Kommunalwahl Frankfurt 1972", in: *JUSO*, Nr. 5/6, 1972, Z 673, BAdsD.

136 „Slums gerichtlich verordnet", in: *Die Zeit*, Nr. 36, 7. Sept. 1973.

137 Ebd.; Häuserrat Frankfurt, *Wohnungskampf*, Bestand Archiv 451, AMA, S. 214.

138 Häuserrat Frankfurt, *Wohnungskampf*, Bestand Archiv 451, AMA, S. 216.

139 „Slums gerichtlich verordnet", in: *Die Zeit*, Nr. 36, 7. Sept. 1973; Häuserrat Frankfurt, *Wohnungskampf*, Bestand Archiv 451, AMA, S. 218 u. 220.

140 „Anmerkungen zum Sozialbindungspapier, Aktionsgemeinschaft Westend", 1. März 1976, Bestand AGW V66/57, ISG.

141 „Ausschuß für Planung und Bauen. Anregung des Ortsbeirates 2", 11. März 1974, Bestand Stadtverordnetenversammlung 2.478, ISG.

142 „Mietstreik in Eppsteinerstr.!!", Dez. 1972/Jan. 1973, Bestand AGW V66/53, ISG.

143 „Denkmalschutz in Hessen", 1975, Bestand AGW V66/57, ISG.

144 „12. StGB 1975 §§ 123, 129", in: *Neue Juristische Wochenschrift*, Heft 21, 1975, S. 985f.

145 „Stadtteilgruppen", in: *Kettenhofweg 51. Wohnungskämpfe in Frankfurt*, 1973, Bestand Archiv 451, AMA.

146 „Kampf der Mieter", in: *Kommunistische Volkszeitung*, Nr. 8, 5. Dez. 1973; Häuserrat Frankfurt, *Wohnungskampf*, Bestand Archiv 451, AMA, S. 219.

147 Häuserrat Frankfurt, *Wohnungskampf*, S. 224; „Für ein ‚linderes Spektrum' sieht Voigt keinen Bedarf", in: *Frankfurter Neue Presse,* 26. Okt. 1970; „Wohnheim GmbH", in, Dokumentation des Häuserrates und des AStA der Universität Frankfurt, 1973, Bestand Archiv 451, AMA.

148 „Kampf wider die Spekulanten. Die Behörden warten ab", in: *Die Zeit*, Nr. 40, 2. Okt. 1970.

(149) ハノーファー党大会でのユーゾーの活動については、次の文献も参照。川﨑「１９６８年運動後のドイツ社会民主党青年部ユーゾーによる「反乱」」54－56頁。

(150) „Maklerschutz mit Scheu“, in: *JUSO*, Nr. 5/6/7/8, 1973, Z 673, BAdsD.

(151) Vorstand der SPD (Hg.), *Jahrbuch 1958/59*, S. 381.

(152) Vorstand der SPD (Hg.), *SPD-Protokoll Parteitag Hannover 1973 vom 10. bis 14. April 1973*, Bd. 1, Bonn o. J., S. 557 u. 563.

(153) Ebd., S. 561f.

(154) Ebd., S. 560ff.

(155) Ebd., S. 563ff.

(156) Ebd., S. 558–565.

(157) Ebd., S. 966.

(158) Ebd., S. 967ff.

(159) Roth, *Kommunalpolitik*, S. 10.

(160) „Eigene Fahne“, in: *Der Spiegel*, Nr. 7, 9. Febr. 1970; Butterwegge, *Jungsozialisten und SPD*, S. 68; Schonauer, *Die ungeliebten Kinder*, S. 275; Seiffert, *„Marsch durch die Institutionen?“*, S. 145.

(161) 例として次の連邦議会での議論を参照。Deutscher Bundestag, *Plenarprotokoll. 125. Sitzung, 17. Okt. 1974*, Bonn 1974, S. 8311ff.

(162) „Zweites Gesetz über den Kündigungsschutz für Mietverhältnisse über Wohnraum (Zweites Wohnraumkündigungsgesetz)“, in: *Bundesgesetzblatt*, Teil I, Nr. 139, 21. Dez. 1974, S. 3603–3607.

(163) ユーゾーと地元の共産主義組織の関係については、次の文献も参照。川﨑聡史「ドイツ社会民主党青年部ユーゾーによるローカルな政治運動――68年運動後のモスクワ系共産主義組織との協力に関する一考察」『ドイツ研究』第55号２０２１年３月50－57頁。

164 Bundesvorstand der Jungsozialisten in der SPD (Hg.), *Bundeskongressbeschlüsse*, S. 18ff; „Jungsozialisten Hessen-Süd. EUROPA (EWG-Resolution)“, 5.–7. Dez. 1969, Bestand Karsten Voigt, 1/KVAC000002, AdsD.

165 „Ach du“, in: *Der Spiegel*, Nr. 48, 23. Nov. 1970.

166 Gansel, Norbert, „Rechenschaftsbericht, Berichtszeit 7.12.1969–5.12.1970“, 11.–13. Dez. 1970, Bestand Karsten Voigt, 1/KVAC000003, AdsD; Gorholt u.a., *„Wir sind die SPD der 80er Jahre“*, S. 18.

167 Vorstand der SPD (Hg.), *Jahrbuch 1970–1972*, S. 555.

168 Ebd., S. 557f.

169 „Rechenschaftsbericht. Allgemein I“, 11.–12. Dez. 1971, Bestand Karsten Voigt, 1/KVAC000007, AdsD.

170 „Juso Hessen-Süd gegen jede Reglementierung“, in: *Sozialistische Korrespondenz*, Nr. 5, 1971, Bestand Jungsozialisten Hessen-Süd, 3/HSAP000111, AdsD.

171 „Ergebnisse der Bezirkskonferenz 1971 am 27./28. Febr. 71 in Offheim/Limburg“, in: *i-i-dienst*, Nr. 2, 1971, Z 20771, BAdsD.

172 „SPD Hessen-Süd: Denkzettel für Vorsitzenden“, in: *Sozialistische Korrespondenz*, Nr. 8, 1971, Bestand Jungsozialisten Hessen-Süd, 3/HSAP000111, AdsD.

173 „Aktion ‚Roter Punkt‘ in Herford“, in: *JS-magazin*, Nr. 7, 1970, Z 673, BAdsD; „Thesen zur Organisation der Juso-Arbeit“, 11.–12. Dez. 1971, Bestand Karsten Voigt, 1/KVAC000007, AdsD.

174 Oehm, Elmar, (Hg.), *Stadtautobahnen. Planung, Bau, Betrieb*, Wiesbaden 1973, S. 46; Schildt, Axel, *Die Sozialgeschichte der Bundesrepublik Deutschland bis 1989/90*, München 2007, S. 44f; Wolfrum, *Die geglückte Demokratie*, S. 249.

175 Thiele, Adelbert, *Luftverunreinigung und Stadtklima im Großraum München. Insbesondere in ihrer Auswirkung auf epixyle Testflechten*, Bonn 1974, S. 37.

176 „Fünf Kopeken“, in: *Der Spiegel*, Nr. 27, 28. Juni 1971; Herbert, *Geschichte Deutschlands*, S. 811.

〔177〕青木真美「ドイツにおける公共近距離旅客輸送の助成とその成果」『同志社商学』第57巻 第5号 2006年 97－98頁。

〔178〕Süß, Winfried, Sozialpolitische Denk- und Handlungsfelder in der Reformära, in: Bundesministerium für Arbeit und Soziales und Bundesarchiv (Hg.), *Geschichte der Sozialpolitik in Deutschland seit 1945*, Baden-Baden 2006, S. 57f.

〔179〕„Schlauer geworden“, in: *Der Spiegel*, Nr. 49, 27. Nov. 1972.

〔180〕„Branche im Teufelskreis“, in: *Der Spiegel*, Nr. 43, 16. Okt. 1973.

〔181〕„Fünf Kopeken“ in: *Der Spiegel*, Nr. 27, 28, Juni 1971.

〔182〕Bundesvorstand der Jungsozialisten in der SPD (Hg.), *Bundeskongressbeschlüsse*, S. 55; „Harter Tobak“, in: *Der Spiegel*, Nr. 29, 12. Juli 1971.

〔183〕„Harter Tobak“, in: *Der Spiegel*, Nr. 29, 12. Juli 1971.

〔184〕„Karsten Voigt - links vom linken Flügel“, in: *Wiesbadener Kurier*, 11. Dez. 1969.

〔185〕„Zweitens korrupt“, in: *Der Spiegel*, Nr. 32, 2. Aug. 1971.

〔186〕„Jusos sehen ‚grotesken Höhepunkt‘“, in: *FR*, 7. Sept. 1971.

〔187〕Jungsozialisten in der SPD. Landesverband Hamburg, *Hamburger Strategiepapier vom 27.11.1971*, 5. Aufl. Hamburg 1973, A 15–2323, BAdsD, S. 5.

〔188〕Baring, Arnulf, *Machtwechsel. Die Ära Brandt-Scheel*, 3. Aufl., Stuttgart 1982, S. 391f.

〔189〕Vorstand der SPD (Hg.), *Jahrbuch 1970–1972*, S. 7; „Nr. 10. Zusatz zu Meldung Nr. 2. Wischnewski und Helmut Schmidt versuchten zu vermitteln“, 7. Sept. 1971, 10309, Sammlung Personalia, AdsD.

〔190〕„Ein Staatsanwalt schafft Ordnung“, in: *Vorwärts*, 16. Sept. 1971.

〔191〕„Jusos sehen ‚grotesken Höhepunkt‘“, in: *FR*, 7. Sept. 1971.

〔192〕„Ein Staatsanwalt schafft Ordnung“, in: *Vorwärts*, 16. Sept. 1971.

〔193〕„Antrag unbegründet“, in: *Telegraf*, 27. Nov. 1971.

[194] „Nr. 10. Zusatz zu Meldung Nr. 2. Wischnewski und Helmut Schmidt versuchten zu vermitteln“, 7. Sept. 1971, 10309, Sammlung Personalia, AdsD.

[195] „dpa 214 id. SPD. Frankfurter SPD-Kommission. Kein Verstoss gegen Voigts“, 25. Nov. 1971, 10309, Sammlung Personalia, AdsD.

[196] „Ein Staatsanwalt schafft Ordnung“, in: *Vorwärts*, 16. Sept. 1971.

[197] Bundeswahlleiter (Hg.), *Ergebnisse früherer Bundestagswahlen*, Wiesbaden 2018, S. 16 u. 107.

[198] „Jeder Dritte den Jusos näher als der SPD“, in: *Der Spiegel*, Nr. 43, 16. Okt. 1972.

[199] Stephan, Dieter, *Jungsozialisten. Stabilisierung nach langer Krise? 1969–1979*, Bonn 1979, S. 46.

[200] Butterwegge, *Jungsozialisten und SPD*, S. 104.

[201] „Doppelstrategie und Praxis der Jungsozialisten“, 25.–27. Febr. 1972, Bestand Karsten Voigt, 1/KVAC000005, AdsD.

[202] 次の文献をもとに筆者作成。Vorstand der SPD (Hg.), *Jahrbuch 1966/67*, S. 159; Vorstand der SPD (Hg.), *Jahrbuch 1968/1969*, S. 261; Vorstand der SPD (Hg.), *Jahrbuch 1970–1972*, S. 306; Vorstand der SPD (Hg.), *Jahrbuch 1973–1975*, S. 269f; Vorstand der SPD (Hg.), *Jahrbuch 1975–1977*, S. 286; Vorstand der SPD (Hg.), *Jahrbuch 1977–1979*, S. 263f.

[203] Herbert, *Geschichte Deutschlands*, S. 887–922.

[204] Hoeres, Peter, „Von der ‚Tendenzwende‘ zur ‚geistig-moralischen Wende‘. Konstruktion und Kritik konservativer Signaturen in den 1970er und 1980er Jahren“, in: *Vierteljahrshefte für Zeitgeschichte*, Nr. 1, 2013, S. 95–99 u. 117f.

[205] Ebd.

[206] „Tendenzwende. Jeder fühlt den neuen Wind“, in: *Der Spiegel*, Nr. 1, 6. Jan. 1975.

[207] Börnsen, „Entwicklung des innerparteilichen Konflikts“, in: Gansel (Hg.), *Überwindet den Kapitalismus*, S. 19;

Görtemaker, *Geschichte der Bundesrepublik Deutschland*, S. 563–597.

(208) „,Genossin Gesoldis' wählte mit", in: *Die Zeit*, 21. Nov. 1975; 板橋拓己／妹尾哲志編『現代ドイツ政治外交史——占領期からメルケル政権まで』ミネルヴァ書房 ２０２３年 １３１頁。

(209) „Betr.: Grundsätze zur Frage der verfassungsfeindlichen Kräfte im öffentlichen Dienst", 14. Febr. 1972, Bestand Materialsammlung zur Diskussion um den Extremistenbeschluß des Bundesverfassungsgerichts, Bd. 1, 1950–1978, 502, Nr. 7707β , HHStAW.「過激派決議（Radikalenbeschluss）」は、これまで「過激派条令（Radikalenerlass）」と呼ばれることが多かったが、法的効力を持たないことから「条令」と呼ぶことは適切でないと近年は論じられている。そのため本書では、１９７０年代はあまり用いられていなかった名称ではあるものの、「過激派決議」と呼ぶことにする。この名称については、次の文献を参考にした。Jaeger, Alexandra, *Auf der Suche nach „Verfassungsfeinden". Der Radikalenbeschluss in Hamburg 1971–1987*, Göttingen 2019, S. 11. ヘッセン州の過激派決議の適用とそれをめぐる議論については、次の文献も参照。川﨑聡史「「過激派条令」に見る西ドイツの民主主義理解——１９７０年代のヘッセン州を中心に」『歴史学研究』第１０４８号 ２０２４年５月 18－34頁。

(210) „Erlass zur Beschäftigung von Radikalen im öffentlichen Dienst [Radikalenerlass]", 28. Jan. 1972, URL: https://www.1000dokumente.de/index.html?c=dokument_de& dokument=0113_ade&l=de（２０２３年８月22日閲覧）。

(211) 「自由で民主的な基本秩序」に敵対的な政治結社は、基本法第９条第２項で禁止されている。Art. 9, Abs. 2, Grundgesetz für die Bundesrepublik Deutschland.

(212) Narr, Wolf-Dieter, „Bürger- und menschenrechtliches Engagement in der Bundesrepublik", in: Roth/Rucht (Hg.), *Die sozialen Bewegungen*, S. 352f.

(213) Wolfrum (Hg.), *Verfassungsfeinde im Land?*, S. 13.

(214) Rigoll, Dominik, *Staatsschutz in Westdeutschland. Von der Entnazifizierung zur Extremistenabwehr*, Göttingen 2013, S. 164.

(215) „Radikalenbeschluß gekündigt - Gesetz gescheitert", 20. März 1976, Bestand Radikalenerlaß Berufsverbote: 1975–

1978, 2016–1, Nr. 2, HHStAW.

216 „JUSO. Info der Frankfurter Jusos", Sept. 1975, Bestand Juso/Hessen-Süd, 3/HSAP000051-01, AdsD.

217 Abendroth, Wolfgang, „Gibt es gar keine Berufsverbote?", in: *Berufsverbote schwarz auf weiß*, 1975, Bestand BV/KS/M, AO IV. 8, HIS-A.

218 „Die Rechtsgleichheit ist in Gefahr. Der Radikalen-Beschluß muß revidiert werden", in: *Die Zeit*, Nr. 22, 1. Juni 1973.

219 „Der Hessische Ministerpräsident Staatskanzlei, IV - 1k 16/41", 14. Aug. 1975, Bestand Materialsammlung zur Diskussion um den Extremistenbeschluß des Bundesverfassungsgerichts, Bd. 1, 502, Nr. 7707 α , HHStAW.

220 „Erste Resolution des Seminarrates am Studienseminar 15, Heusenstamm", 8. März 1976, Bestand Materialsammlung zur Diskussion um den Extremistenbeschluß des Bundesverfassungsgerichts, 502, 7710, Bd. 2, HHStAW.

221 Müller, Michael, „Jusos, Partei und Doppelstrategie", in: *JUSO*, Nr. 5/6/7/8, 1973, Z 670, BAdsD.

222 „Wortlaut des Parteitagsbeschlusses von Hannover 1973", in: *Hessen-Süd Bezirks-Info*, Juni 1975, Juso/Hessen-Süd, 3/HSAP000051, AdsD.

223 „Beschluß des Bundesausschusses der Jungsozialisten", in: *Hessen-Süd Bezirks-Info*, Juni 1975, Juso/Hessen-Süd, 3/HSAP000051, AdsD.

224 Vorstand der SPD (Hg.), *Jahrbuch 1973–1975*, S. 466.

225 Die Jury, der Deutscher Beirat und das Sekretariat des 3. Internationalen Russell-Tribunals (Hg.), *3. Internationales Russell-Tribunal. Zur Situation der Menschenrechte in der Bundesrepublik Deutschland. Das Schlußgutachten der Jury zu den Berufsverboten*, Bd. 2, Berlin 1978, S. 25.

226 „Osswald hält den Extremistenerlaß für schädlich", 13. Aug. 1973, Nachlass Richard Löwenthal, Box 53, AdsD.

227 „Beschluß des Bezirksparteitages Hessen-Süd in Alsfeld 1974", in: Dokumentation II, 1975, Bestand Juso/Hessen-

Süd, 3/HSAP000051, AdsD.

(228) „SPD Parteitag Bezirk Hessen-Süd“, in: *Hessen-Süd Bezirks-Info*, 1976, Z 1089, BAdsD.

(229) Hessischer Landtag, *Stenographische Berichte. 35. Sitzung, 9. März 1972*, Wiesbaden 1972, S. 1913–1916.

(230) Deutscher Bundestag, *Plenarprotokoll. 79. Sitzung, 14. Febr. 1974*, Bonn 1974, S. 5003f.

(231) „Feuer auch von links?“, in: *Der Spiegel*, Nr. 12, 17. März 1974.

(232) „CDU attackiert den Kultusminister“, 17. Sept. 1974, Bestand Pressemitteilungen, Bd. 1, H 55 A Nr. 269, HStAD.

(233) Der Bundeswahlleiter (Hg.), *Ergebnisse früherer Landtagswahlen*, Wiesbaden 2020, S. 58.

(234) Mitglieder des Gerichts (Hg.), *Registerband zu den Entscheidungen des Bundesverwaltungsgerichts*, Bd. 41–50, Berlin 1978, S. 122f.

(235) Mitglieder des Bundesverfassungsgerichts (Hg.), *Entscheidungen des Bundesverfassungsgerichts*, Bd. 39, Tübingen 1975, S. 334ff.

(236) „Beschluß der südhessischen SPD (Bezirksvorstand) vom 20.9.1974“, in: *Hessen-Süd Bezirks-Info*, 1976, Z 1089, BAdsD.

(237) „Der Kampf gegen politische Diskriminierung“, in: *Hessen-Süd Bezirks-Info*, 1976, Z 1089, BAdsD.

(238) Fritzsche, Klaus, „Warum kämpfen wir gegen die Berufsverbote“, in: *Hessen-Süd Bezirks-Info*, Juni 1975, Bestand Jungsozialisten Hessen-Süd, 3/HSAP000051, AdsD.

(239) „Bildungsreform der kleinen Schritte. Minister Krollmann. Landesweite Erprobung der Rahmenrichtlinien“, in: *FR*, 28. Mai 1975.

(240) „Beschluß des Bezirksvorstandes der SPD Hessen-Süd vom 23. Mai 1975“, in: *Hessen-Süd Bezirks-Info*, 1976, Z 1089, BAdsD. ２０２４年８月22日にヴィースバーデンにて筆者がヘッセン州南部支部のユーゾー元メンバーであるクラウディア・Ｓに行ったインタビュー調査に基づく。

(241) „SPD-Ortsverein Gießen-Süd. Minister Krollmann abberufen“, in: *Gießener Anzeiger*, 26. Mai 1975.

〔242〕 „Erklärung des Juso-Landesvorstandes vom 15. Juni 1975“, in: *Hessen-Süd Bezirks-Info*, 1976, Z 1089, BAdsD.

〔243〕 „Aktion gegen den Ministerpräsidentenerlaß, Beschluß des Bundesausschusses der Jungsozialisten“, in: *Hessen-Süd Bezirks-Info*, Juni 1975, Bestand Juso/Hessen-Süd, 3/HSAP000051, AdsD.

〔244〕 „JUSO. Info der Frankfurter Jusos“, Sept. 1975, Bestand Juso/Hessen-Süd, 3/HSAP000051-01, AdsD.

〔245〕 „SPD-Ortsverein Gießen-Süd. Minister Krollmann abberufen“, in: *Gießener Anzeiger*, 26. Mai 1975.

〔246〕 „Aufruf zur Verteidigung der verfassungsmäßigen Rechte“, Juni 1975, Bestand Jungsozialisten Hessen-Süd, 3/HSAP000051, AdsD; „Erklärung Gießener Hochschullehrer. Zur Praxis politischer Selektion im Öffentlichen Dienst“, in: *Hessen-Süd Bezirks-Info*, Juni 1975, Bestand Jungsozialisten Hessen-Süd, 3/HSAP000051, AdsD.

〔247〕 „Vorläufige Dokumentation der Ereignisse um die Ablehnung von Gudrun Wehner als pädagogische Mitarbeiter der VHS“, 1975, Bestand Jungsozialisten Hessen-Süd, 3/HSAP000051, AdsD.

〔248〕 „b）UB-Vorstandssitzung der SPD“, 11. Juni 1975, Bestand Jungsozialisten Hessen-Süd, 3/HSAP000051, AdsD.

〔249〕 „Fälle politischer Diskriminierung im Raum Giesen-Wetzlar“, in: *Hessen-Süd Bezirks-Info*, 1976, Z 1089, BAdsD.

〔250〕 „JUSO. Info der Frankfurter Jusos“, Sept. 1975, Bestand Juso/Hessen-Süd, 3/HSAP000051-01, AdsD.

〔251〕 „Karl Liedtke, MdB, Vorsitzender des Parteirates und Mitglied des Innenausschusses des Deutschen Bundestages“, 31. Mai 1975, Bestand Jungsozialisten Hessen-Süd, 3/HSAP000033, AdsD.

〔252〕 „Arbeitskreis Verteidigt die verfassungsmäßigen Rechte“, 13. Dez. 1978, Bestand Berufsverbote/Komitees nach Städten, AO IV.4, HIS-A.

〔253〕 Herbert, *Geschichte Deutschlands*, S. 863; Seiffert, „*Marsch durch die Institutionen?*“, S. 167f; „‚Wir können nur bedauern‘“, in: *Der Spiegel*, Nr. 21, 22. Mai 1978.

〔254〕 例えばヘッセン州首相ボェルナーによる評価として次の報道を参照。„Hessen stoppt Überprüfungen“, in: *FR*, 14. Dez. 1978.

〔255〕 Linde, Erdmann, „Godesberger Programm und Sozialismus in der SPD“, in: Gansel (Hg.), *Überwindet den*

Kapitalismus, S. 66.

(256) „Initiativantrag 3/Antrag 6 ‚Parteiarbeit in der Doppelstrategie'", Bestand Karsten Voigt, 1/KVAC000009, AdsD.

(257) „Massenmobilisierung und politische Organisation", in: *JUSO*, Nr. 11/12, 1971, Z 673, BAdsD.

(258) Jungsozialisten in der SPD. Landesverband Hamburg, *Hamburger Strategiepapier vom 27.11.1971*, 5. Aufl. Hamburg 1973, A 15-2323, BAdsD, S. 5.

(259) „Ökonomische Entwicklungstendenzen des Kapitalismus", in: *JUSO*, Nr. 11/12, 1971, Z 673, BAdsD.

(260) Jungsozialisten in der SPD. Landesverband Hamburg, *Hamburger Strategiepapier*, S. 23.

(261) Ebd., S. 28.

(262) Strasser, Johano, „Zur Theorie und Preis der Stamokap-Gruppe bei den Jungsozialisten" in: *Jungsozialisten Informationsdienst*, Nr. 1, 1973, Z 1083, BAdsD.

(263) Stephan, *Jungsozialisten*, S. 47.

(264) Vorstand der SPD (Hg.), *Jahrbuch* 1973–1975, S. 437.

(265) N.N., *Der Thesenstreit um «Stamokap». Die Dokumente zur Grundsatzdiskussion der Jungsozialisten*, Hamburg 1973, S. 10.

(266) „Warum wir aus der SPD in die DKP gegangen sind", in: Unterbezirksausschuss der Frankfurter Jungsozialisten (Hg.), *Theoriediskussion in Frankfurt am Main 1972–1976*, Bad Vilbel 1977, A 79-6324, BAdsD, S. 72–87.

(267) „Als Sturmbock gedacht", in: *Vorwärts*, 17. Aug. 1972. ２０２４年８月22日に筆者がヘッセン州南部支部のユーゾー元メンバーであるクラウディア・Sに行ったインタビュー調査に基づく。

(268) „SPD Jungsozialisten Hessen-Süd, Geschäftsberichte der Unterbezirke 1970/71", Bestand Juso/Hessen-Süd, 3/HSAP000077, AdsD.

(269) SOVEC-Göttingen/Juso-Bezirk Hannover, *Strategiediskussion im Juso-Bezirk Hannover. Ihre Geschichte in Dokumenten 1970–1976*, Göttingen 1977 A97-1800, BAdsD, S. 22f u. 27.

270 Bezirk Hannover, „Das historische Scheitern der reformistischen Strategie“, in: *JUSO*, Nr. 11/12, 1971, Z 673, BAdsD, S. 16f.

271 SOVEC-Göttingen/Juso-Bezirk Hannover, *Strategiediskussion*, S. 20.

272 Butterwegge, *Jungsozialisten und SPD*, S. 114; Stephan, *Jungsozialisten*, S. 50.

273 Bundesvorstand der Jungsozialisten in der SPD (Hg.), *Bundeskongressbeschlüsse*, S. 137–140; Butterwegge, *Jungsozialisten und SPD*, S. 119f.

274 Wieczorek-Zeul, Heidemarie, „Zum Bundeskongress der Jungsozialisten“, in: *JUSO*, Nr. 2, 1974, Z 673, BAdsD, S. 2ff.

275 Müller, Michael, „Lehren aus dem Putsch“, in: *JUSO*, Nr. 11/12, 1973, Z 673, BAdsD.

276 Voigt, Karsten D. „Verfassungsfeinde im öffentlichen Dienst“, in: *JUSO*, Nr. 11/12, 1973, Z 673, BAdsD.

277 Bundesvorstand der Jungsozialisten (Hg.), *Jungsozialisten Informationsdienst*, Nr. 3, 1974, Z 1080, BAdsD, S. 1.

278 Vorstand der SPD (Hg.), *Jahrbuch 1973–1975*, S. 445f.

279 Börner, Holger (Hg.), *SPD. Pressemitteilungen und Informationen*, Nr. 123/75, 28. Febr. 1975.

280 Butterwegge, *Jungsozialisten und SPD*, S. 129–133.

281 „Rechenschaftsbericht des Bundesvorstandes der Jungsozialisten in der SPD. Vorgelegt auf dem Bundeskongress 1975 in Wiesbaden. Rhein-Main-Halle“, 28. Febr.–2. März 1975, Z 1535, BAdsD.

282 Butterwegge, *Jungsozialisten und SPD*, S. 134.

283 „Notizen“, in: *Sozialist,* Nr. 1, Jan. 1976, Z 1560, BAdsD.

284 Bundesvorstand der Jungsozialisten in der SPD (Hg.), *Bundeskongressbeschlüsse*, S. 226–235; „Die Jusos sind sich über ihre Wahlkampfansage nicht einig“, in: *FR*, 9. März 1976.

285 Vorstand der SPD (Hg.), *Jahrbuch 1975/77*, S. 564.

286 Herbert, *Geschichte Deutschlands*, S. 931.

〔287〕 Vorstand der SPD (Hg.), *Jahrbuch 1975/77*, S. 517ff.

〔288〕 „Jugend 76. Lieber Gott mach mich krumm“, in: *Der Spiegel*, Nr. 15, 5. Apr. 1976.

〔289〕 Schröder, Gerhard, „Juso-Forderung. Argumente statt Ultimaten. Warum die Delegierten des Bezirks Hannover im 2. Wahlgang Klaus-Uwe Benneter wählten“, in: *Der SPD-Rundschau*, Nr. 4, 1977, Z 756, BAdsD.

〔290〕 „Benneter und die Folgen“, in: *konkret*, Nr. 5, 1977; Stephan, *Jungsozialisten*, S. 79.

〔291〕 „Benneter will die Großkapitalisten arbeiten lehren“, in: *FR*, 6. Apr. 1976; Stephan, *Jungsozialisten*, S. 79.

〔292〕 Schröder, „Juso-Forderung. Argumente statt Ultimaten“, in: *Der SPD-Rundschau*, Nr. 4, 1977, Z 756, BAdsD.

〔293〕 Stephan, *Jungsozialisten*, S. 82.

〔294〕 „Benneter und die Folgen“, in: *konkret*, Nr. 5, 1977.

〔295〕 „SPD-Spitze trennt sich von Juso-Chef. Parteiausschluß Benneters beantragt“, in: *FR*, 28. Apr. 1977; Seiffert, „*Marsch durch die Institutionen?*“, S. 170.

〔296〕 „SPD warnt vor Aktionen mit Klaus Uwe Benneter“, in: *FR*, 7. Mai 1977.

〔297〕 „Das Wort ‚raus‘“, in: *Der Spiegel*, Nr. 25, 13. Juni 1977; „DKP – kein Thema für Jusos“, in: *Vorwärts*, 5. Mai 1977; „Frankfurter Jusos stehen zu Benneter“, in: *FR*, 28. Apr. 1977.

〔298〕 „Juso wollen die Demokratie als Lebensform“, in: *Amberger Zeitung*, 14. Juni 1977.

〔299〕 „Die Partei zieht durch“, in: *Der Spiegel*, Nr. 22, 23. Mai 1977.

〔300〕 Stephan, *Jungsozialisten*, S. 85.

〔301〕 „Linke mit zwei linken Händen“, in: *Der Spiegel*, Nr. 21, 16. Mai 1977.

〔302〕 Heimann, Horst, *Theoriediskussion in der SPD*, Frankfurt a.M./Köln 1975, S. 184.

〔303〕 Anda, Béla/Kleine, Rolf, *Gerhard Schröder. Eine Biographie*, Berlin 1996, S. 36f.

第4章　キンダーラーデンとユーゾーの意義とその後

第1節　68年運動の挫折とその遺産

本節ではこれまでの分析を踏まえつつ、１９６０年代末以降のキンダーラーデンとユーゾーの活動の前提となった、68年運動が若者の運動に残した遺産について整理する。

68年運動は、特に１９６７年６月のベンノ・オーネゾルク殺害事件以降最高潮に達したものの、68年5月に緊急事態法制の成立阻止に失敗したように、運動が掲げた政治的な要求はあまり実現されなかった。

１９６８年後半には、運動内部の路線対立が明らかになっていた。学生運動の中心だった社会主義ドイツ学生同盟内では、新左翼系の反権威主義者の影響力が強まっていたが、その他にも東ドイツ系の「伝統主義者」、ユーゾー、トロツキスト、キリスト教社会主義者、平和主義者など多種多様な勢力が活動していた。さらに武装してゲリラ闘争を計画する者、コミューンで活動する者、「ガムラー」と呼ばれるヒッピーのような生活を送る者といった、新しいタイプの運動に参加する人々もいた。加えて女性活動家は、68年9月の「トマト事件」を契機に独自の運動を開始した。これらの多様な勢力は、学生運動を通じて互いに緩く結びついていたものの、70年3月に社会主義ドイツ学生同盟が解散すると、それぞれ別々の道を歩み、68年運動は最終的に終息した。〔1〕

68年運動の多くの活動家は、期待した社会の革命的転換が実現しなかったことに失望したものの、運動は主に三つの大きな遺産を残した。

一つ目の遺産は、若者の運動自体の規模が拡大したことである。1960年代半ばまでの若者の運動は、ごく少数の活発な活動家に率いられたその場限りの運動だった。それまで社会主義ドイツ学生同盟の活動場所は大学のある街に限定され、そこでの積極的な活動家の数はせいぜい数十人だったが、この状況は68年運動以後に変化した。社会主義ドイツ学生同盟メンバーは、全国で2500人程度だったにもかかわらず、運動の最盛期には西ドイツで約1万5000人、西ベルリンでは4000人から5000人の学生が、積極的に街頭に出て活動した。〔2〕

68年運動が持った政治意識の覚醒効果は大きかった。一時的であっても数万人が参加するデモや集会を実行できたことで、若者は自らの政治的能力への信頼を高め、継続的に政治に関わろうとする者の数が増加した。1970年代前半には平均すると毎年約5万6000人の若者がユーゾーに加入し、74年のモスクワ系ドイツ共産党員は約4万人、様々な急進的な新左翼グループのメンバーは約1万9000人と推計されていた。〔3〕さらに積極的に特定の組織に参加しなかったとしても、社会変革を目指す運動自体に共感する若者は多かった。例えば73年3月の『ディー・ツァイト』誌の世論調査によると、若者の50％が西ドイツの社会体制を全体として受け入れていたが、23％は依然として西ドイツは機会均等が保障されていない階級社会であり、変革の必要があると見なしていた[4]。

68年運動の二つ目の遺産は、若者の運動が確固とした政治的現象になり、社会の中で認められたことである。運動は、継続的に活動する若者が増加したことで存在感を高め、司法機関、行政機関、メディアなどと様々な関係を結んだ。

特にキンダーラーデンは、安定した運営のために政府機関と交渉を行い、幼児向け施設として認知された。キンダーラーデンは、政府機関による全面的な支持を得ることはできなかったものの、個々の施設が、行政から承認されて補助金を受け取ることは不可能ではなかった。特にヴェアフト通りのキンダーラーデンは、積極的に政府機関と交渉して支援を得た。メディアもキンダーラーデンに注目した。当初メディアは、キンダーラーデンの活動を問題視していたが、１９７０年以降はその教育の問題意識を評価し、公共空間にその存在を広く知らしめた。さらに70年代には、既存の教育観念に批判的意見を持つ人々が増加したことを背景に、幼児教育を扱った書籍とテレビ番組が注目を集めた。

ユーゾーも独自の運動主体として登場した。ユーゾーは、大政党の青年組織として以前から重要な存在ではあったものの、１９６０年代までは党幹部会に従順だったため、特別な関心を払われなかった[5]。しかし、68年運動に感化されたユーゾーは、独自の政治主体としての自信を強め、69年12月のミュンヘン全国大会では、西ドイツ社会と社民党の既成体制に対して急進的な批判を繰り広げた。大手メディアは、若い党員の反抗に注目し、フォークトといった有力メンバーの動向を報道するようになった[6]。

社民党政権は、影響力を獲得したユーゾーの反抗に対処しなければならなくなった。ユーゾーが党全体に及ぼす影響力を不安視した首相ブラントら指導者層は、党の秩序を守ることを要請すると同時に、一部の若い党員を党評議会に引き込んで懐柔しようとした。[7] 社会主義的な政策を求める若い党員の存在が脅威になり得ると見た社民党は、1970年11月の「離間決議」や72年1月の「過激派決議」によって若い活動家の引き締めを図った。それでもすぐにユーゾーの反抗を抑えられなかったことは、首相の指導力に対する不信感を募らせることになり、74年5月のブラント政権退陣の一因にもなった。[8] 地方での活動でもユーゾーは党に対して強い影響を与えた。ローカルな党組織をユーゾーは数の力で征服し、地方で自らの望む政策を実行することができた。

こうしたことから分かるのは、68年運動が終わって初めて若者の運動は、政治と社会の中心部に影響力を及ぼすことができるようになったということである。若い活動家の多くは、68年運動で挫折を感じていたものの、自らの政治的能力については自信を持っていた。

68年運動の三つ目の遺産は、自信を持った若い活動家が将来を楽観視するようになったことである。希望を持っていた彼らは、将来的に自分の目標が実現すると信じていたため、理念上は急進的でも、実践上は多数派社会との決定的な対決を避けて活動できた。

キンダーラーデンは、子どもに反権威主義教育と「プロレタリア的教育」を行い、「社会主義的な人格」へと育て上げることを目指したが、そのための計画は遠大だった。例えば1972年にヴェーダーは、「プロレタリア的教育」の三つの段階を提示した。その第一段階は、キンダーラーデンを土台とした社会主義的な未就学児教育プログラムの構築であり、第二段階は、キンダーラーデンで育てられ、公的教育機関に進学した子どもが運動することで制度内部においてオルタナティヴな教育を行うことだった。第三段階は、全ての労働者の子どものために寄宿学校を建設することであった。この学校の最終目的は、集団教育を通じて社会全体を再編成することであり、究極的には賃金労働の廃止および頭脳労働と手仕事の間の分離と矛盾を解消することだった。ヴェーダーはこの遠大な計画の実現を急いでおらず、まずは既存のキンダーラーデンでの教育という地域に根付いた活動を通じて、身近な領域での下からの変革を行うことが重要であると考えており、第二段階以降については当初から長期的目標と定め、事実上棚上げにしていた。彼がこのような長期的な計画を立てたのは、キンダーラーデンの活動に自信を持っていたからでもあった[9]。

ヴェアフト通りのキンダーラーデン活動家も将来を楽観視していた。1977年に開かれた活動家と地元住民の意見交換会では、「確実に80年代へ」という言葉がスローガンとして登場した。この会では、その年に新しく作られる二番目のキンダーラーデンを拡張することと、地元住民の交流と地域共同体のさらなる活性化を促すような施設を作ることが議論された。意見交換会の参加者は、運動が今後も成果を上げ続けるであろうと非常に明るい調子で強調していた[10]。

ユーゾーも将来に対して楽観的だった。1969年のミュンヘン全国大会では、「我々が80年代の社民党だ」というスローガンが掲げられた。この言葉は、ユーゾー・メンバーに非常に好評だったため、全国大会を報じるユーゾーの機関誌『JS－マガジン』特別号の巻頭表題になった[11]。フォークトも、70年10月にフランクフルトの選挙区から立候補する際の意気込みを語る際に同じ言葉を用いた[12]。特に70年のユーゾーの機関誌『ラインルールシュピーゲル』第2号では並ではない高揚感が見られ、副党首シュミットの顔写真に「我々は90年代の党の下っ端だ」という吹き出しが添えられた[13]。さらに90年にフォークトらユーゾー元指導者が出版した70年代の活動を振り返る書籍のタイトルも、『「我々が80年代の社民党だ」――左翼への転換から20年後に』というものだった[14]。

第2節 「コミューン化」と「ポスト革命的運動」

これまでに検討してきたようにキンダーラーデン運動とユーゾーは、社会主義思想とローカルな活動を重視したという共通点を持っていた。本節では、こうした運動の手法と考え方について、「コミューン化」と「ポスト革命的運動」という概念を提起し、それを用いて1960年代以後も運動を続けた若い活動家の多数派の動向について考察する。

「コミューン化」は、運動を行う空間を身近な領域に移すこととして定義する。「コミューン化」はドイツ語Kommunalisierungの訳語であり、この語は「コミューンのものにすること」という意味を持っている。名詞「コミューン」には、「地方自治体」と「所有、能力、競争、倫理に関するブルジョア的な観念を拒否する生活共同体」という意味があることから、「コミューン化」を地方自治体や生活共同体のレベルに問題を落とし込んで解決しようとすることとして本書では用いる。[15] キンダーラーデン活動家は、「ブルジョア的な観念」を拒否して共同体を形成することで生活に関わる問題を解決し、ユーゾーは、地方で活動することによって自らの政治目標を実現しようとしていたことから、「コミューン化」は、キンダーラーデンとユーゾーのローカルな活動の手法を説明するのに適している。

「ポスト革命的運動」は、社会主義社会の実現を理想として掲げ、急進的な変革を目的としているものの、この目標を近い将来の暴力革命によってではなく、既存の社会内での長期的な運動によって達成するべきだとする政治的態度と定義する。これは1960年代後半から学生運動指導者ルディ・ドゥチュケが主張した、「制度内への長征」に含まれる立場である。しかし、後述するように当時の「制度内への長征」はより広い意味内容を持っていたことから、キンダーラーデンとユーゾーの運動の輪郭をより明確にするために、本節ではそれとは別に「ポスト革命的運動」という概念を用いることとする。

社会全体を変革することの難しさ

政治的な活動の対象を「コミューン化」することは、運動の活動内容を整理することだった。1960年代末以降の運動において、個人にとって身近な問題が重んじられるようになったことで、若い活動家は社会全体を変革するという複雑な目標からある程度距離を置いた。キンダーラーデンとユーゾーは、レトリック上は社会全体の改革を求めたが、それを実際に実行できたことはほとんどなかった。活動家はローカルな場の運動で手一杯であり、対抗する対象としていた勢力はあまりにも強力だったため、それへの直接的な反抗は、そもそも積極的に実行されなかったか、最初の段階でつまずいた。このつまずきも、「コミューン化」された私生活に近いローカルな場での運動に、若い活動家がますます集中することを促した。

当初からキンダーラーデンの女性活動家は、社会全体の変革を主張しつつも、まずは私生活に近い場所で、小規模な保育施設を中心としたコミューンを軸に活動することを表明していた。例えばザンダーは、1968年の演説で「我々は、既存社会の内部でユートピア的社会を実現したい。この対抗社会の中で、我々の要求を実現するための場所を作り出したい」と述べた。この「対抗社会」の実現、つまり既存社会内部でオルタナティヴな生き方を実践する共同体の創出という目的自体が、「コミューン化」の結果だった。ザンダーは、社会全体を直接変革する能力を持たない運動の現状を最初から認めた上で、まずは私生活に近い場所で活動しようと呼びかけた。(16)

社会全体の変革を先延ばしにする点は、毛沢東主義系の中央評議会も同様だった。中央評議会の目標は、賃金労働者による社会主義革命を起こすことだった。しかし、キンダーラーデンの参加者の多くは、自らの生活空間を越える目標を持っていなかった。このことは、活動家にとって嘆かわしいことではあったものの、運動の開始当初からこうした参加者の意識を悟っていた中央評議会は、革命が近い将来に実現するとは見ていなかった。[17] ヴェーダーも、資本主義社会から切り離された子育てを行う「プロレタリア的教育」は、地域に根付いたキンダーラーデン施設において、まずはローカルに実践されるものであり、社会全体の変革を即座にもたらすわけではないとしていた。[18]

地域住民の生活との関連性が薄い、遠大な目標を掲げた活動がうまくいかないといった状況は、ヴェアフト通りのキンダーラーデン運動でも見られた。ヴェアフト通りの活動家も別の運動と連帯しようとしたが、地域住民に具体的な利益をもたらさない限り成功しなかった。例えば活動家が、西ドイツの左翼運動全体への連帯を示すために、赤軍派テロリストのウルリケ・マインホフの埋葬に立ち会うことを提案すると、地域住民から強い反対を受けた。他方、西ベルリンのクロイツベルク地区におけるベタニエン・ハウスの占拠運動と連帯することは支持された。ベタニエン・ハウスは、福音主義教会が運営していた病院で、１９７０年に閉鎖された後、西ベルリン市政府の再開発政策に反対する若者に占拠され、オルタナティヴな文化活動の拠点になっていた。[19] 占拠者の多くが芸術家だったため、彼らをヴェアフト通りに呼べば様々な文化的催しを行ってもらえると期待した地域住民は、占拠運動との連帯に賛成した。[20]

ユーゾーも理念上は社会全体を変革しようとしていたが、その実行を先送りにするしかなかった。「体制克服的改革」は、西ドイツ社会を包括的に変えるための方針だったものの、これはローカルな領域で活動する大半のユーゾー・メンバーにとっては単なる努力目標だった。[21]

社民党の既存体制に真正面から挑戦するユーゾーの試みはすぐに停滞した。例えば改革派に属するロートは、1971年のマンハイム会議の時点で、ユーゾーは社民党を改革したいだけで党自体を否定しているわけではないと述べており、党首ブラントが「二重戦略」を非難したときには、慌ててそれについて弁明した。[22] 党大会で発言したり、役職選挙に立候補したり、地方の党組織で市民生活の改善を目指す活動を行ったユーゾーは、既存の社会と社民党の体制を破壊するのではなく、活動がすでに認められている場所を運動の主たる拠点にした。

社会全体の変革について詳細に議論することは、内部対立を引き起こしたという点で、ユーゾーにとって停滞の原因だった。ユーゾーは、社民党に社会変革のための理論を提供している、党の頭脳のような存在であると自らを捉えており、活発に論理的に議論することを自らのアイデンティティにしていた。[23] しかし、こうした活発な議論が、次第にユーゾー内の派閥対立を先鋭化させることとなった。とりわけ改革派に対抗したシュタモカップ派と反修正主義派の理論は、西ドイツ社会の急進的な転換を要求し、社民党の存在理由すら疑う内容を含んでいたため、党幹部会の警戒心を呼び起こした。さらにユーゾーの主張をそのまま受け入れて1970年代の社民党が階級政党に回帰することは、党幹部会にとって現実的な選択肢ではなかった。それゆえユーゾーの声は、社民党の上層部に次第に届かなくなった。

数の側面からも、党幹部会がユーゾーの急進的な主張に耳を傾ける意味は少なくなっていった。ユーゾーは、1974年時点で約40万人の参加者を抱えていたにもかかわらず、理論論争と派閥対立による混乱から次第に若者からの支持を失ってしまった。[24] 77年5月に社民党連邦議員団副団長ホルスト・エームケは、74年以降規模を縮小し続けたユーゾーが、今や崩壊の危機に瀕していると述べた。[25] 実際に77年の35歳以下の新規入党者数は、約1万8000人だけで、6年前のほぼ十分の一だった。[26] とりわけ若手の減少が顕著で、25歳以下の党員は、76年に約10万3000人だったが、82年のシュミットの首相退陣時には約5万2000

人しかいなかった。[27]

ローカルな活動の重視

キンダーラーデン運動とユーゾーは、社会全体を変革しようとする代わりに、ローカルで身近な場での活動に注力する「コミューン化」を行った。両者が主に活動した場所は、都市の一地区や一本の街路周辺のごく狭い地域、あるいは数十人から数百人が参加する比較的小規模な共同体だった。

私生活に近い場所での活動を重視することは、68年運動の精神的指導者によって勧められていたことでもあった。例えば心理学者ライヒは、客観的な生産関係の問題だけでなく、主観的な精神的問題にも目を向けることの重要性を指摘した。[28] 哲学者マルクーゼも、1967年の著書『ユートピアの終焉』において、社会の周縁にいる学生と知識人に、自らの生活に直接関係するような「主観的要素」に基づいて活動することを求めた。[29]

すでに述べてきたように、キンダーラーデン活動家は、育児の当事者がローカルに運動を展開することを最初から宣言していた。1968年9月の演説でザンダーは、男性の学生活動家が熱中している未来の社会主義社会のあり方をめぐる論争は、女性が私生活で抱えている問題を全く解決しないと述べ、いつの日か革命が実現するまで問題の解決を待つのではなく、身近なところでできることに今から取り組むと宣言した。[30]

毛沢東主義的なキンダーラーデン活動家も、ローカルな問題に取り組む必要性を感じていた。中央評議会は、これまでの学生運動が私生活の問題、なかでも女性と育児の問題から完全に切り離されてしまっていたことを誤りとして挙げており、運動を続けるために私生活に近い身近な問題の実際の解決を目指すことが必要だと考えていた。[31] それゆえ中央評議会は、1969年1月に機関誌『KL－インフォ』を創刊した。「資本主義的な書籍市場から独立したメディア」とされたこの雑誌の目的は、参加者個人が持つローカルな要求をよく汲み取り、それらを具体的な政治的要求にまとめあげることだった。個人の要求に寄り添うことで運動の土台を確立し、それを通じて最終的にキンダーラーデンが、社会変革のための組織になると中央評議会は考えていた。[32]

ユーゾーにとっても身近な場で活動することは理にかなっていた。68年運動前後に大挙して入党した若者は、やる気に満ち溢れていたものの、新参者であるがゆえに最初から党の上層で活動することは難しかったため、まずは地方の下部組織で運動した。若い党員は地方では多数派であり、ローカルな党組織を数の力で制圧した。若い党員は多くの場合、年配の一般党員よりも強い熱意を持ち、高等教育を受けて知的能力が高く議論に慣れていた。そのため選挙直前でもあまりやる気のない年配党員に対して、若い党員は深夜2、3時まで残って活動し、議論ではレトリックを用いて年配者を翻弄した。さらに、年配者が翌日の仕事のために早めに帰るのを待ってから、残った若者で望み通りに物事を決めてしまうといったことがよく見られた。[33]

ユーゾーは、積極的に一般市民に働きかけた。「体制克服的改革」と「二重戦略」は、ローカルな活動を通じて一般市民を動員することを前提にしていた。社民党が、1950年代末以降に労働者階級政党から国民政党に転換したことで、真に民主的な勢力であるはずの労働者から遠ざかってしまい、民主的政党としての性格を損なっていると若い党員は考えていた。ユーゾーは、この民主主義の赤字を精算することを主張して、積極的にローカルな動員活動に取り組んだ。

ローカルな活動を重視することで、若い活動家は大きな行動余地を得られるようになった。

キンダーラーデン運動は、保育施設の提供という強みを持っていたため、政府機関とメディアと衝突しても比較的安定して存続できた。日常生活を運動の場にしたことで、活動家の理想は一定の実体を伴うものになり、たとえ抵抗があったとしてもキンダーラーデンを運営することができた。とりわけヴェアフト通りのキンダーラーデンは、地域の公園と交通事情に関する問題を具体的に解決しようとしたことで、住民からの支持を得ることができ、市政府と交渉してプレーパークを設置させた。こうした活動家の主張と実践は、キンダーラーデンの実際の規模に見合わないほど大きな注目をメディアと一般市民から集め、従来の保育のあり方に重要な刺激を与えた。

ユーゾーは、政治的に急進的であったものの、地方に山積する問題を解決する限りにおいて、党幹部会によって活動を妨げられることはなかった。そもそも社会改革を主張するブラント政権は、1971年のマンハイム会議開催を後押しすることで、反抗的なユーゾーが地方で活動するように促していた。そのためユーゾーは、地方でなら党の方針に反する活動も行うことができた。フランクフルトのユーゾーは、社民党市政府を強く批判していた再開発反対運動に連帯して、ヴェストエント地区周辺の住宅問題の解決を試みた。さらに71年にユーゾーは、ハンブルクで公共交通機関の運賃値上げを激しく批判した。その際に社民党ハンブルク支部が、フォークトを除名することを求めたが、その理由は彼のきつい社民党批判にではなく、共産主義組織とともに抗議集会に参加したことにあった。党幹部会は、ユーゾーが共産主義組織と協力しなければ、若者による党へのローカルな批判に大抵は目を瞑った。

まとめると、地域住民の私生活に関わるローカルな問題に取り組む「コミューン化」によって、キンダーラーデンとユーゾーの運動は停滞しにくくなり、若い活動家は理想を追求することができた。つまり「コミューン化」は、現実の問題に向き合うプラグマティズムと、他の主体と安易に妥協せずに目標を追求し続ける理想主義の間の弁証法だった。

「制度内への長征」の意味論

「ポスト革命的運動」は、いわゆる「制度内への長征」に含まれる概念である。「制度内への長征」は、1960年代以降に若い活動家が政治参加への意識を高く保ちながら長期的に行った地道な活動や、それによって社会の様々な分野に進出したことを意味する言葉である。68年運動に参加した世代は政治、経済、学術、メディア、芸術など様々な分野で活躍した後、彼らの多くは今や第一線を退いているが、このことは長期的な視点から68年運動を成功したものとして解釈することを可能にした。現在「制度内への長征」という言葉が使われる場合、68年運動参加者が基本的には非暴力的かつ穏健で、既存の社会のあり方を尊重する態度を持っていたことが大抵は含意されている。[34]

しかし、1960年代から70年代における「制度内への長征」は、多様な意味を含んでおり、当時は必ずしも非暴力的な運動を意味するものとして使われたわけではなかった。[35] そのため本書では、「ポスト革命的運動」を「制度内への長征」に含まれる運動の中でも、最初から暴力的な活動を想定しないものを指す概念として提示する。

それでは当初の「制度内への長征」は、どのような語義を持っていたのだろうか。大抵の場合、言葉の意味は、一定の時間の間に何らかの変化を経験し、当初のものとは異なるものになる。言葉の意味内容の変化を考察する概念史に取り組んだ歴史家ラインハルト・コゼレックによると、言葉は「期待の概念」から「経験の概念」へと変化する。コゼレック曰く、ある言葉が使われ始める時、それは当初使用者個々人が持つ願望を反映した「期待の概念」であるため、使用者は自らの思想や企図などを正当化するために、その言葉に様々な意味を与えて自由に用いる。[36] しかし、長い時間をかけて歴史的事象に影響される、語義のイノヴェーションを経験することで、言葉は「経験」に裏打ちされた特定の語義を持つようになるという。[37]

このことは「制度内への長征」にも当てはまる。現在の語義は、68年運動参加者が長い時間をかけて社会に統合されたものの、特別な世代意識を共有しながら栄達したという「経験」に基づくものである。しかし、当初の「制度内への長征」は、別の意味内容を持つ「期待の概念」であり、この言葉に一部の活動家は、かなり急進的で暴力的な意味を与えていた。

世代研究の観点から68年運動を考察した社会学者ハインツ・ブーデは、当初急進的だったいわゆる「68年世代」は、1970年代末までに穏健化したと述べた。38年から48年の間に生まれた者を「68年世代」として定義したブーデは、この世代が70年代末により若い世代の活動家と競合し、社会運動の主導権をめぐって争う中で独自の自意識を確立したと論じた。この時期の「68年世代」は、運動への自らの影響力を確保するために、68年運動のイメージを穏健なものに作り直したとブーデは主張した。この世代は、自らこそが70年代に盛り上がった「新しい社会運動」の起源であると主張するために、「制度内への長征」を含む様々な言葉の意味を意識的に穏健なものへと変更し、メディアを通して普及させたという。[38]

「制度内への長征」は、1967年10月末に活動家ルディ・ドゥチュケによって、身近な場所で長期的な変革を目指す運動として初めて公に用いられた。[39] 長期的な運動の構想は、66年以来すでにドゥチュケが温めていたものだった。66年1月に社会主義ドイツ学生同盟に参加した彼は、2月時点で個人的なメモの中で「制度内への長征」の原型を説明している。西ドイツで武装闘争を行うためにドゥチュケは、「都市における軍事機関」を創設することを主張した。とりわけ彼は、武装組織を社会の「最も弱い構成要素」である大学で最初に設立し、「革命的蜂起」を準備するために長期的活動を行うことを構想した。[40] 4人から6人を一単位として構成された武装組織のメンバーは、社会に浸透した普通の市民という表の顔と、ゲリラ兵士という裏の顔の二重の身分を持つことが必要だという[41]。

この構想をドゥチュケは、68年運動が高揚していた1967年9月初めに公表した。フランクフルトで開かれた社会主義ドイツ学生同盟の代表者会議で、ハンス＝ユルゲン・クラールとともに演説したドゥチュケは、革命家チェ・ゲバラの言葉を引用して、第三世界での「銃撃」が、西側先進国である第一世界の大都市での「行動」によって補完されなければならないと述べた。そのために68年運動の活動家が、職業革命家として武装組織を結成し、大学を基盤にしてゲリラ戦を遂行することをドゥチュケとクラールは求めた。この構想は、学生運動内部でも賛否両論だったものの、この代表者会議でドゥチュケを中心とした反権威主義者は、社会主義ドイツ学生同盟内で初めて多数派の支持を得た[42]。

ドゥチュケは、1967年10月末以降ゲリラ構想を「長征」という言葉で説明したが、この背景には、彼がラテンアメリカと中国の展開に感化されていたことがあった。とりわけ58年1月にフルヘンシオ・バティスタの親米政権を打倒したフィデル・カストロとゲバラのゲリラ運動は、世界中の注目を集めていた。このキューバ革命に熱狂し、61年に現地を訪れて66年からハバナ大学の哲学教授になったフランスの哲学者レジス・ドゥブレは、キューバ革命の分析を通じて、工場労働者を大規模に動員することに絶対的な価値を置かず、代わりに決然とした意思を持った職業革命家によるゲリラ活動を重視する理論を展開した。この理論をドゥブレは、カストロとともに書籍『長征――ラテンアメリカにおける革命の道』を通じて発表した。この理論を支持したドゥチュケは、この書籍が68年にドイツ語に翻訳された際に序文を寄せている[43]。

この「長征」という言葉は、1934年10月に中国共産党軍が行った、江西省瑞金から陝西省延安までの大移動を指す。中国国民党軍の圧倒的な攻撃にさらされた共産党軍の戦略的撤退である長征は、革命運動の本質を体現していると60年代西ドイツの学生活動家は考えていた。長征は、味方が非常に不利な状況でも決して諦めず、遠回りをしても決然とした意思によって目標を追求し、最終的に実現するという革命の理想型であると捉えられていた。こうした物質的な弱さを精神的な強さによって跳ね返す革命のあり方は、カストロの少数のゲリラ部隊が正規軍に立ち向かって勝利したキューバでも再現されたとみなされていた(44)。

同時期のラテンアメリカの状況を参照していたドゥチュケによる武装闘争に関する構想は、現地の展開に応じて変化した。キューバ革命を南米大陸にも輸出しようと試みたゲバラは、1966年11月以降ボリビアでもゲリラ活動を行った。社会主義ドイツ学生同盟代表者会議でのドゥチュケとクラールの演説は、両名がこのゲバラの活動に熱狂していた時期になされた。しかし、演説直後の67年10月初めにゲバラは、一緒に行動していたドゥブレとともにボリビア軍によって捕虜にされ、ゲバラは銃殺刑に、ドゥブレは30年間の禁固刑に処された(45)。

この事件に衝撃を受けたドゥチュケは、すぐに自らの構想を修正した。1967年10月末の社会主義ドイツ学生同盟の会議で彼は、初めて公に「制度内への長征」という言葉を用いた。これは家庭、学校、大学、職場のような私生活に近い場所で変革を目指す長期的な運動を意味していたが、ドゥチュケは、武装闘争を諦めたわけではなく、むしろ「制度内への長征」によってその効果を高めることを狙っていた。『長征――ラテンアメリカにおける革命の道』に寄せた序文の中でドゥチュケは、「制度内への長征」について考察した。彼は革命のために、国際的な武装闘争と大都市での「ゲリラ闘争」を並行して行うことを求め、後者を「制度内への長征」として論じた。ドゥチュケによると、「制度内への長征」とは支配体制を動揺させるために、社会に浸透した知識人が大都市でサボタージュ活動を行うことだった。この知識人の活動を土台にして、国際的に活動する革命組織が武装闘争を行うことをドゥチュケは構想していた(46)。

この構想をドゥチュケは、1968年9月に発表した書簡集においても開陳した。これによると、「制度内への長征」は、特定の場所に留まって穏健に活動することではなく、決然とした意思を持った活動家が、社会の様々な場所で戦闘的な活動を行うことを想定しており、その人物が活動場所を追い出されたなら、再び新しい場所に浸透することが必要だとドゥチュケは述べた。[47] この「制度内への長征」構想は、当時ジャーナリストで後に赤軍派に参加するマインホフによって、雑誌『コンクレート』で68年に紹介された。[48]

このようにドゥチュケの「制度内への長征」は、国際的な武装闘争の土台になることが念頭に置かれた戦闘的な構想だった。この構想を68年運動後の急進左翼も保持していた。例えば毛沢東主義的な「ドイツ共産党（KPD）」と「西ドイツ共産主義者同盟（KBW）」は、「制度内への長征」によって工場労働者と西ドイツ軍人の間に浸透して、将来的にプロレタリア政党と武装組織を設立することを目指していた。[49] とりわけ西ドイツ共産主義者同盟は、1974年に「兵士・予備役委員会」を設立して民兵を組織することで、警察と常備軍を代替する構想を表明した。毛沢東主義的なドイツ共産党は、西ドイツ軍に所属する党員による非合法の闘争組織を設立することを検討した。[50] トロツキスト組織である「国際マルクス主義者グループ（GIM）」も、「制度内への長征」によって労働者を動員して「工場レーテ」を設立し、これをもとに暴力革命によって体制を転覆させることを目指した。[51] しかし、これらの活動が、目に見える成果を挙げることはなかった。

体制側も、「制度内への長征」に暴力的な要素が含まれることを認識し、警戒していた。例えば1975年に西ドイツの急進主義について報告した憲法擁護庁ハンブルク支部長官ハンス・ヨーゼフ・ホーヒェムは、「制度内への長征」をネオナチと赤軍派のテロ活動に並ぶ脅威と見ていた。彼は、西ドイツの民主主義が盤石であることは疑っていなかったものの、左翼の一部が議会制民主主義を軽視しており、長期的な活動によって民主的秩序を内側から掘り崩そうとしていると指摘した。70年代に入って急進左翼の若者が公職に就いたことで、彼らが社会に浸透するための第一段階を達成したと見ていたホーヒェムは、民主的勢力の現状を改めて分析し、急進主義者の攻勢に備えることを求めた[52]。

ホーヒェムのような治安対策の専門家以外にも、急進左翼が民主主義への脅威になるかもしれないという不安は共有されていた。政治学者オシップ・K・フレヒトハイムは、1960年代には学生運動を支持していたものの、80年には打って変わって「制度内への長征」の危険性を論じている。彼は、モスクワ系ドイツ共産党を念頭に置きつつ、選挙ではほとんど何の力も持たない急進左翼でも労組、大学、学校などで積極的に運動することで、実際の規模に見合わない影響力を獲得していることを指摘し、急進左翼が特定の場所で活動することで、民主的体制を長期的に破壊する可能性があると見ていた。対策としてフレヒトハイムは、急進左翼が掲げる綱領に積極的に反論し、その正当性を否定することを求めた[53]。新左翼セクト組織も、同様の理由から警戒対象だった。77年に経済学者ホルスト＝ウド・ニーデンホフは、全国で約2万6000人のメンバーを抱える種々の新左翼セクト組織が、特に労組に対して持っている影響力に注意するように促していた[54]。

このように西ドイツで「制度内への長征」という言葉が使われ始めた当初、この言葉は社会変革のために穏健に活動することを意味するようなものではなかった。ドゥチュケが最初に主張した戦闘的な構想は、68年運動以後の活動家によっても受け継がれており、このことを治安当局と研究者も認識していた。そのため本書では、「制度内への長征」の中でも暴力革命を想定していない運動を指す概念として、「ポスト革命的運動」を提示する。

「ポスト革命的運動」と市民の新しい政治参加の関係

本項ではキンダーラーデンとユーゾーによる「ポスト革命的運動」を、同時期の市民運動と政党政治との関係の中で位置付ける。

「ポスト革命的運動」は、市民による新しい政治参加のあり方と共通点と相違点を持つ。

まず共通点に関して、キンダーラーデンとユーゾーの運動は、「脱物質主義」の台頭に対応していたと見ることができる。「脱物質主義」は、生命の安全や量的な豊かさよりも、質的な豊かさをより強く求める態度を指すものとして、政治学者ロナルド・イングルハートによって提起された概念である。戦後に未曾有の経済成長を経た西側先進国の大半の市民は、１９６０年代までに生命を脅かされるような災害、戦乱、絶対的貧困などへの不安からは解放されたとされる。そのため、それまで重要視されていた生命の安全、経済的に安定した生活、量的な豊かさの実現といった「物質主義」的な要求の達成が当然視されるようになり、主要な政治的論点に挙がりにくくなったとイングルハートは分析した。[55] 代わりに生活の質の向上や自己実現の拡大を重視し、私生活の充実を目指す「脱物質主義」的な要求が、市民の政治的能力の高まりとともに重要度を増していったとイングルハートは指摘した。生活に余裕が出てきたこと、教育水準の向上、情報技術の発展などによって、これまで以上に多くの市民が、政治・社会活動のための時間と能力を十分に持つようになったという。[56]

これに伴って、市民が選挙や政党への参加といった旧来の方法以外でも、政治と社会に直接参加する機会を求めるような、「参加革命」が発生したと政治学者マックス・カーセは論じている。[57] カーセによると、戦後に創設された西ドイツの民主主義制度は、市民の政治参加を選挙などの特別な機会に限定していた。しかし、「脱物質主義」的な価値観が普及したことで、生活の質の向上や自己決定の拡大を求めて政治に対して声を上げる市民が増えるとともに、デモなどによる政治への直接参加を歓迎する民主主義理解が、１９６０

年代の抗議運動によって普及したことで、市民の参加機会の拡大が重要な政治問題になったという。[58]

この展開が政治参加に関する「革命」であると見られた理由は、政党政治の構造に根本的な疑問が呈されていると思われたためだった。政治学者サミュエル・P・ハンチントンによると、政党政治は一人一票を原則とする投票制度と、議会をはじめとする代表制度を長い間維持してきたが、こうした制度は新しい直接的な参加機会への要求と矛盾していた。[59] 市民は政治と社会に直接参加することを求めていたが、活発に活動する一部の市民の「利己的」な要求を政治が受け入れてしまうとしたら、投票制度と代表制度が持つ個々人の平等原則が成立しなくなるという。このことが、近代国家の権力は国民の代表された一般意思に基づくという原則を掘り崩す可能性があるとカーセは指摘した。彼は、この可能性に対応するために、既成政党が市民の要求と真剣に向き合って参加機会を制度的に拡大することを求め、もしこれを怠れば政府は非民主的な性質を持つようになると論じた。[60]

「ポスト革命的運動」も、自己決定と生活の質の向上と、これらを実現する参加機会を求めていたことから、「脱物質主義」と「参加革命」の展開の一部として捉えることができるだろう。キンダーラーデンは、子どもの育て方について国家や社会ではなく、親が自ら決定する機会を実現する施設だった。とりわけ既存の保育施設が子どもに悪影響を及ぼしていると見た人々は、子どもにより質の高い生活と教育を提供するためにキンダーラーデンを設立した。ユーゾーは、社民党内でより多くの参加機会を求め、ローカルな領域で市民の生活を質的に豊かにしようとした。ユーゾーが住民によって直接管理される合議機関と建設会社を求めたことは、参加機会と自己決定を求める市民の増加を背景にしていた。

市民の中には、若い活動家に頼らず独自に行動した者もいた。特に市民・住民運動団体である「市民イニシアティヴ（Bürgerinitiative）」（「ビュルガー・イニシアティヴ」とも呼ばれる）が、1960年代末から積極的に設立されるようになった。[61]市民イニシアティヴは、直接的な参加機会を実現することを目的に掲げ、テーマと時期と場所を限定して活動する市民・住民運動団体である。[62]本書で取り上げた69年設立のヴェストエント活動委員会は、西ドイツで最初に設立されたイニシアティヴのひとつとされているが、同年秋には「市民イニシアティヴのための活動委員会」が設立され、全国で多数登場したイニシアティヴ間の調整を行うようになった。[63]77年までに約3万8000のイニシアティヴが誕生し、150万人から200万人に参加経験があると推定されていた。[64]

当時の西ドイツにおいて市民イニシアティヴは、政党よりも高く評価される傾向にあった。1975年に16歳から24歳の人々を対象に行われた世論調査によると、社会を変えるには政党よりも市民イニシアティヴの方が効果的だと考える者が多数派だった。[65]また市民イニシアティヴは、一般的にかなり信頼されていると82年に政治学者ベルント・グッゲンベルガーは論じた。例えば工業と原発が環境に与える負荷が問題になる時、どこからの情報を一番信用するかという質問に対して、回答者の26％が市民イニシアティヴを挙げた。他方、政治家からの情報を信用する者は10％で、企業や原発管理者を挙げる者は6％だけだった。この高い信頼の理由として、市民イニシアティヴは党派利害を超越した立場から発言すると考えられていることをグッゲンベルガーは指摘した。さらに環境保護に最も貢献している主体として、48％の回答者が市民イニシアティヴを挙げた一方で、政党を挙げた者は8％に過ぎなかった。[66]この支持率の高さの理由は、大半のイニシアティヴが合法的で穏健に活動していたことにもあった。76年にドイツ都市研究所が行った調査によると、1403の市民イニシアティヴのうち、道路封鎖のような非合法活動を行ったのは26だけだった。[67]

市民イニシアティヴは、「ポスト革命的運動」と同時期に活動し、活動内容についても似た方向性を持っていた。同じく1976年のドイツ都市研究所の調査によると、15・8％の市民イニシアティヴが、キンダーラーデンのように保育施設と遊び場の建設のために活動しており、この値は、最多カテゴリーの「環境」問題に取り組んだイニシアティヴよりも僅かに少なかった。さらに市民イニシアティヴのうち、8・0%が都市再開発、5・7%が住宅・家賃問題、11・8%が交通問題に取り組んでいたが、これらのテーマは、ユーゾーが強い関心を持っていたものでもあった。[68] 特にユーゾーが組織したボッケンハイム賃借人アクションは、ボッケンハイム地区に住む当事者が住宅問題のために直接活動したことから、市民イニシアティヴの定義に当てはまる。[69]

「ポスト革命的運動」と市民イニシアティヴの間には、実践において共通点があるものの、理念の側面で相違点がある。「ポスト革命的運動」は、特定の政治綱領や思想を積極的に受け入れていた一方で、ほとんどの市民イニシアティヴは、その黎明期から包括的な政治構想から距離を置いたシングルイシューの運動だった。

特定の問題に関心を持つ者が集まって、アドホックに活動する組織形態としての市民イニシアティヴの原点は、1967年5月のシュレースヴィヒ・ホルシュタイン州議会選挙で社民党を支援するために、作家ギュンター・グラスらが設立した「社会民主主義有権者イニシアティヴ」にあるとされる。[70] このイニシアティヴの参加者は社民党員ではなく、社民党の綱領を全面的に支持することも長期的に党のために運動することもせず、選挙という機会に限定して活動した。この活動は成功を収めたため、69年の連邦議会選挙では65の同様のイニシアティヴが、72年の連邦議会選挙では338のイニシアティヴが設立された。さらに69年にグラスは、「来たる十年は市民イニシアティヴの時代になる」と述べて、この運動形態の普及を促した。[71]

参加者を非政治的な人々として演出し、その設立の動機は受動的であるとする傾向がある市民イニシアティヴは、多くの場合、外からの「脅威」によって平穏な日常生活を壊されそうになっていることに怒った、普通の市民により設立されたと主張した。[72] 動機が受動的であるため、市民イニシアティヴは短期間しか活動しないことが多かった。[73]「脅威」は去ったと参加者が認識すれば、市民イニシアティヴは存在意義を失うため、平均すると14ヶ月程度しか活動しなかった。[74]

他方、「ポスト革命的運動」の活動家は、自らの政治的立場を明白にし、社会主義思想に沿ったオルタナティヴな社会を積極的に主張して長期的に活動した。若い活動家は、私生活に近い領域を主な活動の場にしており、社会全体の変革に取り組むことは難しかったものの、少なくとも自らの運動は、将来の大規模な変革の下準備であるという旧来のレトリックを用いることで、運動の将来の展望をアピールし、人々の支持を得ようとした。活動家は、市民の新しいタイプの要求を積極的に汲み取ろうとしたが、その要求を既存の政治的ヴィジョンである社会主義思想に沿って理解した。

ヘルムート・シュミット（1977）

このように新しいものではなく、人々に既知の感覚とそれに伴う安心感を与えるような既存の政治的ヴィジョンを用いて市民の支持を得ようとした点で、逆説的ではあるが「ポスト革命的運動」は当時の政治指導者の手法と共通点を持っていた。１９７４年に首相に就任したシュミットは、前任者ブラントと異なって改革政策に熱狂しておらず、むしろ改革のような新しい「ヴィジョン」［ドイツ語Visionは、「幻覚」の意味も持つ］がある者は、医者に診てもらうべきだ」と公言した。[75] 当時の経済不況を踏まえたシュミットは、首相就任直後の施政方針演説で、ブラント政権による楽観的な社会改革の約束を撤回することはなかったものの、新たな改革を実行する財政能力があるかどうかについて非常に慎重だった。[76] むしろシュミットは、新しいヴィジョンに代わって過去の政策からの連続性や現実主義を強調し、安定感をアピールした。[77] シュミットは、戦間期の20年代から30年代の危機に対する社民党の優柔不断さこそが、ヒトラーの台頭を招いたと考えていたため、70年代の新しい危機に際して、楽観主義ではなく冷静さをもって決然と対処することを決心していた。第二次世界大戦中に鉄十字勲章を授与されるほど有能な空軍将校だったシュミットは、軍人らしいきびきびとした振る舞いと、権威性を感じさせるような強い指導力をアピールしており、実際に彼の有言実行の姿勢は有権者の信頼を集めていた。[78]

他方、キリスト教民主同盟・社会同盟は、既存のイデオロギーの対立構造を改めて強調して支持を得ようとした。キリスト教社会同盟党首フランツ・ヨーゼフ・シュトラウスは、1974年11月にシュミット政権への攻勢を強めるために、50年代に用いられたような図式を引っ張り出した。シュトラウスは、社民党が「社会主義と不自由さを支持していること、集団と幹部による支配を求めていること、その政策は西ヨーロッパでのソ連の覇権確立をもたらすこと」を常に強調するように要求した。[79]

こうした主張を掲げたシュトラウスは、当時の政治的現実からかけ離れていると強い批判を受けたため、キリスト教民主同盟・社会同盟の首相候補に選ばれず、代わりに若い改革派のキリスト教民主同盟党首ヘルムート・コールが選出された。しかし、シュトラウスの主張の一部は、1976年10月の連邦議会選挙で採用され、キリスト教民主同盟は「社会主義ではなく自由を」、より保守的なキリスト教社会同盟はさらに直接的な「自由か、社会主義か」というスローガンを掲げた。[80] 連邦議会選挙で両党は、西ドイツと統一ドイツの歴史上三番目に高い48・6%の票を得て最大勢力に返り咲いたものの、社民党から政権を奪えなかった。

この一因は、コールが十分に保守的でないために、社民党と自由民主党の連立政権への魅力的な対抗馬に見られていないことにあると考えたシュトラウスは、終戦直後の結党以来事実上のキリスト教民主同盟バイエルン州支部として活動してきたキリスト教社会同盟が、同党の協力関係を解消してバイエルン州以外にも進出することを画策した。[81]

このように1970年代の主要政党は、以前の政策からの連続性をアピールしたり、古い対立構造を取り上げたりすることで、安定感と信頼と人気を得ようとしたが、このことを有権者は歓迎した。主要政党が市民の新しい要求にあまり対応できていなかったにもかかわらず、政治と社会への参加意識の未曾有の高まりを背景に、有権者は政党政治に非常に高い関心を持っていた。[82] 特に若者が積極的に投票権を求めたため、72年6月に連邦議会は連邦選挙法を改正し、選挙権年齢を21歳から18歳に引き下げた。72年と76年の連邦議会選挙の投票率は90%を越え、70年代の各州議会選挙の投票率は全て70%以上だった。[83] 社民党だけでなく、キリスト教民主同盟・社会同盟と自由民主党も多くの入党者を受け入れており、69年から79年の間に党員数は、社民党では約77万9000人から約98万2000人に、キリスト教民主同盟・社会同盟では約37万4000人から約85万2000人に、自由民主党では約5万9000人から約8万3000人へと増加した。[84]

まとめると「ポスト革命的運動」は、参加機会と自己決定の拡大、より質の高い生活の実現などを求める市民の要求に対応したことから、市民イニシアティヴと同様に「脱物質主義」的な価値観の転換と「参加革命」といった、新しい社会的変化に対応していたと見ることができる。同時に「ポスト革命的運動」は、社会主義思想のような既存の政治的ヴィジョンを用いていたという点で、当時の主要政党と類似する特徴を持っていた。低成長時代に突入した1970年代には、新しいものに積極的に挑戦する楽観主義が弱まるとともに、「脱物質主義」的価値観の新たな広まりによって、これまでの政治のあり方が今後も通用するのかが不透明になっていた。70年代の「傾向転換」の時期において、不透明な将来への不安が募っていたからこそ、既存の信頼できるものを改めて前面に押し出すことで、未来への見通しとそれによる安心感を人々に与えるような政治的ヴィジョンが、重要性を増していたと言えよう。

第3節　キンダーラーデンとユーゾーの運動の位置付け

本節では、これまでに扱ったキンダーラーデンとユーゾーの活動が、当時の西ドイツ社会においてどのように位置付けられるのかについて、前節で扱った「コミューン化」と「ポスト革命的運動」を踏まえて検討する。

社会の構造転換に対するローカルな領域での対応と政府の困惑

「コミューン化」されたキンダーラーデンとユーゾーの運動は、西ドイツ社会において参加機会、自己決定、生活の質の向上などを実現するための自由な領域を獲得するためのものだったと言えよう。

キンダーラーデン運動は、社会規範に従わない生活と子育てのあり方を参加者が自ら決定できる領域を実現しようとした。キンダーラーデンは日常生活に近く、社会規範の影響力を少人数の共同体構成員の裁量で拒否できるような領域だった。この自由な領域は、運動の対象と場を「コミューン化」し、小規模な共同体に求めることで実現された。この領域での活動方針は、権威や権力による上からの命令によってではなく、参加者の話し合いによって決定すると謳われた[85]。

ユーゾーは、社民党の組織構造を批判して党幹部会の権限を縮小し、一般党員がより多くの参加機会を持つ領域を作り出そうとした。ユーゾーが党内で求めた領域は、68年運動以降の若い党員の増加とそれによるユーゾーの影響力拡大によって、当初はある程度確保されていたものの、次第に党幹部会の抵抗によって縮小した。代わりにユーゾーは、自由な活動の領域を地方で見出した。政治が引き起こした矛盾に苦しむ草の根の人々からの要求に応えると主張したユーゾーは、市民生活の改善を訴えてローカルな活動を強化した。地域密着型の活動では必ずしも党の公式路線に拘束されず、エリート政治家や専門の役人ではなく、問題の当事者が重要な役割を担った。

参加機会と自己決定の拡大、生活の質の向上などを実現するための領域を求める態度は、「脱物質主義」的な価値観への転換と「参加革命」を経験していた市民にも共有されていたと言えよう。しかし、こうした領域を求める声に対して、当時の政府は必ずしもうまく対応したわけではなかった。1969年10月の施政方針演説で、「もっと多くの民主主義を敢行したい」と述べた首相ブラントは、「市民が国家と社会の改革に参加する機会を持つべき」であると語り、市民の要求に応えようとしていた。[86]実際にブラント政権の改革政策は、多岐にわたる分野で進められたため、社会の多様化と民主化に貢献したと評価できよう。

ただ改革の対象が広範囲に及ぶことは、社会のより広い領域に政府が恒常的により強力に介入するようになることも意味しており、こうしたことは、市民による自由な領域への要求と矛盾する可能性があった。[87]しかし、このことは、ブラント政権時代にはそれほど大きな問題だとみなされていなかった。なぜなら改革政策と市民の要求の方向性は、基本的に一致していると見られていたためである。政府は、これまで通り安定した生活や物質的な豊かさを求める市民の「物質主義」的な要求だけを念頭に置いており、これには社会への介入の強化を基調とする改革政策によって対応できると考えていた。[88]

しかし、特に1970年代以降、後述するような経済トレンドの変化と社会構造の転換が発生したことに

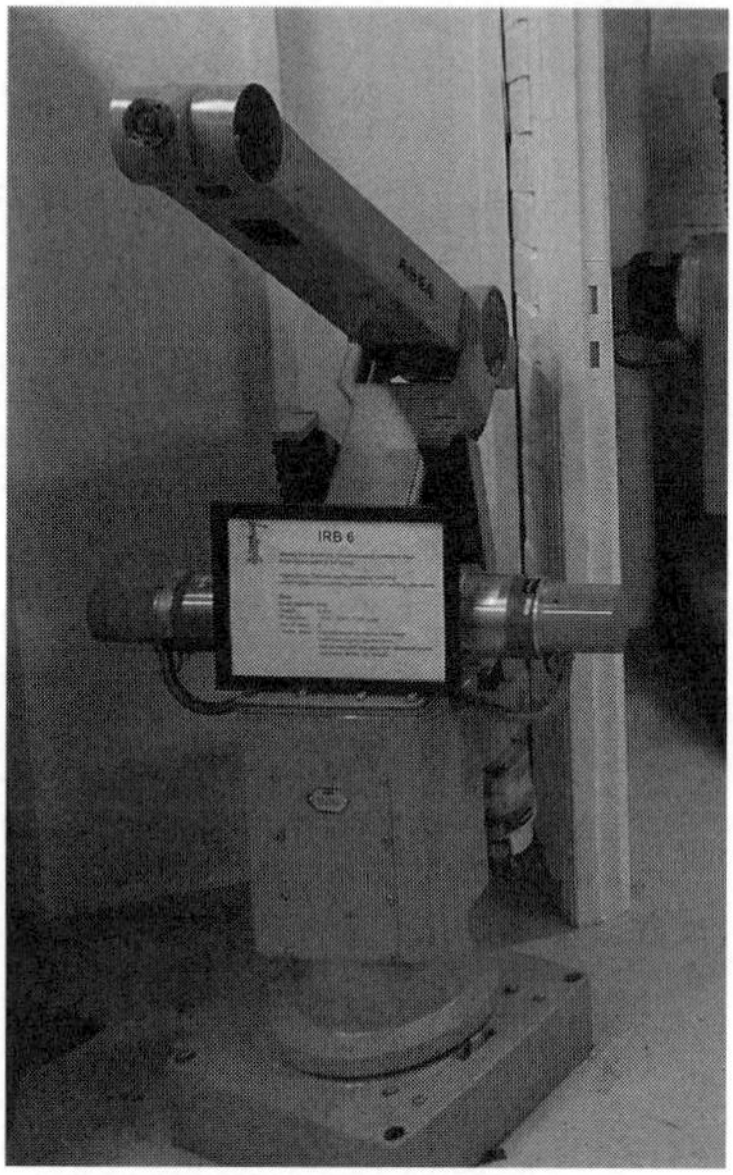

産業用ロボットIRB 6
IRB 6は、1973年に発表された産業用ロボットである。マイクロプロセッサによって制御され、精密作業が可能な産業用ロボットは、工業労働者の職場を次第に奪った。
© Dependability
解説出典：Raphael, *Jenseits von Kohle und Stahl*, S. 59.

より、政府の想定通りに物事は進まなかったと言える。特に経済トレンドの変化によって、政府は市民の「物質主義」的な要求に応えられないことがあった。さらに社会構造の転換に伴い、「脱物質主義」的な価値観が普及することで、市民の要求と政府のヴィジョンの間の齟齬が大きくなった。政府は、政治的な能力を高めた市民の声にうまく対処できず、困惑していた。

まず経済トレンドの変化について、１９７０年代半ばの経済成長の鈍化によって、政府には改革を行う余裕がなくなっていった。それ以前は、68年以来３％を超えていた高い経済成長率が、今後も維持されるという非常に楽観的な予測に改革政策は依拠していた。[89] この成長は、国家による経済への介入を基調とする「総体的誘導政策」と経済安定成長促進法のような経済政策、ならびに政府、連邦銀行、企業連合団体、労組がコーポラティズム的に協力する「協調行動」によって上から実現されると政府は考えていた。[90] 政府の改革政策は、経済成長によって増え続ける歳入を発展が遅れた分野に投入することで、市民の不満を解消することを目指していた。[91]

しかし、政府の予測通りにはならなかった。１９７３年の第一次石油危機に端を発する経済不況によって、経済成長率は74年に０％、75年にマイナス１・１％へと落ち込んだ。[92] これに伴い、社民党の目玉政策だった完全雇用が揺らぎ、69年から73年に０・８％から１・２％の低水準にあった失業率は、75年に４・６％へと急増した。[93] 経済が停滞しているにもかかわらず、インフレ率は高いままだったため、西ドイツの連邦政府と地方自治体の負債は、70年から77年で約１２５９億マルクから約３２８６億マルクへと増加した。[94]

この経済不況の主因は、単なる景気循環にではなく産業構造の転換にあった。特に西ドイツ経済を支えていた輸出産業は、かつてほどの利益を期待できなくなった。以前の西ドイツは、安いマルクと原材料のおかげで低価格の加工製品を輸出して利益を上げていたものの、１９６９年以降のマルクの為替レートの段階的引き上げや石油価格の高騰などにより、西ドイツの輸出商品への価格圧力は次第に大きくなる傾向にあった。[95]

さらに西ドイツの重工業の基盤も揺らいでいた。鉱業と製鉄業、これらに関わる自動車製造業や造船業は、長らく経済の屋台骨だったが、韓国や台湾などの新興国との競争の中で採算が取りにくくなった。[96] 西ドイツの国内総生産は、１９７０年から83年の間に34％増加したが、付加価値生産性は鉱業で42％、造船業で13％、製鉄業で10％減少した。[97]

重工業の危機は、西ヨーロッパ諸国と比較して工業労働者の割合が大きかった西ドイツの経済全体にとっての危機でもあった。西ドイツの工業労働者は、１９７３年から76年の間に約１４０万人減少し、71年には19万人に満たなかった失業者数が、75年には約１０７万４０００人に増加した。[98] しかし、この時期に拡大したサービス業、およびハイテク産業と製薬業のような先端産業は、長期間の専門教育を受けた人材を必要としていたため、特に年配の失業者を十分には受け入れられなかった。[99] そのため年配の労働者の多くは、早期年金受給によって職場から早めに引退することができたが、このコストは企業と政府の財政を圧迫していた。こうした生産年齢の上限低下は、高等教育の普及がもたらす労働市場への参入年齢の上昇と組み合わさることで、ますます幅広い年齢層が就労しなくなる「労働社会の危機」を引き起こしているとされた。[100]

工業労働者は自らの職場と賃金を守るように求めていたものの、これは難しかった。1968年に外国人労働者の大規模募集が再開された結果、73年の募集停止までにトルコ人を中心とした約150万人のガストアルバイターが西ドイツに入国した。外国人労働者は、ドイツ人労働者が避けるような低賃金で労働条件の良くない職場でも働く傾向があり、労働市場の穴を埋めたため、ドイツ人労働者が相対的に高賃金でより良い条件の職に就けるようになった。実際には外国人労働者の受け入れによって西ドイツ人労働者の所得が減少したり、失業率が高まったことはないとされているものの、外国人労働者の存在によって賃上げが抑制されていると当時は見られる傾向があった。[101]

労働市場の変化を受けて労働争議が激化し、1969年9月と73年8月には山猫ストライキが発生した。この山猫ストライキは、「協調行動」による労使間の調和を重視して賃上げ要求に慎重だった労組に対して、労働者が反発したために起きたものだった。このストライキを受けて労使交渉が改めて行われ、「協調行動」を通じて比較的速やかに賃上げが合意された。69年から74年で賃金は平均して11・8%上昇したものの、労働生産性は2・7%しか上がっていなかったため、賃上げは人件費率が上昇し、投資率が減少することで実現したものだった。このことは、特に競争の激しい輸出産業に悪影響を及ぼして企業利益に反したため、「協調行動」のようなコーポラティズムにとって危険信号だった。このようにそれまで成功していた経済政策も、70年代半ばにはうまくいかなくなりつつあった。[102]

この時期に政府や企業の重大な関心事になったのは、第三次産業をいかに発展させていくかということだった。1973年から76年で就労者数が約57万人増加し、その後も拡大の一途を辿ったサービス業が、西ドイツ経済の価値生産全体で占める割合は、70年の29・4%から80年の38・4%へと高まった[103]。とりわけ銀行業や保険業などが拡大し、これらの業種は住宅地が再開発されて商業地区になった都市中心部に、多くのオフィスを構えるようになった。さらにこうしたサービス業では、教育を受けた労働力が不足していたため、女性の働き手が求められていた。これに応じて69年6月に西ドイツ政府は雇用促進法を通じて、結婚や出産で退職した女性が職場に戻りやすくなるような環境整備を進めていた[104]。さらに70年4月には連邦雇用庁が、既婚女性も働きやすいような柔軟な労働形態の普及を特にサービス業で促す方針を決定した[105]。こうした産業構造の変化と政府の施策によって、ますます多くの女性が社会で活躍するようになった。

こうした構造転換によって生まれた状況に、キンダーラーデンとユーゾーの「コミューン化」された運動は、ローカルな領域で取り組んだと言えよう。キンダーラーデンは、とりわけサービス業の拡大によって働く女性が増えたことで生まれた、保育施設の不足問題に対応していた。ユーゾーは、都市の構造転換によって発生した問題に取り組んでいた。産業構造の転換に伴って都市中心部の古い住宅地は、採算性が高いオフィス街と商業地区へと再開発されるとともに、外国人労働者を含む多くの人々が集まったことで地価と賃料が上昇した。こうした都市環境の変化に対応したのが、ユーゾーのローカルな運動だった。

さらに1960年代以降政府のヴィジョンと市民の要求の齟齬が目立つようになっていた。社民党政府は、「協調行動」のように指導者間の合意に基づいて専門家が策定した改革を進める体制を、自信たっぷりに「ドイツ・モデル」と呼んでその成功を誇っていたが、これは代表制度に基づく民主主義が持つ正統性を超越することがあった。すなわち専門知識を持つエリートが政策の内容を決め、国家の指導者たちが合意した上で実行したことは、為政者が主権者である市民の声をそれほど丹念に聞き取ろうとしなくても、人々が満足するために必要なものを推測して提供できると考えていたことになるであろう。こうした姿勢は、市民が主に「物質主義」的な要求を主張していた時代にはうまくいったものの、「脱物質主義」的な価値観が普及すると、政府のヴィジョンと市民の実際の要求が食い違うことが増えたために行き詰まるようになった。[106]

政府のヴィジョンと市民の要求の齟齬は、両者が活動する領域をめぐる争いになった。指導者とエリートによって実行される改革政策は、新しい権力の領域が存在することを示した。つまり議会による正当化を必ずしも必要としないこの領域で、重要な決定が下されることによって、代議制民主主義の限界と赤字が明らかになった。この限界と赤字を埋め合わせるために市民は、自由に活動できるコミューンやローカルな領域で自らの意思を実現しようとした。さらにこれまで選挙に投票するだけで満足していた集団と、そもそも政治から遠ざけられていた集団が、参加機会と自己決定の拡大、生活の質の向上などを求めて政策策定に参加しようとした。とりわけ私生活に近いローカルな領域で、新たに若者のような特定の世代、地域住民、女性、エスニック・マイノリティをはじめとする様々な非特権者集団が、独自の運動をますます活発に行うようになった。[107]

これらの新しい主体は、経済成長で豊かになった生活と教育水準の向上のおかげで、かつてないほど高い政治的能力を得ていたため、それぞれの主体が自らの置かれた危機的状況を早々に解決することを、強力かつ効果的に要求した。一部の主体はキンダーラーデンのような新しい施設を作ったり、ユーゾーのような組織に参加したり、市民イニシアティヴを組織することで自らの意思を積極的に表明した。

このような新しい運動主体が、たとえ狭い空間であったとしてもローカルな領域においてオルタナティヴな構想を掲げ、時に強い動員力と実行力を見せつけていたことは、政府に不安を抱かせた。加えて市民の従順さだけでなく、政府に対する信頼も低下していると政府は見ていた。例えば当時の世論調査によると、公務員の仕事とコミュニケーションのあり方に強い不満を抱えていると答えた者は69年に68％、72年には77％に達した[108]。こうした状況を見た政府は、自らの統治能力の低下を懸念し、ますます将来を不安視するようになっていた[109]。

行政機関だけでなく、民主的な正統性の源泉であるはずの立法機関も、新しい状況に対応できていないと考えられていた。市民の新たな要求は、一部の当事者にしか関係しないために、議会を通じて実現できるような一般性を持たないことがあった。社会の複雑な利害関係に取り込まれていない非特権者集団による新しい運動に対しては、圧力をかける方法も交渉の機会も少ないと見られていたため、政府は市民の要求を受け入れるか拒絶するかの二択を迫られているように感じることがあった[110]。さらに特定の領域において一部の市民が効果的に運動することで、社会全体にとって必要な政策すら阻止してしまうとしたら、もはやあらゆる政策を実行できないと政府は考えていた。様々な領域で市民の小さな集団が既存の代表制度を用いず、社会の多数派とも関係なく、当事者の利益を直接主張したが、この状況に対応する手段を政府は十分に持っていなかった[111]。

こうした状況について、ハーバーマスは１９７３年に「後期資本主義」理論を支持する立場から、経済不況による行動能力の制限も相まって、市民の要求に対応できない政府が、支配の正統性を維持できなくなる危機について警告した[112]。実際に為政者の方も、市民による政治的要求の高まりに対して、もはやうまく対応できないと強い不安を感じ、統治能力が全体として深刻な危機に陥っていると見ていた。この危機をうまく克服できないのであれば、とりわけ戦後に生まれた歴史の浅い民主的体制は崩壊し、独裁制が再び各地で跋扈するのではないかという危機感が、西ドイツを含む西ヨーロッパだけでなく、北米と日本でも共有されていた。[113] 例えば首相ブラントは、74年3月に『デア・シュピーゲル』誌に対して次のような悲観的な発言を残し、同年5月に退任してしまった。

もし西側の体制の瓦解を止められないのであれば、〔中略〕ヨーロッパの議会主義には、せいぜいあと20年か30年の余命しかないだろう。〔中略〕もし問題を解決することができないのであれば、最終的には急進的な共産主義かファシズムの危機が迫ることになる。[114]

危機に対処する試みと対立

これまで述べてきたように、1960年代後半以降ますます多様な勢力が様々な活動を行うようになった。社会のいたるところで危機的状況が生じていると主張されていたが、政府がそれらにうまく対応できなかったため、諸勢力が問題を独自の方法で解決しようとした。

しかし、それぞれの勢力が独自の考えで行動したため、社会内部で様々な対立関係が先鋭化した。「ポスト革命的運動」は、ローカルに活動することで問題を解決しようとしたが、急進的な主張を掲げたことで支持者と批判者の両方を集めていた。保育施設の不足と権威主義的な教育を解決するべき危機的状況と捉えたキンダーラーデン運動の子育ては、社会規範に反する側面や急進的な方針を持っていたため、多くの批判者を抱えていた。社会と党の徹底的な民主化を求めたユーゾーは、ローカルな社会問題に取り組んでいたが、急進的な主張が組織内外で対立を引き起こしていた。さらにキンダーラーデンとユーゾーは、既存の保革の対立軸を再強調していたが、このことは前項で述べたように、キリスト教社会同盟のシュトラウスのような保守派の指導的政治家も行っていたため、この時期の西ドイツでは左右の対立が深まっていた。

他方、市民イニシアティヴのように既存の左右の対立軸を越えて、新しい問題を取り上げる動きもあった。とりわけ環境問題は、左右を問わず深刻なものとして受け止められていた。例えば１９７２年にローマ・クラブが出したレポート『成長の限界』に衝撃を受けた社民党のエアハルト・エプラーとキリスト教民主同盟の連邦議会議員ヘルベルト・グルールは、経済発展と環境破壊が引き起こす危機に警鐘を鳴らす書籍をそれぞれ75年に出版した。[115] その後、キリスト教民主同盟を離党したグルールは79年から80年の緑の党設立に携わった。

ブロクドルフ原発の建設に反対するデモ（1976）

１９７０年代には、本格的な原子力施設反対運動が始まった。第一次石油危機を経験した西ドイツ政府は、エネルギー供給を石油に依存するリスクを意識し、50年代末から進めていた原発増設をさらに促した。[116] しかし、一部の市民にとっては、原発こそが危機をもたらす存在だった。原発建設予定地の西ドイツ南西部ヴィールと北部ブロクドルフの住民が、73年に反原発を掲げる市民イニシアティヴを設立し、裁判闘争や陳情だけでなく建設予定地の占拠のような非合法活動も行って、全国的な注目を集めた。[117] 特にブロクドルフでは戦闘的な若い左翼活動家が、警察との激しい衝突を繰り返した。原子力施設建設を断念、あるいは遅延させたこうした運動は、環境運動の可能性を広く認識させ、緑の党設立の前提になった。[118]

一方で、環境意識の高まりによって、これまで進めてきた政策の正統性が危機に陥っていると原子力推進派は受け止めた。例えば当時のドイツ労働総同盟は、原子力産業を放棄することで失業者が増え、国際市場で西ドイツが競争力を失うことになると主張し、原発建設への理解を求めた。[119] そのため原発建設を支持する政府、労組、企業団体は、コーポラティズムを再強化して対処しようと試み、1976年11月に原発建設予定地ミュールハイムで約5000人、ブロクドルフで約1000人が参加する原子力支持集会を開催した。集会の成功に自信を持った労組は、77年9月にはボンで約1万人、11月にはドルトムントで3万人から4万人の労働者を集めて原子力支持集会を開催した。[120]

もっとも労組は一枚岩ではなかった。1977年5月には金属産業労組IGメタルの全国青年大会が、原子力産業による雇用創出は重要ではあるものの、環境にかける負荷を無視してでも追求すべきものではないと主張し、原発増設に反対する決議を行った。このように労組の内部では、年配の指導者と若者の間の世代対立が激しさを増しつつあった。[121]

政府も危機的状況に対応しようとした。西ドイツ政府が招集した「経済的社会的転換のための専門家委員会」は、国家の指導者層が決定する画一的な計画と介入の効果が減少していると1977年に指摘し、地方の現実に即した改革政策の策定を政府に提案した。[122] 具体的にはローカルな特長を残すことで、それぞれの地方が抱えている欠点を埋め合わせ、地域ごとに異なる方法で生活の質を向上させることが求められた。例えば農村部には高収入の仕事がなかったとしても、代わりにきれいな空気と自然があれば、都市部での生活と質的な均衡を保てるとこの委員会は考えていた。さらに委員会は、開発が極端に遅れた地域には生活水準を向上させるための特別な補助金を出し続ければ、こうした政策の正統性を確保できると見ていた。[123]

またこれまでの改革政策の有効性自体が低下しているのであれば、経済を改めて市場の力に任せることによって、危機的な低成長を打開することも選択肢に入ると主張されるようになった。例えば「全経済状況評価のための専門家委員会」は、1976年と77年向けの報告書において、これからは企業による設備投資を重視することを求めるサプライサイド政策を提案した。以前のケインズ主義的な介入による国内需要の創出に代わって、減税などを通じた企業の経営環境の改善を重視したこの政策が、供給者を刺激して生産を拡大させれば、西ドイツ経済は再び上向くだろうと委員会は論じた。[124] サプライサイド政策は、その後の新自由主義的経済政策の重要な前提になった。[125]

さらにグローバル化の進展で各国経済が互いにますます依存するようになったため、国ごとの政策はかつてほど有効でなくなったと考えられるようになった。[126] 1971年8月のニクソン・ショックにより金・ドル本位制が崩れたことで、経済政策の重点は、国境を越えていっそう自由に変動する市場への対応に置かれるようになり、為替相場と金融市場の重要性が増した。[127] これに伴い、マネタリズムのような新自由主義的経済理論が注目を集めるパラダイム・シフトが発生した。加えて経済をはじめとする国際情勢のダイナミズムに対応するために、国家間の協力はより緊密になされるようになった。74年12月のヨーロッパ理事会設立、および75年11月にフランスのランブイエで開催された第一回先進国首脳会議は、当時の国際的な危機対応体制の強化を象徴していた。[128]

さらに治安に関しても西ドイツ政府は、1960年代から危機的状況にあると感じていた。ブラントが、69年10月の施政方針演説で治安対策の改革を約束し、重点的に取り組んだ結果、65年から69年に約2200万マルクだった治安対策費は、69年から73年に約4億4000万マルクへと飛躍的に増額された。[129] 治安対策の改革が大規模に進められた背景には、特にテロリズムへの不安が深刻化していたことがあった。例えば72年9月に発生したミュンヘン・オリンピックでのパレスチナ人テロリストによるイスラエル人選手団殺害事件は、連邦国境警備隊の特殊部隊ＧＳＧ９設立のきっかけになった。治安上の危機を専門的な要員による柔軟で強力な実力行使によって解決することを目的としていたＧＳＧ９の有効性は、77年10月に赤軍派とパレスチナ解放人民戦線によりルフトハンザの旅客機がハイジャックされた事件を、この部隊がソマリアの首都モガディシオで解決したことで証明された[130]。

さらに警察も新技術によって治安対策を効率化した。１９７０年11月に「犯罪撲滅の近代化と強化のための緊急計画」を発表したブラント政権は、治安対策でコンピュータを積極的に利用することを促した[131]。これを受けて72年に全国の州警察は、警察情報システム（INPOL）を導入した。電子データによって全国の犯罪を効率的に記録および整理するこのシステムは、個々の犯罪に対応するだけでなく、国内の治安を包括的に改善することを目指していた。デジタル技術と統計学の知識を活用した新しい捜査方法の導入と、これを用いる捜査官の大規模な増員は、西ドイツの警察改革の特徴だった[132]。

他方、治安対策の強化は市民の自由を制限したため、新しい問題を生んだ。政府は、急進左翼やテロリストのシンパは特に若い世代の間で多いのではないかという不安を抱えていたが、こうした不信感を表明する年配世代に若い世代が反発することで、世論はしばしば両極化した[133]。さらに政府によるデジタル技術を用いた個人情報の収集と処理は、新しい種類の集権化と統制の強化であり、民主主義と改革のためにより多くの参加機会を市民に与えるという、ブラント政権が掲げた理想と矛盾すると解釈された。情報技術革新による統治の効率化によって、参加機会や自由を失うかもしれないと感じた市民がそれらを守ろうと試みたことは、この時期に新しい市民運動が多数登場した理由のひとつと見ることができる[134]。

ただブラント政権は、このように市民の反発を招くような政策だけを行ったわけではなく、市民からの新しい種類の要求にも積極的に対応しようとした。１９７２年10月に社民党が連邦議会選挙のために作成した政策綱領のモットーは、「ヴィリ・ブラントとともに平和、安全、より質の高い生活のために」だった。[135] 73年1月の施政方針演説でもブラントは次のように述べて、市民のニーズに応じて生活の質の向上を実現することを宣言した。

第二次世界大戦以降の経済成長と豊かさの拡大は、我が国の市民の生活水準をかなり改善した。しかし、生産の拡大が個人の自由の拡大に自動的に繋がるわけではない。生活の質は生活水準以上のものである。それは所得と消費以外の手段も用いて、我々の生活を豊かにすることである。その前提には、社会一般の利益への新しい理解がある。我々の周囲にどのくらい良い環境があるのかということと、共同施設はどのようなサービスを提供できるかということがますます重要になっている。個人も共同体も自然を犠牲にして生きることはできない。[136]

もっともブラントは演説を次のように続けた。

［改革のために］国家は市民との活発な話し合いを必要とする。国家は行いたいこと全てはできず、できることを望まれるべきではない。それゆえ我々は、単に国家［からの支援］を求める代わりに、選挙の時だけ活動するのではない、都市と農村で共通の問題に自ら取り組む市民イニシアティヴを歓迎する。[137]

この発言からわかることは、民主主義が国家と市民の間の議論と協力に基づくとブラントが見ていたことである。しかし、実際の彼の政治手法は、改革の内容を指導者とエリートが上から決め、それを実現するために自発的に努力することを市民に求める性質を強く持っていた。改革には「成熟した市民」が参加すべきであると考えた政府は、成長過程にある市民の後見人として振る舞った。加えて市民は常に法律を守り、国家への忠誠義務を持つものであるという要請をブラントは強調した。[138]彼は、代議制民主主義制度が指導者に与える権力を特別なものと見て、統治者の自由裁量と被統治者の従順さをある程度は当然視していたと言えよう。

ブラントの民主主義理解には異論もあった。なかでも新しい考え方を提示したのは、1969年から74年に連邦大統領を務めたグスタフ・ハイネマンだった。市民が政治と社会に参加することと法律を守ることの間に、しばしば矛盾があることを認識していた彼は、71年のクリスマス演説において、権威に抗ってでも個人の良心に基づいて政治に参加することの重要性を次のように述べた。

国家は、隷従を伴う従順さを要求できるような高次の存在ではない。国家は、自由な市民が秩序ある共同生活を送れるように万人を支援する。［中略］基本法は、我々の歴史上初めて我々全てに、あらゆる国家権力よりも優位にある不可侵の自由権を認めた。［中略］自らの考えを述べる者だけが、同じ考えを持つ者を見つけることができる。市民的勇気を持つ者だ

グスタフ・ハイネマン（1969）
© Deutsches Bundesarchiv

けが、他の市民を活発にする。[139]

政治的権限をあまり持たない連邦大統領であるハイネマンが、理想的な社会のあり方について論じた一方で、首相ブラントの理解は、実際の統治者としての立場によるものだったと言えよう。両者の理解の相違は、1960年代から70年代に西ドイツ市民の政治意識が変化していたことと、多様な価値観と利害関係を持つ市民を統合しようと政府が努力していたことを反映していた。ただブラントによる民主主義理解は、若者の抗議運動とは対立しており、特に「ポスト革命的運動」は、国家への忠誠を忘れず、指導者と目標を共有して活動する市民という観念には合致していなかった。

もっとも「ポスト革命的運動」も、当時の政府より民主的な姿勢を持っていたとは言えないだろう。「ポスト革命的運動」は独自の立場を主張し、とりわけ社会主義社会の実現を目標として強く主張したことで、様々な紛争を引き起こした。キンダーラーデンにおいては、特に毛沢東主義的な活動家が、社会主義社会の樹立に貢献しないと考えられた子育ての方法と参加者を排除しようとした結果、親子の生活に介入してしばしば自由を妨げ、キンダーラーデン内外から批判を受けた。[140] ユーゾーは、最大40万人が参加する組織内でのイデオロギーの統一を強く求めて派閥対立を引き起こした。この対立は、社民党との関係悪化と党からの制裁を招いただけでなく、若い党員の行動能力を制限してユーゾーの魅力を損ねた。

さらに「ポスト革命的運動」は社会の民主化を求めていたが、この民主主義はしばしば特定の考えを持った者のためのものであり、別の考えを持った者のためのものではないことがあった。とりわけ洗練されたレトリックで自らの意思を効果的に表明する社会主義者が、キンダーラーデンとユーゾーの中心になり、自らの思想に基づいて運動全体を組織しようとした。これらの活動家は、しばしば個人の良心の自由を軽視し、自らの主張への支持を運動参加者に強く求め、少数派やそれほど洗練された理論を用いることができない者の抵抗を押し切ることができた。

加えて活動家は、集団内部での意思決定手続きに参加した上で、そこでの決定に従うことを民主主義と見なしていたが、このことはかえって運動内の民主主義を損なうことがあった。参加が民主主義の基準になり、少数派も意思決定プロセスへの参加が認められていたため、たとえ活動家の方針に反対したり、社会変革の理論をめぐる論争に関心を持てなかったりする者が、運動内の多数決で敗北したとしても、あるいは運動を支える外部のローカルな市民が複雑な議論に辟易していたとしても、活動家が考える運動の民主主義は問題なく機能していた。しかし、こうした少数派を軽視し、多数派の思想的方向性で方針を強く決定する活動形態は、西ドイツ社会がますます多様化し、個々人の政治的能力が高まる中で反発も受けていた。[141]

それでも「ポスト革命的運動」が一定の支持を集めることができた大きな理由は、近代化のコストとして引き起こされた危機的状況に取り組んだことにあった。１９７０年代までに西ドイツでは、低成長時代に突入したことと市民の価値観が転換したことによって、近代化に基づく経済成長と福祉国家制度の拡張による豊かさの増大は、限界に至ったのではないかと考えられるようになった。[142] 代わりに近代化が生み出すコストに注目が集まるようになった。[143] このコストの処理方法は政治的な問題になり、新しい運動のテーマとなった。キンダーラーデンは、経済成長と生活水準の向上という近代化のコストである、二つの危機的状況に取り組んでいた。ひとつは、女性の社会進出という近代化によって発生した保育施設の不足であり、二つ目は、「脱物質主義」的価値観の普及とともに目立つようになった権威主義的教育理念の残存というコストであった。ユーゾーは、都市機能の転換という近代化によって生み出されたコストである、家賃と公共交通機関運賃の高騰といった危機的状況に取り組んだ。

「ポスト革命的運動」は、ローカルな領域で近代化のコストとそれに危機感を持っていた市民の要求に対応した。この運動は、自らの理想を強く信じて熱心に活動したが、同時に多くの批判者を抱えていた。「ポスト革命的運動」は、当時の西ドイツの危機的状況を独自の方法で解決しようとし、同時に社会対立を促す勢力のひとつだった。

第4節　キンダーラーデンとユーゾーのその後

キンダーラーデンのその後

１９７０年代にキンダーラーデンは政治的な性格を次第に弱め、特に社会主義的な主張を掲げる施設の数は減少していった。[144] 例えば毛沢東主義系の中央評議会が運営したシェーネベルクのキンダーラーデンは、75年に閉鎖された。[145] ヴェアフト通りのプレーパークの敷地には、現在は集合住宅が建てられている。

本書が具体的に扱ったキンダーラーデン施設は、設立から半世紀あまりを経た２０２０年代現在までの時間を生き残ることができなかったが、この理由は施設自体に問題があったからではなく、むしろキンダーラーデンが持つ一般的な性質によるものだった。当初のキンダーラーデンは、子どもを持つ活動家と親によって、自らが望む子育てを実現するために設立されたことから、多くの参加者にとっては、自分の子どもが学齢に達してしまうとキンダーラーデンに関与する動機がなくなってしまうため、同じ施設が何十年間も存続することは珍しかった。実際に１９６０年代末から70年代初めに設立されたキンダーラーデンの多くは、70年代後半までに閉鎖された。[146]

現代のベルリンのキンダーラーデン
© Sebastian Koeck

それでもキンダーラーデンは、保育施設として社会で認められるようになった。２０２３年には４０５７の幼児向け施設が、キンダーラーデンのような市民団体によって運営されていた。[147]２０２２年の連邦統計局の調査によると、ドイツ全国にある保育施設のうち14・5％の運営団体が、キンダーラーデンを含む「両親イニシアティヴ」と呼ばれる市民イニシアティヴであり、それらは約13万４０００人の子どもを受け入れていた。[148]

両親イニシアティヴは、市民団体の「協会（フェアアイン　ドイツ語Verein）」として登記され、未就学児および小学生と中等学校の生徒の世話を共同で行う施設を通常は一、二ヶ所で運営する。運営主体は地域住民や職場の同僚からなるグループなどであり、活動内容も両親が働いている間の子どもの世話に重点を置くものや教育を重視するものなど様々である。公的な保育施設が受け入れることができる子どもの最低年齢は、州によって異なるものの、両親イニシアティヴは、3歳以下の子どもも受け入れるため、ドイツの保育制度の空隙を埋める機能を持っている。[149]

こうした市民団体による保育施設が、現在に至るまで活発に運営されている背景として、全国的な上部組織による支援体制がある。現在のドイツでは「パリテーティッシュ福祉協会」、「両親イニシアティヴ連邦活動協会」、「自然および森の幼稚園協会」が、両親イニシアティヴの上部組織として活動しており、個々の保育施設に対して助言を行ったり、施設同士の交流を仲介したり、利益代表者として州と地方自治体と交渉したりしている。[150]

キンダーラーデンのような市民が運営する保育施設は、ドイツ社会で独自の立ち位置を確立して現在でも活発に活動している。しかし、そのあり方は最初期とは異なるものになった。1960年代末以降のキンダーラーデン活動家は、「ブルジョア家庭」を解体し、代わりに子どもを集団生活の中で養育することで、自律性や自己決定能力などを養うことを求めたものの、こうした要求はその後あまり共感を得られなくなった。75年の世論調査では、回答者の45%が子育てで重視するものとして自律性と自由意思を挙げていたが、これらを家族の解体と集団生活によってではなく、家庭内で親子関係をより平等にすることで実現するべきであると考えていた。[151] 親子関係を重視する親の態度は子どもにも受け入れられ、彼らが自分の子どもを持つ年齢になった2006年の調査では、71%の若者が自分の経験したのと同じような方法で、自分の子どもを育てたいと回答した。[152]

キンダーラーデンでの教育を通じて、既存社会に抵抗する集団を作ろうとする元々の目標は、今ではほとんど主張されない。現在のキンダーラーデンは、親の要望に応じて学校入学のために必要な事前準備を行うことが多く、社会に順応しつつ能力と個性を発揮できるように子どもを養育している。[153]

キンダーラーデンが持っていた資本主義と消費への不信感はその後も残っているものの、当初のキンダーラーデン活動家の問題意識とは別のものになった。1970年代後半以降も西ドイツ人の生活水準は上昇し続け、市民はより豊かで多彩な消費生活を営むようになった。消費を通じて自らを他者から区別する差異化と卓越化は、自己決定と自己実現の方法のひとつとして受け入れられており、豊かな消費社会の恩恵に与れないことは、個人の幸福度を下げるものとして一般的には見られている。[154]

他方、よりよい消費生活を望むことは、より多くの所得を求めることであり、人間を能力と業績で厳しく評価するような労働環境へと追いやりうる。過酷な競争社会は個人の幸福度を下げるため、1983年に連邦青年・家族・保健省の委託で行われた調査によると、15歳から30歳の回答者のうちほぼ三分の二が消費を批判する態度を持っていたように、西ドイツの特に若い世代の間で消費社会への批判は根強く存在し続けた。[155]

キンダーラーデンが掲げた新しい子育ての目標が、1970年代以降に広く共有されるようになった結果、キンダーラーデンと他の保育施設の間の差異は小さくなった。さらに運営面での変化も両者の接近を促した。女性の就業率が上昇し続けたことで、親がキンダーラーデンの活動に関わる時間が減少し、施設はより長い時間開園することが求められるようになった。[156] そのため現在の運営の中心は、参加者のボランティアではなく、専任の保育士であることが多い。一般参加者の存在感が小さくなり、専門教育を受けた保育士の役割が重要になったことで、キンダーラーデンの子育ても、他の保育施設で行われている方法と似る傾向が強まった。[157]

他の保育施設と似たものになったキンダーラーデンでは、親の要望に応じて園児に学校入学のために必要な事前教育を施すことが多い。これは学校生活への順応を子どもに促す点で、既存社会に対抗する空間を作ろうというキンダーラーデンの元々の目論見とは異なるものである。[158]

政府機関との関係もキンダーラーデンと他の保育施設の間の違いを小さくする。キンダーラーデンの運営にとって、公的な補助金は親からの月謝と並んで重要だが、補助金を受け取るには協会として登記されることが条件となる。登記のためには組織の形式を整える必要があり、少なくとも会長、書記、会計が一人ずつ選ばれなければならないが、これらの役職を固定することは、キンダーラーデンが目指した非階層型の組織構造と矛盾する。さらに現在のキンダーラーデンの規約は、法的基準に合致するようなものに改訂されていることがほとんどであり、規約が改訂されるたびに、当初の草の根民主主義的な性質は小さくなる傾向にあるとされる[159]。

それでもキンダーラーデンは、他の保育施設よりも柔軟に運営されることが多いと言われる。このことは、親がキンダーラーデンを通常の幼稚園よりも魅力的に感じている大きな要因である。キンダーラーデンでは親同士および保育士との交流が多くなる傾向があり、個々人の子育ての問題について意見交換したり、議論したりする機会も増えるため、日々の活動は親と子どもの要求に合わせて計画されることが多い。一般的にキンダーラーデンでは、数人の専任の保育士と親が中心になって、最大20人程度の子どもを世話している。他の保育施設よりも人材が豊富であるため、キンダーラーデンでは子どもの欲求にすぐ対応できるような、きめ細やかな運営がなされる傾向があると見られている[160]。

しかし、柔軟な運営には欠点もある。キンダーラーデンの運営は流動的であるため、ある施設が三年以上にわたって同一人物によって指導されることは珍しい。役職者の入れ替わりは、イノヴェーションのきっかけになることもあれば、それまでの知識と経験の蓄積を失わせることもある。さらに新しい役職者に施設をまとめるのに十分な知識と技量がなければ、運営が難しくなることもある。また柔軟な運営は集約的労働によって支えられており、キンダーラーデンに子どもを通わせる者は、運営にボランティアで参加することが求められる。パリテーティッシュ福祉協会によると、施設の役職者になった者は、平均して毎週5時間から10時間は無償で働くことになるという[161]。

まとめると、既存の子育てのあり方に重要な疑問を提起したキンダーラーデンは、保育施設のひとつとして認められる存在になり、その問題意識は社会で共有されるようになった。しかし、全ての問題意識が受け入れられたわけではなかった。現在ではほとんどのキンダーラーデンが、既存社会を変革しようとする方針を持っておらず、むしろ親の希望に応じて、子どもに社会に順応しつつうまく生きていく力を身につけさせることを主な課題にしている。キンダーラーデンは、他の保育施設と似た存在になったものの、親に運営に関与する機会を比較的多く保障するという民主的な要素は、幼児保育業界でこの施設が持つ長所である。全体として現在運営されているキンダーラーデンは、社会の中にしっかりと組み込まれているため、かつてのような社会変革のための組織としての性質は、あまり残っていないと言えよう。

ユーゾーのその後

1977年のベネター退任後に連邦議長に選ばれたのは、ゲアハルト・シュレーダーだった。98年から2005年にドイツ首相を務めることになる彼は、当初シュタモカップ派に近い人物だったものの、この派閥を足がかりに党内で出世することを決意していた。[162]

ユーゾーの連邦議長として、急進派を抑えて派閥対立を解消することを目指したシュレーダーは、二年半の在任期間中に、西ドイツの体制変革に向けて穏健で長期的な活動の重要性を強調した。[163] 彼は、西ドイツの資本主義社会への反対勢力が持つ行動余地は小さいと論じ、理論ではなく実践に重点を置いた活動によって、長期的に変革を追求することを改めてユーゾーに求めた。そのためにシュレーダーは若者の失業、エネルギー政策、核軍縮と平和問題、ナチ犯罪の時効廃止などの問題に重点的に取り組むことを訴えたが、これらは社民党左派と協力しやすいテーマだった。[164]

シュレーダーは、意識的に社民党と歩調を合わせようとし、1978年2月には党の選挙活動を無条件に支持することを改めて強調した。[165] さらにモスクワ系ドイツ共産党と協力する社民党系組織を支持せず、むしろ積極的に批判すると彼は宣言した。[166] 例えば東ドイツ政府による反体制派の弾圧に理解を示した社会民主主義大学同盟を、シュレーダーは78年7月に強く非難した[167]。

シュレーダーの目論見は奏功し、ユーゾーが社民党に組織的に反抗することはなくなったため、1978年7月の社民党機関紙は、ユーゾーがかなり不活発になったと驚きをもって報じている[168]。ただシュレーダーが目指したことは、ユーゾーを停滞させることではなく、ユーゾーが社民党を過度に攻撃しないような組織になることだったため、実際にはある程度は党指導者を批判した。例えば彼は、79年3月にブラントと比較して現首相シュミットには若者と対話するつもりがなく、既存のものの管理と維持ばかりを重視して新しいものに挑戦する姿勢が希薄であるために、若者が社民党に魅力を感じなくなっていると難じた[169]。

実際には不活発になっていたのはユーゾーだけでなく、社民党全体だったと言えよう。当時の社民党は、有権者からの支持を減らしつつあった。1950年代初めから70年代初めにかけての社民党は、連邦議会選挙ごとに得票率を着実に伸ばす傾向にあったものの、70年代半ばから人気に陰りが見え始めた。76年10月の連邦議会選挙で社民党は、23年ぶりに前回選挙よりも低い得票率を記録し、同年を境に現在に至るまで党員数も減少傾向にある[170]。

シュレーダー（左）とベネター（右）（1978）
© Associated Press（AP）

社民党の低迷は特にヘッセン州で顕著だった。社民党は、1974年10月の州議会選挙で戦後初めてキリスト教民主同盟に敗北し、さらに77年3月のフランクフルト市議会選挙でも大敗を喫した。56年以来単独でフランクフルト市議会の過半数の議席を押さえていた社民党は、この選挙で

39・9%しか得票できなかったため下野し、キリスト教民主同盟が新市長を擁立した。[171]

フランクフルトでの敗北の主な要因は、社民党が街の問題をうまく解決できなかったことにあった。[172] フランクフルトの再開発と家賃高騰、戦闘的な左翼活動家と警察の衝突などは全国的に注目を集めていたが、加えて大気汚染やドラッグの蔓延といった、大都市に典型的な問題も頻繁に報道されており、街のイメージを悪化させた。[173] これらの問題を完全に解決することは、長らく市政府与党であったために複雑な利害関係に巻き込まれていた社民党には困難だった。特に再開発問題では、批判対象になっていた投資家と社民党員は、親密な関係にあることが多かった。とりわけ建設業者と投資家は、何らかの建設計画を進めようとする際に、社民党に多額の献金をしばしば行った。1972年には、フランクフルト空港に地下駐車場を建設する計画を市政府から受注したレバノン出身の企業家が、市長アーントの同意を得てフランクフルトの社民党サブ支部に20万マルクを献金した。その直後、空港のホテル建設を受注した西ベルリンの企業も、同様に100万マルクの献金を行った。75年以降こうした政治と金の問題が立て続けに暴露され、77年の市議会選挙に深刻な悪影響を与えた。[174]

1977年に社民党がフランクフルト市議会選挙で敗北した後、キリスト教民主同盟のヴァルター・ヴァルマンが市長に就任した。彼は、党の政策と市の政策を意識的に区別し、党内政治によってではなく市民によって選ばれた市長というイメージを打ち出し、それまでの社民党市政府との違いを強調しようとした。同時に彼は市街地でのデモを制限しつつ、文化事業向けの予算を増額させて、旧オペラ座のような歴史的建築物の再建を進めた。歴史的建築物の再建自体は社民党時代からの継続事業だったが、ヴァルマンの政策は成功し、89年に社民党のフォルカー・ハウフが市長になるまでキリスト教民主同盟が市政を担い続けた。[175]

1970年代半ばからユーゾー・メンバーは様々な形で社民党に統合され、一部はかなりの出世を遂げた。

フォークトは連邦議会議員になった直後から、外交政策委員会の副委員長に就任した。ロートとガンゼルは党評議会に参加し、ヴィーチョレック＝ツォイルは79年からヨーロッパ議会議員を務めた。キャリアを積み重ねたユーゾー・メンバーが、西ドイツの体制克服を声高に訴えることはなかった。このように急進的になりがちな若い党員を出世させ、実務経験を積ませることで穏健化させることは、ブラントら党指導者の青年期の経験に基づく戦略でもあった[176]。

しかし、ユーゾーは社民党に完全に従順になってしまったわけではない。特に核軍縮と平和問題および環境問題について党幹部会とユーゾーの間に執確が残った。

シュレーダーが呼びかけた通り、ユーゾーは核軍縮と平和問題に社民党左派と協力しつつ取り組んでいた。1977年にソ連が東ヨーロッパに最新鋭の中距離ミサイルを配備したことに対抗して、シュミットは79年1月にカリブ海のフランス領グアドループで、西ヨーロッパへの米国の中距離ミサイル導入を支持しつつ、同時に中距離ミサイルの段階的な完全廃棄を目指して、ソ連と交渉することについて米英仏と合意した[177]。このいわゆる「二重決定」は、社民党内外で激しく批判された。80年11月に「二重決定」を非難するクレーフェルト宣言が出され、150人の社民党議員が署名した[178]。これに対してシュミットは、宣言に賛同したブラントやユーゾーに「二重決定」を支持するように求めたものの、党内対立は解消しなかった。81年10月にボンで約30万人が集まった平和集会の参加者の中には、50人の社民党連邦議会議員とユーゾーの指導者もいた。参加者の一人のガンゼルは、平和集会に参加する者を敵とみなすというシュミット政権の公式発言を厳しく批判した[179]。

環境問題はユーゾーが党内で再び活躍するチャンスだった。ユーゾーは、1970年代半ばまで環境問題をあまり重視しておらず、71年4月のマンハイム会議でも企業が環境汚染の全責任を負うことと、都市部で自動車道路よりも緑地と歩道を増やすことといった控えめな提案しかしなかった。さらに長らくユーゾーは、全体として原子力推進派だった。[180]

しかし、１９７３年のブロクドルフ原発と77年のゴアレーベン核廃棄物処理施設への反対運動の影響を受けて、ユーゾー内部にも原子力反対派が増え始めた。77年12月にヘッセン州南部支部ユーゾーが臨時大会を主催し、原発増設に反対を表明した。[181] 78年にユーゾー連邦幹部会が原子力への反対運動に関して、市民イニシアティヴとの協力を強化することを宣言した。[182] ユーゾーは、79年3月に全原発の完全停止を要求し、10月にはボンでの開催が予定されていた原子力反対デモに参加するように全国で呼びかけた。[183]

１９６０年代以来原発の増設は社民党の公式政策であるとともに、党幹部会は68年運動の経験から社会運動と接触することで、党の路線に反対する勢力が再び流れ込んでくるかもしれないという不安を持っていた。環境運動への態度を決めかねている社民党を見たシュレーダーは、79年10月に環境運動内の「左翼社会主義勢力」と「開かれた対話」を行って「労働者階級の組織」と協力することを求め、原子力のような危険な技術の利用をやめさせることこそが党の使命であると論じた。[184]

社民党内の原子力反対勢力の努力は、１９８４年5月のエッセン党大会で実を結んだ。この党大会において、将来的に原子力を用いないエネルギー供給体制を確立することが決議された。[185] さらにロートは、高速増殖炉による発電量を西ドイツのエネルギー供給量の計画に含めないことを求める動議を、連邦議会議員団に提出した。86年5月にガンゼルは、原子力発電から完全離脱するための計画を検討する委員会の設置を社民党に要求した。[186]

ユーゾーが反核平和と環境の運動に取り組んだことは、社民党が新しい政治問題から距離を取ってしまうことをある程度は防いだと言えよう。特に１９７９年のヨーロッパ議会選挙を契機として環境運動が政党政治の表舞台に登場した。80年に設立された緑の党は、草の根民主主義的な政治と意思決定を求める68年運動に影響された有権者に強く支持された。緑の党支持者の多くは、かつて潜在的な社民党支持者だったため、ユーゾーは、この新しい政党が社民党の地盤を掘り崩すことに、結果として対処したと言えるだろう。[187]

他方、新しい政治問題に取り組んだことは、改めて内部対立を再燃させることにもなった。１９８０年代に改革派ユーゾーは、ますます環境問題への関心を強め、緑の党と積極的に接触した。しかし、競合組織との協力によって、ユーゾーの支持者が緑の党に流出してしまうのではないかという不安から、85年6月にはユーゾーの事務局長が、連邦議長を批判するという異例の事件が起きた。[188]

またジェンダーのような新たに活発に議論されるようになったテーマに関してもユーゾーは割れていた。とりわけ１９８５年夏にバーデン・ヴュルテンベルク州のユーゾーが、女性の「大規模中絶」を非難する文書をキリスト教民主同盟系組織とともに作成したことから、ユーゾー内部で強い非難を受けた。[189] さらにユーゾー内で女性が不利な状況に置かれていたことも、女性メンバーの不満を募らせた。84年4月のゴーデスベルク全国大会において、ユーゾーの全委員会で女性委員の割合を30%以上にすることが決議されたにもかかわらず、88年になっても28・6%にしかならなかった。[190] 環境やジェンダーのような新しい問題に関する激しい議論は、改めて改革派とシュタモカップ派などの対立を促し、再びユーゾーの行動能力を制限した。

ユーゾーは、１９８９年から90年の東西ドイツ統一に際して、ほとんど何の働きもできなかった。89年10月に東ドイツで作られた社民党の青年組織「青年社会民主主義者」は、90年夏になるべく早くユーゾーと合同することを希望した。しかし、反ナショナリズムを掲げるユーゾーは、統一によるドイツ国民国家の形成を求める東ドイツ市民に不信感を持っていたため、青年社会民主主義者の希望に応じたのは、社民党の東西合同よりも半年近く遅い91年3月だった。[191] ユーゾーは、旧東ドイツ地域になかなか定着できず、92年末時点でユーゾー・メンバー約14万6000人のうち、旧東ドイツ出身者は約5000人しかいなかった。[192]

1990年代のユーゾーは改めて派閥対立を克服し、新たな運動を開始した。91年から92年の移民・外国人労働者に対する右翼のヘイトクライムと、92年12月に社民党とキリスト教民主同盟・社会同盟がドイツに流入する難民を保護するための庇護権請求の厳格化に合意したことに対して、ユーゾーは厳しい批判を行った。ユーゾーは、全国的にもローカルな領域でもヘイトクライムに対抗する運動を広く呼びかけた。[193] 庇護権請求を厳格化する「庇護妥協」に関して、ユーゾーは社民党党首ビョルン・エングホルムに若い党員の大規模離党を示唆して揺さぶりをかけた。[194]

1990年代以降のユーゾーが最も力を入れたのは、参加者数減少への対応だった。92年末に約14万6000人だったユーゾーの参加者数は、2000年末には約6万6000人に半減した。[195] 党員の減少は、緑の党と2013年設立の「ドイツのための選択肢（AfD）」を除いた主要政党にも当てはまる傾向であり、社民党だけの悩みではなかったものの、ユーゾーはこの問題にローカルな活動を強化することで対応した。1999年からキャンペーン「新時代を考える」を開始したユーゾーは、草の根活動を強化し、2000年3月には若者の教育への支援強化を重視した「未来綱領」を発表した。[196]

ユーゾーは、参加者数の減少に苦しみつつも、今日までローカルな活動を行う社民党内の左派という立場を維持している。2017年以降連邦議長ケヴィン・キューネルト率いるユーゾーは、キリスト教民主同盟・社会同盟と大連立を組む社民党が革新政党の本分を忘れていると強く批判した。[197] 社会主義者であることを積極的にアピールし、資本主義克服を訴えるキューネルトは、最低賃金と失業給付の引き上げに並んで私有財産を制限することを強く要求しており、とりわけ個人による不動産所有を規制することを重点的に主張した。他人の居住空間を利用して金を稼ぐことは「正当なビジネス・モデル」ではないため、住宅管理は建物所有者によってではなく、協同組合のような集団的主体によって行われるべきだと述べる彼の姿勢は、本書で主に扱った1960年代末以降のユーゾーの主張と共通点があろう。[198] 2019年12月から社民党副党首を務めたキューネルトは、2021年1月にユーゾー連邦議長を退任した後、同年12月から2024年10月まで社民党書記長として活動した。

キューネルトの後を継いだ連邦議長イェシカ・ローゼンタールの下でも、それまでの路線は揺るがなかった。2021年9月の連邦議会選挙で社民党が勝利した後、11月のフランクフルト全国大会でユーゾーは、近年の家賃高騰に対応して賃借人保護の強化などを求めた。[199] 社会的弱者の立場に立とうとするユーゾーの姿勢が現在まで変わっていないことは、2023年11月に選出されたヘッセン州南部オッフェンバッハ・アム・ライン出身の連邦議長フィリップ・テュルマーが掲げる主張からも示されている。社民党を「進歩的な社会主義政党」と見るテュルマーは、若者を苦しめる不安定雇用への対策強化などを通じて、「民主的社会主義」の前提である貧困撲滅と正当な分配の実現を呼びかけた。[200]

規模は縮小したものの、ユーゾーは現在でもドイツ最大級の政党系青年組織である。2021年12月には、ユーゾー連邦副議長を1982年から88年まで務めたオラフ・ショルツが連邦首相に就任したが、彼の下でもユーゾーは独自の存在感を発揮しようとしている。[201]

小括

本章では、キンダーラーデンとユーゾーの運動について、「コミューン化」と「ポスト革命的運動」という言葉を手がかりにして検討した。

「コミューン化」は、運動の対象を身近でローカルな領域に移すことを指す。1960年代末に社会全体の変革を直接目指す運動が行き詰まった代わりに、ローカルな領域でかなりの行動の自由を得られると活動家が認識したことで、「コミューン化」は発生した。

「ポスト革命的運動」は、社会主義社会実現のために急進的な変革を目指すものの、この目標を近い将来の暴力革命によってではなく、長期的な活動によって達成しようとした運動と定義される。「ポスト革命的運動」は、「制度内への長征」に含まれる政治的方針だが、後者は当初暴力的な運動も想定していた。暴力性を排除した「ポスト革命的運動」は、市民・住民運動団体である市民イニシアティヴと同じように生活の質の向上、自己決定と参加機会の拡大などを求めていた。しかし、市民イニシアティヴと異なり、「ポスト革命的運動」は社会全体に関わる政治構想を積極的に主張した。

「コミューン化」は、社会の構造転換にローカルに対応するものだった。1960年代から70年代の西ドイツ社会で進んでいた構造転換に対応した「ポスト革命的運動」は、市民の参加機会、自己決定、質的に豊かな生活などを保障する自由な領域を求めた。しかし、同時期の西ドイツ政府は、改革政策によって社会のより広い領域に介入するようになった。キンダーラーデンとユーゾーは、この国家の管轄領域の拡大に対して、市民イニシアティヴと同様に、ローカルな場所から抵抗する機能を持っていたが、こうした市民運動の活発化は、西ドイツ政府に自らの統治能力について不安を抱かせることになった。

「ポスト革命的運動」は、1960年代と70年代の危機に対応しようとした多様な主体のひとつだった。この時代には諸勢力が危機への対処方法をめぐって相互に衝突したため、社会的対立が先鋭化していた。キンダーラーデン運動とユーゾーは、市民の要求にローカルなレベルで対応して支持を得たが、同時に急進的な主張を掲げて行動したために抵抗を受けた。

キンダーラーデンは、次第に政治的な組織でなくなる傾向にあったが、従来の教育観念に異議を唱えようとする問題意識はかなり受け入れられた。現在のキンダーラーデンは、運営形態に関して独自性を持ちつつも、他の保育施設と多くの共通点を持つ存在である。１９７７年以降のユーゾーは穏健化したものの、反核平和と環境などのテーマをめぐり、社民党の政策に異議を申し立てたように、党に完全に従順になったわけではなかった。現在でもユーゾーは社民党左派として一目置かれ続けている。

註

〔1〕Siegfried, Detlev, „Ästhetik des Andersseins: Subkulturen zwischen Hedonismus und Militanz 1965–70“, in: Weinhauer, Klaus u.a. (Hg.), *Terrorismus in der Bundesrepublik. Medien, Staat und Subkulturen in den 1970er Jahren*, Frankfurt a.M. 2006, S. 92f.; Koenen, *Das rote Jahrzehnt*, S. 124f u. 149.

〔2〕Koenen, *Das rote Jahrzehnt*, S. 17f.

〔3〕„Jahresbericht des Bundesamtes für Verfassungsschutz 1975“, 4. Juni 1976, Bestand Radikalenerlaß Berufsverbote: 1975–1978, 2016–1 Nr. 2, HHStAW.

〔4〕„Nicht mehr auf Kriegsfuß. In Oberhausen arrangieren sich die Jusos mit der SPD“, in: *Die Zeit*, Nr. 9, 3. März 1972.

〔5〕Butterwegge, *Jungsozialisten und SPD*, S. 28.

〔6〕„Einmaliger Irrtum“, in: *Der Spiegel*, Nr. 51, 15. Dez. 1969; „Sprengkraft für das System“, in: *Der Spiegel*, Nr. 51, 15. Dez. 1969; „Schwein geschlachtet“, in: *Der Spiegel*, Nr. 51, 15. Dez. 1969; „Geballte Faust und keine roten Fahnen“, in: *Die Zeit*, Nr. 50, 12. Dez. 1969.

〔7〕„„Wir haben hart auf Bande gespielt‘“, in: *Der Spiegel*, Nr. 16, 16. Apr. 1973.

〔8〕ヴィンクラー『自由と統一への長い道』３０７－３０８頁。

〔9〕Werder, *Von der antiautoritären zur proletarischen Erziehung*, S. 24f.

〔10〕 Hartung, „Selbstbewußtsein und Bewußtwerdung“, S. 164f.

〔11〕 次の雑誌の表紙を参照。*JS-magazin. Zeitschrift der Jungsozialisten in der SPD*, Sondernummer. Bundeskongreß der Jungsozialisten, 1969, Z 673, BAdsD.

〔12〕 „Mit langem Haß durch die Institutionen“, in: *FR*, 23. Okt. 1970; „Unser Porträt. Karsten Voigt“, in: *Deutsche Volkszeitung Düsseldorf*, 1. Jan. 1971.

〔13〕 次の文献の表紙を参照。*rheinruhrspiegel. Magazin der Jungsozialisten in Nordrhein-Westfalen*, Nr. 2, 1970, Z 748, BAdsD.

〔14〕 Gorholt, u.a. (Hg.), „*Wir sind die SPD der 80er Jahre*“.

〔15〕 „Kommunalisierung“と„Kommune“の意味については，次の文献を参照。Dudenredaktion (Hg.), *Duden. Deutsches Universalwörterbuch*, 6. Aufl., Mannheim 2007（電子書籍版）.

〔16〕 „helke sander (aktionsrat zur befreiung der frauen)“, 00000258, Sept. 1968, Bestand Frauen Aktionsrat zur Befreiung der Frauen, 1968/69, 239, APO-Archiv.

〔17〕 N.N., *Berliner Kinderläden*, S. 37f.

〔18〕 Werder, *Von der antiautoritären zur proletarischen Erziehung*, S. 24.

〔19〕 „Kinderpolitikkilinik ins Betanien. Kein Künstlerzentrum“, Nov. 1974, Bestand KPD Abspaltungen 1973–1976, Sig. 522, APO-Archiv.

〔20〕 Hartung, „Selbstbewußtsein und Bewußtwerdung“, S. 154; „Sieg der Knüppel“, in: *Der Spiegel*, Nr. 52, 24. Dez. 1973; „SOS für SO 36“, in: *Der Spiegel*, Nr. 13, 21. März 1977; „Mister, help me, help me, help me“, in: *Der Spiegel*, Nr. 49, 28. Nov. 1977.

〔21〕 Bundesvorstand der Jungsozialisten in der SPD (Hg.), *Bundeskongressbeschlüsse*, S. 52.

〔22〕 Schonauer, *Die ungeliebten Kinder*, S. 240.

〔23〕 Gansel, *Überwindet Kapitalismus*, S. 79ff.

（24）レッシェ／ヴァルター『ドイツ社会民主党の戦後史』３３４－３３５頁。

（25）„Linke mit zwei linken Händen“, in: *Der Spiegel*, Nr. 21, 16. Mai 1977.

（26）Butterwegge, *Jungsozialisten und SPD*, S. 7; Meng, Richard, *Die sozialdemokratische Wende. Außenbild und innerer Prozess der SPD 1981–1984*, Gießen 1985, S. 66 u. 226.

（27）Süß, „Die Enkel auf den Barrikaden“, S. 102.

（28）N.N., *Berliner Kinderläden*, S. 35f.

（29）Marcuse, *Das Ende der Utopie*, S. 22.

（30）„helke sander (aktionsrat zur befreiung der frauen)“, 00000258, Sept. 1968, Bestand Frauen Aktionsrat zur Befreiung der Frauen, 1968/69, 239, APO-Archiv.

（31）N.N., *Berliner Kinderläden*, S. 32f.

（32）„Zum Info“, in: *KL-Info*, Nr. 1, 22. Jan. 1969, Bestand Kinder, Jugendhilfe, Erziehung 1969–76, 1064, APO-Archiv.

（33）Seiffert, „*Marsch durch die Institutionen?*“, S. 102; Thörmer, Heinz, *»... den Sozialismus haben wir nicht aufgebaut...«. Eintrittsmotivationen, politisches Lernen und Erfahrungsbildung von Jungsozialisten in der SPD*, Marburg 1985, S. 115f. ２０２４年８月22日にヴィースバーデンにて筆者がヘッセン州南部支部のユーゾー元メンバーであるクラウディア・Ｓに行ったインタビュー調査に基づく。

（34）Kraushaar, *1968 als Mythos, Chiffre und Zäsur*, S. 81.

（35）N.N., *Berliner Kinderläden*, S. 38.

（36）Koselleck, Reinhart, *Begriffsgeschichten. Studien zur Semantik und Pragmatik der politischen und sozialen Sprache*, Frankfurt a.M. 2006, S. 69.「68年世代」による言説戦略については、次の文献も参照。Wagner, Patrick, *Bürgerinitiative-Betroffenheit-Selbstbestimmung. Die „partizipatorische Revolution“ in der Bundesrepublik der 1970er Jahre und ihre Sprache*, Halle (Saale) 2013, S. 10.

〔37〕 Koselleck, *Begriffsgeschichten*, S. 46.

〔38〕 Bude, Heinz, *Das Altern einer Generation. Die Jahrgänge 1938–1948*, Frankfurt a.M. 1997, S. 40f.

〔39〕 Kraushaar (Hg.), *Frankfurter Schule und Studentenbewegung*, Bd. 1, S. 278.

〔40〕 井関『ルディ・ドゥチュケと戦後ドイツ』68頁。

〔41〕 Kraushaar, Wolfgang, „Rudi Dutschke und der bewaffnete Kampf", in: Kraushaar, Wolfgang u.a., *Rudi Dutschke. Andreas Baader und die RAF*, Hamburg 2005, S. 28f.

〔42〕 Kraushaar (Hg.), *Frankfurter Schule und Studentenbewegung*, Bd. 1, S. 269f. „Organisationsreferat (Dutschke, Krahl)", Sept. 1967, Bestand Rudi Dutschke, RUD 240,02, HIS-A.

〔43〕 Debray, Régis u.a., *Der lange Marsch. Wege der Revolution in Lateinamerika*, München 1968.

〔44〕 Kraushaar, *1968 als Mythos, Chiffre und Zäsur*, S. 81ff; „Mao. Lebenslauf", 1967, Bestand Rudi Dutschke, RUD 220,08, HIS-A.

〔45〕 ウェスタッド、O・A著 小川浩之ほか訳『グローバル冷戦史――第三世界への介入と現代世界の形成』名古屋大学出版会 ２０１０年 １８４－１８５頁。

〔46〕 Dutschke, Rudi u.a., „Vorwort", in: Debray u.a., *Der lange Marsch*, S. 14ff; „Strategiediskussion", 26. Okt. 1967, Bestand Rudi Dutschke, RUD 240,02, HIS-A.

〔47〕 „Vorwort Rudi Dutschke. Ein Pamphlet", in: Reisner, Stefan (Hg.), *Briefe an Rudi D.*, Berlin 1968, S. VII.

〔48〕 Meinhof, Ulrike, *Die Würde des Menschen ist antastbar. Aufsätze und Polemiken*, Berlin 2004, S. 159f.

〔49〕 „An Sozialistische Plena Hamburg, Bonn, Köln, München", 3. Juni 1975, Bestand KPD Abspaltungen 1973–1976, Sig. 522, APO-Archiv, S. 5.

〔50〕 Kühn, *Stalins Enkel*, S. 150–153.

〔51〕 Ebd., S. 189; Koenen, *Das rote Jahrzehnt*, S. 277.

〔52〕 Horchem, Hans Josef, *Extremisten in einer selbstbewußten Demokratie. Rote-Armee-Fraktion, Rechtsextremismus,*

Der lange Marsch durch die Institutionen, Freiburg 1975, S. 91.

〔53〕Flechtheim, Ossip K. u.a., *Der Marsch der DKP durch die Institutionen*, Frankfurt a.M. 1980, S. 11f.

〔54〕Niedenhoff, Horst-Udo, *Auf dem Marsch durch die Institutionen. Die kommunistische Agitation im Betrieb und in den Gewerkschaften*, Köln 1979, S. 19–29.

〔55〕イングルハート『静かなる革命』３－５頁。

〔56〕同上、水島治郎『ポピュリズムとは何か――民主主義の敵か、改革の希望か』中央公論新社２０１６年16－20頁。

〔57〕Kaase, Max, „Partizipatorische Revolution. Ende der Parteien?“, in: Raschke, Joachim (Hg.), *Bürger und Parteien. Ansichten und Analysen einer schwierigen Beziehung*, Opladen 1982, S. 173–189.

〔58〕Ebd., S. 178f.

〔59〕Huntington, Samuel P, “Postindustrial Politics. How Benign Will It Be?”, in: *Comparative Politics*, Nr. 6, 1974, S. 190.

〔60〕Kaase, „Partizipatorische Revolution“, S. 188f.

〔61〕„Große Lösung“, in: *Der Spiegel*, Nr. 52, 22. Dez. 1969.

〔62〕Knirsch, Hanspeter/Nickolmann, Friedhelm, *Die Chance der Bürgerinitiativen. Ein Handbuch*, Wuppertal 1976, S. 26.

〔63〕青木聡子『ドイツにおける原子力施設反対運動の展開――環境志向型社会へのイニシアティヴ』ミネルヴァ書房2013年44－48頁。

〔64〕„Sie finden immer mehr Gehör“, in: *Die Zeit*, Nr. 9, 20. Febr. 1976; Wagner, *Bürgerinitiative-Betroffenheit-Selbstbestimmung*, S. 5 u. 13.

〔65〕Jaide/Veen, *Bilanz der Jugendforschung*, S. 140.

〔66〕Guggenberger, Bernd, „Bürgerinitiativen. Krisensymptom oder Ergänzung des Systems der Volksparteien?“, in:

Raschke (Hg.), *Bürger und Parteien*, S. 190f.

〔67〕 „Sie finden immer mehr Gehör“, in: *Die Zeit*, Nr. 9, 20. Febr. 1976.

〔68〕 現在とは異なり、この時期の「環境」運動は自然環境の保護運動だけでなく、都市環境や生活環境の改善を求めるような運動も含んでいる。Mayer-Tasch, Peter Cornelius, *Die Bürgerinitiativbewegung. Der aktive Bürger als rechts- und politikwissenschaftliches Problem*, Reinbek bei Hamburg 1976, S. 91.

〔69〕 „Fortan spricht der Wähler mit“, in: *Der Spiegel*, Nr. 48, 21. Nov. 1972.

〔70〕 Wagner, *Bürgerinitiative-Betroffenheit-Selbstbestimmung*, S. 13.

〔71〕 „Mein Gott, was soll aus Hösel werden?“, in: *Der Spiegel*, Nr. 48, 21. Nov. 1972.

〔72〕 このような主張はヴェストエント活動委員会でも見られた。„Bericht zur ersten Protestdemonstration (mit schwarzen Fahnen) der Aktionsgemeinschaft Westend e.V.“, Juli/Aug. 1970, Bestand AGW, V66/54, ISG.

〔73〕 Knirsch/Nickolmann, *Die Chance der Bürgerinitiativen*, S. 26.

〔74〕 Wagner, *Bürgerinitiative-Betroffenheit-Selbstbestimmung*, S. 5 u. 17f. 解決に長い時間がかかる問題に取り組む市民イニシアティヴは、長期間活動することがあった。例えば、環境問題に取り組んだ市民イニシアティヴの約三分の一は、１９７７年時点で６年以上活動していた。中田潤「新しい社会運動としての環境保護市民運動(Bürgerinitiative)――ニーダーザクセン州における原子力関連施設建設反対運動を事例に」『茨城大学人文社会科学部紀要 社会科学論集』第４号 ２０１９年２月 70頁。

〔75〕 Altenbockum, Jasper von (Hg.), *Helmut Schmidt. Macht und Eleganz*, Frankfurt a.M. 2015, S. 202.

〔76〕 Presse- und Informationsamt der Bundesregierung, *Bundeskanzler Schmidt Kontinuität und Konzentration. Regierungserklärung vom 17. Mai 1974*, Bonn 1974, A 31216, BAdsD, S. 5.

〔77〕 Görtemaker, Manfred, *Geschichte der Bundesrepublik Deutschland. Von der Gründung bis zur Gegenwart*, München 1999, S. 578–581.

〔78〕 Pamperrien, Sabine, *Helmut Schmidt und der Scheißkrieg. Die Biografie 1918 bis 1945*, München 2014, S. 275–

293; Schmidt, Helmut, *Weggefährten. Erinnerungen und Reflexionen*, Berlin 1996, S. 128f.

〔79〕Herbert, *Geschichte Deutschlands*, S. 931.

〔80〕„Kohl ist total unfähig zum Kanzler", in: *Der Spiegel*, Nr. 49, 29. Nov. 1976.

〔81〕ヴィンクラー『自由と統一への長い道』３２７頁。

〔82〕Schmidt, Manfred G., „Die Politik der CDU/CSU- und der SPD-Regierungen", in: Raschke (Hg.), *Bürger und Parteien*, S. 133ff.

〔83〕Der Bundeswahlleiter (Hg.), *Ergebnisse früherer Bundestagswahlen*, Wiesbaden 2018, S. 6ff; Der Bundeswahlleiter (Hg.), *Ergebnisse früherer Landtagswahlen*, Wiesbaden 2020, S. 23–96.

〔84〕Beyme, Klaus von, *Das politische System der Bundesrepublik Deutschland*, München/Zürich 1987, S. 67ff.

〔85〕„Systematische Gliederung", in: *KL-Info*, Nr. 4, 12. Febr. 1969, Bestand Aktionsrat zur Befreiung der Frauen (H. Kröger) 1968/69, 230, APO-Archiv.

〔86〕Vorstand der SPD (Hg.), *Jahrbuch 1968/1969*, S. 86.

〔87〕この関連で、ハーバーマスは資本主義的な経済システムと結びついた官僚制的な支配システムが市民の「生活世界」への介入を強め、その「植民地化」を進めていると警告した。ハーバーマス、ユルゲン著 細谷貞雄／山田正行訳『公共性の構造転換——市民社会の一カテゴリーについての探究』第2版 未來社 １９９４年 xxvii頁。加えて次の文献も参照。ハーバーマス著 山田正行／金慧訳『後期資本主義における正統化の問題』岩波書店 ２０１８年 66－68頁。

〔88〕Herbert, *Geschichte Deutschlands*, S. 881.

〔89〕Rahlf, Thomas (Hg.), *Deutschland in Daten. Zeitreihen zur Historischen Statistik*, Bonn 2015, S. 191. この書籍は連邦政治教育センターによって作成された統計資料集である。

〔90〕Görtemaker, *Geschichte der Bundesrepublik Deutschland*, S. 516.

〔91〕Herbert, *Geschichte Deutschlands*, S. 876–881.

〔92〕Rahlf, *Deutschland in Daten*, S. 191; Wehler, Hans Ulrich, *Deutsche Gesellschaftsgeschichte. Bundesrepublik*

Deutschland und DDR 1949–1990. Bd. 5, München 2008, S. 61.

〔93〕 Rahlf, *Deutschland in Daten*, S. 146; Wolfrum, *Die geglückte Demokratie*, S. 339.

〔94〕 Herbert, *Geschichte Deutschlands*, S. 895.

〔95〕 Geppert, Dominik, *Geschichte der Bundesrepublik Deutschland*, München 2021, S. 49; 板橋／妹尾編『現代ドイツ政治外交史』113頁。

〔96〕 Wehler, *Deutsche Gesellschaftsgeschichte*, S. 62.

〔97〕 Herbert, *Geschichte Deutschlands*, S. 897f; Rahlf, *Deutschland in Daten*, S. 195.

〔98〕 Bundesministerium für Arbeit und Soziales und Bundesarchiv (Hg.), *Geschichte der Sozialpolitik in Deutschland seit 1945*, Bd. 6, Baden-Baden 2008, S. 52.

〔99〕 Doering-Manteuffel, Anselm/Raphael, Rutz, *Nach dem Boom. Perspektiven auf die Zeitgeschichte seit 1970*, 3. ergänzte Aufl., Göttingen 2012, S. 52–60; Raphael, *Deutschland in Daten*, S. 61ff.

〔100〕 Herbert, *Geschichte Deutschlands*, S. 897f.

〔101〕 De New, John P./ Zimmermann, Klaus F., “Native wage impacts of foreign labor. a random effects panel analysis”, in: *Journal of Population Economics*, vol. 7, 1994, pp. 177–194; Herbert, Ulrich, *Geschichte der Ausländerpolitik in Deutschland. Saisonarbeiter, Zwangsarbeiter, Gastarbeiter, Flüchtlinge*, München 2001, S. 223–229; Rahlf, *Deutschland in Daten*, S. 52.

〔102〕 Bundesministerium für Arbeit und Soziales und Bundesarchiv (Hg.), *Geschichte der Sozialpolitik*, S. 753ff.

〔103〕 Rahlf, *Deutschland in Daten*, S. 193.

〔104〕 „Arbeitsförderungsgesetz“, in: *Bundesgesetzblatt*, Teil I, Nr. 51, 25. Juni 1969, S. 583.

〔105〕 „Erlaß zur Organisation der Arbeitsvermittlung“, 30. Sept. 1970, in: *Amtliche Nachrichten der Bundesanstalt für Arbeitsvermittlung und Arbeitslosenversicherung*, Teil 18, Nr. 11, 1970, S. 773–776.

〔106〕 Schmidt, „Die Politik der CDU/CSU- und der SPD-Regierungen“, S. 133f.

(107) Fach, „Das Modell Deutschland", S. 98.

(108) Mayer-Tasch, *Die Bürgerinitiativbewegung*, S. 41.

(109) ハンチントン、サミュエル・P ほか著 日米欧委員会編 綿貫譲治監訳『民主主義の統治能力――日本・アメリカ・西欧その危機の検討』サイマル出版会 1976年 89頁。この日米欧委員会は、現在は三極委員会と呼ばれており、西ヨーロッパと日米の研究者および労使と政治の代表者の国際的ネットワークとして1973年に設立され、現在に至るまで国際的な政策提言を行っている。

(110) Guggenberger, Bernd, „An den Grenzen der Mehrheitsdemokratie", in: Guggenberger, Bernd/Offe, Claus (Hg.), *An den Grenzen der Mehrheitsdemokratie*, Opladen 1984, S. 184–195.

(111) Schmitter, Philippe C., „Interessenvermittlung und Regierbarkeit", in: Alemann, Ulrich von/Heinze, Rolf G. (Hg.), *Verbände und Staat. vom Pluralismus zum Korporatismus. Analysen, Positionen, Dokumente*, Opladen 1979, S. 92–114.

(112) ハーバーマス『後期資本主義における正統化の問題』特に125―127頁および131―132頁。

(113) ハンチントンほか『民主主義の統治能力』1―10頁。

(114) „Nur noch 30 Jahre", in: *Der Spiegel*, Nr. 10, 3. März 1974.

(115) Eppler, Erhard, *Ende oder Wende. Von der Machbarkeit des Notwendigen*, Stuttgart u.a. 1975, S. 9; グルール、ヘルベルト著 辻村誠三/辻村透訳『収奪された地球――「経済成長」の恐るべき決算』東京創元社 1984年 30頁。

(116) 青木『ドイツにおける原子力施設反対運動の展開』54頁。

(117) 中田「新しい社会運動としての環境保護市民運動（Bürgerinitiative）」73頁。

(118) 青木『ドイツにおける原子力施設反対運動の展開』72―78頁。

(119) „„Das muß in trockene Tücher"", in: *Der Spiegel*, Nr. 44, 25. Okt. 1976.

(120) Rucht, Dieter, „Anti-Atomkraftbewegung", in: Roth/Rucht (Hg.), *Die sozialen Bewegungen*, S. 251f.

121 „Jugend der IG Metall ist gegen Weiterbau von Kernkraftwerken“, in: *FR*, 7. Mai 1977.

122 „Sechs Jahre – und kein bißchen weise“, in: *Die Zeit*, Nr. 5, 21. Jan. 1977.

123 Kommission für wirtschaftlichen und sozialen Wandel, *Wirtschaftlicher und sozialer Wandel in der Bundesrepublik Deutschland. Gutachten der Kommission für wirtschaftlichen und sozialen Wandel*, Göttingen 1977, S. 327f.

124 Sachverständigenrat zur Begutachtung der gesamtwirtschaftlichen Entwicklung, *Zeit zum Investieren. Jahresgutachten 1976/77*, Stuttgart/Mainz 1976, S. 131–134.

125 Görtemaker, *Geschichte der Bundesrepublik Deutschland*, S. 582.

126 Herbert, *Geschichte Deutschlands*, S. 982f.

127 Wehler, *Deutsche Gesellschaftsgeschichte*, S. 61.

128 Bundesministerium für Arbeit und Soziales und Bundesarchiv (Hg.), *Geschichte der Sozialpolitik*, S. 88ff; Wolfrum, *Die geglückte Demokratie*, S. 348f.

129 Vorstand der SPD (Hg.), *Jahrbuch 1970–1972*, S. 147f.

130 Herbert, *Geschichte Deutschlands*, S. 926f.

131 Bundesministerium des Innern, *Sofortprogramm zur Modernisierung und Intensivierung der Verbrechensbekämpfung*, Bonn 1970, S. 16f.

132 „Kommissar Computer“, in: *Der Spiegel*, Nr. 27, 28. Juni 1971; Weinhauer, Klaus, „Zwischen »Partisanenkampf« und »Kommissar Computer«. Polizei und Linksterrorismus in der Bundesrepublik bis Anfang der 1980er Jahre“, in: Weinhauer u.a. (Hg.), *Terrorismus in der Bundesrepublik*, S. 246–249.

133 Davis, Belinda, „Jenseits von Terror und Rückzug. Die Suche nach politischem Spielraum und Strategien im Westdeutschland der siebziger Jahre“, in: Weinhauer u.a. (Hg.), *Terrorismus in der Bundesrepublik*, S. 154ff; Narr, „Bürger- und menschenrechtliches Engagement“, S. 353f.

134 Wagner, *Bürgerinitiative-Betroffenheit-Selbstbestimmung*, S. 24.

135 Vorstand der SPD (Hg.), *Jahrbuch 1970–1972*, S. 507.

136 Presse- und Informationsamt der Bundesregierung, *Bundeskanzler Brandt. Regierungserklärung des zweiten Kabinetts Brandt/Scheel vom 18. Januar 1973*, Bonn 1973, A 88–6578, BAdsD, S. 31.

137 Ebd., S. 50.

138 Wagner, *Bürgerinitiative-Betroffenheit-Selbstbestimmung*, S. 14; „Willy Brandts Regierungserklärung, 28. Oktober 1969", URL: https://www.1000dokumente.de/index.html?c= dokument_de&dokument=0021_bra&object=pdf&st=&l=de（２０２４年11月23日閲覧）。

139 Heinemann, Gustav V., *Präsidiale Reden*, Frankfurt a.M. 1975, S. 199ff.

140 Aly/Grüttner, „Unordnung und frühes Leid", S. 39.

141 Siegfried, 1968. *Protest, Revolte, Gegenkultur*, S. 237.

142 Mayer, Margit, „Städtische soziale Bewegungen", in: Roth/Rucht (Hg.), *Die sozialen Bewegungen*, S. 299.

143 Bundesministerium für Arbeit und Soziales und Bundesarchiv (Hg.), *Geschichte der Sozialpolitik*, S. 61.

144 „Protokoll der Vollversammlung der Kinderläden", 26. März 1971, Bestand Kinder, Jugendhilfe, Erziehung 1969–76, 1064, APO-Archiv.

145 Werder (Hg.), *Was kommt nach den Kinderläden?*, S. 185; Wolff, Reinhart, „Die ersten Kinderläden. Praxiserfahrungen und pädagogische Konzeptionen", in: Bock u.a. (Hg.), *Zugänge zur Kinderladenbewegung*, S. 30.

146 Iseler, Katharina, „Kinderläden aus organisationspädagogischer Perspektive. Drei Fallstudien in Berlin und Nürnberg", in: Bock u.a. (Hg.), *Zugänge zur Kinderladenbewegung*, S. 335.

147 Statistisches Bundesamt, „Tageseinrichtungen für Kinder nach Art und Trägern", URL: https://www.destatis.de/DE/Themen/Gesellschaft-Umwelt/Soziales/Kindertagesbetreuung/Tabellen/kindertageseinrichtungen-traeger.html;jsessionid=D7E98137384555FC751587B003〔A611B6.live731（２０２４年４月16日閲覧）。

148 Statistisches Bundesamt, *Statistiken der Kinder- und Jugendhilfe. Kinder und tätige Personen in Tageseinrichtungen*

und in öffentlich geförderter Kindertagespflege am 01.03.2022, o.O. 2022, S. 11. URL: https://www.destatis.de/DE/Themen/Gesellschaft-Umwelt/Soziales/Kindertagesbetreuung/Publikationen/Downloads-Kindertagesbetreuung/tageseinrichtungen-kindertagespflege-5225402227004.pdf?__blob=publicationFile（２０２４年４月19日閲覧）。

〔149〕 Aden-Grossmann, *Monika Seifert*, S. 153f.

〔150〕 Ebd.

〔151〕 Jaide/Veen, *Bilanz der Jugendforschung*, S. 9.

〔152〕 Shell Deutschland Holding (Hg.), *Jugend 2006. Eine pragmatische Generation unter Druck*, Frankfurt a. M. 2006, S. 58; Sozialwissenschaftliches Institut Nowak und Sörgel (Hg.), *Die verunsicherte Generation. Jugend und Wertewandel. Ein Bericht des SINUS-Instituts im Auftrag des Bundesministeriums für Jugend, Familie und Gesundheit*, Opladen 1983, S. 18.

〔153〕 Wolff, „Die ersten Kinderläden“, S. 30f.

〔154〕 ジャット、トニー著 森本醇訳『ヨーロッパ戦後史』下巻 みすず書房 ２００８年 ４５０頁。

〔155〕 Sozialwissenschaftliches Institut Nowak und Sörgel (Hg.), *Die verunsicherte Generation*, S. 13–20.

〔156〕 Werder, „Kinderladenbewegung und politische Psychoanalyse“, S. 44.

〔157〕 Iseler, *Kinderläden. Fallstudien*, S. 74–94 u. 247–268.

〔158〕 Wolff, „Die ersten Kinderläden“, S. 30f.

〔159〕 Ebd., S. 68ff.

〔160〕 Iseler, *Kinderläden. Fallstudien*, 65f, 144ff u. 226–230.

〔161〕 Aden-Grossmann, *Monika Seifert*, S. 155f.

〔162〕 Anda/Kleine, *Gerhard Schröder*, S. 36f.

〔163〕 西田『ドイツ・エコロジー政党の誕生』43頁。

〔164〕 „Jungsozialisten. Die “sozialistische Minderheit” der SPD“, in: *Die Zeit*, Nr. 15, 6. Apr. 1979; Seiffert, „*Marsch durch die Institutionen?*“, S. 175.

〔165〕 „Keine Lösung aus dem Clinch“, in: *Die Zeit*, 17. Febr. 1978; „Neuer Juso-Chef sichert SPD aktive Wahlkampfarbeit zu“, in: *FR*, 14. Febr. 1978.

〔166〕 „Interview mit dem neuen Juso-Bundesvorsitzenden“, in: *PPP. Parlamentarisch-Politischer Pressedienst*, 14. Febr. 1978, Z 12282, BAdsD.

〔167〕 „Jungsozialisten hinter Bahro“, in: *FR*, 12. Juli 1978.

〔168〕 „Balanceakt auf der Richtlinie“, in: *Vorwärts*, 20. Juli 1978.

〔169〕 „Die Wählerstimmen von morgen sichern“, in: *Der Spiegel*, Nr. 13, 26. März 1979.

〔170〕 „Mitgliederentwicklung der Parteien“, in: Bundeszentrale für politische Bildung, 21. Okt. 2022, URL: https://www.bpb.de/politik/grundfragen/parteien-in-deutschland/zahlen-und-fakten/138672/mitgliederentwicklung（２０２４年５月29日閲覧）。

〔171〕 N.N. *Statistisches Jahrbuch Frankfurt am Main 2006*, Frankfurt a.M. 2006, S. 190.

〔172〕 „Betr.: Westend. Sehr geehrter Herr Oberbürgermeister“, 27. Nov. 1980, Bestand AGW, V 66/53, ISG.

〔173〕 „Ist der Ruf erst ruiniert“, in: *Die Zeit*, Nr. 27. 27. Juni 1980.

〔174〕 „Tor geöffnet“, in: *Der Spiegel*, Nr. 6, 31. Jan. 1977; „Das ist ein einziger Skandal“, in: *Der Spiegel*, Nr. 27, 3. Juli 1978.

〔175〕 „In der Schwebe“, in: *Der Spiegel*, Nr. 39, 23. Sept. 1979.

〔176〕 ショレゲン、グレゴーア著 岡田浩平訳『ヴィリー・ブラントの生涯』三元社 ２０１５年 70－71頁、レッシェ／ヴァルター『ドイツ社会民主党の戦後史』１６２頁。

〔177〕 Herbert, *Geschichte Deutschlands*, S. 934f.

〔178〕 Faulenbach, Bernd, *Das sozialdemokratische Jahrzehnt. Von der Reformeuphorie zur Neuen Unübersichtlichkeit. Die SPD 1969–1982*, Bonn 2011, S. 711.

〔179〕 Ebd., S. 714; Seiffert, „*Marsch durch die Institutionen?*", S. 209.

〔180〕 Bundesvorstand der Jungsozialisten in der SPD (Hg.), *Bundeskongressbeschlüsse*, S. 56.

〔181〕 SPD-Jungsozialisten Bezirk Hessen-Süd, *Dokumentation der außerordentlichen Bezirkskonferenz vom 11. Dezember 1977*, o.O. 1977, X 15894, BAdsD, S. 30.

〔182〕 Seiffert, „*Marsch durch die Institutionen?*", S. 207.

〔183〕 „Jusos fordern völligen Betriebsstopp für Kernkraftwerke", in: *FR*, 31. März 1979.

〔184〕 „Die SPD hat kein Konzept", in: *Der Spiegel*, Nr. 44, 29. Okt. 1979.

〔185〕 Vorstand der SPD (Hg.), *Dokumente. SPD Parteitag Essen Grugahalle 17.–21. Mai 1984*, Bonn o.J., S. 36.

〔186〕 Seiffert, „*Marsch durch die Institutionen?*", S. 210.

〔187〕 西田／近藤『現代ドイツ政治』59頁。

〔188〕 „Lähmende Flügelkämpfe beim Jungsozialisten-Kongreß in Lahnstein", in: *Vorwärts*, Nr. 27, 29. Juni 1985.

〔189〕 Oberpriller, Martin, *Jungsozialisten. Parteijugend zwischen Anpassung und Opposition*, Bonn 2004, S. 295.

〔190〕 „Mehr Dampf in der Opposition", in: *Vorwärts*, 19. Apr. 1984.

〔191〕 Oberpriller, *Jungsozialisten*, S. 305.

〔192〕 Vorstand der SPD (Hg.), *Jahrbuch 1991–1992*, S. 259.

〔193〕 Ebd., S. 260.

〔194〕 „Jungsozialisten drohen der SPD mit Massenaustritt wegen Asyl", in: *FR*, 25. Mai 1992.

〔195〕 Vorstand der SPD (Hg.), *Jahrbuch 1999–2000*, S. 154.

〔196〕 Ebd., S. 34.

〔197〕 „Jusos starten Kampagne gegen große Koalition", in: *FAZ*, 1. Dez. 2017, URL: https://www.faz.net/aktuell/politik/inland/regierungsbildung-jusos-starten-kampagne-gegen-grosse-koalition-15319216.html（２０２４年５月19日閲覧）。

〔198〕„BMW den Besitzern wegnehmen: So will Kevin Kühnert raus aus dem Kapitalismus“, in: *Der Spiegel Online*, 1. Mai 2019, URL: https://www.spiegel.de/politik/deutschland/kevin-kuehnert-will-bmw-kollektivieren-und-raus-aus-dem-kapitalismus-a-d866fcc2-f22b-4755-b85f-0759adaf4dfd（２０２４年５月19日閲覧）。

〔199〕Bundesvorstand der Jungsozialisten, „Antragsbuch Bundeskongress 2021 Frankfurt am Main 26.–28. November“, URL: https://jusos.de/wp-content/uploads/2021/10/Antragsbuch_JusoBundeskongress2021.pdf（２０２４年５月19日閲覧）。

〔200〕„Philipp Türmer. Kandidatur zum stellvertretenden Bundesvorsitzenden“, in: *Jusos*, Nov. 2023, URL: https://jusos.de/wp-content/uploads/2021/10/Philipp-Tuermer.pdf（２０２４年５月19日閲覧）

〔201〕„Mucken die Jusos jetzt auf?“, in: *Der Spiegel*, 31. Okt. 2022, URL: https://www.spiegel.de/politik/deutschland/spd-nachwuchs-jusos-ratlose-rebellen-a-ee69f819-f3c0-4ff5-a2a9-cd4e9c5f595c（２０２４年５月19日閲覧）。

終章　ローカルな急進的運動による社会のリベラル化

結論

本書では、１９６０年代後半に最高潮を迎えた68年運動に影響を受けた西ドイツの若者が展開した社会運動について、特にキンダーラーデンとユーゾーによる70年代までの活動に着目して考察した。終章ではこれまでの分析をまとめた上で、序章で述べた次の問いへの結論を提示する。本書で扱った若い活動家はどのような目標を持って、いかなる運動をローカルな空間で行ったのだろうか。キンダーラーデン運動とユーゾーの活動家によって掲げられた社会主義思想が、果たした役割とは何だったのだろうか。加えて運動と西ドイツ社会のリベラル化は、どのような関係にあったのだろうか。

１９４９年に建国された西ドイツにおいて、当初は保守的な風潮が強かったものの、50年代からの急速な経済成長と生活水準の向上は、それまでの西ドイツ社会を次第に変化させた。特に二つの展開が西ドイツ社会の変化を象徴していた。一つ目に62年のシュピーゲル事件で明らかになったように、民主的な意識を持って自発的に活動する市民が登場し、社会運動の有効性が再発見された。二つ目に社会は人の力で改良できるという考えが広まったことで、市民は新しい方法で政治と社会に積極的に参加しようと試みるようになった。

このような変化に応じて68年運動は、それまでの社会運動とは異なる新しい性質を獲得した。とりわけ若者が重要な役割を担った68年運動では教育改革、大連立政権、緊急事態法制、ベトナム戦争、マスメディアによる世論誘導のような、西ドイツ市民の生存に直接関わらないと考えられた問題が、激しい政治的争点になるようになった。

68年運動は、様々な勢力が共通の問題への関心を通じて緩やかに結びついた運動だったが、1960年代末の終息までに、70年代以降の新しい運動が登場および自立する前提となる五つの展開が生じた。

第一に、反権威主義教育と呼ばれる新しい教育が、コミューン運動の中から登場した。68年運動の活動家は、旧来の慣習や常識にとらわれない新しい生き方を求め、私生活に関わる様々な問題を政治的な争点にして運動した。この過程で活動家自らが育った「ブルジョア的」な生活様式を拒絶し、オルタナティヴな生活を実践するために、コミューンと呼ばれる生活共同体が多数登場した。なかでも注目を集めたコミューンIIは、1967年から68年にかけて大人の権威を可能な限り否定し、子どもの自由を最大限認めることを教育方針に据えた。コミューンIIの教育方針は、キンダーラーデンでの子育てを先取りするような内容だったものの、参加者全員に支持されていたわけではなかった。68年から69年に子育てによる社会変革に疑問を持った一部の参加者が離脱することで、子育て問題に特化したキンダーラーデン運動が確立された。

第二に、暴力が政治的手段として正当か否かについて活発に議論されたことは、その後の運動のあり方を分ける潮境になった。学生運動が急進化するにつれて一部の活動家は、目的達成の手段として暴力を用いることに賛成するようになり、大多数の学生と世論から強い反発を招いた。キンダーラーデン活動家の中にも、政治的暴力の行使に賛同する人々がおり、68年運動が戦闘性を増すと、暴力行使を支持してキンダーラーデンから離脱していった。一方、社民党の若い党員は暴力に批判的だったことから、暴力行使をめぐる議論は、ユーゾーが学生運動から離脱して独自に活動する前提になった。

第三に、若い活動家の間で労働者の政治的能力の見直しがなされたことは、1970年代の運動の性質に大きな影響を及ぼした。とりわけ68年運動期の若い活動家は、労働者層がすでに西ドイツの体制に統合されたと見なしてその政治的能力を低く評価していた。しかし、69年9月の山猫ストライキを見た若い活動家は、労働者との関係を重視する古典的な社会主義運動に再び期待するようになった。とりわけ毛沢東主義的な活動家は、労働者と協力した教育を子どもに施す重要性を主張し、それまでの親同士の互助組織的な性質を持っていたキンダーラーデンに方針転換を促した。9月ストライキを通じてユーゾーも、西ドイツでも労働者との協力によって、社会主義社会を樹立できる可能性があると強く考えるようになった。一般の労働者の関心を汲み取り、政治に反映させたいという意識は、70年代にユーゾーのローカルな活動が活発化する前提になった。

第四に、ブラント政権の成立は特にユーゾーに重要な刺激を与えた。1969年に社民党政治家として戦後初めて首相になったブラントは、「もっと多くの民主主義を敢行したい」と呼びかけ、社会改革への市民の参加を要請した。このブラントの発言は、社民党でなら自らの問題意識を生かすことができるかもしれないという希望を一般の若者に与え、70年代半ばまでユーゾーに参加者が殺到するきっかけとなった。さらにユーゾーにとって「もっと多くの民主主義を敢行」することは、社会主義社会を実現することと同義であり、若い党員が民主化を目指して独自の運動を開始する前提となった。

第五に、社会主義ドイツ学生同盟が解散し、68年運動が完全に分裂したことで、それまで抗議運動に参加していたそれぞれの勢力が、別々の道を歩み始めた。68年運動は、非常に多様な勢力が参加する抗議運動だったが、それらを互いに結びつける役割を社会主義ドイツ学生同盟が担っていた。社会主義ドイツ学生同盟が解散した後、とりわけキンダーラーデンとユーゾーは学生運動から離脱して、独自の運動として活動を開始した。

西ベルリンのキンダーラーデン運動は、1968年に女性活動家によって開始された。女性活動家は、男性中心主義や旧来の権威主義的とされた教育観念、さらに男性よりも女性の方が子育ての負担を不平等なほど多く背負わされている状況を批判し、オルタナティヴな子育てと政治活動を一体化させた新しいタイプの保育を行う施設として、キンダーラーデンを生み出した。西ベルリンの「女性解放のための活動評議会」は、コミューンIIと協力しつつ保育施設を運営した。しかし、主に成人女性のために育児負担を減らし、より自由な人生設計を可能にするための施設として、キンダーラーデンを見る傾向があった活動評議会に対して、それを政治運動として体系的に組織しようとした、後発の毛沢東主義者中心の「社会主義キンダーラーデン中央評議会」が挑戦し、最終的に後者が運動の主導権を握った。

1960年代後半にキンダーラーデンは主に二つの理由から登場した。一つ目の理由として、女性の社会進出の進展によって保育施設の不足問題が深刻化し、これを市民が自発的に解決しようとしたことにあった。二つ目の理由として、60年代ごろから規律と服従を重視する旧来の教育が、子どもに悪影響を与えているという強い批判がなされるようになり、オルタナティヴな教育への需要が高まったことが挙げられる。

旧来の教育のあり方を批判したキンダーラーデンは、子どもの自律性を重視する反権威主義教育を実践した。この教育は、権威主義と資本主義への批判を通じて子どもを規律と規範から解放し、共同生活の中で自己決定能力を身に付けさせることで、権威主義的人格を克服することを目指した。さらに中央評議会は、子どもを確信的な社会主義者に育てることを目標として、「プロレタリア的教育」を提唱した。中央評議会系のキンダーラーデンは、反権威主義教育と「プロレタリア的教育」をできる限り忠実に実行しようと試み、子どもに様々な自由を認め、大人による介入を避けようとした。しかし、政治教育を行おうとする中央評議会の試みは、様々な制約を受けて不十分に終わった。他方、プレーパークの建設を目指したヴェアフト通りのキンダーラーデンのように、社会主義的な性質を持ちつつも、地域住民との協力関係を構築することができた施設も存在した。

当初キンダーラーデンは、既存体制への抵抗組織であろうとしたものの、政府機関とメディアとの接触、日々の施設運営を通じて急進的な性質は薄れ、次第に「体制内化」した。キンダーラーデンは、存続のために公的補助金を必要としており、そのための交渉を通じて運動の急進的性格は弱まった。当初のマスメディアはキンダーラーデンを扇動的に報道したため、両者の関係は険悪だったものの、1970年代に入るとキンダーラーデンが提示した保育に関する新しい問題意識は、様々なメディアを通して次第に社会に受け入れられるようになった。全体として、西ドイツで子育てに関する考え方が多様化し、他の保育施設での子育て方法も多元化したことで、キンダーラーデンの急進的な性質は目立たなくなっていった。キンダーラーデンの保育理念は親子にとって負担だったため、厳密に実践し続けることは現実的ではなかった。同時にキンダーラーデンの参加者も他の保育施設の価値を見直すようになり、そこに子どもを通わせるようになった。

1960年代の抗議運動は主要政党にも影響を及ぼした。とりわけ社民党に反抗的な態度を取るようになったユーゾーは、69年12月のミュンヘン全国大会で党を労働者階級政党に回帰させることと、党と社会を民主的に変革することを求めた。要求の核心は、一般党員と社会の草の根の人々に、より多くの参加機会を保障することにあった。

ユーゾーによる社民党への反抗は党内で大きな問題になった。ユーゾーの急進的な行動は党幹部会によってすぐに妨害されたため、党内改革はほとんど進まなかった。代わりに党外のローカルな場でユーゾーは目標を追求した。1971年4月のマンハイム会議で、ユーゾーは地方での活動方針について、とりわけフランクフルトの再開発反対運動を背景に、土地と住居の問題を重点的に年配の地方政治家と議論した。

連邦議長カールステン・フォークトに率いられたフランクフルトのユーゾーは、市民・住民運動団体のヴェストエント活動委員会と協力して、社民党市政府の再開発政策に反対した。再開発と投機的な土地取引に不安を感じる賃借人を組織したユーゾーは、住民の意見表明の機会を保障する合議機関を設立するとともに、公的建設会社に住宅の管理を委託し、社会的弱者に優先的に貸し出させた。

ユーゾーは、ローカルな場でおおむね円滑に活動できたものの、共産主義組織との協力をめぐって社民党幹部会と激しく対立することがあった。ユーゾーは、ローカルな場で共産主義組織と協力する可能性を完全には排除しなかったため、党幹部会は党からの除名を含む厳しい措置を行った。ただあくまで争点は、共産主義組織との協力にあったため、ローカルな問題を解決しようとするユーゾーの姿勢自体が、党から直接批判されることはほとんどなかった。

1973年から74年以降ユーゾーの活動は停滞するようになった。停滞の主な理由は、西ドイツ社会がいわゆる「傾向転換」期に入り、それまでの社会改革に好意的な風潮が弱まったこと、72年1月の「過激派決議」に代表されるように、社民党が政治的な若者への寛容な態度を改めたこと、加えて派閥対立の激化とそれに伴う党からの制裁にあった。最終的に、77年にクラウス・ウーヴェ・ベネターが、ユーゾー連邦議長への選出直後に社民党から除名されたことで、ユーゾーは党の路線から逸脱した活動を行える組織ではないことが明らかになり、「反乱」は終わりを迎えた。

本書では「コミューン化」と「ポスト革命的運動」の概念を手がかりに、キンダーラーデンとユーゾーの活動が、当時の西ドイツ社会でいかなる意義を持ったのかについて考察した。

生活共同体や地方自治体のレベルで問題を解決しようと試みる「コミューン化」は、短期間で社会全体を変革することは難しいものの、代わりに68年運動後の若い活動家が、私生活に近い場所での運動によって着実に成果を積み重ねられる状況が生まれたことで発生した。彼らは「コミューン化」によって、運動が完全に停滞してしまうことを避けながら、社会主義思想に基づく理想を追求できた。「コミューン化」された運動は、当時の社会の構造転換に対応して、西ドイツ市民の不満をローカルなレベルで代弁し、自己決定、参加機会、より質の高い生活などを実現する領域を求めるものだった。

またキンダーラーデンとユーゾーのローカルな活動は、国家の権限拡大への抵抗でもあった。首相ブラントは、社会の民主化と改革を呼びかけたものの、政府の改革政策は、専門知識を持つエリートによって決定されるという点で、民主的とは言い難い要素を持っていた。さらに改革政策によって政府は、市民生活のより広い領域に介入するようになった。政府が市民に期待させた展開と食い違うような国家の権限拡大に、キンダーラーデンとユーゾーは抵抗し、私生活に近い場で市民による自己決定と参加機会のための領域を実現しようとした。

社会主義社会の実現を理想として掲げたキンダーラーデンとユーゾーの活動家は、急進的な変革を目指していたものの、運動の手段としての暴力革命を否定した。本書では、こうした運動のあり方を「ポスト革命的運動」という言葉で論じた。「ポスト革命的運動」は、いわゆる「制度内への長征」に含まれる概念である。「制度内への長征」は、68年運動の元活動家がその後の長期的な活動を通じて、社会で指導的な立場に就いたことを意味する。「制度内への長征」は、現在の用法としては、68年世代が基本的に穏健な態度を持っていたことを含意しているものの、１９６０年代から70年代には、暴力的な社会転覆を狙っていた人々によっても用いられていた。これに対して本書では、そもそも暴力的活動を想定していない運動のあり方として「ポスト革命的運動」を提示した。

　キンダーラーデンとユーゾーの「ポスト革命的運動」には、同時期の西ドイツ市民による新しい政治参加のあり方と共通点がある。キンダーラーデンとユーゾーの運動は、私生活に近い問題について市民が自ら決定することを求めた。キンダーラーデンの参加者は子育ての方法を自ら決めようとし、ユーゾーは地域住民が生活に関わる問題について自己決定できる機会を要求した。同様に１９６０年代以降多くの西ドイツ市民は、「脱物質主義」的な価値観への転換の過程で、私生活に近い場での自己決定をますます重視するようになった。それに伴い、選挙のような間接的な政治参加だけで満足しなくなった市民は、より直接的な参加機会を求め、市民イニシアティヴのような新しい市民・住民運動団体を数多く設立した。市民イニシアティヴが取り組んだテーマは、キンダーラーデンとユーゾーのローカルな活動内容と共通点があった。

　ただ市民イニシアティヴは、シングルイシューに取り組み、運動の対象を自ら限定したのに対して、「ポスト革命的運動」は、大規模な社会変革を謳うような特定の政治綱領や体系的思想を積極的に支持したという相違点がある。キンダーラーデンとユーゾーの活動家は、社会主義思想のような既存の政治的世界観を重視して市民を動員しようとした点で、むしろ当時の政治指導者と共通していた。山積している問題が新しい性質のもので、解決のために進むべき方向が明確ではなかったからこそ、当時の政治指導者もキンダーラーデンとユーゾーの活動家も、信頼できる既知の政治的世界観をあえて掲げることで、安心感を得て団結して未知の問題に立ち向かおうとしていた。

政治、経済、社会の構造転換によってそれまでの政策のあり方に疑問が投げかけられ、様々な危機的状況が発生していると考えられていた1960年代から70年代の西ドイツ社会において、「ポスト革命的運動」は社会主義思想を掲げつつ、ローカルな領域でそうした危機的状況に対応した。同時に様々な勢力が独自に危機を定義して行動したため、互いに対立した。急進的な主張を掲げていたキンダーラーデンとユーゾーの運動は、支持者だけでなく批判者も多く抱えていたことから、西ドイツにおける社会対立を促す主体のひとつだったと言えるだろう。

最後に、キンダーラーデンとユーゾーの活動および西ドイツ社会のリベラル化の関係を、活動家の社会主義思想を手がかりに検討する。

序章でも述べたように、1960年代から70年代の若い活動家が掲げていた思想自体は、言葉通りに受け取るべきではないという指摘がある。[1] なぜなら、当時の若者の運動は、社会主義のレトリックを用いたものの、その要求の中核には参加機会、自己決定、生活の質を始めとする「脱物質主義」的な関心があったため、古典的な社会主義運動とは性質が異なっていたとされるためである。それゆえ当時の運動を社会主義運動の文脈で捉えると本質を見誤ると論じられる。この指摘は傾聴に値するだろうが、それだけに尽きるものではないだろう。なぜなら言葉の上で求められていたものと、実際に要求されていたものの間にギャップがあるということは、大抵どの運動にも当てはまるためである。どのような時代においても、特定の思想が様々な環境に置かれた諸個人の状況を十全に説明したことはなかっただろう。

たとえ個人特有の状況を十全に説明していなかったとしても、ある思想を掲げて考え方や世界観を共有することには、多様な諸個人の間に共通の所属意識を作り出す機能があった。この機能が当時の社会運動にとっては不可欠だった。１９６０年代から70年代の若い活動家にとって、社会主義の語彙を用いて議論することは、すなわち運動に参加する意欲を持つ人々のネットワークへの入場券を得ることだった。このネットワークには、異なる出自を持つものの、社会の変化によって生きづらさを感じていたり、生活環境の変化を求めるといった共通の問題意識を持つ人々がいた。社会主義思想自体には多様な潮流があり、それぞれの間で激しい争いがしばしば発生したが、人々は社会主義の語彙を使うことで、自らの不安と問題意識を一人きりで抱え込まずに済んだ。そして同じ考えを持つ者同士で組織を作ることで、運動として社会に影響を及ぼす主体になることができた。〔2〕そもそも当時の若い活動家が、新しい問題を認識していたとしても、それに対応する新しい思想をすぐに構築することは困難だった。よしんば新しい思想を生み出したところで、その正当性を他者にすぐさま納得させ、幅広い支持を得ることは難しかっただろう。そのためそれまで信頼されていた社会主義思想のレトリックを用いることは、運動の開始と存続に必要な主体形成のためのコストを減らすという大きな意味を持っていた。

このように当時の社会主義思想は、運動の主体を形成する強い力を持っていた。それゆえこの思想が教条主義的にならないのなら、つまり外部の現実を受け入れてそこから学ぶことを拒まず、もっぱら自らの政治的志向を優先して現状を歪めて解釈しない限りで、特定の思想に基づいた何らかの政治的世界観を持つこと自体は運動にとって大きなメリットがあった。

加えて重要な点として、これまで見てきたように若い活動家にとって社会主義は自由、平等、解放、民主主義、自律性、自己決定、搾取と抑圧のない社会といった普遍的な価値と密接に結びついていた。社会主義社会を目指すことは、社会をより良くしたいと考える者であれば、誰でも共有できる価値を実現することだと考えられていた。それまでの歴史的蓄積から社会主義思想は、個人の問題意識を社会的なものに変換する豊かな理論体系と可能性を持っていたため、運動の主体を形成するきっかけとして、非常に重要な機能を持っていたと言えよう。

キンダーラーデンとユーゾーの活動家は「コミューン化」された「ポスト革命的運動」を進めた。活動家は社会主義社会への転換に期待しつつ、ローカルな領域で運動していた。いわば彼らは「グローバルに考え、ローカルに行動」するのではなく、「革命的に考え、ローカルに行動」した。

社会主義を信じて活動した若者たちによる「ポスト革命的運動」は、西ドイツ社会を多様化するという意味でのリベラル化を意図せずして進めたと言える。若い活動家が、しばしば極端な主張を掲げて運動したことは確かであるものの、社会主義を強く支持したからこそ熱心に運動に取り組み、自らの理想を実現するために多様な可能性を社会の様々な場所で試した。その結果、活動家は自らの問題意識に基づいて、行動を起こそうとしていた一般市民の私生活の近くで、子育てや都市環境のような、それまであまり注目を集めていなかった新しい運動テーマを取り上げた。ローカルな領域では、活動家が市民の生活に関わる問題を解決しようと試みる限り、彼らのリベラルとは言い難い主張が批判を受けたとしても、すぐに運動が失敗してしまうことはあまりなかった。そのためキンダーラーデンとユーゾーの活動家は、私生活に近い地域社会で一定の成果を残すことができた。さらに活動家のコミュニケーション、つまり仲間内の議論、外部の主体との積極的な交渉、公共空間での活発なアピールは、新しい運動テーマを広く認知させた。新しい主体と問題が認知され、重要な社会的要素として承認されるという意味で多様化が進展した。このことは西ドイツ社会のリベラル化と評価することができるだろう。

キンダーラーデンとユーゾーは、活動の場をローカルな領域に移し、参加機会と自己決定の拡大、生活の質の向上などを求めた。この展開について、本書では社会主義を支持する若い活動家を中心に検討したが、他にも同様の要求を掲げて運動した人々がいた。特に女性、エスニック・マイノリティ、地域住民などが、独自の政治主体として社会で認識され、「新しい社会運動」を開始した。1970年代以降こうした運動の要求の一部は、思想的にも制度的にも実現した。思想的には新しい種類の自己決定権が登場した。つまり近代化に異議を申し立て良い環境を求める権利、自らの身体の取り扱いと生き方を自分で決める権利などが、正当なものとして認められるようになり、制度的にはこれらの権利を擁護する政党として、新たに緑の党が80年代以降本格的に政界に進出した。この党は、オルタナティヴ・ミリュー参加者および70年代半ば以降の社民党に失望した人々を重要な支持基盤にしていたため、本書で扱った運動を前史として緑の党設立を検討することもできよう[3]。

加えて新しい自己決定と参加機会は、市民の側からの一方的な要求によって実現したのではなく、特に政府との相互作用によって確立されたことが指摘できる。市民から新しい要求が高まったのと同じ時期に、西ドイツは低成長時代に突入した。それまで成功していた政治、経済、社会のあり方が行き詰まったため、これまでと同じ方法での統治は、もはやうまくいかないのではないかという不安を政府が持つようになった[4]。この問題を乗り越えるために、政府は活発な市民の要求に対応したことから、1970年代以降の西ドイツ社会の民主化は、市民と政府の相互作用の中で発展した。しかし、本書では若者の運動に焦点を当てたため、政府の動きにはあまり踏み込まなかった。

さらに本書では、1960年代以降に若い活動家が参加した四つの運動類型のうち、オルタナティヴ・ミリューとユーゾーを扱ったものの、残りの二類型である、60年代後半以降に登場した新左翼と旧左翼の組織とテロ組織は、検討の対象に含めなかった。これら新旧左翼組織とテロ組織は、70年代を通じて次第に勢力が振るわなくなったが、特に前者は、環境運動と反核平和運動のような「新しい社会運動」に70年代後半から合流することで、改めて影響力を獲得した。より多くの運動類型を分析の俎上に載せながら、市民と政府の相互作用への視点を取り入れることで、現代的な社会運動と市民社会の形成過程と、そこにおいて本書が扱った時代がどのように評価されるのかについて包括的に考察することは今後の課題になるだろう。

さらに、ここで本書で扱ったテーマが持つ日独比較の可能性について述べておきたい。キンダーラーデンのような保育に関する運動については、日本で1920年代に始まった学生中心のセツルメント運動のような例が挙げられよう。60年代後半以降この運動は、学生運動以外の活動形態を求めた若者を取り込んで拡大しつつ、主に貧困家庭の子どもを対象とするローカルな活動を行った。[5]

ユーゾーに関連して言えば、西ドイツの社民党に匹敵する規模で多数の若者を、日本の国政政党が受け入れる展開は見られなかったものの、ローカルな領域に運動の重点を移す活動家は存在した。1970年代以降既存の運動に限界を感じた日本の若い活動家は、ローカルな「生活民」を重視する運動を開始した。活動家は、「寺小屋」や「自主講座」と呼ばれる場を設けて公害や開発の問題について学び、化学工場より垂れ流された有機水銀による公害病が問題となっていた熊本県水俣市、新東京国際空港建設予定地の千葉県成田市三里塚、返還問題で揺れる沖縄など、種々の政治・社会問題の現場へと向かっていった。当時の活動家の間で「シコシコやっていこう」という言葉が広まっていたが、これは身近でローカルな活動を通じて、少しずつ成果を出しながら長期的に運動を続けようとする態度を意味していた。[6]

ただキンダーラーデンとユーゾーの活動家は、社会主義思想を支持しつつ、ローカルな市民の要求と接続するような運動を組織していたが、日本においてこうした展開は多くない。住民との関係に関して言えば、三里塚闘争で空港建設に反対する地元農民と新左翼活動家の協力があったものの、活動家の存在はしばしば運動の先鋭化を促した。このことは行政と運動の交渉を妨げ、１９９０年代に入るまで三里塚闘争を手詰まり状態にする一因になった。〔7〕

この点では西ドイツの方が展開は早かった。キンダーラーデンは、比較的早い時期から保育施設として承認され、子育ての一般的なあり方に刺激を与えるようになった。ユーゾーは、社民党の組織という立場から活動し、地方政治家からも協力可能なパートナーとして承認された。このように西ドイツと統一ドイツおよび日本の間には、とりわけ既存の政治主体からの運動の承認について相違がある。つまり前者では独自に発展した運動が社会に承認され、またそのことを通じて一定の政治的、社会的影響力を及ぼせるようになっていったものの、日本でこうした展開はなかなか進まなかったと言えよう。〔8〕このことは日本社会にとって不運なことかもしれない。なぜなら運動からの刺激を社会が受け入れる準備に乏しいことは、市民が自らの生活に直接関わる意見表明を行う機会が制限される、民主主義の赤字でもあるためだ。〔9〕

現代へのインプリケーション

最後に、本書の知見が現代社会に与えうるインプリケーションを述べて結びに代えたい。本書では、活動家がローカルで私生活に近い場で活動しつつ、共通の思想を通じてまとまることで、影響力を発揮できる主体になったことを論じた。

キンダーラーデン運動とユーゾーが取り組んだ、生活インフラを市民の合議に基づくローカルな組織によって整備しようとする活動は、持続可能なポスト資本主義社会のあり方を模索する近年の運動にとっての先例とみなすことができよう。キンダーラーデン運動とユーゾーは、保育と教育の施設、住宅、公共交通機関といった生活に密接に関わる社会資本に関して、その供給を資本と国家の権力に委ねるのではなく、ローカルなレベルで市民が組織を作ってニーズを協同で充足したり、それらを必要としている者の手に届くものにしようとした。こうした活動が目指したものは、アソシエーションによるコモン（共有財）の創出といったような、近年その可能性が活発に論じられているものと本質的に共通している。あるいは国家に対する地方自治体の権限強化を資本主義克服の手段にしようとしたユーゾーの構想は、現在のミュニシパリズムの議論と親和性があるだろう。[10]

同じ関心を持つ人々を結びつけ、社会的主体を形成するネットワークは、今やデジタル技術の発展によって非常に強化されている。[11] 人権、環境保護、ジェンダー、人種、労働などをめぐる個々の事件は、ローカルで私的なものであることが多いが、それらがインターネットを通じてすぐに共有されることで、狭い地域を越えた運動の形成・拡大につながる事例には事欠かない。デジタル技術を用いたコミュニケーションは、現実のローカルな人間関係を巻き込むことで、より大きな運動を生み出し得る。[12] さらに、新たに生活共同体や地域社会といった従来のものに加え、ソーシャルメディアが人々にとって身近な場となり、そこでは、投稿と拡散機能を用いた抗議運動が日々行われている。[13] 今後もデジタル技術が、ローカルで私的な問題意識に基づく運動をますます重要なものにするだろう。

現在の多様な運動が、今後どのようにして相互につながるのかは見通せない。ただ近年は環境破壊や格差拡大などへの危機意識から、資本主義に対する不満が高まっていることが見てとれる。２０２４年１月にエデルマン社が発表した世論調査では、ドイツ人回答者の57％が、世界的に見て資本主義には益よりも害をもたらすことの方が多いと考えており、この値は2年前に比べて10％も増加した。[14] また２０２２年1月の『デア・シュピーゲル』誌の世論調査によると、16歳から29歳のドイツ人回答者の40％が、資本主義は正当なシステムではないと答えている。[15] また20年10月に発表された米国の世論調査では、１９９７年以降に生まれた「Z世代」の中で、マルクス主義に好感を持っている者の割合は30％であり、前年から6％も増加したことが明らかになっている。[16]

他方、環境意識はすでに現状に不満を抱えた人々同士を結び付けるものになっている。環境運動は、１９７０年代に本格的な原子力施設反対運動が西ドイツで始まった時点から、国際的な広がりを持っているが、近年はこの傾向が強まっている。[17] ２０１８年に始まった「未来のための金曜日」のように、グローバルな展望を持ちつつローカルに抗議する運動は大きな注目を集めている。さらに環境保護意識は、他の思想体系に刺激を与えており、エコ社会主義や脱成長論のような既存の社会体制を包括的に批判する思想が、すでに登場している。[18]

もし現代社会に生きづらさや不満を抱えた人々が自由、平等、民主主義、人権のような普遍的価値を擁護する何らかの思想を媒介にして、自らのローカルで私的な悩みは、自分一人だけのものではないことを認識すれば、社会運動はより大きな推進力を得るだろう。人間同士を結びつける思想の機能は、２０１９年末からのコロナ禍で、人々が物理的に距離を取ることを余儀なくされていたからこそ、改めて見直される価値があるように思われる。そして運動が人々の悩みと不満の存在を認識するよう、社会に対して働きかけて何らかの対応を求めることは、多様性と民主主義の拡大を促すことにつながるだろう。このことが巡り巡って、個々人の生きやすさを実現することになると考えられる。

本書が現在生きづらさを抱えている人々に届き、何らかの変革の可能性について考える刺激となるのであれば、筆者にとっては喜びである。

註

〔1〕イングルハート『静かなる革命』18－19頁。
〔2〕Koenen, *Das rote Jahrzehnt*, S. 484ff.
〔3〕68年運動から緑の党形成までの展開については次の文献に詳しい。西田『ドイツ・エコロジー政党の誕生』。
〔4〕Metzler, Gabriele, „Staatsversagen und Unregierbarkeit in den siebziger Jahren?", in: Jarausch, Konrad H. (Hg.), *Das Ende der Zuversicht? Die siebziger Jahre als Geschichte*, Göttingen 2008, S. 243–260.
〔5〕岡本周佳「1960年代後半から1980年代における学生セツルメント運動の展開――人間形成・自己教育の視点から」『社会事業史研究』第56号 2019年9月 84－85頁。
〔6〕安藤『ニューレフト運動と市民社会』156－176頁。
〔7〕隅谷三喜男『成田の空と大地――闘争から共生への途』岩波書店 1996年 85－91頁。
〔8〕この展開を特に環境運動に注目して分析したものとして、次の文献を参照。シュラーズ、ミランダ・A著 長尾伸一／長岡延孝監訳『地球環境問題の比較政治学――日本・ドイツ・アメリカ』岩波書店 2007年 211頁。
〔9〕フォリヤンティ＝ヨースト、ゲジーネ著 川喜田敦子訳「市民自治モデルの日独比較――協調的民主主義は国家の失敗を救えるか？」石田勇治ほか編『ドイツ市民社会の史的展開』勉誠出版 2020年 321頁。
〔10〕山本隆ほか編『ニューミュニシパリズム――グローバル資本主義を地域から変革する新しい民主主義』明石書店 2022年 第3章「ニューミュニシパリズムの胎動」第1節「ニューミュニシパリズムとは」（電子書籍版）。
〔11〕Neidhardt, Friedhelm, „Einige Ideen zu einer allgemeinen Theorie sozialer Bewegungen", in: Hradil, Stefan (Hg.), *Sozialstruktur im Umbruch*, Opladen 1985, S. 195.
〔12〕小熊英二「波が寄せれば岩は沈む――福島原発事故後における社会運動の社会学的分析」『現代思想』第44巻 第

7号 2016年 218－219頁。

〔13〕 松谷満「若者はSNSの夢を見るのか?——「運動を知らない」世代の運動参加」樋口直人/松谷満『3・11後の社会運動——8万人のデータから分かったこと』筑摩書房 2020年 93－94頁。

〔14〕 "Edelman Trust Barometer 2024. Country Report. Trust in Germany", URL: https://www.edelman.de/sites/g/files/aatuss401/files/2024-01/2024%20Edelman%20Trust%20Barometer_Germany%20Report_0.pdf（2024年5月20日）。"Edelman Trust Barometer 2022. Country Report. Trust in Germany", URL: https://www.edelman.de/sites/g/files/aatuss401/files/2022-02/2022%20Edelman%20Trust%20Barometer_Germany%20Report_k.pdf（2024年2月2日閲覧）。

〔15〕 „Die junge Generation zweifelt an der Marktwirtschaft", in: *Der Spiegel*, 15. Febr. 2022, URL: https://www.spiegel.de/wirtschaft/soziales/kapitalismus-die-junge-generation-zweifelt-an-der-marktwirtschaft-spiegel-umfrage-a-701a2d88-be6c-486f-b1a8-3f463d9ecbf8（2022年2月16日閲覧）。

〔16〕 "U.S. Attitudes Toward Socialism, Communism, and Collectivism. October 2020", URL: https://victimsofcommunism.org/wp-content/uploads/2020/10/10.19.20-VOC-YouGov-Survey-on-U.S.-Attitudes-Toward-Socialism-Communism-and-Collectivism.pdf（2022年2月18日閲覧）。

〔17〕 青木『ドイツにおける原子力施設反対運動の展開』98－100頁。

〔18〕 斎藤幸平『人新世の「資本論」』集英社 2020年 第3章「自由、平等で公正な脱成長論を!」（電子書籍版）、レヴィー、ミシェル著 寺本勉訳『エコロジー社会主義——気候破局へのラディカルな挑戦』柘植書房新社 2020年 序章（電子書籍版）。

あとがき

本書は、東京大学大学院総合文化研究科に提出し、公開審査を経て受理された博士論文『西ドイツにおける68年運動の余波：若者のローカルな運動の実践に注目して』に加筆と修正を加えたものである。この論文によって、筆者は2021年3月に博士号を授与された。

思い起こせば、西ドイツの社会運動には学部生時代から関心を抱き続けてきた。卒業論文（2014年度）では、西ドイツの68年運動を主導した学生団体である社会主義ドイツ学生同盟を扱い、1950年代前半は社民党に忠実だった組織が党に反抗するようになった結果、60年代初頭までに学生運動の中心になる過程を検討した。修士論文（2016年度）でも、社会主義ドイツ学生同盟が、60年代にベトナム戦争をはじめとする発展途上国の問題とどのように関わり、それが学生運動の急進化にいかなる役割を果たしたのかについて考察した。

筆者が社会運動に関心を寄せ始めたきっかけは、2011年3月11日の東日本大震災にある。以下では、筆者の自由裁量が許される「あとがき」という場を借りて、本研究を成立させた個人的な体験について記すことをお許し願いたい。

3月10日の大学合格発表の翌日、栃木県にある母校を訪ねて恩師に合格を報告していた最中に筆者は震災に遭遇した。電車の運行が完全にストップしたため、やむなく徒歩で10キロメートルほど歩いた後、迎えに来た友人の母親に自宅まで連れて帰ってもらったのが筆者の3・11体験だった。福島第一原子力発電所事故によって放出された放射性物質は、筆者の実家のある地域にも降り注ぎ、野菜やきのこなどの出荷が停止された。テレビをつければ、日本で起きているとは思えないような津波の被害と膨大な死者・行方不明者数が、連日のように報道されていた。とはいえこのような当時の異様な雰囲気が、すぐに筆者に強い影響を及ぼしたわけではなかった。どういうわけか計画停電の対象地域に含まれず、家屋の損壊もなかった自宅において、筆者は約2年の受験勉強を終えてやっと解放された気分で、4月の大学入学まで特にやることのない時間の中で緩んだ生活を送っていた。受験期の終わりと震災がほぼ同時にやってきたことで訪れた生活の急激な変化の中で、その時まさに何が起きているのかについて筆者は深く考えていなかったように思う。

震災の影響を本格的に意識するようになったのは、大学入学のために上京してからのことだった。大学のキャンパスに所狭しと並んだ立て看板の中には、震災関連のものが多くあり、反原発などを訴えるデモへの参加を呼びかけるビラを配る学生もよく見かけた。受験という決まった目的だけのための勉強に飽きていた筆者は、何か別のことを教室以外のところでも学びたいと考え、あるサークルに参加した。このサークルは毎週の読書会と時折の社会活動への参加を主な活動としていた。夏休みには仙台に行って震災ボランティアに参加して被災者の方々と話したり、沖縄の普天間、辺野古、高江の米軍関連施設を訪れ、現地の反対運動参加者や市役所職員から基地問題の現状について話を聞いたりした。このサークルで学んだことは、非常に刺激的であり、今思えば現実社会に直接目を向ける最初の経験だったように思われる。

しかし、このサークルは1年足らずで辞めてしまった。辞めた理由にはいくつかあったものの、最大の原因はサークルについて詳しく知るにつれて、当初の認識とのギャップに悩んだことにあった。このサークルは社会主義的な、労働問題に主に取り組む比較的よく知られたNPOのためのリクルート組織であることが後からわかった。筆者は現在でもこのNPOの活動自体は有益であると感じており、その目的にも賛同できる。しかし、実際の組織の性格について説明せずに1年生を勧誘して教育し、人間関係を作った後に正体を明かして母体であるＮＰＯへの参加を求めるというサークルの姿勢に当時の筆者は強い不安を感じた。加えてＮＰＯ参加者の中には活動に熱心すぎたのか留年したり、大学卒業後に進学も就職もしていない者がいたこと、進学先や就職先についてＮＰＯの活動に資するものであるべきだと示唆されたことにも疑問を抱いていた。さらにＮＰＯ参加者が、自らの掲げる思想の正しさを確信し、政治や社会への関心が低い学生を恵まれた立場にあぐらをかく者として、悪し様に語る様も聞いていて苦しさを感じさせたのだった。

このサークルを辞めた後も、そこでの体験は何だったのだろうかという思いが筆者の心を捉え続けた。震災ビジネスやブラック企業などに搾取される人々を実際に援護するという非常に価値ある活動を行い、資本主義による搾取と抑圧を問題視し、より自由で民主的な社会を草の根から作ろうという尊敬に値する目標を掲げ、実際に行動している組織が、一方では内部で特定の思想に基づいて構成員の考え方や生き方に介入するような、不自由さを感じさせる性質を持っているという矛盾は、いかにして説明されるのだろうか。この問いは、その後も筆者の頭の中でこだまのように響き続けていた。さらにこの問いは、サークルとＮＰＯの参加者の多くが活動家という言葉からイメージされがちな頑固で好感の持てない人物像からは程遠い、どこにでもいる親切そうな学生だったことで、ますます答えにくくなっているように筆者には感じられた。好感の持てる善良な人々が集まって、社会的には有益な活動を熱心に行った結果、なぜある種の偏狭さや不自由さが生まれたのだろうか。またこのような人々をまとめ、サークルとＮＰＯ以外のことを二の次にさせるほど力強い運動を支えている社会主義思想とは何なのだろうかと筆者は心の中で問い続けていた。

本書の根底にあるのもこうした問題意識である。本文で述べたように、68年運動とその後の若者による運動は、古典的な意味での社会主義運動ではなく、運動の動機は、「脱物質主義」や市民の参加意識の高まりといった視点から説明されることが多い。しかし、本書では当時の運動における要素として社会主義思想をあえて重視した。また本書の記述が、社会主義思想自体の詳細な内容よりも、それを掲げた運動自体を重視していることも、筆者の体験に基づく問題意識によるものである。研究の視角としてローカルな運動を重視したことも、筆者が参加していたサークルが苦境に置かれた普通の人々を支援することで、社会をより良くしようとしていることと関係している。ローカルな場で活動したこのサークルとＮＰＯは、不自由な性質があったとしても、実際に人々を助ける有益な活動を行えていたのだと今になって思う。

しかし、だからと言ってサークルとＮＰＯの問題が正当化されるわけではないだろう。本研究にいったん区切りをつけ、その成果を上梓する現在の筆者に言えるのは、自由だけを実現できる純粋な運動は存在せず、運動は何らかの不自由な性質を常に伴っているということである。運動を力強く進めるためには、政治的な確信と情熱が不可欠であることは確かであっても、その運動が社会における暴力や抑圧、苦痛を減らすことを目標とする限りにおいて、自らが掲げる思想や世界観を絶対視せず、運動自体が持つ不自由な性質にも常に批判的に目を向けることが必要である。

サークルを辞めた後の筆者は、小学校の頃から関心を持っていた歴史について学ぼうと思い、２０１３年度に東京大学教養学部教養学科地域文化研究分科ドイツ研究コースに進学した。その時以来、石田勇治先生には博士号取得および現在に至るまで感謝しきれないほどお世話になっている。筆者がお願いする研究相談に快く応じてくださった先生からは、ドイツ史の知識と研究の作法、研究者としてのあり方だけでなく、大学教員としての姿勢についても多くのことを学んだ。学務で多忙を極め、指導学生の数も多かったにもかかわらず、ドイツ史に対する強い好奇心を持って常に研究を続ける姿、さまざまな学術・教育プロジェクトを企画され、後進の教育に余念のない姿は、筆者にとっていつまでも模範である。２０２２年度に石田先生は退職されたが、その際の最終記念講義の運営に携わることができたことを心から光栄に感じている。

また中央大学法学部の井関正久先生にも心から感謝を申し上げたい。日本におけるドイツの68年運動研究の第一人者である先生には、社会運動の研究に興味を持ったばかりで不勉強な学部生の筆者が研究室を訪問した時以来、常に親切にしていただいている。筆者の学会デビューとなった２０１８年の日本西洋史学会での報告で司会を務めていただいたほか、日本学術振興会特別研究員ＰＤの受入研究者も引き受けてくださるなど、筆者の研究者人生の重要な機会には井関先生がいらっしゃった。

東京大学大学院の川喜田敦子先生にも大変お世話になった。修士課程に在籍していた筆者が、初めて授業でお目にかかった時から、先生の能力には驚かされ続けている。弁舌爽やかで才気煥発、口から発せられる言葉はひとつひとつが論理的かつ教育的で、いつでも研究と学務に精を出されている先生の姿を拝見し、このような方がいらっしゃるのかと感嘆した。川喜田先生にはドイツ史の知識の面ではもちろんのこと、読みやすい文章の書き方から研究全体の構成に至るまで、論文執筆の基本についても手取り足取り教えていただいた。先生に教育していただいたことがどこまで実践できているか不安ではあるが、本書の文章がそれほど読みにくくはないとしたら、それは川喜田先生のおかげである。さらに今でも先生にはさまざまな機会でお世話になっており、この場を借りて感謝をお伝えしたい。

これまでに学位論文の審査をお願いした全ての先生方にもお礼を申し上げたい。特に東京大学大学院の森井裕一先生には卒業論文、修士論文、博士論文の全てで審査をお願いし、快く引き受けていただいた。筆者の研究対象は歴史学であるが、政治学的な関心も向けられる分野であるため、森井先生からの質問は常に大変勉強になった。特にユーゾーと社民党幹部会の関係についてよくお尋ねいただいた。歴史記述において制度のあり方や組織の体制自体にも目を向けるべきという点に気付かされたのは森井先生のおかげである。

また東京大学大学院の相澤隆先生と足立信彦先生にも大変お世話になった。お二人には学部生の頃から、授業でも学位論文審査でもご指導いただいた。また学部2年生の春学期に進学振り分け先について悩んでいた筆者にドイツ研究コースを勧めてくださったのは、当時ドイツ語の必修授業を担当されていた足立先生だった。

博士論文執筆に際して特にご支援いただいたのは、東京大学大学院の土屋和代先生と芦部彰先生である。土屋先生からは主にジェンダーの視点について、芦部先生からは西ドイツの住宅政策についてご指導いただいた。さらに学会と研究会の報告においては茨城大学の中田潤先生、奈良教育大学の西田慎先生、明治大学の水戸部由枝先生にコメンテーターや司会をお願いし、大変貴重なコメントを数多くいただいた。また学会や研究会で筆者の拙い報告にコメントや質問をしてくださった皆様にも、あまりにも多くの方々にお世話になったためお名前を全て上げることはできないものの、心よりお礼をお伝えしたい。

さらに感謝を申し上げたいのは、東京大学ドイツ・ヨーロッパ研究センター（DESK）、日独共同大学院プログラム（ＩＧＫ）の運営者の方々である。そこでは特にDESK助教の穐山洋子先生と平松英人先生にご支援をいただいた。筆者の学部生時代のベルリン自由大学留学、博士課程時代のハレ大学滞在、現地での定期的な史料調査は、DESKとＩＧＫからの支援があったからこそ実現した。ドイツでの学業と研究に関連するほとんど全てのことを、筆者はまずDESKとＩＧＫを通じて経験したように思われる。

ＩＧＫを通じてお世話になった先生方にも感謝したい。マンフレート・ヘットリング先生（Prof. Dr. Manfred Hertling）には学部卒業論文を書いた後から面倒を見ていただいており、ハレ大学に客員研究員として筆者が滞在した際には受入研究者になっていただいた。先生には市民社会研究の奥深さ、さらに金鉱脈のような古典の数々を紹介していただき、現在に至るまで筆者の研究の方向性に大きな影響を及ぼしている。同じくハレ大学のパトリック・ヴァーグナー先生（Prof. Dr. Patrick Wagner）には、具体的な点では市民イニシアティヴの性質についてとりわけご教授いただいたほか、ドイツ人研究者の観点から68年運動研究で押さえるべき論点についてご助言いただいた。

東京大学大学院の外村大先生にも特別の感謝をお伝えしたい。学部1年生の必修授業を履修したご縁で、先生には2012年初めから定期的に読書会を開いていただいた。これが筆者にとって歴史家と個人的に深く関わる初めての機会であり、読書会を通じて歴史を研究することの面白さについて強く意識するようになった。何も知らない1年生に対して真摯に向き合ってくださり、ご自宅にもお招きいただき、歴史学の道に導いてくださった先生にこの場を借りて感謝を申し上げたい。

大学でともに勉強する機会を持つことができ、研究報告と議論を通じて大きな刺激を受けた方々にもお礼を申し上げる。DESKとIGKには優秀な方々ばかりが参加しており、なかでも伊豆田俊輔さん、今井宏昌さん、田村円さん、網谷壮介さん、橋本泰奈さん、衣笠太朗さん、大下理世さん、渡部聡子さん、稲垣健太郎さん、北岡志織さん、峯沙智也さん、瑞秀昭葉さん、冨岡昇平さん、狐塚祐矢さんにはとても仲良くしていただいている。特に田村さん、冨岡さん、狐塚さんには本書に関する詳細なコメントをいただいた。加えてドイツ人の友人であるトーマス・ラントさん（Thomas Land）、ベンヤミン・ロッシャーさん（Benjamin Roscher）、フリーデリケ・ザレッツさん（Friederike Saretz）、マヌエル・ゲーマンダーさん（Manuel Gemander）、ユリアン・フライタークさん（Julian Freitag）、クリス・シンコフスキーさん（Chris Schimkowsky）には、ドイツの文書館とコンタクトを取る際やドイツ語で研究発表する際の校正で助けてもらっただけでなく、本研究についての意見交換からも刺激を受けた。加えて1970年以来ヘッセン州南部支部で活動している社民党員のクラウディア・Sさんからは、70年代以降のユーゾーでのご経験について貴重なお話をうかがった。

また本研究は筆者が直接存じ上げない方々からも支援を受けた。本書の内容の一部は、すでに学術論文で公表済みだが、学術雑誌への掲載にあたり査読を引き受けてくださったり、編集に携わられたりした方々にもお礼を申し上げたい。なお筆者は、日本学術振興会から特別研究員DC1（課題番号：17J04913）と特別研究員PD（課題番号：21J00075）に採用され、また研究活動スタート支援（課題番号：22K20044）に採択されたことで、本研究を遂行することができた。

さらに本研究の出版を快く引き受けてくださった春風社の皆様、特に社長の三浦衛様、下野歩様、岡田幸一様に深く感謝申し上げたい。本書出版のために学術図書出版助成費の支給を認めてくださった獨協大学にも心よりお礼をお伝えしたい。

最後に大学院進学のわがままを許し、これまで温かく見守ってくれた母・川﨑信子、父・真澄、妹・明日香に本書を捧げる。

２０２４年８月　フランクフルト・アム・マインにて

川﨑聡史

人名索引

【あ】

アーベントロート、ヴォルフガング（Abendroth, Wolfgang） 208, 238
アーント、ルディ（Arndt, Rudi） 176, 184, 186, 189, 294
アイヒェル、ハンス（Eichel, Hans） 162
アイヒェングリューン、エルンスト（Eichengrün, Ernst） 158, 159, 223
アイヒマン、アドルフ（Eichmann, Adolf） 45
アジェンデ、サルバドール（Allende, Salvador） 214
アデナウアー、コンラート（Adenauer, Konrad） 40, 42, 63, 82
アドルノ、テオドーア（Adorno, Theodor） 51, 85, 96, 112, 141
アリー、マックス（Ally, Max） 135, 136, 137, 138
アリー、モニカ（Ally, Monika） 133, 134, 135, 136, 138
アルバース、デトレフ（Albers, Detlev） 65, 68, 79, 88, 212
ヴァイヒマン、ヘルベルト（Weichmann, Herbert） 196
ヴァルマン、ヴァルター（Wallmann, Walter） 294
ヴィーチョレック=ツォイル、ハイデマリー（Wieczorek-Zeul, Heidemarie） 242
ヴィシュネフスキ、ハンス=ユルゲン（Wischnewski, Hans-Jürgen） 158, 197, 198, 235, 236
ヴェーダー、ルッツ・フォン（Werder, Lutz von） 38, 59, 74, 86, 87, 98, 111, 112, 113, 114, 136, 140, 141, 144, 145, 146, 147, 151, 152, 153, 248, 249, 252, 301, 302, 311, 312
ヴェーナー、グドルン（Wehner, Gudrun） 209, 240
ヴェーナー、ヘルベルト（Wehner, Herbert） 158, 197
ヴォルフ、ラインハルト（Wolff, Reinhart） 74, 112, 113, 121, 122, 129, 141, 311, 312
ヴルヒェ、ゴットフリート（Wurche, Gottfried） 126
ウルブリヒト、ヴァルター（Ulbricht, Walter） 192
エアハルト、ルートヴィヒ（Erhard, Ludwig） 40, 215, 279, 309
エームケ、ホルスト（Ehmke, Horst） 253
エッカート、ライナー（Eckert, Rainer） 182, 212, 213
エプラー、エアハルト（Eppler, Erhard） 215, 279, 309
エングホルム、ビョルン（Engholm, Björn） 298
エンスリン、グドルン（Ensslin, Gudrun） 18, 33, 55, 56
オーネゾルク、ベンノ（Ohnesorg, Benno） 48, 49, 54, 78, 80, 245
オッフェ、クラウス（Offe, Claus） 170, 226, 309

【か】

ガイゼルベルガー、ジグマー（Geiselberger, Siegmar） 189
カストロ、フィデル（Castro, Fidel） 259, 260
ガンゼル、ノルベルト（Gansel, Norbert） 57, 68, 162, 163, 190, 220, 223, 225, 226, 234, 236, 240, 295, 296, 302
キージンガー、クルト・ゲオルク（Kiesinger, Kurt Georg） 9, 10, 44, 46, 50, 61, 62, 78, 80, 173

キューネルト、ケヴィン（Kühnert, Kevin） 298, 299, 315
クービー、エーリヒ（Kuby, Erich） 44
クナップ、ウド（Knapp, Udo） 65, 66, 67
クネーリンゲン、ヴァルデマー・フォン（Knoeringen, Waldemar von） 63, 87
クラール、ハンス＝ユルゲン（Krahl, Hans-Jürgen） 54, 74, 259, 260, 304
クリッペンドルフ、エッケハルト（Krippendorff, Ekkehart） 44
グリュットナー、アナ（Grüttner, Anna） 137, 138
グリュットナー、アネグレート（Grüttner, Annegret） 133, 134, 135, 136, 138, 144, 147, 152, 153, 154, 311
グルール、ヘルベルト（Gruhl, Herbert） 279, 309
クローゼ、ハンス＝ウルリッヒ（Klose, Hans-Ulrich） 198
クロルマン、ハンス（Krollmann, Hans） 207, 208, 239, 240
クンツェルマン、ディーター（Kunzelmann, Dieter） 51, 52, 67
ケルン、ヘルムート（Kern, Helmuth） 195
コール、ヘルムート（Kohl, Helmut） 268, 269
コーン＝ベンディット、ダニエル（Cohn-Bendit, Daniel） 66, 181
コルテリー、ペーター（Corterier, Peter） 79, 80, 90, 156, 158, 222, 223
コルバー、ホルスト（Korber, Horst） 114, 121, 122, 124

【さ】

ザイファート、モニカ（Seifert, Monika） 22, 88, 97, 98, 141, 142, 153, 312
ザウバー、ヴェルナー（Sauber, Werner） 56, 86
ザンダー、ヘルケ（Sander, Helke） 56, 68, 69, 71, 72, 73, 74, 75, 76, 88, 251, 254
シェーア、ヘルマン（Scheer, Hermann） 220
シュトラウス、フランツ・ヨーゼフ（Strauß, Franz Josef） 41, 42, 268, 269, 278
シュトラッサー、ヨハノ（Strasser, Johano） 212, 241
シュミット、ヴェーラ（Schmidt, Vera） 38, 89, 112
シュミット、ヘルムート（Schmidt, Helmut） 83, 163, 190, 198, 201, 210, 224, 235, 236, 249, 253, 267, 268, 293, 295, 306, 307, 308
シュライヤー、ハンス＝マルティン（Schleyer, Hanns-Martin） 201
シュレーダー、ゲアハルト（Schröder, Gerhard） 14, 181, 189, 214, 221, 229, 243, 292, 293, 295, 296, 312
ショルツ、オラフ（Scholz, Olaf） 299
ジョンソン、リンドン・B（Johnson, Lyndon B.） 47
シラー、カール（Schiller, Karl） 60
ゼムラー、クリスティアン（Semler, Christian） 67
ゾルヒ、ルドルフ（Sölch, Rudolf） 186

【た】

ダーレンドルフ、ラルフ（Dahrendorf, Ralf） 95, 141
チェ・ゲバラ、エルネスト（Che Guevara, Ernesto） 55, 259, 260
ツァンダー、カール・フレット（Zander, Karl Fred） 197, 198
テュルマー、フィリップ（Türmer, Philipp） 299, 315
トイフェル、フリッツ（Teufel, Fritz） 52, 67, 68, 235
ドイブラー＝グメリン、ヘルタ（Däubler-Gmelin, Herta） 189, 190
ドゥチュケ、ルディ（Dutschke, Rudi） 15, 33, 47, 49, 54, 55, 56, 83, 250, 258, 259, 260, 261, 262, 304
ドゥブレ、レジス（Debray, Régis） 259, 260, 304
ドレッガー、アルフレート（Dregger, Alfred）

206, 207
トロッタ、マルガレーテ・フォン（Trotta, Margarethe von） 131, 152

【な】

ニーデンホフ、ホルスト=ウド（Niedenhoff, Horst-Udo） 262, 305
ニール、アレクサンダー・S（Neill, Alexander S.） 98, 99, 100, 102, 131, 142, 151
ネヴァーマン、クヌート（Nevermann, Knut） 57, 78, 90, 159, 223
ノイバウアー、クルト（Neubauer, Kurt） 124, 126
ノル、ヴェルナー（Noll, Werner） 198

【は】

バーダー、アンドレアス（Baader, Andreas） 18, 33, 55, 56, 147, 153, 304
バート、ヘルベルト（Bath, Herbert） 125, 150
ハーバーマス、ユルゲン（Habermas, Jürgen） 51, 85, 277, 307, 309
バール、エゴン（Bahr, Egon） 218, 219
ハイネマン、グスタフ（Heinemann, Gustav） 142, 153, 165, 201, 284, 285, 311
ハウフ、フォルカー（Hauff, Volker） 294
パウリッヒ、オスヴァルト（Paulig, Oswald） 198
バティスタ、フルヘンシオ（Batista, Fulgencio） 259
バハマン、ヨーゼフ（Bachmann, Josef） 49
ハム=ブリュッヒャー、ヒルデガルト（Hamm-Brücher, Hildegard） 125
ハンフリー、ヒューバート・H（Humphrey, Hubert H.） 52
ピノチェト、アウグスト（Pinochet, Augusto） 214
フィッシャー、ヨシュカ（Fischer, Joschka） 14, 181, 231
ブーバク、ジークフリート（Buback, Siegfried） 201
フォークト、カールステン（Voigt, Karsten） 30, 57, 60, 61, 64, 68, 76, 78, 86, 87, 88, 90, 156, 158, 161, 163, 164, 165, 166, 170, 177, 178, 179, 181, 186, 190, 192, 196, 197, 198, 199, 211, 215, 219, 220, 221, 222, 223, 224, 225, 226, 227, 229, 230, 232, 234, 235, 236, 241, 242, 247, 249, 256, 295, 302, 322
フックス、ヨッケル（Fuchs, Jockel） 166
ブッターヴェッゲ、クリストフ（Butterwegge, Christoph） 34, 36, 60, 86, 87, 90, 222, 223, 233, 236, 242, 301, 303
ブライテナイヒャー、ヤン・ヒレ（Breiteneicher, Jan Hille） 85, 106, 110, 112, 140, 143, 144, 145, 146, 147, 148, 149, 151
ブライトハウプト、アニータ（Breithaupt, Anita） 185, 186
ブラント、ヴィリ（Brandt, Willy） 17, 31, 36, 61, 62, 63, 64, 65, 79, 81, 87, 90, 155, 158, 159, 160, 161, 162, 164, 165, 191, 194, 198, 199, 200, 201, 202, 205, 215, 216, 217, 219, 221, 235, 248, 253, 256, 267, 268, 271, 278, 281, 282, 283, 284, 285, 293, 295, 311, 313, 319, 323
フリーデブルク、ルートヴィヒ・フォン（Friedeburg, Ludwig von） 206, 207, 208
フレーベル、フリードリヒ（Fröbel, Friedrich） 94
フレヒトハイム、オシップ・K（Flechtheim, Ossip K.） 262, 305
フレンケル、エルンスト（Fraenkel, Ernst） 62, 63, 87
フロイト、アナ（Freud, Anna） 101, 102, 112, 143
フロイト、ジークムント（Freud, Sigmund） 100, 101, 112
ベネター、クラウス・ウーヴェ（Benneter, Klaus Uwe） 214, 218, 219, 220, 221, 222, 243, 292, 293, 322
ヘマー、アイケ（Hemmer, Eike） 52

ヘルツォーク、マリアンネ（Herzog, Marrianne） 56, 69
ベルンフェルト、ジークフリート（Bernfeld, Siegfried） 113, 131, 146
ベンヤミン、ヴァルター（Benjamin, Walter） 38, 112, 144, 148
ボェルナー、ホルガー（Börner, Holger） 210, 240, 242
ホー・チ・ミン（Hồ Chí Minh） 12, 25, 55, 67, 103, 121, 167, 179, 180, 184, 185, 261, 262
ホーヒェム、ハンス・ヨーゼフ（Horchem, Hans Josef） 261, 262, 304
ホーレマン、ユルゲン（Horlemann, Jürgen） 67
ボット、オディナ（Bott, Odina） 177, 230
ボット、ゲアハルト（Bott, Gerhart） 129, 130, 144, 147, 151
ホフマン、ラインハルト（Hoffmann, Reinhard） 198
ポント、ユルゲン（Ponto, Jürgen） 201

【ま】

マーラー、ホルスト（Mahler, Horst） 55, 128
マインホフ、ウルリケ（Meinhof, Ulrike） 18, 120, 252, 261, 304
マッハ、エーリヒ（Mach, Erich） 124
マルクーゼ、ヘルベルト（Marcuse, Herbert） 86, 303
ミヒェルス、ベルント（Michels, Bernd） 129, 151
ミュラー、トラウテ（Müller, Traute） 219
ミュラー、ミヒャエル（Müller, Michael） 214, 238, 242
ミュラー=レミッシュ、ハンス=ライナー（Müller-Raemisch, Hans-Reiner） 176
メラー、ヴァルター（Möller, Walter） 166, 178, 183, 190, 229
メルケル、アンゲラ（Merkel, Angela） 214, 237
毛沢東 12, 47, 52, 103, 123, 130

【や】

ヤーン、ゲアハルト（Jahn, Gerhard） 188, 189
ヤンセン、ギュンター（Jansen, Günther） 189
ヨルダン、ヨルク（Jordan, Jörg） 189

【ら】

ライヒ、ヴィルヘルム（Reich, Wilhelm） 100, 112, 142, 254
ライヒェル、イルゼ（Reichel, Ilse） 126
ラウリッツェン、ラウリッツ（Lauritzen, Lauritz） 173, 191
ラスペ、ヤン=カール（Raspe, Jan-Carl） 52, 54, 56, 69
ラフォンテーヌ、オスカー（Lafontaine, Oskar） 163
ラベール、ベルント（Rabehl, Bernd） 47
ラングハンス、ライナー（Langhans, Rainer） 67
ランズベルク、ヴォルフガング（Landsberg, Wolfgang） 56
リッダー、ドロテア（Ridder, Dorothea） 69
リヒター、ホルスト=エバーハルト（Richter, Horst-Eberhard） 109, 114, 115, 116, 145, 146, 147
リュッケ、パウル（Lücke, Paul） 172, 173
リンデ、エルトマン（Linde, Erdmann） 162, 240
レーヴェンタール、リヒャルト（Löwenthal, Richard） 192, 238
レーバー、ゲオルク（Leber, Georg） 80, 161, 189, 195
レプレ、フリーデル（Läpple, Friedel） 163
ローゼンタール、イェシカ（Rosenthal, Jessica） 299
ロート、ヴォルフガング（Roth, Wolfgang） 61, 161, 164, 190, 196, 199, 220, 223, 225, 227, 231, 233, 252, 295, 296

事項索引

【さ】

【た】

【な】

【は】

【ま】

【や】

【ら】

【わ】

史料・参考文献

一次史料

未刊行文書館史料

Archiv „APO und soziale Bewegungen“ (APO-Archiv), Freie Universität Berlin, Berlin
Bestand Aktionsrat zur Befreiung der Frauen (H. Kröger) 1968/69
Bestand Frauen 68–72
Bestand Frauen Aktionsrat zur Befreiung der Frauen
Bestand Kinder, Jugendhilfe, Erziehung 1969–76
Bestand KPD Abspaltungen 1973–1976
Bestand SDS
Bestand SHB

Archiv der sozialen Demokratie (AdsD), Friedrich Ebert Stiftung, Bonn
Bestand Karsten Voigt
Bestand SPD-Bezirk Hessen-Süd
Bestand SPD Jungsozialisten Hessen-Süd
Nachlass Richard Löwenthal
Sammlung Personalia

Archiv der Münchner Arbeiterbewegung e.V. (AMA), München
Bestand Archiv 451

Archiv des Hamburger Instituts für Sozialforschung (HIS-A), Hamburg
Bestand Berufsverbote/Komitees nach Städten
Bestand Rudi Dutschke
Bestand SDS-BV Kongreß „Vietnam - Analyse eines Exempels“ 22. Mai 1966

Archiv für soziale Bewegungen in Baden e.V. (ASB), Freiburg
Bestand 6. Kinderladen-, Jugend- und Schülerbewegung

Hessisches Hauptstaatsarchiv Wiesbaden (HHStAW), Wiesbaden
Bestand Materialsammlung zur Diskussion um den Extremistenbeschluß des Bundesverfassungsgerichts
Bestand Radikalenerlaß Berufsverbote: 1975–1978

Hessisches Staatsarchiv Darmstadt (HStAD), Darmstadt
Bestand Pressemitteilungen

Institut für Stadtgeschichte Frankfurt am Main (ISG), Frankfurt a.M.
Bestand Aktionsgemeinschaft Westend (AGW)
Bestand Büro Stadtrat Haverkamp
Bestand Stadtplanungsamt
Bestand Stadtverordnetenversammlung

インタビュー調査

Claudia, S. 2024年8月22日

公刊史料・同時代文献・当事者による文献

公刊史料

Fichter, Tilman u.a. (Hg.), *Hochschule im Umbruch. Freie Universität Berlin 1948–1973*, 5 Teile, Berlin 1975.

Institut für Demoskopie Allensbach (Hg.), *Jahrbuch der Öffentlichen Meinung 1958–1964*, Allensbach/Bonn 1965.

Institut für Demoskopie Allensbach (Hg.), *Jahrbuch der Öffentlichen Meinung 1968 bis 1973*, Allensbach/Bonn 1974.

Die Jury, der Deutscher Beirat und das Sekretariat des 3. Internationalen Russell-Tribunals (Hg.), *3. Internationales Russell-Tribunal. Zur Situation der Menschenrechte in der Bundesrepublik Deutschland*, 4 Bände, Berlin 1978.

Kraushaar, Wolfgang, *Die 68er-Bewegung International. Eine illustrierte Chronik 1960–1969*, Stuttgart 2018.

Kraushaar, Wolfgang (Hg.), *Die Protest-Chronik 1949–1959. Eine Illustrierte Geschichte von Bewegung, Widerstand und Utopie*, 3 Bände, Hamburg 1996.

Kraushaar, Wolfgang (Hg.), *Frankfurter Schule und Studentenbewegung. Von der Flaschenpost zum Molotowcocktail 1946–1995*, 3 Bände, Hamburg 1998.

Meinhof, Ulrike, *Die Würde des Menschen ist antastbar. Aufsätze und Polemiken*, Berlin 2004.

N.N., *Statistisches Jahrbuch Frankfurt am Main 2006*, Frankfurt a.M. 2006.

N.N., *Stenographische Berichte des Hessischen Landtags, 7. WP, Protokoll*, Bd. 2. o.O. 1970–1974.

Sozialwissenschaftliches Institut Nowak und Sörgel (Hg.), *Die verunsicherte Generation. Jugend und Wertewandel. Ein Bericht des SINUS-Instituts im Auftrag des Bundesministeriums für Jugend, Familie und Gesundheit*, Opladen 1983.

Statistisches Bundesamt, *Statistiken der Kinder- und Jugendhilfe Kinder und tätige Personen in Tageseinrichtungen und in öffentlich geförderter Kindertagespflege am 01.03.2019*, o.O. 2019.

キンダーラーデンに関係する公刊史料

Adorno, Theodor W. *Erziehung zur Mündigkeit*, Frankfurt a.M. 1971.

Aly, Monika/Grüttner, Annegret, „Unordnung und frühes Leid. Kindererziehen 1972 und 1982“, in: *Kursbuch*, Nr. 72, 1983, S. 33–49.

Arbeitsgruppe revolutionäre Erziehung, *Proletarisches Spielbuch. Anleitung für eine revolutionäre Erziehung. Nr. 7*, Berlin 1969.

Bast, Heinrich, „Zur Lagen der Kinder in der Bundesrepublik Deutschland“, in: Bast, Heinrich u.a., (Hg.), *Gewalt gegen Kinder. Kindesmißhandlungen und ihre Ursachen*, Reinbek bei Hamburg 1975, S. 45–98.

Bast, Henrich u.a., (Hg.), *Gewalt gegen Kinder. Kindesmißhandlungen und ihre Ursachen*, Reinbek bei Hamburg 1975.

Bath, Herbert, *Emanzipation als Erziehungsziel. Überlegungen zum Gebrauch und zur Herkunft eines Begriffes*, Bad Heilbrunn 1974.

Berliner Sonderprojekte, *Ein Platz an der Sonne. Bilder und Berichte von Eltern, Kindern und Betreuern*, Berlin 1978.

Bernfeld, Sigfried, *Antiautoritäre Erziehung und Psychoanalyse*, 3 Bände, Meisenheim 1970.

Bott, Gerhard (Hg.), *Erziehung zum Ungehorsam. Antiautoritäre Kinderläden*, Frankfurt a.M. 1970.

Breiteneicher, Hille Jan u.a., *Kinderläden. Revolution der Erziehung oder Erziehung zur Revolution?*, Reinbek 1971.

Burlingham, Dorothy/Freud, Anna, *Kriegskinder*, London 1949.

Frommlet, Wolfram u.a., *Eltern spielen Kinder lernen. Handbuch für Spielaktionen*, München 1973.

Hartung, Klaus, „Selbstbewußtsein und Bewußtwerdung proletarischer Eltern und die Grenzen des staatlichen Reformismus. Zur Geschichte des Berliner Sonderprojektes

›Werftstraße‹. 1969–1977“, in: Werder, Lutz von (Hg.), *Was kommt nach den Kinderläden? Erlebnis-Protokolle*, Berlin 1977, S. 123–166.

Höltershinken, Dieter (Hg.), *Vorschulerziehung. Eine Dokumentation*, Freiburg 1971.

Neill, Alexander Sutherland, *Theorie und Praxis der antiautoritären Erziehung. Das Beispiel Summerhill*, Reinbek bei Hamburg 1969.

N.N., *Berliner Kinderläden. Antiautoritäre Erziehung und sozialistischer Kampf*, Köln/Berlin 1970.

Partzsch, Kurt, „Erstes Spielplatzgesetz in der Bundesrepublik. Niedersachsen bietet Lösungsmöglichkeiten an“, in: *Sozialer Fortschritt*, Nr. 9, Sept. 1973, S. 193–196.

Reich, Wilhelm, *Der Einbruch der Sexualmoral*, Kopenhagen 1935.

Reich, Wilhelm, *Die sexuelle Revolution*, 16. Aufl., Frankfurt a.M. 2004.

Richter, Horst-Eberhard, *Die Gruppe. Hoffnung auf einen neuen Weg, sich selbst und andere zu befreien. Psychoanalyse in Kooperation mit Gruppeninitiativen*, Reinbek bei Hamburg 1972.

Richter, Horst-Eberhard, *Lernziel Solidarität*, Reinbek bei Hamburg 1974.

Rotes Kollektiv Proletarische Erziehung Westberlin (Hg.), *Soll Erziehung politisch sein?*, Frankfurt a.M. 1970.

Roth, Jürgen, *Eltern erziehen Kinder. Kinder erziehen Eltern*, Köln 1976.

Rühle, Otto, *Zur Psychologie des proletarischen Kindes*, Frankfurt a.M. 1969.

Seifert, Monika, „Kann die Kinderladenbewegung einen allgemeingültigen Beitrag zur Frage von Möglichkeiten Kindlicher Autonomie leisten?“, in: Seifert, Monika / Nagel, Herbert (Hg.), *Nicht für die Schule leben. Ein alternativer Schulversuch freie Schule Frankfurt*, Frankfurt a.M. 1977, S. 29–41.

Seifert, Monika, „Kinderschule Frankfurt“, in: Höltershinken, Dieter (Hg.), *Vorschulerziehung. Eine Dokumentation*, Freiburg 1971, S. 159–173.

Seifert, Monika, „Zur Theorie der antiautoritären Kindegärten“, in: Seifert, Monika/Nagel, Herbert (Hg.), *Nicht für die Schule leben. Ein alternativer Schulversuch freie Schule Frankfurt*, Frankfurt a.M. 1977, S. 11–27.

Seifert, Monika/Nagel, Herbert (Hg.), *Nicht für die Schule leben. Ein alternativer Schulversuch freie Schule Frankfurt*, Frankfurt a.M. 1977.

Sozialistischer Deutscher Studentenbund (Hg.), *Kommunistische Erziehung I*, Berlin 1970.

Werder, Lutz von, „Bedeutung und Entwicklung der Kinderladenbewegung in der Bundesrepublik“, in: Werder, Lutz von (Hg.), *Was kommt nach den Kinderläden? Erlebnis-Protokolle*, Berlin 1977, S. 7–59.

Werder, Lutz von, „Die Auseinandersetzung mit der Realität hat einem die Scheuklappen

beseitigt", in: Heinemann, Karl-Heinz/Jaitner, Thomas (Hg.), *Ein langer Marsch. 1968 und die Folgen*, Köln 1993, S. 11–28.

Werder, Lutz von, *Von der antiautoritären zur proletarischen Erziehung*, Frankfurt a.M. 1972.

Werder, Lutz von (Hg.), *Was kommt nach den Kinderläden? Erlebnis-Protokolle*, Berlin 1977.

Wolff, Reinhart, „Kindermißhandlungen und ihre Ursachen", in: Bast, Henrich u.a., (Hg.), *Gewalt gegen Kinder. Kindesmißhandlungen und ihre Ursachen*, Reinbek bei Hamburg 1975, S. 13–44.

Zentralrat der sozialistischen Kinderläden West-Berlin (Hg.), *Erziehung und Klassenkampf. Oder deren Geschichte nebst einer relativ vollständigen Bibliographie unterschlagener, verbotener verbrannter Schriften zur revolutionären sozialistischen Erziehung. Nr. 3*, Berlin 1969.

Zentralrat der sozialistischen Kinderläden West-Berlin (Hg.), *Für die Befreiung der kindlichen Sexualität. Anleitung für eine revolutionäre Erziehung. Nr. 4*, Berlin 1969.

Zentralrat der sozialistischen Kinderläden West-Berlin (Hg.), *Kinder im Kollektiv. Nr. 5*, Berlin 1969.

Zentralrat der sozialistischen Kinderläden West-Berlin (Hg.), *Vera Schmidt. 3 Aufsätze Nr. 1*, Berlin 1969.

Zentralrat der sozialistischen Kinderläden West-Berlin (Hg.), *Walter Benjamin. Eine kommunistische Pädagogik, Spielzeug und Spielen. Programm eines proletarischen Kindertheathersbaustelle. Nr. 2,* Berlin 1969.

ユーゾーと社民党に関係する公刊史料

Börnsen, Gert, *Innerparteiliche Opposition*, Hamburg 1969.

Bundesvorstand der Jungsozialisten in der SPD (Hg.), *Bundeskongressbeschlüsse. Jungsozialisten in der SPD 1969–1976*, Bonn-Bad Godesberg 1978, X 4434, BAdsD.

Butterwegge, Christoph, *Jungsozialisten und SPD*, Hamburg 1974.

Butterwegge, Christoph, *Parteiordnungsverfahren in der SPD*, Berlin 1975.

Ehrler, Solveig, u.a., *Sozialdemokratie und Sozialismus heute. Beiträge zur Analyse und Veränderung sozialdemokratischer Politik*, Köln 1968.

Eppler, Erhard, *Ende oder Wende. Von der Machbarkeit des Notwendigen*, Stuttgart u.a. 1975.

Gansel, Norbert (Hg.), *Überwindet den Kapitalismus oder Was wollen die Jungsozialisten?*,

Hamburg 1971.

Gorholt, Martin u.a. (Hg.), *„Wir sind die SPD der 80er Jahre". Zwanzig Jahre Linkswende der Jusos*, Marburg 1990.

Heinemann, Gustav V., *Präsidiale Reden*, Frankfurt a.M. 1975.

Knoeringen, Waldemar von u.a., *Mobilisierung der Demokratie. Ein Beitrag zur Demokratiereform*, München 1966.

Mauersberger, Volker (Hg.), *Wie links dürfen Jusos sein? Vom Bürgerschreck zur Bürgerinitiative*, Reinbek bei Hamburg 1974.

Nevermann, Knut (Hg.), *Der 2. Juni 1967. Studenten zwischen Notstand und Demokratie*, Köln 1967.

Nevermann, Knut, „Zur Strategie systemüberwindender Reformen", in: Ehrler, Solveig u.a., *Sozialdemokratie und Sozialismus heute. Beiträge zur Analyse und Veränderung sozialdemokratischer Politik*, Köln 1968, S. 208–227.

N.N., *Der Thesenstreit um «Stamokap». Die Dokumente zur Grundsatzdiskussion der Jungsozialisten*, Hamburg 1973.

Oertzen, Peter von u.a. (Hg.), *Orientierungsrahmen '85. Text und Diskussion*, Bonn 1976.

Roth, Wolfgang (Hg.), *Kommunalpolitik – für wen? Arbeitsprogramm der Jungsozialisten*, Frankfurt a.M. 1971.

Schmidt, Helmut, *Weggefährten. Erinnerungen und Reflexionen*, Berlin 1996.

SOVEC-Göttingen/Juso-Bezirk Hannover, *Strategiediskussion im Juso-Bezirk Hannover. Ihre Geschichte in Dokumenten 1970–1976*, Göttingen 1977, A97–1800, BAdsD.

Sozialdemokratische Partei Deutschlands. Arbeitsgemeinschaft der Jungsozialisten, *15 Jahre Jungsozialistenarbeit. Von Hannover bis Düsseldorf. Jubiläumsbuch*, o.O. 1963, A 38819, BAdsD.

SPD-Jungsozialisten Bezirk Hessen-Süd, *Dokumentation der außerordentlichen Bezirkskonferenz vom 11. Dezember 1977*, o.O. 1977, X 15894, BAdsD.

Unterbezirksausschuss der Frankfurter Jungsozialisten (Hg.), *Theoriediskussion in Frankfurt am Main 1972–1976*, Bad Vilbel 1977, A 79–6324, BAdsD.

Vorstand der Sozialdemokratischen Partei Deutschlands (Hg.), *Außerordentlicher Parteitag der Sozialdemokratischen Partei Deutschlands vom 16. bis 18. April 1969 in der Stadthalle zu Bad Godesberg. Protokoll der Verhandlungen. Anträge*, Bonn o.J.

Vorstand der Sozialdemokratischen Partei Deutschlands (Hg.), *Jahrbuch der Sozialdemokratischen Partei Deutschlands 1958/59*, Bonn o.J.

Vorstand der Sozialdemokratischen Partei Deutschlands (Hg.), *Jahrbuch der Sozialdemokratischen Partei Deutschlands 1960/61*, Bonn o.J.

Vorstand der Sozialdemokratischen Partei Deutschlands (Hg.), *Jahrbuch der Sozialdemokratischen Partei Deutschlands 1962/63*, Bonn o.J.

Vorstand der Sozialdemokratischen Partei Deutschlands (Hg.), *Jahrbuch der Sozialdemokratischen Partei Deutschlands 1964/65*, Bonn o.J.

Vorstand der Sozialdemokratischen Partei Deutschlands (Hg.), *Jahrbuch der Sozialdemokratischen Partei Deutschlands 1966/67*, Bonn o.J.

Vorstand der Sozialdemokratischen Partei Deutschlands (Hg.), *Jahrbuch der Sozialdemokratischen Partei Deutschlands 1968/1969*, Bonn o.J.

Vorstand der Sozialdemokratischen Partei Deutschlands (Hg.), *Jahrbuch der Sozialdemokratischen Partei Deutschlands 1970–1972*, Bonn o.J.

Vorstand der Sozialdemokratischen Partei Deutschlands (Hg.), *Jahrbuch der Sozialdemokratischen Partei Deutschlands 1973–1975*, Bonn o.J.

Vorstand der Sozialdemokratischen Partei Deutschlands (Hg.), *Jahrbuch der Sozialdemokratischen Partei Deutschlands 1975–1977*, Bonn o.J.

Vorstand der Sozialdemokratischen Partei Deutschlands (Hg.), *Jahrbuch der Sozialdemokratischen Partei Deutschlands 1977–1979*, Bonn o.J.

Vorstand der Sozialdemokratischen Partei Deutschlands (Hg.), *Jahrbuch der Sozialdemokratischen Partei Deutschlands 1979–1981*, Bonn o.J.

Vorstand der Sozialdemokratischen Partei Deutschlands (Hg.), *Jahrbuch der Sozialdemokratischen Partei Deutschlands 1991–1992*, Bonn o.J.

Vorstand der Sozialdemokratischen Partei Deutschlands (Hg.), *Jahrbuch der Sozialdemokratischen Partei Deutschlands 1999–2000*, Berlin o.J.

Vorstand der Sozialdemokratischen Partei Deutschlands (Hg.), *Parteitag der SPD vom 11. bis 14. Mai 1970 in Saarbrücken. Protokoll der Verhandlungen. Angenommene und überwiesene Anträge*, Bonn o.J.

Vorstand der Sozialdemokratischen Partei Deutschlands (Hg.), *SPD Parteitag 1971. Bad Godesberg, 17. bis 18. Dezember. Protokoll*, Bd. 2, Bonn 1971.

Vorstand der Sozialdemokratischen Partei Deutschlands (Hg.), *SPD-Protokoll Parteitag Hannover 1973 vom 10. bis 14. April 1973*, Bd. 1, Bonn o.J.

Vorstand der Sozialdemokratischen Partei Deutschlands (Hg.), *Zur Diskussion in der SPD*, Bonn 1971, A 5592, BAdsD.

Vorstand der SPD (Hg.), *Dokumente. SPD Parteitag Essen Grugahalle 17.–21. Mai 1984*, Bonn o.J.

68年運動およびその後の運動の参加者による同時代的文献（キンダーラーデンとユーゾーを除く）

Debray, Régis u.a., *Der lange Marsch. Wege der Revolution in Lateinamerika*, München 1968.

Dutschke, Rudi u.a., Vorwort, in: Debray, Régis u.a., *Der lange Marsch. Wege der Revolution in Lateinamerika*, München 1968, S. 7–24.

Häuserrat Frankfurt, *Wohnungskampf in Frankfurt. Schriften zum Klassenkampf 42*, München 1974, Bestand Archiv 451, AMA.

Langhans Rainer/Teufel, Fritz, *Klau mich*, Frankfurt a.M./Berlin 1968.

N.N., *Kommune 2. Versuch der Revolutionierung des bürgerlichen Individuums. Kollektives Leben mit politischer Arbeit verbinden!*, Berlin 1969.

Reisner, Stefan (Hg.), *Briefe an Rudi D.*, Berlin 1968.

市民イニシアティヴに関する同時代的文献

Giering, Dietrich, „Mieter, habt den Mut, um eure Wohnungen zu kämpfen", in: Grossmann, Heinz (Hg.), *Bürgerinitiativen. Schritte zur Veränderung?*, Frankfurt a.M. 1971, S. 121–137.

Grossmann, Heinz (Hg.), *Bürgerinitiativen. Schritte zur Veränderung?*, Frankfurt a.M. 1971.

Haffner, Sebastian u.a., *Bürger initiativ*, Stuttgart 1974.

Metzger, Hans Dieter, „Abenteuerspielplatz. Eine Bürgerinitiative im Märkischen Viertel Berlin", in: Butz, Willi H. u.a., *Bürger initiativ*, Stuttgart 1974, S. 49–80.

Noack, Hans Joachim, „Eine Bürgerinitiative gegen die Zerstörung des Frankfurter Westends", in: Haffner, Sebastian u.a., *Bürger initiativ*, Stuttgart 1974, S. 121–132.

Offe, Claus, „Bürgerinitiativen und Reproduktion der Arbeitskraft im Spätkapitalismus", in: Grossmann, Heinz (Hg.), *Bürgerinitiativen. Schritte zur Veränderung?*, Frankfurt a.M. 1971, S. 152–165.

Schulz, Til, „Hausbesetzungen im Westend. eine Bürgerinitiative?", in: Grossmann, Heinz (Hg.), *Bürgerinitiativen. Schritte zur Veränderung?*, Frankfurt a.M. 1971, S. 138–151.

政府系機関の史料

Bundesministerium des Innern, Sofortprogramm zur Modernisierung und Intensivierung der Verbrechensbekämpfung, Bonn: Deutscher Bundestag 1970.

Der Bundeswahlleiter (Hg.), *Ergebnisse früherer Bundestagswahlen*, Wiesbaden 2018.

Der Bundeswahlleiter (Hg.), *Ergebnisse früherer Landtagswahlen*, Wiesbaden 2020.

Deutscher Bildungsrat, *Empfehlungen der Bildungskommission. Strukturplan für das Bildungswesen*, Stuttgart 1970.

Kommission für wirtschaftlichen und sozialen Wandel, *Wirtschaftlicher und sozialer Wandel in der Bundesrepublik Deutschland. Gutachten der Kommission für wirtschaftlichen und sozialen Wandel*, Göttingen 1977.

Mitglieder des Bundesverfassungsgerichts (Hg.), *Entscheidungen des Bundesverfassungsgerichts*, Bd. 39, Tübingen 1975.

Presse- und Informationsamt der Bundesregierung, *Bundeskanzler Brandt. Regierungserklärung des zweiten Kabinetts Brandt/Scheel vom 18. Januar 1973*, Bonn 1973, A 88–6578, BAdsD.

Presse- und Informationsamt der Bundesregierung, *Bundeskanzler Schmidt Kontinuität und Konzentration. Regierungserklärung vom 17. Mai 1974*, Bonn 1974, A 31216, BAdsD.

Rahlf, Thomas (Hg.), *Deutschland in Daten. Zeitreihen zur Historischen Statistik*, Bonn 2015.

Sachverständigenrat zur Begutachtung der gesamtwirtschaftlichen Entwicklung, *Zeit zum Investieren. Jahresgutachten 1976/77*, Stuttgart/Mainz 1976.

Statistisches Bundesamt (Hg.), *50 Jahre Wohnen in Deutschland. Ergebnisse aus Gebäude- und Wohnungszählungen, -stichproben, Mikrozensus-Ergänzungserhebungen und Bautätigkeitsstatistiken,* Stuttgart 2000.

Stein, Erwin, *30 Jahre Hessische Verfassung 1946–1976*, Wiesbaden 1976.

定期公刊物

Amberger Zeitung

Amtliche Nachrichten der Bundesanstalt für Arbeitsvermittlung und Arbeitslosenversicherung

Aus Politik und Zeitgeschichte

Berliner Morgenpost

Bundesgesetzblatt

Colloquium

Deutsche Volkszeitung Düsseldorf

Express International

Frankfurter Allgemeine Zeitung

Frankfurter Neue Presse

Frankfurter Rundschau

frontal

FU-Spiegel

IDZ-Papier

i-i-dienst

Internationale Arbeiterkorrespondenz

JS-Magazin

JS. Zeitschrift junger Sozialdemokraten

Jungsozialisten Informationsdienst

JUSO

JUSO Zeitung der Jungsozialisten in der SPD

KL-Info. sozialistische Kinderläden Westberlin

Kommunistische Volkszeitung

konkret

Kursbuch

Mannheimer Morgen

Die Neue Gesellschaft

Neue Juristische Wochenschrift

PPP. Parlamentarisch-Politischer Pressedienst

rheinruhrspiegel. Magazin der Jungsozialisten in Nordrhein-Westfalen

Rote Presse Korrespondenz

Sozialist

SPD Pressemitteilungen und Informationen

Der SPD-Rundschau

Der Spiegel

Stern

Süddeutsche Zeitung

Telegraf

Vorwärts

Die Welt

Wiesbadener Kurier

Wirtschaftswoche der Volkswirt

Die Zeit

Zeitschrift für Entwicklungspsychologie und Pädagogische Psychologie

辞書類

Dudenredaktion (Hg.), *Duden. Deutsches Universalwörterbuch*, 6. Aufl., Mannheim 2007（電子書籍版）.

二次文献

外国語文献

Aden-Grossmann, Wilma, *Monika Seifert. Pädagogin der antiautoritären Erziehung. Eine Biografie*, Frankfurt a.M. 2007.

Albrecht, Willy, *Der Sozialistische Deutsche Studentenbund (SDS). vom parteikonformen Studentenverband zum Repräsentanten der Neuen Linken*, Bonn 1994.

Alemann, Ulrich von/Heinze, Rolf G. (Hg.), *Verbände und Staat. vom Pluralismus zum Korporatismus. Analysen, Positionen, Dokumente*, Opladen 1979.

Altenbockum, Jasper von (Hg.), *Helmut Schmidt. Macht und Eleganz*, Frankfurt a.M. 2015.

Aly, Götz, *Unser Kampf 1968. ein irritierter Blick zurück*, Frankfurt a.M. 2008.

Anda, Béla/Kleine, Rolf, *Gerhard Schröder. Eine Biographie*, Berlin 1996.

Baader, Meike Sophia (Hg.), *„Seid realistisch, verlangt das Unmögliche!" Wie 1968 die Pädagogik bewegte*, Weinheim/Basel 2008.

Baader, Meike Sophia, „Von der sozialistischen Erziehung bis zum buddhistischen Om. Kinderläden zwischen Gegen- und Elitekulturen", in: Baader, Meike Sophia (Hg.), *„Seid realistisch, verlangt das Unmögliche!" Wie 1968 die Pädagogik bewegte*, Weinheim/Basel 2008, S. 15–35.

Bader, Kurt u.a., *Handbuch für Kindertagesstätten für eine aktive Erziehungspraxis*, Reinbek 1977.

Baring, Arnulf, *Machtwechsel. Die Ära Brandt-Scheel*, 3. Aufl., Stuttgart 1982.

Baur, Elke u.a. (Hg.), *Wenn Ernie mit der Maus in der Kiste rappelt. Vorschulerziehung im Fernsehen*, Frankfurt a.M. 1975.

Berndt, Heide, „Zu den politischen Motiven bei der Gründung erster antiautoritärer Kinderläden", in: *Jahrbuch für Pädagogik*, Sonderheft 1995, S. 231–250.

Beyme, Klaus von, *Das politische System der Bundesrepublik Deutschland*, München/Zürich 1987.

Bierhoff-Alfermann, Dorothee/Höcke-Pörzgen, Brigitte, „Kindererziehung aus der Sicht von Eltern zweier antiautoritärer und evangelischer Kindergärten, Eine Erkundungsstudie", in: *Zeitschrift für Entwicklungspsychologie und Pädagogische Psychologie* Nr. 6, 1974, S. 139–145.

Bock, Karin u.a. (Hg.), *Zugänge zur Kinderladenbewegung*, Wiesbaden 2020.

Breder, Philipp u.a. (Hg.), *Studium, Stupa, Streik! Die Juso-Hochschulgruppen und ihre Geschichte,* Marburg 2018.

Bremer, Traude, *Kinderladen Frankfurterstraße. Versuch einer pragmatischen Hermeneutik*, Frankfurt a.M. 1986.

Bude, Heinz, *Das Altern einer Generation. Die Jahrgänge 1938–1948,* Frankfurt a.M. 1997.

Bundesministerium für Arbeit und Soziales und Bundesarchiv (Hg.), *Geschichte der Sozialpolitik in Deutschland seit 1945*, 11 Bände, Baden-Baden 2001–2008.

Dahrendorf, Ralf, *Gesellschaft und Demokratie in Deutschland*, München 1965.

Davis, Belinda, „Jenseits von Terror und Rückzug. Die Suche nach politischem Spielraum und Strategien im Westdeutschland der siebziger Jahre", in: Weinhauer, Klaus u.a. (Hg.), *Terrorismus in der Bundesrepublik. Medien, Staat und Subkulturen in den 1970er Jahren*, Frankfurt a.M. 2006, S. 154–187.

De New, John P./ Zimmermann, Klaus F., "Native wage impacts of foreign labor. a random effects panel analysis", in: *Journal of Population Economics*, vol. 7, 1994, pp. 177–194.

Deppe, Frank, *1968. Zeiten des Übergangs. Das Ende des »Golden Age«, Revolten & Reformbewegungen, Klassenkämpfe & Eurokommunismus*, Hamburg 2018.

Dietz, Bernhard u.a. (Hg.), *Gab es den Wertewandel? Neue Forschungen zum gesellschaftlich-kulturellen Wandel seit den 1960er Jahren,* München 2014.

Doering-Manteuffel, Anselm, „Westernisierung. Politisch-ideeller und gesellschaftlicher Wandel in der Bundesrepublik bis zum Ende der 60er Jahre", in: Lammers, Karl Christian u.a. (Hg.), *Dynamische Zeiten. Die 60er Jahre in den beiden deutschen Gesellschaften,* Hamburg 2000, S. 311–341.

Doering-Manteuffel, Anselm/Raphael, Rutz, *Nach dem Boom. Perspektiven auf die Zeitgeschichte seit 1970,* 3. ergänzte Aufl., Göttingen 2012.

Doering-Manteuffel, Anselm u.a. (Hg.), *Vorgeschichte der Gegenwart. Dimensionen des Strukturbruchs nach dem Boom*, Göttingen 2016.

Dolezal, Ulrike, *Erzieherverhalten in Kinderläden. Erprobung eines empirischen Ansatzes zur Erfassung des Verhaltens von nichtautoritär orientierten Kindergärtnerinnen und Eltern*, Wiesbaden 1975.

Dworok, Gerrit/Weissmann Christoph (Hg.), *1968 und die 68er. Ereignisse, Wirkungen und Kontroversen in der Bundesrepublik*, Köln 2013.

Echternkamp, Jörg, *Die Bundesrepublik Deutschland 1945/49–1969,* Paderborn 2013.

Ehrlich, Wilfried, *Bauen für ein neues Leben. Hundert Jahre Aktienbaugesellschaft,* Frankfurt a.M. 1990.

Ellwein, Thomas, *Krisen und Reformen. Die Bundesrepublik seit den sechziger Jahren*, München 1989.

Erlinger, Hans Dieter/Stötzel, Dirk Ulf (Hg.), *Geschichte des Kinderfernsehens in der Bundesrepublik Deutschland. Entwicklungsprozesse und Trends*, Berlin 1991.

Eyssen, Susanne, *Der Aufbruch der Frauen in der SPD. Die Entwicklung der Frauenarbeitsgemeinschaft (ASF) während der 1970er und 1980er Jahre*, Opladen u.a. 2019.

Fach, Wolfgang, „Das Modell Deutschland und seine Krise 1974–1989", in: Roth, Roland/Rucht, Dieter (Hg.), *Die sozialen Bewegungen in Deutschland seit 1945. Ein Handbuch*, Frankfurt a.M./New York 2008, S. 93–108.

Faulenbach, Bernd, *Das sozialdemokratische Jahrzehnt. Von der Reformeuphorie zur Neuen Unübersichtlichkeit. Die SPD 1969–1982*, Bonn 2011.

Feministisches Institut in der Heinrich-Böll-Stiftung (Hg.), *Wie weit flog die Tomate?*, Berlin 1999.

Fichter, Tilman, *SDS und SPD. Parteilichkeit jenseits der Partei*, Opladen 1988.

Fichter, Tilman/Lönnendonker, Siegward, *Kleine Geschichte des SDS. Der Sozialistische Deutsche Studentenbund von Helmut Schmidt bis Rudi Dutschke*, 4. überarbeitete Aufl., Essen 2008.

Flagge. Ingeborg (Hg.), *Geschichte des Wohnens. 1945 bis heute. Aufbau, Neubau, Umbau*, Bd. 5, Stuttgart 1999.

Flechtheim, Ossip K. u.a., *Der Marsch der DKP durch die Institutionen*, Frankfurt a.M. 1980.

Fraenkel, Ernst, „Strukturdefekte der Demokratie und deren Überwindung", in: *Aus Politik und Zeitgeschichte*, B 9/64, 26. Febr. 1964, S. 3-16.

Frei, Norbert u.a., *Zur rechten Zeit. Wider die Rückkehr des Nationalismus*, 2. Aufl., Berlin 2019.

Friedeburg, Ludwig von u.a., *Freie Universität und politisches Potential der Studenten. Über die Entwicklung des Berliner Modells und den Anfang der Studentenbewegung in Deutschland*, Berlin/Neuwied 1968.

Führer, Karl Christian, *Deutsche Mieterbewegung. Von der Kaiserzeit bis zum Ende des 20. Jahrhunderts. 100 Jahre Deutscher Mieterbund*, Köln 2000.

Führer, Karl Christian, *Die Stadt, das Geld und der Markt. Immobilienspekulation in der Bundesrepublik 1960–1985*, Berlin/Boston 2016.

Geppert, Dominik, *Die Ära Adenauer*, Darmstadt 2012.

Geppert, Dominik, *Geschichte der Bundesrepublik Deutschland*, München 2021.

Gilcher-Holtey, Ingrid (Hg.), *1968. Vom Ereignis zum Gegenstand der Geschichtswissenschaft,* Göttingen 1998.

Gilcher-Holtey, Ingrid, *Die 68er Bewegung. Deutschland, Westeuropa, USA,* München 2001.

Göddertz, Nina, *Antiautoritäre Erziehung in der Kinderladenbewegung. Rekonstruktive Analysen biographischer Entwürfe von Zwei-Generationen-Familien*, Dortmund 2018.

Görtemaker, Manfred, *Geschichte der Bundesrepublik Deutschland. Von der Gründung bis zur Gegenwart,* München 1999.

Gosewinkel, Dieter u.a, (Hg.), *Zivilgesellschaft. national und transnational*, Berlin 2004.

Guggenberger, Bernd, „An den Grenzen der Mehrheitsdemokratie", in: Guggenberger, Bernd/ Offe, Claus (Hg.), *An den Grenzen der Mehrheitsdemokratie*, Opladen 1984, S. 184–195.

Guggenberger, Bernd, „Bürgerinitiativen. Krisensymptom oder Ergänzung des Systems der Volksparteien?", in: Raschke, Joachim (Hg.), *Bürger und Parteien. Ansichten und Analysen einer schwierigen Beziehung*, Opladen 1982, S. 190–203.

Guggenberger, Bernd/Offe, Claus (Hg.), *An den Grenzen der Mehrheitsdemokratie*, Opladen 1984.

Habermas, Jürgen, *Die nachholende Revolution*, Frankfurt a.M. 1990.

Hans-Seidel-Stiftung (Hg.), *Generationenstudie 2001. Zwischen Konsens und Konflikt. Was Junge und Alte voneinander denken und erwarten*, München 2002.

Heimann, Horst, *Theoriediskussion in der SPD*, Frankfurt a.M./Köln 1975.

Heinemann, Karl-Heinz/Jaitner, Thomas (Hg.), *Ein langer Marsch. 1968 und die Folgen*, Köln 1993.

Henningsen, Franziska, *Kooperation und Wettbewerb. Antiautoritäre und konventionell erzogene Kinder im Vergleich*, München 1973.

Herbert, Ulrich, *Geschichte der Ausländerpolitik in Deutschland. Saisonarbeiter, Zwangsarbeiter, Gastarbeiter, Flüchtlinge*, München 2001.

Herbert, Ulrich, *Geschichte Deutschlands im 20. Jahrhundert,* München 2014.

Herbert, Ulrich (Hg.), *Wandlungsprozesse in Westdeutschland. Belastung, Integration, Liberalisierung 1945–1980,* Göttingen 2002.

Heyden, Franziska, *Die lebensgeschichtliche Bedeutung des Kinderladens. Eine biographische Studie zu frühkindlicher Pädagogik*, Wiesbaden 2018.

Hodenberg, Christina von, *Das andere Achtundsechzig. Gesellschaftsgeschichte einer Revolte*, München 2018.

Hoeres, Peter, „Von der ‚Tendenzwende' zur ‚geistig-moralischen Wende'. Konstruktion und Kritik konservativer Signaturen in den 1970er und 1980er Jahren", in: *Vierteljahrshefte*

für Zeitgeschichte, Nr. 1, 2013, S. 93–119.

Horchem, Hans Josef, *Extremisten in einer selbstbewußten Demokratie. Rote-Armee-Fraktion, Rechtsextremismus, Der lange Marsch durch die Institutionen,* Freiburg 1975.

Hradil, Stefan (Hg.), *Sozialstruktur im Umbruch*, Opladen 1985.

Huber, Joseph, *Wer soll das alles ändern. Die Alternativen der Alternativbewegung*, Berlin 1980.

Huntington, Samuel P, "Postindustrial Politics. How Benign Will It Be?", in: *Comparative Politics*, Nr. 6, 1974, S. 163–191.

Iseler, Katharina, „Kinderläden aus organisationspädagogischer Perspektive. Drei Fallstudien in Berlin und Nürnberg", in: Bock, Karin u.a. (Hg.), *Zugänge zur Kinderladenbewegung,* Wiesbaden 2020, S. 335–348.

Iseler, Katharina, *Kinderläden. Fallstudien zum Fortbestand sozialpädagogischer Organisationen*, Münster u.a. 2010.

Jaeger, Alexandra, *Auf der Suche nach „Verfassungsfeinden". Der Radikalenbeschluss in Hamburg 1971–1987*, Göttingen 2019.

Jaide, Walter/Veen, Hans-Joachim, *Bilanz der Jugendforschung. Ergebnisse empirischer Analysen in der Bundesrepublik Deutschland von 1975 bis 1987*, Paderborn u.a. 1989.

Jarausch, Konrad H. (Hg.), *Das Ende der Zuversicht? Die siebziger Jahre als Geschichte,* Göttingen 2008.

Juchler, Ingo, *1968 in Deutschland. Schauplätze der Revolte*, Berlin 2018.

Kaase, Max, „Partizipatorische Revolution. Ende der Parteien?", in: Raschke, Joachim (Hg.), *Bürger und Parteien. Ansichten und Analysen einer schwierigen Beziehung*, Opladen 1982, S. 173–189.

Karsten, Maria-Eleonora, „Sozialisation im Kinderladen. Bildung und Politik ist machbar, Frau Nachbar!", in: Bock, Karin u.a. (Hg.), *Zugänge zur Kinderladenbewegung,* Wiesbaden 2020, S. 115–122.

Kätzel, Ute, *Die 68erinnen. Porträt einer rebellischen Frauengeneration*, Berlin 2002.

Kenkmann, Alfons, „Von der bundesdeutschen »Bildungsmisere« zur Bildungsreform in den 60er Jahren", in: Lammers, Karl Christian u.a. (Hg.), *Dynamische Zeiten. Die 60er Jahre in den beiden deutschen Gesellschaften,* Hamburg 2000, S. 402–423.

Kersting, Franz-Werner u.a. (Hg.), *Die zweite Gründung der Bundesrepublik. Generationswechsel und intellektuelle Wortergreifungen 1955–1975*, Stuttgart 2010.

Kittel, Manfred, *Marsch durch die Institutionen? Politik und Kultur in Frankfurt nach 1968,* München 2011.

Klages, Helmut, *Traditionsbruch als Herausforderung. Perspektiven der Wertewandelsgesellschaft*, Frankfurt a.M./New York, 1993.

Klages, Helmut/Kmieciak, Peter (Hg.), *Wertewandel und gesellschaftlicher Wandel*, Frankfurt a.M./New York 1979.

Kleßmann, Christoph, *Zwei Staaten, eine Nation. Deutsche Geschichte 1955–1970*, Göttingen 1988.

Klimke, Martin/Scharloth, Joachim (Hg.), *1968. Ein Handbuch zur Kultur- und Mediengeschichte der Studentenbewegung*, Stuttgart 2007.

Knirsch, Hanspeter/Nickolmann, Friedhelm, *Die Chance der Bürgerinitiativen. Ein Handbuch*, Wuppertal 1976.

Knoch, Habbo (Hg.), *Bürgersinn mit Weltgefühl. Politische Moral und solidarischer Protest in den sechziger und siebziger Jahren*, Göttingen 2007.

Koenen, Gerd, *Das rote Jahrzehnt. Unsere kleine deutsche Kulturrevolution 1967–1977*, 5. Aufl., Frankfurt a.M. 2011.

Koenen, Gerd, *Vesper, Ensslin, Baader. Urszenen des deutschen Terrorismus*, 4. Aufl., Frankfurt a.M. 2005.

Korte, Hermann, *Eine Gesellschaft im Aufbruch. Die Bundesrepublik Deutschland in den sechziger Jahren*, Frankfurt a.M. 1987.

Koselleck, Reinhart, *Begriffsgeschichten. Studien zur Semantik und Pragmatik der politischen und sozialen Sprache*, Frankfurt a.M. 2006.

Krabbe, Wolfgang R., *Parteijugend in Deutschland. Junge Union, Jungsozialisten und Jungdemokraten 1945–1980*, Wiesbaden 2002.

Kramer, Sarah, „»Verfassungsfeinde« an der Universität? Die »rote Uni« Marburg im Spannungsfeld von Protestbewegungen, Radikalenbeschluss und »streitbarer Demokratie«", in: Wolfrum, Edgar (Hg.), *Verfassungsfeinde im Land? Der „Radikalenerlass" von 1972 in der Geschichte Baden-Württembergs und der Bundesrepublik*, Göttingen 2022, S. 597–622.

Kraushaar, Wolfgang, *1968 als Mythos, Chiffre und Zäsur*, Hamburg 2000.

Kraushaar, Wolfgang, *Achtundsechzig. Eine Bilanz*, Berlin 2008.

Kraushaar, Wolfgang, *Die blinden Flecken der 68er Bewegung*, Stuttgart 2018.

Kraushaar, Wolfgang, „Die Frankfurter Sponti-Szene. Eine Subkultur als politische Versuchsanordnung", in: *Archiv für Sozialgeschichte*, Bd. 44, 2004, S. 105–121.

Kraushaar, Wolfgang, *Fischer in Frankfurt. Karriere eines Außenseiters*, Hamburg 2001.

Kraushaar, Wolfgang u.a., *Rudi Dutschke. Andreas Baader und die RAF*, Hamburg 2005.

Kraushaar, Wolfgang, „Rudi Dutschke und der bewaffnete Kampf", in: Kraushaar, Wolfgang

u.a., *Rudi Dutschke. Andreas Baader und die RAF,* Hamburg 2005, S. 13–50.

Kraushaar, Wolfgang, *„Wann endlich beginnt bei Euch der Kampf gegen die heilige Kuh Israel?“ München 1970. Über die antisemitischen Wurzeln des deutschen Terrorismus,* Hamburg 2013.

Krohn, Claus-Dieter, „Die westdeutsche Studentenbewegung und das »andere Deutschland«“, in: Lammers, Karl Christian u.a. (Hg.), *Dynamische Zeiten. Die 60er Jahre in den beiden deutschen Gesellschaften,* Hamburg 2000, S. 695–718.

Kühn, Andreas, *Stalins Enkel, Maos Söhne. Die Lebenswelt der K-Gruppen in der Bundesrepublik der 70er Jahre,* Frankfurt a.M./New York 2005.

Lammers, Karl Christian u.a. (Hg.), *Dynamische Zeiten. Die 60er Jahre in den beiden deutschen Gesellschaften,* Hamburg 2000.

Langguth, Gerd, *Die Protestbewegung am Ende. Die Neue Linke als Vorhut der DKP*, Mainz 1971.

Langguth, Gerd, *Die Protestbewegung in der Bundesrepublik Deutschland 1968–1976*, Köln 1976.

Langguth, Gerd, *Protestbewegung. Entwicklung – Niedergang – Renaissance. Die Neue Linke seit 1968,* Köln 1983.

Lenz, Ilse (Hg.), *Die Neue Frauenbewegung in Deutschland. Abschied vom kleinen Unterschied. Ausgewählte Quellen*, Wiesbaden 2009.

Lepik, Andreas/Stroble, Hilde (Hg.), *Die Neue Heimat 1950–1982. Eine sozialdemokratische Utopie und ihre Bauten*, München 2019.

Levsen, Sonja, *Autorität und Demokratie. Eine Kulturgeschichte des Erziehungswandels in Westdeutschland und Frankreich, 1945–1975*, Göttingen 2019.

Lönnendonker, Siegward u.a., *Die antiautoritäre Revolte. Der Sozialistische Deutsche Studentenbund nach der Trennung von der SPD*, Bd. 1. 1960–1967, Wiesbaden 2002.

Mauritz, Miriam, *Emanzipation in der Kinderladenbewegung. Wie das Private politisch wurde*, Frankfurt a.M. 2018.

Mayer, Margit, „Städtische soziale Bewegungen“, in: Roth, Roland/Rucht, Dieter (Hg.) *Die sozialen Bewegungen in Deutschland seit 1945. Ein Handbuch*, Frankfurt a.M./New York 2008, S. 293–318.

Mayer-Tasch, Peter Cornelius, *Die Bürgerinitiativbewegung. Der aktive Bürger als rechts- und politikwissenschaftliches Problem*, Reinbek bei Hamburg 1976.

Meng, Richard, *Die sozialdemokratische Wende. Außenbild und innerer Prozess der SPD 1981–1984*, Gießen 1985.

Metzler, Gabriele, „Staatsversagen und Unregierbarkeit in den siebziger Jahren?“, in:

Jarausch, Konrad H. (Hg.), *Das Ende der Zuversicht? Die siebziger Jahre als Geschichte*, Göttingen 2008, S. 243–260.

Müller, Emil-Peter, *Juso-Sozialismus. Programm und Strategie der Jungsozialisten in der SPD*, Köln 1972.

Müller, Günther, *Rote Zelle Deutschland oder was wollen die Jungsozialisten wirklich?*, Stuttgart 1972.

Müller-Raemisch, Hans-Reiner, *Frankfurt am Main. Stadtentwicklung und Planungsgeschichte seit 1945*, Frankfurt a.M./New York 1998.

Müller-Rommel, Ferdinand (Hg.), *New Politics in Western Europe. The Rise and Success of Green Parties and Alternative Lists*, New York 1989.

Narr, Wolf-Dieter, „Bürger- und menschenrechtliches Engagement in der Bundesrepublik", in: Roth, Roland/Rucht, Dieter (Hg.), *Die sozialen Bewegungen in Deutschland seit 1945. Ein Handbuch*, Frankfurt a.M./New York 2008, S. 347–362.

Narr, Wolf-Dieter, „Der CDU-Staat (1949–66)", in: Roth, Roland/Rucht, Dieter (Hg.), *Die sozialen Bewegungen in Deutschland seit 1945. Ein Handbuch*, Frankfurt a.M./New York 2008, S. 51–70.

Narr, Wolf-Dieter (Hg.), *Wir Bürger als Sicherheitsrisiko. Berufsverbot und Lauschangriff. Beiträge zur Verfassung unserer Republik*, Reinbek bei Hamburg 1977.

Narr, Wolf-Dieter u.a., *SPD. Staatspartei oder Reformpartei?*, München 1976.

Negt, Oskar, *Achtundsechzig. Politische Intellektuelle und die Macht*, 4. Aufl., Göttingen 2008.

Neidhardt, Friedhelm, „Einige Ideen zu einer allgemeinen Theorie sozialer Bewegungen", in: Hradil, Stefan (Hg.), *Sozialstruktur im Umbruch*, Opladen 1985, S. 193–204.

Nemetschek, Peter/Lessen, Susanne van (Hg.), *Ene mene miste Rappelkiste. Das Begleitbuch zur ZDF-Fernsehreihe für Kinder, Eltern und Erzieher*, Weinheim/Basel 1975.

Nickel, Horst u.a., *Einführung in das Gesamtprojekt. Untersuchungen zum Sozialverhalten von Kindern in Eltern-Initiativ-Gruppen und Kindergärten*, Bd. 1, Düsseldorf 1982.

Nickel, Horst u.a., *Erzieher- und Elternverhalten im Vorschulbereich*, München 1980.

Niedenhoff, Horst-Udo, *Auf dem Marsch durch die Institutionen. Die kommunistische Agitation im Betrieb und in den Gewerkschaften*, Köln 1979.

Oberpriller, Martin, *Jungsozialisten. Parteijugend zwischen Anpassung und Opposition*, Bonn 2004.

Oehm, Elmar, (Hg.), *Stadtautobahnen. Planung, Bau, Betrieb*, Wiesbaden 1973.

Pamperrien, Sabine, *Helmut Schmidt und der Scheißkrieg. Die Biografie 1918 bis 1945*, München 2014.

Paulus, Julia (Hg.), *„Bewegte Dörfer". Neue soziale Bewegungen in der Provinz 1970–1990,* Paderborn 2018.

Petri, Horst/Lauterbach, Matthias, *Gewalt in der Erziehung. Plädoyer zur Abschaffung der Prügelstrafe. Analysen und Argumente*, Frankfurt a.M. 1975.

Poguntke, Thomas, *Alternative Politics. The German Green Party*, Cambridge 1993.

Raphael, Lutz, *Jenseits von Kohle und Stahl. Eine Gesellschaftsgeschichte Westeuropas nach dem Boom,* Berlin 2019.

Raschke, Joachim (Hg.), *Bürger und Parteien. Ansichten und Analysen einer schwierigen Beziehung*, Opladen 1982.

Reichardt, Sven, *Authentizität und Gemeinschaft. Linksalternatives Leben in den siebziger und frühen achtziger Jahren*, Berlin 2014.

Reichardt, Sven, „Große und Sozialliberale Koalition (1966–1974)", in: Roth, Roland/Rucht, Dieter (Hg.), *Die sozialen Bewegungen in Deutschland seit 1945. Ein Handbuch*, Frankfurt a.M./New York 2008, S. 71–92.

Reichardt, Sven/Siegfried, Detlev (Hg.), *Das alternative Milieu. Antibürgerlicher Lebensstil und linke Politik in der Bundesrepublik Deutschland und Europa 1968–1983*, Göttingen 2010.

Richter, Horst-Eberhard, *Psychoanalyse und Politik. Zur Geschichte der politischen Psychoanalyse*, Gießen 2003.

Richter, Pavel A., „Die Außerparlamentarische Opposition in der Bundesrepublik Deutschland 1966 bis 1968", in: Gilcher-Holtey, Ingrid (Hg.), *1968. Vom Ereignis zum Gegenstand der Geschichtswissenschaft,* Göttingen 1998, S. 35–55.

Ronneburger, Beate, *Der Geschlechteraspekt in der Kinderladenbewegung. Erziehung in Westberliner Kinderläden 1968–1977,* Weinheim 2019.

Roth, Roland/Rucht, Dieter (Hg.) *Die sozialen Bewegungen in Deutschland seit 1945. Ein Handbuch,* Frankfurt a.M./New York 2008.

Rucht, Dieter, „Anti-Atomkraftbewegung", in: Roth, Roland/Rucht, Dieter (Hg.) *Die sozialen Bewegungen in Deutschland seit 1945. Ein Handbuch,* Frankfurt a.M./New York 2008, S. 245–267.

Rupp, Hans Karl, *Außerparlamentarische Opposition in der Ära Adenauer. Der Kampf gegen die Atombewaffnung in den fünfziger Jahren,* Köln 1970.

Sander, Helke, „Der Seele ist das Gemeinsame eigen, das sich mehrt", in: Feministisches Institut in der Heinrich-Böll-Stiftung (Hg.), *Wie weit flog die Tomate?*, Berlin 1999, S. 43–57.

Sander, Helke, „Nicht Opfer sein, sondern Macht haben", in: Kätzel, Ute, *Die 68erinnen.*

Porträt einer rebellischen Frauengeneration, Berlin 2002, S. 161–180.

Scheiper, Stephan, „Der Wandel staatlicher Herrschaft in den 1960er/70er Jahren", in: Weinhauer, Klaus u.a. (Hg.), *Terrorismus in der Bundesrepublik. Medien, Staat und Subkulturen in den 1970er Jahren*, Frankfurt a.M. 2006, S. 188–216.

Schibel, Karl-Ludwig, „Kommunebewegung", in: Roth, Roland/Rucht, Dieter (Hg.), *Die sozialen Bewegungen in Deutschland seit 1945. Ein Handbuch,* Frankfurt a.M./New York 2008, S. 528–540.

Schildt, Axel, *Die Sozialgeschichte der Bundesrepublik Deutschland bis 1989/90*, München 2007.

Schildt, Axel, „Materieller Wohlstand – pragmatische Politik – kulturelle Umbrüche. Die 60er Jahre in der Bundesrepublik", in: Lammers, Karl Christian u.a. (Hg.), *Dynamische Zeiten. Die 60er Jahre in den beiden deutschen Gesellschaften*, Hamburg 2000, S. 21–53.

Schildt, Axel/Schmidt, Wolfgang, „Einleitung", in: Schildt, Axel/Schmidt, Wolfgang (Hg.), *»Wir wollen mehr Demokratie wagen«. Antriebskräfte, Realität und Mythos eines Versprechens,* Bonn 2019, S. 11–23.

Schildt, Axel/Schmidt, Wolfgang (Hg.), *»Wir wollen mehr Demokratie wagen«. Antriebskräfte, Realität und Mythos eines Versprechens*, Bonn 2019.

Schildt, Axel/Sywottek, Arnold (Hg.), *Modernisierung im Wiederaufbau. Die westdeutsche Gesellschaft der 50er Jahre*, Bonn 1993.

Schmidt, Manfred G., „Die Politik der CDU/CSU- und der SPD-Regierungen", in: Raschke, Joachim (Hg.), *Bürger und Parteien. Ansichten und Analysen einer schwierigen Beziehung*, Opladen 1982, S. 121–137.

Schmidtke, Michael A., *Der Aufbruch der jungen Intelligenz. Die 68er Jahre in der Bundesrepublik und den USA*, Frankfurt a.M./New York 2003.

Schmitter, Philippe C., „Interessenvermittlung und Regierbarkeit", in: Alemann, Ulrich von/ Heinze, Rolf G. (Hg.), *Verbände und Staat. vom Pluralismus zum Korporatismus. Analysen, Positionen, Dokumente*, Opladen 1979, S. 92–114.

Scholle, Thilo/Schwarz, Jan, *»Wessen Welt ist die Welt?« Geschichte der Jusos*, Bonn 2019.

Schonauer, Karlheinz, *Die ungeliebten Kinder der Mutter SPD. Die Geschichte der Jusos von der braven Parteijugend zur innerparteilichen Opposition*, Bonn 1982.

Schulz, Kristina, „Studentische Bewegungen und Protestkampagne", in: Roth, Roland/Rucht, Dieter (Hg.), *Die sozialen Bewegungen in Deutschland seit 1945. Ein Handbuch,* Frankfurt a.M./New York 2008, S. 417–446.

Schulze, Gerhard, *Die Erlebnisgesellschaft. Kultursoziologie der Gegenwart*, 2. Aufl., Frankfurt

a.M. 2005.

Schwartz, Michael, „Frauen und Reformen im doppelten Deutschland. Zusammenhänge zwischen Frauenerwerbsarbeit, Abtreibungsrecht und Bevölkerungspolitik um 1970", in: Jarausch, Konrad H. (Hg.), *Das Ende der Zuversicht? Die siebziger Jahre als Geschichte*, Göttingen 2008, S. 196–214.

Seefried, Elke, „Mehr Planung wagen? Die regierende Sozialdemokratie im Spannungsfeld zwischen politischer Planung und Demokratisierung 1969–1974", in: Schildt, Axel/ Schmidt, Wolfgang (Hg.), *»Wir wollen mehr Demokratie wagen«. Antriebskräfte, Realität und Mythos eines Versprechens*, Bonn 2019, S. 105-124.

Seegers, Lu (Hg.), *1968. Gesellschaftliche Nachwirkungen auf dem Lande*, Göttingen 2020.

Seeliger, Rolf, *Die außerparlamentarische Opposition*, München 1968.

Seiffert, Jeanette, *„Marsch durch die Institutionen?" Die „68er" in der SPD*, Marburg 2009.

Sepp, Benedikt, *Das Prinzip Bewegung. Theorie, Praxis und Radikalisierung in der West-Berliner Linken 1961–1972*, Göttingen 2023.

Shell Deutschland Holding (Hg.), *Jugend 2006. Eine pragmatische Generation unter Druck*, Frankfurt a.M. 2006.

Siegfried, Detlef, *1968. Protest, Revolte, Gegenkultur*, Ditzingen 2018.

Siegfried, Detlef, „Ästhetik des Andersseins. Subkulturen zwischen Hedonismus und Militanz 1965–70", in: Weinhauer, Klaus u.a. (Hg.), *Terrorismus in der Bundesrepublik. Medien, Staat und Subkulturen in den 1970er Jahren*, Frankfurt a.M. 2006, S. 76–98.

Silvester, Karen, *Die besseren Eltern?! oder Die Entdeckung der Kinderläden. Eltern-Kind-Initiativen im zeitgeschichtlichen Vergleich 1967–2004. Eltern-Erwartungen und - Erfahrungen*, München 2009.

Silvester, Karen, „Ein Plädoyer für Engagement und Gelassenheit. Elternerwartungen an Vorschulerziehung im zeitgeschichtlichen Vergleich", in: Bock, Karin u.a. (Hg.), *Zugänge zur Kinderladenbewegung*, Wiesbaden 2020, S. 349–362.

Spix, Boris, *Abschied vom Elfenbeinturm? Politisches Verhalten Studierender 1957–1967. Berlin und Nordrhein-Westfalen im Vergleich*, Essen 2008.

Stephan, Dieter, *Jungsozialisten. Stabilisierung nach langer Krise? 1969–1979*, Bonn 1979.

Süß, Dietmar, „Die Enkel auf den Barrikaden. Jungsozialisten in der SPD in den Siebzigerjahren", in: *Archiv für Sozialgeschichte*, Nr. 44, 2004, S. 67-104.

Süß, Dietmar, „Die neue Lust am Streit. »Demokratie wagen« in der sozialdemokratischen Erfahrungswelt der Ära Brandt", in: Schildt, Axel/Schmidt, Wolfgang (Hg.), *»Wir wollen mehr Demokratie wagen«. Antriebskräfte, Realität und Mythos eines Versprechens*, Bonn 2019, S. 125–141.

Süß, Dietmar, *Kumpel und Genossen. Arbeiterschaft, Betrieb und Sozialdemokratie in der bayerischen Montanindustrie 1945 bis 1976*, München 2003.

Thießen, Malte, „Digitalgeschichte als Gesellschaftsgeschichte. Perspektiven einer Regionalgeschichte der digitalen Transformation", in: Wichum, Rickey/Zetti, Daniela (Hg.), *Zur Geschichte des digitalen Zeitalters*, Wiesbaden 2022, S. 53–76.

Thörmer, Heinz, *»... den Sozialismus haben wir nicht aufgebaut...«. Eintrittsmotivationen, politisches Lernen und Erfahrungsbildung von Jungsozialisten in der SPD,* Marburg 1985.

Tsuchiya, Kazuyo, *Reinventing citizenship. Black Los Angeles, Korean Kawasaki, and community participation*, Minneapolis 2014.

Vinen, Richard, *1968. Der lange Protest. Biografie eines Jahrzehnts*, München 2018.

Wagner, Patrick, *Bürgerinitiative–Betroffenheit–Selbstbestimmung. Die „partizipatorische Revolution" in der Bundesrepublik der 1970er Jahre und ihre Sprache,* Halle (Saale) 2013.

Walter, Franz, *Die SPD. Vom Proletariat zur Neuen Mitte,* Berlin 2002.

Wehler, Hans Ulrich, *Deutsche Gesellschaftsgeschichte. Bundesrepublik Deutschland und DDR 1949–1990.* Bd. 5, München 2008.

Weinhauer, Klaus, „Zwischen »Partisanenkampf« und »Kommissar Computer«. Polizei und Linksterrorismus in der Bundesrepublik bis Anfang der 1980er Jahre", in: Weinhauer, Klaus u.a. (Hg.), *Terrorismus in der Bundesrepublik. Medien, Staat und Subkulturen in den 1970er Jahren*, Frankfurt a.M. 2006, S. 244–270.

Weinhauer, Klaus u.a. (Hg.), *Terrorismus in der Bundesrepublik. Medien, Staat und Subkulturen in den 1970er Jahren*, Frankfurt a.M. 2006.

Werder Lutz von, „Kinderläden. Versuch der Umwälzung der inneren Natur", in: Siepmann, Eckhard (Hg.), *Heiß und kalt. Die Jahre 1945–69*, Berlin 1986, S. 561–564.

Werder, Lutz von, „Kinderladenbewegung und politische Psychoanalyse", in: Bock, Karin u.a. (Hg.), *Zugänge zur Kinderladenbewegung,* Wiesbaden 2020, S. 43–70.

Wichum, Rickey/Zetti, Daniela (Hg.), *Zur Geschichte des digitalen Zeitalters*, Wiesbaden 2022.

Wirth, Hans-Jürgen (Hg.), *Hitlers Enkel oder Kinder der Demokratie? Die 68er, die RAF und die Fischer-Debatte,* Gießen 2004.

Wolff, Reinhart, „Die ersten Kinderläden. Praxiserfahrungen und pädagogische Konzeptionen", in: Bock, Karin u.a. (Hg.), *Zugänge zur Kinderladenbewegung,* Wiesbaden 2020, S. 27–42.

Wolff, Reinhart, „Nach Auschwitz. antiautoritäre Kinderladenbewegung oder die Erziehung der Erzieher", in: Beller, Kuno (Hg.), *Berlin und pädagogische Reformen. Brennpunkte*

der individuellen und historischen Entwicklung, Berlin 1992, S. 71–80.
Wolfrum, Edgar, *Die geglückte Demokratie. Geschichte der Bundesrepublik Deutschland von ihren Anfängen bis zur Gegenwart*, Stuttgart 2007.
Wolfrum, Edgar (Hg.), *Verfassungsfeinde im Land? Der „Radikalenerlass" von 1972 in der Geschichte Baden-Württembergs und der Bundesrepublik*, Göttingen 2022.

邦語文献

青木聡子『ドイツにおける原子力施設反対運動の展開——環境志向型社会へのイニシアティヴ』ミネルヴァ書房 2013年
青木真美「ドイツにおける公共近距離旅客輸送の助成とその成果」『同志社商学』第57巻第5号2006年 94–107頁
芦部彰「1950年代ドイツ連邦共和国におけるキリスト教民主同盟（CDU）の住宅政策とカトリシズム」『史学雑誌』第123巻 第4号 2014年 569–593頁
芦部彰「オルド自由主義と社会国家」『歴史学研究』第828号 2007年6月 37–45頁
芦部彰『カトリシズムと戦後西ドイツの社会政策——1950年代におけるキリスト教民主同盟の住宅政策』山川出版社 2016年
芦部彰「西ドイツ社会史研究の現在——「長い60年代」をめぐる研究を中心に」『歴史学研究』第960号 2017年8月 15–22頁
アドルノ、Th. W.著 三光長治訳『ミニマ・モラリア——傷ついた生活裡の省察』法政大学出版局 2009年
網谷龍介『計画なき調整——戦後西ドイツ政治経済体制と経済民主化構想』東京大学出版会 2021年
網谷龍介編『戦後民主主義の革新——1970～80年代ヨーロッパにおける政治変容の政治史的検討』ナカニシヤ出版 2024年
アリンスキー、ソール・D著 長沼秀世訳『市民運動の組織論』未來社 1972年
安藤丈将「警察とニューレフトの「1968年」」『思想』第1129号 2018年5月 146–166頁
安藤丈将『ニューレフト運動と市民社会——「六〇年代」の思想のゆくえ』世界思想社 2013年
石田勇治『過去の克服——ヒトラー後のドイツ』白水社 2002年
石田勇治『シリーズ・ドイツ現代史 I ——20世紀ドイツ史』白水社 2005年
石田勇治『ヒトラーとナチ・ドイツ』講談社 2015年
石田勇治／福永美和子編『想起の文化とグローバル市民社会』勉誠出版 2016年
石田勇治ほか編『ドイツ市民社会の史的展開』勉誠出版 2020年
石神圭子「コミュニティ・オーガナイジングとリベラリズムへの挑戦——産業地域財団に

よる生活賃金運動をめぐって」『アメリカ太平洋研究』第18号 2018年3月 116–132頁
伊豆田俊輔「ヴォルガング・ハーリヒの改革構想と1956年の東ドイツ」『ゲシヒテ』15号 2022年4月 3–17頁
井関正久「旧東西ドイツの「1968年」――反権威主義と世代間紛争」『歴史学研究』第768号 2002年10月 126–134頁
井関正久『シリーズ・ドイツ現代史II――ドイツを変えた68年運動』白水社 2005年
井関正久『戦後ドイツの抗議運動――「成熟した市民社会」への模索』岩波書店 2016年
井関正久「ドイツの「一九六八年」を振り返る――五〇年後の視点からこの時代をどう捉えるか」『思想』第1129号 2018年5月 188–206頁
井関正久「西ドイツ新左翼における「アメリカ」の受容」油井大三郎編『越境する一九六〇年代―― 米国・日本・西欧の国際比較』彩流社 2012年 263–282頁
井関正久『ルディ・ドゥチュケと戦後ドイツ』共和国 2024年
井関正久ほか「「1968年」再考――日米独の比較から」『思想』第1129号 2018年5月 20–45頁
板橋拓己『アデナウアー――現代ドイツを創った政治家』中央公論新社 2014年
板橋拓己／妹尾哲志編『現代ドイツ政治外交史――占領期からメルケル政権まで』ミネルヴァ書房 2023年
板橋拓己／妹尾哲志編『歴史の中のドイツ外交』吉田書店 2019年
今井宏昌『暴力の経験史――第一次世界大戦後ドイツの義勇軍経験 1918 ～ 1923』法律文化社 2016年
岩間陽子『ドイツ再軍備』中央公論社 1993年
イングルハート、ロナルド著 三宅一郎ほか訳『静かなる革命――政治意識と行動様式の変化』東洋経済新報社 1978年
ヴィンクラー、ハインリヒ・アウグスト著 後藤俊明ほか訳『自由と統一への長い道――ドイツ近現代史1933 ～ 1990年』第2巻 昭和堂 2008年
ウェスタッド、O・A著 小川浩之ほか訳『グローバル冷戦史――第三世界への介入と現代世界の形成』名古屋大学出版会 2010年
梅﨑透「「一九六八年」のアメリカ例外主義――大西洋をまたいだベトナム反戦運動」『思想』第1129号 2018年5月 85–104頁
梅﨑透「内なる反知性主義――1968年コロンビア大学ストライキと知識人」『アメリカ研究』第52号 2018年5月 87–110頁
大下理世「ドイツにおける民主主義の伝統と歴史の活用――連邦大統領ハイネマンの取り組みに着目して」『ドイツ研究』第55号 2021年3月 31–37頁
大下理世「冷戦下のドイツにおける分断国家の現状――連邦共和国の政治家ハイネマンの

言説の変化に着目して」『ヨーロッパ研究』第20号 2021年3月 5–13頁
大嶽秀夫『新左翼の遺産――ニューレフトからポストモダンへ』東京大学出版会 2007年
太田尚孝／大村謙二郎「再統一後のドイツにおける都市再生プログラム推進のための支援制度に関する基礎的研究――「都市計画助成制度Städtebauförderung」に注目して」『都市計画論文集』Vol.49 No.2 2014年10月 198–206頁
大場茂明ほか編『文化接触のコンテクストとコンフリクト――環境・生活圏・都市』清文堂 2018年
岡田正則／三輪雅子「反権威主義幼児教育の一考察――キンダーラーデン運動と現代ドイツ教育学」『金沢大学教育学部紀要』第45号 1996年2月 1–16頁
岡本周佳「1960年代後半から1980年代における学生セツルメント運動の展開――人間形成・自己教育の視点から」『社会事業史研究』第56号 2019年9月 75–90頁
小熊英二『1968――若者たちの叛乱とその背景』上巻 新曜社 2009年
小熊英二『1968――叛乱の終焉とその遺産』下巻 新曜社 2009年
小熊英二「波が寄せれば岩は沈む――福島原発事故後における社会運動の社会学的分析」『現代思想』第44巻 第7号 2016年 206–233頁
小野一『緑の党――運動・思想・政党の歴史』講談社 2014年
賀来健輔／丸山仁編『政治変容のパースペクティブ――ニュー・ポリティクスの政治学 II』ミネルヴァ書房 2005年
賀来健輔／丸山仁編『ニュー・ポリティクスの政治学』ミネルヴァ書房 2000年
川喜田敦子『シリーズ・ドイツ現代史IV――ドイツの歴史教育』白水社 2005年
川喜田敦子『東欧からのドイツ人の「追放」――二〇世紀の住民移動の歴史のなかで』白水社 2019年
川越修／辻英史編『社会国家を生きる――20世紀ドイツにおける国家・共同性・個人』法政大学出版局 2008年
川越修／姫岡とし子編『ドイツ近現代ジェンダー史入門』青木書店 2009年
川﨑聡史「1960～70年代のフランクフルト・アム・マイン再開発問題――抗議運動への行政の対応に注目して」『現代史研究』第68号 2022年12月 1–14頁
川﨑聡史「1968年運動後のドイツ社会民主党青年部ユーゾーによる「反乱」――フランクフルト・アム・マインを中心に」『西洋史学』第269号 2020年6月 38–57頁
川﨑聡史「「過激派条令」に見る西ドイツの民主主義理解――1970年代のヘッセン州を中心に」『歴史学研究』第1048号 2024年5月 18–34頁
川﨑聡史「社会主義ドイツ学生同盟（SDS）の対米認識の変容――1960年代の西ベルリンを中心に――」『ヨーロッパ研究』第17号 2017年12月 17–28頁
川﨑聡史「草創期の自治的な共同保育施設「キンダーラーデン」に関する考察――68年運動以後の西ベルリンにおける社会主義的な保育運動に注目して」『現代史研究』第67

号 2021年12月 17-29頁
川﨑聡史「ドイツ社会民主党青年部ユーゾーによるローカルな政治運動——68年運動後のモスクワ系共産主義組織との協力に関する一考察」『ドイツ研究』第55号 2021年3月 50–57頁
川﨑聡史「西ドイツにおける自主管理型保育施設「キンダーラーデン」——68年運動後の新しい幼児保育の思想と実践に関する考察」『ヨーロッパ研究』第21号 2021年12月 31–42頁
木村靖二ほか編『ドイツ史研究入門』山川出版社 2014年
工藤章／田嶋信雄編『戦後日独関係史』東京大学出版会 2014年
グルール、ヘルベルト著 辻村誠三／辻村透訳『収奪された地球——「経済成長」の恐るべき決算』東京創元社 1984年
クレスマン、クリストフ著 石田勇治／木戸衛一訳『戦後ドイツ史 1945–1955——二重の建国』未來社 1995年
狐塚祐矢「ドイツ社会民主党の対スペイン関与の変容（1966-1975）——スペイン共産主義との関係に関する一考察」『ヨーロッパ研究』第23号 2024年1月 19–30頁
小松原由理編『〈68年〉の性——変容する社会と「わたし」の身体』青弓社 2016年
斎藤幸平『人新世の「資本論」』集英社 2020年（電子書籍版）
佐々木淳希「1976年共同決定法から見る西ドイツ政治——管理職員規定を中心に」『ドイツ研究』第51号 2017年 73–90頁
佐々木淳希「「六八年」とSPD/EDPにおける社会像——ホルスト・エームケとラルフ・ダーレンドルフ」『ゲシヒテ』第8号 2015年3月 61–71頁
佐藤成基『ナショナル・アイデンティティと領土——戦後ドイツの東方国境をめぐる論争』新曜社 2008年
芝健介『ニュルンベルク裁判』岩波書店 2015年
ジャット、トニー著 森本醇訳『ヨーロッパ戦後史』上下巻 みすず書房 2008年
シャルロート、ヨアヒム著 川﨑聡史訳「「1968年」とマスメディア」『思想』第1129号 2018年5月 130-145頁
シュラーズ、ミランダ・A著 長尾伸一／長岡延孝監訳『地球環境問題の比較政治学——日本・ドイツ・アメリカ』岩波書店 2007年
ショレゲン、グレゴーア著 岡田浩平訳『ヴィリー・ブラントの生涯』三元社 2015年
白川耕一『1970年代後半における若者と西ドイツ社会国家——連邦議会の討論を中心に』川越修／辻英史編『社会国家を生きる——20世紀ドイツにおける国家・共同性・個人』法政大学出版局 2008年 279–308頁
白川耕一「子どもに注がれる視線——1960～70年代の西ドイツにおける子育て」川越修／辻英史編『歴史のなかの社会国家——20世紀ドイツの経験』山川出版社 2016年

223–248頁
隅谷三喜男『成田の空と大地——闘争から共生への途』岩波書店 1996年
妹尾哲志『戦後西ドイツ外交の分水嶺——東方政策と分断克服の戦略、1963 〜 1975年』晃洋書房 2011年
高橋秀寿『再帰化する近代——ドイツ現代史試論 市民社会・家族・階級・ネイション』国際書院 1997年
高橋秀寿『時間／空間の戦後ドイツ史——いかに「ひとつの国民」は形成されたのか』ミネルヴァ書房 2018年
竹本真希子『ドイツの平和主義と平和運動——ヴァイマル共和国期から1980年代まで』法律文化社 2017年
田中怜『学校と生活を接続する——ドイツの改革教育的な授業の理論と実践』春風社 2022年
田村円「ホロコースト後のドイツにおけるユダヤ人社会の再建——アルゲマイネ紙（在独ユダヤ人一般週刊新聞）と発行人カール・マルクス（1897–1966）に着目して」『ヨーロッパ研究』第22号 2023年1月 5–18頁
辻英史／川越修編『社会国家を生きる——20世紀ドイツにおける国家・共同性・個人』法政大学出版局 2008年
辻英史／川越修編『歴史のなかの社会国家——20世紀ドイツの経験』山川出版社 2016年
對馬達雄編『ドイツ——過去の克服と人間形成』昭和堂 2011年
土屋和代「生存権・保証所得・ブラックフェミニズム——アメリカの福祉権運動と〈一九六八〉」『思想』第1129号 2018年5月 105–129頁
坪郷實『新しい社会運動と緑の党——福祉国家のゆらぎの中で』九州大学出版会 1989年
坪郷實『ドイツの市民自治体——市民社会を強くする方法』生活社 2007年
坪郷實／中村圭介編『新しい公共と市民活動・労働運動』明石書店 2011年
デミロヴィッチ、アレックス著 仲正昌樹責任編集『非体制順応的知識人——批判理論のフランクフルト学派への発展』第二分冊:『戦後ドイツの学生運動とフランクフルト学派』御茶の水書房 2009年
ドゥチュケ、ルディほか著 船戸満之訳『学生の反乱』合同出版 1968年
冨岡昇平「東ドイツ・ライプツィヒ県における教会系環境運動の展開（1981–1989）——「建設的」運動の実態とその変容に着目して——」『ヨーロッパ研究』第22号 2023年1月 47–59頁
中田潤「新しい社会運動としての環境保護市民運動（Bürgerinitiative）——ニーダーザクセン州における原子力関連施設建設反対運動を事例に」『茨城大学人文社会科学部紀要 社会科学論集』第4号 2019年2月 67–88頁
中田潤「新しい社会運動における価値保守主義——H. グルールとB. シュプリングマンを

題材に」『茨城大学人文社会科学部紀要 社会科学論集』第59号 2015年2月 35–56頁
中田潤『ドイツ「緑の党」史――価値保守主義・左派オルタナティブ・協同主義的市民社会』吉田書店 2023年
中田潤「ドイツ緑の党の党内再編――原理派の影響力喪失とベルリンの壁崩壊の影響を中心に」『茨城大学人文社会科学部紀要 社会科学論集』第3号 2018年9月 33–52頁
中田潤「ドイツ緑の党の党内再編――左派フォーラムと出発派の動きを中心に」『茨城大学人文社会科学部紀要 社会科学論集』第2号 2018年2月 23–44頁
中田潤「緑のリスト環境保護（Grüne Liste Umweltschutz）の成立――市民運動からエコロジー政党へ」『茨城大学人文社会科学部紀要 社会科学論集』第6号 2020年2月 33–53頁
中谷毅「ドイツにおける女性議員のクオータ制――ドイツ社会民主党の事例を中心に」『年報政治学』第2号 2010年 48–67頁
中野隆生編『二十世紀の都市と住宅――ヨーロッパと日本』山川出版社 2015年
中村督「68年5月――ミシェル・ロカールと社会民主主義の発見」『思想』第1129号 2018年5月 167–187頁
西田慎「70年代西ドイツにおけるオルタナティヴ勢力の形成――緑の党を例に」『歴史学研究』第911号 2013年10月 125–134頁
西田慎『ドイツ・エコロジー政党の誕生――「六八年運動」から緑の党へ』昭和堂 2009年
西田慎／梅﨑透編『グローバル・ヒストリーとしての「1968年」――世界が揺れた転換点』ミネルヴァ書房 2015年
西田慎／近藤正基編『現代ドイツ政治――統一後の20年』ミネルヴァ書房 2014年
野田昌吾「「一九六八年」研究序説――「一九六八年」の政治社会的インパクトの国際比較研究のための覚え書き」『大阪市立大学法学雑誌』第57巻第1号 2010年12月 1–51頁
ハーヴェイ、デヴィッド著 渡辺治監訳 森田成也ほか訳『新自由主義――その歴史的展開と現在』作品社 2007年
ハーバーマス、ユルゲン著 河上倫逸監訳 上村隆広ほか訳『新たなる不透明性』松籟社 1995年
ハーバーマス、ユルゲン著 細谷貞雄／山田正行訳『公共性の構造転換――市民社会の一カテゴリーについての探究』第2版 未來社 1994年
ハーバーマス、ユルゲン著 三島憲一ほか訳『遅ればせの革命』岩波書店 1992年
ハーバーマス著 山田正行／金慧訳『後期資本主義における正統化の問題』岩波書店 2018年
長谷部恭男／石田勇治『ナチスの「手口」と緊急事態条項』集英社 2017年
馬場哲『ドイツ都市計画の社会経済史』東京大学出版会 2016年
ハンチントン、サミュエル・P ほか著 日米欧委員会編 綿貫譲治監訳『民主主義の統治能力

——日本・アメリカ・西欧その危機の検討』サイマル出版会 1976年
樋口直人／松谷満『3・11後の社会運動——8万人のデータから分かったこと』筑摩書房 2020年
姫岡とし子『近代ドイツの母性主義フェミニズム』勁草書房 1993年
姫岡とし子『ジェンダー化する社会——労働とアイデンティティの日独比較史』岩波書店 2004年
平井一臣「1968年のベ平連——生成・共振・往還の運動のなかで」『思想』第1129号 2018年5月 67–84頁
フォリヤンティ＝ヨースト、ゲジーネ著 川喜田敦子訳「市民自治モデルの日独比較——協調的民主主義は国家の失敗を救えるか？」石田勇治ほか編『ドイツ市民社会の史的展開』勉誠出版 2020年 319–348頁
藤永康政「黒人ラディカリズムの「68年」とブラックパワー」『思想』第1129号 2018年5月 46–66頁
フライ、ノルベルト著 下村由一訳『1968年——反乱のグローバリズム』みすず書房 2012年
ベル、ダニエル著 岡田直之訳『イデオロギーの終焉——1950年代における政治思想の涸渇について』東京創元社 1969年
ベル、ダニエル著 内田忠夫ほか訳『脱工業社会の到来——社会予測の一つの試み』上下巻 ダイヤモンド社 1975年
ヘルツォーク、ダグマー著 川越修ほか訳『セックスとナチズムの記憶——20世紀ドイツにおける性の政治化』岩波書店 2012年
ホブズボーム、エリック著 河合秀和訳『20世紀の歴史——極端な時代』上下巻 三省堂 1996年
マゾワー、マーク著 中田瑞穂／網谷龍介訳『暗黒の大陸——ヨーロッパの20世紀』未來社 2015年
松谷満「若者はSNSの夢を見るのか？——「運動を知らない」世代の運動参加」樋口直人／松谷満『3・11後の社会運動——8万人のデータから分かったこと』筑摩書房 2020年 71–98頁
水島治郎『ポピュリズムとは何か——民主主義の敵か、改革の希望か』中央公論新社 2016年
水戸部由枝「性規範の多様化に揺らぐ1960–70年代の西ドイツ社会——『性の図解書』論争にみる公権力側の対応」川越修／辻英史編『歴史のなかの社会国家——20世紀ドイツの経験』山川出版社 2016年 249–280頁
水戸部由枝「My Revolution——六〇〜七〇年代の西ドイツ社会国家に見る「性の解放」」『ゲシヒテ』第5号 2012年3月 3–18頁

水戸部由枝「私のおなかは社会のもの？——1970年代の妊娠中絶法改正にみるポリティクス」川越修／辻英史編『社会国家を生きる——20世紀ドイツにおける国家・共同性・個人』法政大学出版局 2008年 243–278頁
宮島喬ほか編『ヨーロッパ・デモクラシー——危機と転換』岩波書店 2018年
ミュラー、ヤン＝ヴェルナー著 板橋拓己／田口晃監訳『試される民主主義——20世紀ヨーロッパの政治思想』上下巻 岩波書店 2019年
ミラー、アリス著 山下公子訳『魂の殺人——親は子どもに何をしたか』新装版第1版 新曜社 2013年
村上宏昭『世代の歴史社会学——近代ドイツの教養・福祉・戦争』昭和堂 2012年
森井裕一「2002年ドイツ連邦議会選挙と政治動向」『ヨーロッパ研究』第2号 2003年 48–64頁
森井裕一『現代ドイツの外交と政治』信山社 2008年
森井裕一編『ドイツの歴史を知るための50章』明石書店 2016年
安野正明「ヴィリ・ブラント首相候補の誕生」『ゲシヒテ』第3号 2010年3月 3–19頁
安野正明『戦後ドイツ社会民主党史研究序説——組織改革とゴーデスベルク綱領への道』ミネルヴァ書房 2004年
安野正明「ドイツ連邦共和国「第二の建国期」と「1968年運動」に関する若干の考察」『欧米文化研究』第15号 2008年10月 29–45頁
油井大三郎編『越境する一九六〇年代——米国・日本・西欧の国際比較』彩流社 2012年
ユンク、ロベルト著 山口祐弘訳『原子力帝国』日本経済評論社 2015年
山井敏章『「計画」の20世紀——ナチズム・＜モデルネ＞・国土計画』岩波書店 2017年
山本隆ほか編『ニューミュニシパリズム——グローバル資本主義を地域から変革する新しい民主主義』明石書店 2022年
楊海英編『中国が世界を動かした「1968」』藤原書店 2019年
ラートカウ、ヨアヒム著 海老根剛／森田直子訳『ドイツ反原発運動小史——原子力産業・核エネルギー・公共性』みすず書房 2012年
ラトゥーシュ、セルジュ著 中野佳裕訳『脱成長』第3版 白水社 2021年
ルップ、ハンス・カール著 深谷満雄／山本淳訳『現代ドイツ政治史——ドイツ連邦共和国の成立と発展』彩流社 2002年
レヴィー、ミシェル著 寺本勉訳『エコロジー社会主義——気候破局へのラディカルな挑戦』柘植書房新社 2020年（電子書籍版）
レッシェ、ペーター／ヴァルター、フランツ著 岡田浩平訳『ドイツ社会民主党の戦後史——国民政党の実践と課題』三元社 1996年
若尾祐司／本田宏編『反核から脱原発へ——ドイツとヨーロッパ諸国の選択』昭和堂 2012年

ウェブサイトとデジタル・アーカイブ

100(0) Schlüssel Dokumente［ミュンヘン・デジタル化センター（Münchener Digitalisierungs-Zentrum）によるデジタル史料アーカイブ］

・https://www.1000dokumente.de/index.html?l=de

Aktienbaugesellschaft［株式建設会社］

・https://www.abg.de/

Bundesinstitut für Bevölkerungsforschung［ドイツ連邦人口研究所］

・https://www.bib.bund.de/DE/Startseite.html

Deutscher Bundestag Plenarprotokolle［ドイツ連邦議会議事録］

・https://www.bundestag.de/dokumente/protokolle/plenarprotokolle

Deutscher Gewerkschaftsbund［ドイツ労働組合総同盟］

・https://www.dgb.de/

Ergotherapie. Praxisgemeinschaft für Kinder bis 12 Jahre［モニカ・アリーの教育コンセプトを指針にしている小児向け心理セラピー・クリニック］

・http://www.ergotulln.net/index.html

FrauenMediaTurm. Feministisches Archiv und Bibliothek［ケルンに所在する女性運動を専門とする文書館と図書館］

・https://frauenmediaturm.de/

Friedrich-Ebert-Stiftung Digital［フリードリヒ・エーベルト財団のデジタル史料アーカイブ］

・https://www.fes.de/digital

HELKE SANDER. Regisseurin, Autorin. – Webseite im Aufbau［ヘルケ・ザンダーの個人ウェブサイト］

・https://www.helke-sander.de/

Materialien zur Analyse von Opposition (MAO)［ドイツ連邦共和国における左翼運動に関するデジタル史料アーカイブ］

・https://www.mao-projekt.de/

Der Spiegel［『デア・シュピーゲル』誌］

・https://www.spiegel.de/

Statistisches Bundesamt［ドイツ連邦統計局］

・https://www.destatis.de/DE/Home/_inhalt.html

Die Zeit［『ディー・ツァイト』紙］

・https://www.zeit.de/index

略語一覧

ABG	株式建設会社（Aktienbaugesellschaft）
AdsD	社会民主主義文書館（Archiv der sozialen Demokratie）
AGW	ヴェストエント活動委員会（Aktionsgemeinschaft Westend）
AMA	ミュンヘン労働運動文書館（Archiv der Münchner Arbeiterbewegung e.V.）
APO	議会外反対派（Außerparlamentarische Opposition）
ARD	ドイツ公共放送連盟（Arbeitsgemeinschaft der öffentlich-rechtlichen Rundfunkanstalten der Bundesrepublik Deutschland）
ASB	バーデン社会運動文書館（Archiv für soziale Bewegungen in Baden e.V.）
ASF	社民党女性連盟（Arbeitsgemeinschaft Sozialdemokratischer Frauen）
BAdsD	社会民主主義文書館附属図書館（Bibliothek im Archiv der sozialen Demokratie）
BMA	ボッケンハイム賃借人アクション（Bockenheimer Mieteraktion）
CDU	キリスト教民主同盟（Christlich Demokratische Union）
CSU	キリスト教社会同盟（Christlich Soziale Union）
DGB	ドイツ労働組合総同盟（Deutscher Gewerkschaftsbund）
DIN	ドイツ規格協会（Deutsches Institut für Normung e.V.）
DKP	ドイツ共産党（1968年以降）（Deutsche Kommunistische Partei）（モスクワ系）
FAZ	フランクフルター・アルゲマイネ・ツァイトゥング（フランクフルター・アルゲマイネ新聞）（Frankfurter Allgemeine Zeitung）
FDJ	自由ドイツ青年団（Freie Deutsche Jugend）
FDP	自由民主党（Freie Demokratische Partei）
FR	フランクフルター・ルントシャウ（Frankfurter Rundschau）
GIM	国際マルクス主義者グループ（Gruppe Internationale Marxisten）
HHA	ハンブルク高架鉄道株式会社（Hamburger Hochbahn Aktiengesellschaft）
HHStAW	ヴィースバーデン・ヘッセン州立中央文書館（Hessisches Hauptstaatsarchiv Wiesbaden）
HStAD	ダルムシュタット・ヘッセン州立文書館（Hessisches Staatsarchiv Darmstadt）
HVV	ハンブルク運輸連合（Hamburger Verkehrsverbund）
IDZ	国際デザインセンター協会（Internationales Design Zentrum）
ISG	フランクフルト都市史研究所（Institut für Stadtgeschichte Frankfurt am Main）
KBW	西ドイツ共産主義者同盟（Kommunistischer Bund Westdeutschland）

KPD	ドイツ共産党（1956年まで）（Kommunistische Partei Deutschlands）（モスクワ系）
KPD/AO	ドイツ共産党・建設組織（Kommunistische Partei Deutschlands/ Aufbauorganisation）（毛沢東主義系）
KPD/ML	ドイツ共産党・マルクス・レーニン主義者（Kommunistische Partei Deutschlands/Marxisten-Leninisten）（毛沢東主義系）
NDR	北ドイツ放送（Norddeutscher Rundfunk）
NPD	ドイツ国民民主党（Nationaldemokratische Partei Deutschlands）
SDAJ	社会主義ドイツ労働者青年団（Sozialistische Deutsche Arbeiterjugend）
SDS	社会主義ドイツ学生同盟（Sozialistischer Deutscher Studentenbund）
SED	ドイツ社会主義統一党（Sozialistische Einheitspartei Deutschland）
SEW	西ベルリン社会主義統一党（Sozialistische Einheitspartei Westberlins）
SHB	社会民主主義大学同盟（Sozialdemokratischer Hochschulbund）
SPD	ドイツ社会民主党（Sozialdemokratische Partei Deutschlands）
STGB	ボッケンハイム市区グループ（Stadtteilgruppe Bockenheim）
SZ	ジュートドイチェ・ツァイトゥング（南ドイツ新聞）（Süddeutsche Zeitung）
VöV	公共交通連盟（Verband öffentlicher Verkehrsbetriebe）
ZDF	第二ドイツ・テレビ（Zweites Deutsches Fernsehen）

年表

年	主な出来事	ユーゾー全国大会	ユーゾー連邦議長（任期）
1959	11月　社民党がバート・ゴーデスベルク綱領を採択	5月　第1回カールスルーエ全国大会	ハンス＝ユルゲン・ヴィシュネフスキ（1959～62）
1960	4月　イースター行進運動開始		
1961	11月　社民党が社会主義ドイツ学生同盟との関係を断絶	11月　第2回デュッセルドルフ全国大会	
1962	10月　シュピーゲル事件		ホルガー・ボェルナー（1962～63）
1963	10月　連邦首相コンラート・アデナウアー辞任、後任はルートヴィヒ・エアハルト（1966年まで）	11月　第3回ベルリン全国大会	ギュンター・ミュラー（1963～67）
1964	11月　ドイツ国民民主党結成		
1965	西ドイツ各地で学生運動の活発化	11月　第4回ハンブルク全国大会	
1966	12月　クルト・ゲオルク・キージンガーが連邦首相就任（1969年まで）	3月　バート・ゴーデスベルク臨時全国大会	
1967	6月　オーネゾルク射殺事件（68年運動が最盛期に入る） 8月　コミューンII結成（1968年まで）	12月　第5回マインツ全国大会	ペーター・コルテリー（1967～69）
1968	1月　西ベルリン最初のキンダーラーデン設立　女性解放のための活動評議会結成 5月　緊急事態法制可決 8月　社会主義キンダーラーデン中央評議会結成 9月　「トマト事件」（西ドイツで第二波フェミニズムの本格的開始）　9月ストライキ	5月　第6回フランクフルト・アム・マイン全国大会	
1969	10月　ヴィリ・ブラントが連邦首相就任（1974年まで）	12月　第7回ミュンヘン全国大会	カールステン・フォークト（1969～72）
1970	3月　社会主義ドイツ学生同盟解散	12月　第8回ブレーメン全国大会	

1971	8月　ニクソン・ショック（ドル・ショック） 秋　フランクフルトの住宅闘争が最高潮を迎える	4月　マンハイム会議	
1972	1月　「過激派決議」 11月　連邦議会選挙（社民党が戦後初めて第一党に躍進） 12月　東西ドイツ基本条約	2月　第9回オーバーハウゼン全国大会	ヴォルフガング・ロート（1972～74）
1973	4月　ハノーファー社民党大会 10月　第一次石油危機	3月　第10回バート・ゴーデスベルク全国大会	
1974	5月　ヘルムート・シュミットが連邦首相就任（1982年まで） 10月　ヘッセン州議会選挙（戦後初めて社民党がヘッセン州議会第一党の座を失う）	1月　第11回ミュンヘン全国大会	ハイデマリー・ヴィーチョレック＝ツォイル（1974～77）
1975	3月　ヴィール原発建設が撤回される 西ドイツの経済成長率がマイナス1.1%を記録、失業者数が100万人を突破 中央評議会のシェーネベルクのキンダーラーデン閉鎖	3月　第12回ヴィースバーデン全国大会	
1976	10月　連邦議会選挙（社民党が23年ぶりに前回選挙よりも低い得票率を記録）	3月　第13回ドルトムント全国大会	
1977	3月　フランクフルト市議会選挙（社民党の得票率が21年ぶりに50%を割り込む） 「ドイツの秋」（赤軍派のテロが最高潮を迎える）	3月　第14回ハンブルク全国大会	クラウス・ウーヴェ・ベネター（1977）
1978		2月　第15回ホーフハイム全国大会	ゲアハルト・シュレーダー（1978～80）
1979	1月　グアドループ会談（「二重決定」について米英仏と西ドイツが合意）	4月　第16回アシャッフェンブルク全国大会	
1980	1月　緑の党結成 11月　クレーフェルト宣言	6月　第17回ハノーファー全国大会	

川崎聡史（かわさき・さとし）
獨協大学外国語学部ドイツ語学科専任講師
１９９２年　栃木県佐野市生まれ。
２０１７年　東京大学大学院総合文化研究科修士課程修了。
２０２１年　東京大学大学院総合文化研究科博士課程修了。博士（学術）取得。
日本学術振興会特別研究員（ＰＤ）、東京大学ドイツ・ヨーロッパ研究センター（DESK）特任助教などを経て、現在獨協大学外国語学部専任講師。

主要業績
「西ドイツにおける自主管理型保育施設「キンダーラーデン」――68年運動後の新しい幼児教育の思想と実践に関する考察」『ヨーロッパ研究』（第21号 ２０２１年12月）
「１９６０～70年代のフランクフルト・アム・マイン再開発問題――抗議運動への行政の対応に注目して」『現代史研究』（第68号 ２０２２年12月）
「「過激派条令」に見る西ドイツの民主主義理解――１９７０年代のヘッセン州を中心に」『歴史学研究』（第１０４８号 ２０２４年５月）

「１９６８年《ねん》」以後《いご》のポスト革命的運動《かくめいてきうんどう》
――西《にし》ドイツ青年《せいねん》によるローカルな挑戦《ちょうせん》

二〇二五年一月一一日　初版発行

著　者　川崎聡史
発行者　三浦衛
発行所　春風社
横浜市西区紅葉ヶ丘五三　横浜市教育会館三階
〈電話〉〇四五・二六一・三一六八　〈ＦＡＸ〉〇四五・二六一・三一六九
〈振替〉〇〇二〇〇・一・三七五二四
http://www.shumpu.com　info@shumpu.com
印刷・製本　モリモト印刷株式会社

装丁　長田年伸
本文設計　長田年伸

乱丁・落丁本は送料小社負担でお取り替えいたします。
 ISBN 978-4-86110-979-9 C0022 ¥5900E